U0131677

城市的崛起

——城市系统学与中国城市化

刘春成　侯汉坡　著

中央文献出版社

◀城市，绿洲中安全的驿站。

▼失去了绿洲，城市还安全吗？

▲依赖科技来解决一切问题，城市不再是人类幸福的归宿，而更像人造的牢笼。

▲贪婪，是城市病的根本原因

◀ 塞浦路斯古城遗址的排水管道

正如一些器官在婴儿胚胎时期就会形成，基础设施在远古城市兴起时就已经出现。

▼ 庞贝古城的道路

▲欢乐易得：新鲜的体验带给贫穷孩子极大的满足

▼幸福难求：伦敦居民因福利政策调整而向政府游行示威

产业，对于城市可以如此不同。

▲废弃的厂址，是产业的博物馆还是工业的坟墓？

▼"头顶马聚源、身穿瑞蚨祥、脚踩内联升"，古老品牌依然长青

"头顶马聚源、身穿瑞蚨祥、脚踩内联升"，古老品牌依然长青

序　言

陈析文

人类创造了城市，正如我们繁衍自己的生命一样。

在开始的时候，是那样的自然，好像我们生来就能把握它；然而，当它蓬勃发展的时候，我们却迷茫了。因为，它是那样的熟悉却又陌生，一个个令人期待的惊喜，一个个出人意料的困惑，就这样源源不断地涌现。

城市系统的复杂性很大程度上与人类自身的生命系统相似，人类是万物之灵，是最高等级的生命体，可以不断地繁衍后代，还能够通过科技的发展增加对于自身生命系统的认知，但是，人类亦会无奈地发现，在下一个拐弯处我们似乎对自身又处于完全无知的状态。

城市是人类创造的最复杂的人造体，也有人说是"人类社会的产物"，从早期城市的出现开始，它就以一个完整的形态陪伴着人类社会的进步和发展。我们对于城市是如此的了解，因为千百年来，我们无时无刻不与之为伴。然而，我们对于城市又是如此的陌生，因为我们至今也搞不清楚，下一时刻它将会发生什么。城市里上演过清明上河图般的繁荣，也充斥过大瘟疫过后炼狱般的情景。

人类长期以来依靠宗教来解决对于生命的崇敬和无知，却希望依靠科学来解决城市发展中遇到的所有问题。

现在，关于城市的研究已经成为一门复杂的学科，有的流派愿意用抽象的概念来定义城市，有的流派则倾向于用具体的特点来描绘城市，还有的流派则将人类的趋利、享乐当成城市存在的基础。面对一个复杂而富有生命力的城市系统，出于使研究对象简化的目的，有的时候城市系统被抽象成一个模糊的投影，这很像高等数学中对于复杂几何体进行多次微分后的情景——问题是变得简单了，但是研究对象也被转换了。

对城市系统的这种简化，还表现在把整体的城市割裂成一个个独立的领域，专家们在每一个领域中分头进行越来越深入的研究，随着这些研究的深入，似乎可以把它们都能定性、量化分析清楚了。可是，蓦然回首，被人为分割的各个领域之间的联系越来越薄弱，研究领域间一条条鸿沟在加深，使城市这一原本有着有机联系的整体，被肢解得模糊不清。这与我们今日中国城市化进程中所发生的模式之争、部门之争、利益之争，何其相似。

一个城市的规划、建设和运行凝聚了太多人的心血和精力，也是一项花费巨大的浩大工程，一个城市的规划、建设水平代表了当期社会的综合实力，一个城市的保障服务、经济发展体现了当代人们的生活水准。自古以来，城市的规划、建设就与当时的经济、政治、文化高度关联，现存的世界名城基本都是历代王朝和国家兴旺时期的产物。今日的中国凭借雄厚的经济实力和改革开放的政治局面，迎来了人类历史上最大规模的一轮城市建设高潮。

身处其中的人们，不管是国家战略决策者和管理者，还是政治、经济、规划、建设和管理方面的专家学者，以及各行各业的劳动者，都应珍视这一千载难逢的历史机遇，以高度的历史责任感投身其中，以创新和审慎的态度，尽最大努力使得各项工作体现我们这个时代的最高水准，以我们的智慧和劳动为历史留下一批值得后人骄傲的城市，让持久不衰的中华文化和城市发展历史上再增加一个辉煌的篇章。

由于人口、产业高度密集于城市而产生的城市病，是我们这一代人、下一代人甚至再下一代人必须面对的宿命。讳疾忌医并不会丝毫减少城市病对我们的影响，只有清醒地认识这一客观现实，我们才可能找到正确对待的办法，使得我们在这一宿命下能够尽量降低为城市病所付出的代价，并争取找到破解这一困境的办法和途径。

本书力图从系统科学的角度出发，力求还原城市作为一个复杂自适应系统的原貌，争取对城市的系统特性、子系统间的关联性进行深入的分析，寻求促进整体系统优化的路径。

对于身处高速城市化进程中的中国，希望本书能够有所贡献。

（陈栋生系中国社会科学院荣誉学部委员、

中国城市经济学会专家委员会副主任）

自 序

我们欠缺城市生活经验，甚至，我们缺少对于城市的归宿感。

在中国，很多城市人群都具有农村情结，这是因为在漫长的发展历史中，只有农村和土地才是中国人生存的主流。而城市就像是一个巨大的客栈，人们在此居住、工作、娶妻生子，但它却不是心灵的家园。

今天，我们还是经常会遇到很多这样的朋友，他们当中有些人已经是城市的主流人群，但是他们的内心情感还留在家乡的土地上。他们当中还有的人已经在城市里安家落户、居住生活，但是，他们依然不是拥有城市户籍人口。

城市到底是什么？在对城市的认识方面，中西方有些截然不同的态度。较早进入城市化的国家已经把城市当成国民生存和发展的主要形态，城市研究成果相当丰富，对于城市的人是大多是积极、正面的。相比之下，中国人对于城市一直抱有警惕，历史上中国城市的规模和功能与其他国家同期的城市相比毫不逊色，在历史的记载中，却很少能看到类似西方人那样对城市的赞美。

对美好生活的向往是中国城市化的内生动力，众多的人口、有限的资源和土地是中国城市化的刚性制约。

在城市快速发展的情况下，中国的发电量、煤炭开采量、石油使用量、粮食，还有最重要的水资源占用量都高居世界前列。城市基础设施事故频繁出现，有些事故情形特殊，似乎在提醒我们一些特别的信息：如此粗放发展下去的中国经济和社会，以及同样粗放发展的城市化究竟会对中国、对世界带来什么。

如若不能够找到一条以较少资源代价支撑国人持续生存发展的道路，继续放任城乡粗放发展，在本就效率不高的城市体系中，再背负上大量效率低下、资源消耗大的小城镇，中国或将从此在世界城市发展的竞争中沉沦下去。

中国的城市化是不是也要走先从农村变城镇，再由城镇变城市的道路？

21世纪的第二个十年，中国的城市化终于成为现实的目标。中国的经济总量超过了德国、日本，成为仅次于美国的世界第二大经济体，我们的人口总量已经超过13亿，超过50%的人口在城市中生活。

与此同时，以农村包围城市是新中国建立和发展的思想认识基础，20世纪80年代开始的改革开放，也是率先在农村开始。城镇化也是我们长期坚持的政策，但是，在人口、资源的压力下，越来越多的人在质疑这种政策能否真正带来城市化的美景。

我们虽然生活在此，却缺少对于城市的认知和研究，对于是否该城市化还在摇摆不定。这就是本书写作的出发点。在过去的十年中，我们不断地观察、沟通、比较和分析，逐渐形成了在这本书里表达的内容。城市系统理论是我们的方法论，虽然是新的理论，有些在实践中也已经在得以应用，并在实践的认可中完善。

即使是这种认识还不能被所有的人理解，我们也愿意以自己的坚定的声音换来一些有益探讨和研究。

引 子

960 万，180 万，28 万……

15 亿，9.75 亿，3.09 亿……

中国国土面积约 960 万平方公里，除去沙漠、戈壁和海拔 3000 米以上的高寒地区等，适宜工业化、城市化开发的国土空间仅有约 180 万平方公里。再扣除必须保护的耕地和已有建设空间，今后可用于工业化、城市化开发的面积只有 28 万平方公里，仅占中国陆地国土空间的 3%[①]。并且这 28 万平方公里也不能全部开发，还必须为子孙后代留下必要的储备空间。

中国是世界第一人口大国，根据国家统计局 2011 年 4 月 28 日发布的《2010 年第六次全国人口普查主要数据公报（第 1 号）》，全国总人口为 1，370，536，875 人，普查登记的大陆 31 个省、自治区、直辖市和现役军人的人口共 1，339，724，852 人。大陆 31 个省、自治区、直辖市和现役军人的人口中，居住在城镇的人口为 665，575，306 人，占 49.68%；居住在乡村的人口为 674，149，546 人，占 50.32%。按照目前人口增长趋势推算，中国人口总量高峰将出现在本世纪 30 年代，达到约 15 亿人左右[②]。按照 65% 的城镇化率，届时将有 9.75 亿人生活在城镇，即到 2030 年中国将新增 3.09 亿城镇人口。

上述数据意味着，要在 28 万平方公里（未来可用于工业化和城市化

---

① 中国智库：花 20 年、每年 2 万亿，市民化 4 亿农民工。http://finance. sina. com. cn/roll/20100923/10523463831. shtml。

② 《人口发展"十一五"和 2020 年规划》。

开发的面积）的土地上，承载新增的 3.09 亿人，人口密度高达 1104 人每平方公里，是美国平均人口密度的 33 倍，是欧洲平均人口密度的 16 倍，是日本平均人口密度的 3 倍①……如此高的人口密度，除了持续提高土地利用的集约度外别无他法。

在中国这样一个土地资源稀缺的国家，更应该集约化利用土地，而城市的价值恰恰体现在人口的高密度和对土地利用的高效率。然而，事实并不乐观，国家公布的相关数据显示，从 1999 年到 2007 年，国内城市建成区的面积扩大了 7.2%，但吸纳的人口却仅增长了 4%②。

可见，虽然近年来中国城市化率不断提升，实现了人口向城市聚集的目标，但城市土地的扩张速度却远远超过人口的聚集速度，意味着我们城市人口的密度在下降，城市土地利用高效率的优势在丧失，城市化也呈现出一种粗放的推进方式③，城市用地的外延扩展使得大量耕地被占用，并且多为近郊区优质、高产的良田、菜地，使本已十分紧缺的土地资源更加稀缺。

这些数据和现象引出一系列怀疑和思考：如果说中国从 20 世纪 80 年代开始的城市化进程已经是不可逆转的发展方向，那么，我们对于城市的认识是否足够？怎样把握城市的构成与运行？什么是中国城市化发展的最大制约？什么样的城市化模式才能适合中国的国情？在未来中国的城市化进程中要关注的重点是什么？政府的行为和政策体系如何发挥好的作用？我们应该找到，也必须找到一个合适的回答。

---

① 世界各国国土面积与人口密度。http：//chinese. cpiasia. net/world_ topic/world_ key_ stats/countries_ population_ density/4176. html。

② 中国智库：花 20 年、每年 2 万亿，市民化 4 亿农民工。http：// finance. sina. com. cn/roll/20100923/10523463831. shtml。

③ 郭晓鸣：城市化进程中失地农民补偿安置研究。http：//www. sdny. gov. cn/art/ 2005/7/27/art_ 628_ 35368. html。

目　　录

第一篇

复杂视角下的城市再认知

第一章

城市变迁：从胚胎到庞然大物

城市诞生于农村海洋之中，如同孤岛般的城市，经受了战争与饥荒的侵袭，苦挨过了物质生产的贫瘠，目睹了贸易成果的丰饶。送走了早期城市的青涩，终于在今天迎来城市化的热潮。然而，城市的蓬勃繁荣，却伴随着层出不穷的城市病。生存与发展，是城市永恒不变的两大主题。因为"生存"需求，人们在远古的绿洲中建立起第一座城市，产业革命和知识膨胀为城市人们的欲望插上了翅膀，在几百年间，城市飞速发展起来了。

可是，当过度的欲望所带来的"发展"之剑无情刺入古老城市的命脉时，城市乱象就如同疯长的蔓草，缠绕住"发展"的剑身。于是我们困惑，原本简单顺从，可轻易掌控的城市变得难以琢磨，人类被自己所制定的规则所绑架，温柔的城市变得日益暴躁。人们急切需要重新认知这熟悉而陌生的城市。

我们认识城市，是应该从裹杂着传说与流言的粗粝历史入手，还是从大师学者们逻辑严缜的理论学说切入？如果不能梳理出城市整体与局部的秩序，个体与谱系之间的张力，我们就无法从关于城市浩如烟海的叙述以及线性的史观中，抽象出城市发展背后的非线性机制。

那么，就让我们先由城市的起源开始说起——从胚胎到庞然大物，从农村海洋中的孤岛到连接全球网络的重要节点……历史的喧哗中，我们寂静地聆听城市的低声诉说，将耗散和碎片化的各家之言一一拾起，妥善地安放在我们的系统理论中。

一、城市起源：高贵城市的身世之争

最早的城市距今已有 6000 多年的历史①，探求城市的起源是人类十分关注的问题，长期以来争论不休却乐此不疲。到底是谁创造了城市，是因为什么创造了城市，争论之凶、涉及之广，几乎把所有人类积累的学科与知识都卷入其中，其结果还是莫衷一是。如此看来，城市起源很有些人类起源的味道，不同的人类文明和宗教对于人类的出现有着迥然不同但又同样神秘的描绘，伟大的上帝与平凡的亚当夏娃，伟大的女娲与平凡的华夏传人——从不可知的神灵开始，到活生生的凡人为止。即使有了达尔文的进化论，依然难以认识一致。城市起源也很类似，不同学说、流派各执一词。

我们眼中的城市是一个有边界的、开放且能够自适应的系统。其城市经济主体、社会主体以及物质主体、要素流动和城市功能的复杂性与多样性，决定了城市系统的多元性与复杂性。当然，这种学术性的表述通常让人很难完全理解，因而也就容易被曲解并引发争论。在本书开篇的时候，我们自然不想就此陷入浩大而无益的抽象定义之争。不过好在人类有一个莫大的优点，那就是越是在理性抽象上争论不休的问题，往往在感性认识上却很容易达成一致。

所以，我们先从喜闻乐见的感性认同入手，把城市自然、活泼的平民化形象勾勒出来，让"城市"这个我们身处其中并终日相伴的庞然大物变得触手可及、平和亲切。然后，我们再把城市作为最复杂人造体的理性逻辑尽量展现，对这个活灵活现的复杂体系统进行解构，用系统的方式对城

---

① 张海鹏编译：《6000 年前的繁华之城》，《先锋国家历史》，2008 年第 6 期。

市进行再认识。结合当下的智慧集成，正确认识城市的表现，努力预见城市的未来，形成有效的行为规则，并影响与城市相关的各个方面的人和物，使得理性认识再次回归到感性的层面，于是，与每一个普通人又都相关了。

（一）或许如此：感性自然的城市诞生

版本一：交换兔子的故事①

这就像一个童话故事的开头：很久很久以前……

人类还停留在靠天吃饭的时代，狩猎与采集是其保证生存的两大活动。每个家庭餐桌供应都取决于当天打猎的运气。如果逮到兔子，就吃兔子；抓到野猪，则烹饪野猪。随着狩猎技术的提高，打回的兔子就吃不完了，剩余产品会使他们产生换换胃口的想法。于是，拎着两只兔子到部落的其他家庭去转转，看看谁家有吃不完的野猪肉，想换点野猪肉吃吃。有时候这种交换可能成功，有时候可能很难成功。

为了提高这种交换的成功率，人们就约定在每个月的月圆之夜，在部落边上的那棵大树下，把自己多余的猎物都带来。这样交换的成功率就会比以前要提高很多，但是，也有不凑巧的时候，比如某个月圆之夜，在大树下聚集的人们一起打开自己的口袋，发现……大家带来的全是兔子！

这时候——会站出一个人，大叫一声："我就住在树下不走了，你们把自己的猎物放在这里，在石头上刻下自己想换的猎物是什么。你们每天都可以把猎物送到我这里来，我帮你们交换。"这个再不打猎，再不从事农业活动，住在大树下面从事商业活动的人，就是城里人，是世界上第一个商人。

城市是非农业人口聚居的地方，而这个故事告诉我们，城市出现的基本条件有两个：

1. 农业生产技术的创新。正是因为打猎的技术创新才导致打的兔子吃不完，才会产生一定的剩余产品，才会产生交换的欲望。

---

① 资料来源：土木地理园．www.ycdsm.com。

2. 劳动分工促进了城市的出现。正是那个大叫一声的人，勇敢地选择了从事非农业生产活动，当商品交换由偶然性发展为经常性时，便在适于货物集散和商品交换的地方（大树下）出现固定的交易场所——集市。随着商品生产和商品交换的发展，交换地域的进一步扩大，集市就可能演变为城市。

——一位中学老师的趣味地理课

版本二：迁徙的故事

让我们重新回到城市诞生的前夜。那时，人类仍处在自给自足的年代，我们一家子在某个小山沟中种植瓜果，邻居在山坡上采摘野菜，还有朋友靠从河里捉鱼为生。当时，每个人都忙碌在喂饱自己的行为中，直接通过劳动生产食物，这就是城市诞生前人类的基本生活形态。

然而，差异性与偶然性毕竟是普遍存在的。有些山坡日照强烈、雨水丰盛，野生的瓜果享之不尽。有些地方土地贫瘠，再辛苦也收获不了什么，甚至还有猛兽夺食。于是乎，最早的人类迁徙就此开始。流往低处的水总是慢慢汇成一潭，好地方都是稀罕的，人类从天各一方到聚在一起，那些自然条件尤其适合人类居住的地方，渐渐地定居人群就多起来了。山坡的野菜自给有余，河里捕到的鱼虾一时吃不完，耕种土地收获富余，于是，有些人想出了另外一些方法，能够不通过农业生产，获得生存食物。

他们想方设法在人口相对聚集的场所，从一群从事农业生产的人中间获得了赖以生存的食物，并决定一直这么做下去。这些最初脱离了农业生产的人，造就了城市的雏形。这些人创造了城市诞生的基本条件——为非农业人口提供生存的方式。可以说，今天城市所创造的一切伟大成就，都基于人类初始时代对美好自然条件和生存的本能追求。

版本三：光荣的英雄故事

这也是很久很久以前的故事……

在从分散的村落经济向高度组织化的城市经济进化过程中，最重要的参变因素是国王，或者说，是王权制度。在城市的集中聚合过程中，国王占据中心位置，它是城市的磁极，把一切新兴力量统统吸引到城市文明的地区来。

原始社会末期，猎人与牧人成为最重要和最受尊重的职业，他们是部落的英雄与骄傲，而早期的王权也在这两种职业中诞生。狩猎引发了人们求生存、争权力的欲望。他们捕获、宰割猎物的技能，逐渐转化为统治和宰割社会大多数人的组织化职业。与此同时，社会的平衡需要一种遏制暴力的理性力量出现，而牧人的职业发展满足了这个需求，形成正义的习俗和制度。伴随着强制与说服、侵略与保护、战争和法律、权利和仁爱，原始社会的英雄——猎人和牧人，逐渐进化成为战争的领主和立法的领主，这是王权的产生。

而王权产生的原因是原始部落对安全的需求。比如，英国城市的雏形就是以防御功能为主的建筑"堡"。"堡"是一个围合的建筑群，以居住和防御为主。欧洲"七国时代"的国王与贵族都热衷于修建城堡，到9世纪时，这种安全的需求到达了顶峰。由于丹麦人的入侵，居住在堡中相对安全，堡内人口不断增长，人口长期集中居住带来贸易和消费需求，由安全而建造的"堡"渐渐形成市场，新型的城市开始出现。①

（二）莫衷一是：高深的人类文明与理性认识

对于城市的起源，不同领域的伟大人物也都有着各不相同的精彩理解，我们只是把其中一部分观点稍加梳理后进行比较，希望能够把城市问题的复杂性有所展现。

版本一：名人的认识
"田野与树木没有给我一点教益，而城市的人们却赐给我颇多的教益。"

——古希腊思想家苏格拉底

---

① 孟广林：《英国封建王权论稿》，人民出版社2002年3月版。

"人们为了安全来到城市，为了生活美好而留在城市。"

——古希腊哲学家、科学家亚里士多德

"出生在一座著名的城市里，这是一个人幸福的首要的条件。"

——古希腊著名悲剧大师欧里庇得斯

"我会一面走，一面向你讲述小城市和大城市的故事，有多少曾经的大城市变成了如今的小城市；又有多少我们有生之年成长起来的大城市，在过去是那么的微不足道。"

——古希腊历史学家希罗多德

"城市是各种行业的中心。"

——英国著名诗人威·柯珀

"将帅的坚强意志，就像城市主要街道。"

——法国军事家拿破仑

城市"造成新的力量和新的观念，造成新的交往方式，新的需要和新的语言。"

——德国思想家马克思

长安通衢十二陌，出入九州横八极。行人来往但西东，莫问兴亡与今昔。

——唐 范祖禹

东市买骏马，西市买鞍鞯，南市买辔头，北市买长鞭。

——乐府古诗《木兰辞》

"一座可持续发展的城市就是一座公平的城市，一座美丽的城市，一座创新的城市，一座生态的城市，一座易于交往的城市，一座密集而又多中心的城市，一座具有多样性的城市。"

——英国当代著名建筑师理查德·罗杰斯

"你要想出名而不愿了解世界，就居住在乡村；你要想了解世界而不为人知，那就居住在城市。"

——阿根廷当代作家贝尔纳多·科尔顿

版本二：各学科大师们的认识

"我们需要构想一种新的秩序，这种秩序能包括社会组织和个人的，最后包括人类的全部功能和任务。只有构想出这样一种新秩序，我们才能为城市找到一种新的形式。"

——美国著名城市学家刘易斯·芒福德

"小城市的生活基本上局限于自身的范围，而大城市的精神生活犹如荡漾开去的水波，涉及国家民族甚至国际的广大范围。""城市生活已经把以食为目的的自然斗争变成了争取人的竞争，竞争的收益不是由自然来保证，而是由人来保证。"

——德国哲学家齐美尔

"城市的空气使人自由。"

——德国社会学家马克斯·韦伯

"城市生活开始的比较早，扩展的也比较快。这种有规律的高速发展现象恰恰可以说明，它不是一种病态现象，而是产生于高等社会物种的特殊本性。"

——法国社会学家杜尔克姆

文明是那种"在城市里发现的文化"，或者是这么一种文化："在其中，城市被发现了"。

——美国人类学家菲利普·巴格比

"没有城市，文明就很少有可能兴起。"

——美国人类学家基辛父子

"在任何一种文明中，城市生活的发展都必须依靠工商业。""如果没有进口保证生活必需品的供应，没有出口用交换品抵偿进口，城市就要灭亡。"

——比利时史学家亨利·皮雷纳

版本三：城市学各流派的认识

尽管没有哪种理论可以给出一个完满的解释，但根据对城市不同角度的认知，学者们关于城市起源建立了诸多学说，可将其概括为六种主要学说。

水利学说的代表人物是卡尔·魏特夫。在他看来，"治水社会"是城市产生的根源。"对于治水经济的分析是理解长期被忽视的世界历史问题的一把钥匙。"[1] 这把万能钥匙将世界一分为二：非治水地区和治水地区，前者由封建社会逐渐发展成为现代多中心资本主义社会，而后者没有封建主义阶段，但会出现"东方专制主义"。治水会对社会结构产生巨大影响，因为治水需要众人参与，人口的聚集促成了王权的形成，进而导致城市的出现。

人口压力说的代表人物是丹麦著名女经济学家伊斯特·博塞若普和刘易斯·芒福德。他们认为，不断增加的人口密度使原始社会的采集者和狩猎者开始变化。因为人口增多，人类社会对于食物的需求也在增多，不稳定的采集和狩猎已经不能满足大量人口的生存需求。采集者开始变为安分的农人，高风险的狩猎者渐渐变为部落的保护人和庇护人，并由此催生出

---

[1]　[美]卡尔·A·魏特夫，徐式谷译：《东方专制主义：对王权力量的比较研究》，中国社会科学出版社1989年版。

王权。① 猎人是王权的萌芽，而王权是城市兴起的最重要因素。与此相伴的是能够支撑城市发展的一系列活动的兴起：比如贸易、防卫或宗教活动。奇波拉也认为城市的扩大是由于人口的增长，城市人口不是自然增长，而是依靠农村人口的流入而壮大。

还有一些学者用剩余农产品说解释城市的起源与发展。认为当剩余产品增多时，增加的定居人口生存需求得到满足，一些人可以不必从事专门的农业生产，而把大部分时间用于建立复杂的社会组织架构上，这种管理工作的专门化支撑了城市的兴起与发展。虽然这时仍以农业经济和乡村定居为主，城市的发展是微弱的，但是伴随着农业剩余农业产品的增多和兴建活动的兴盛，带有较强农业性质的城市开始萌芽。

贸易需求说的代表人物简·雅各布斯注意到，很多城市中心是围绕着市场建立起来的，皮雷纳则将城市的兴起解释为外在刺激——长途贸易。长途贸易需要系统地管理物品的正规交换，反过来又促进了社会组织机构的集中发展。不断增加的职业分工和经济竞争也促进了越来越快的城市发展。② 但是这种解释有两个弊端：首先，我们无法辨明贸易在多大程度上是城市发展的原因和结果；其次，长途贸易作为城市兴起的解释忽视了工业与地方市场的作用。

文化需求说的代表人物刘易斯·芒福德指出，在城市形成的诸多原因中，宗教不可或缺。强力的控制和恐怖主义不足以使商品汇聚和流动，更不可能构筑社会成员的忠诚，赢得被统治者情感、信任与忠诚的过程也是城市真正形成的过程。这一过程的催化剂是宗教。在美索不达米亚的原始村落中，圣祠占据着中心位置。而考古学家对大多数两河流域古城的考察中，无不发现有三种巨大的建筑物是城市必不可少的元素：他们是仓廪、宫殿和庙宇，后者以庞大的体量实现了神权同世俗权力的联合。作为一城

---

① ［美］刘易斯·芒福德：《城市发展史：起源、演变和前景》，建筑工业出版社 2005 年 1 月版。

② ［比］亨利·皮雷纳，陈国梁译：《中世纪的城市，经济和社会史评论》，商务印书馆 2006 年版。

之主的国王，必须得到超自然的承认。①

■人口密集的城市，集合了共同的精神追求，宗教成为城市重要的文化标志。

防卫需求说认为安全是城市建立的主要原因。魏特夫曾经阐述全面的防卫系统的必要性，其作用是为了防备对价值很高的灌溉系统的破坏。而马克斯·韦伯在自己晚年城市社会学的研究著作中说："西方的城市一开始就是防御团体，也就是一个由自行武装、自行训练的，并且在经济上有自主能力的人所结合成的团体。"② 他同时认为欧洲的古代城邦是最完整的军事组织，因为军事目的而兴城。

（三）不变的需求：安全与利益

从交换兔子的小故事中，我们看到原来庞大而复杂的城市竟然是人们

① ［美］刘易斯·芒福德：《城市发展史：起源、演变和前景》，建筑工业出版社 2005 年 1 月版。

② 王小章：《中古城市与近代公民权的起源：韦伯城市社会学的遗产》，《社会学研究》，2007 年第 3 期，第 104 页。

厌倦了单调生活之后，偶尔萌发的交换行为的产物；从迁徙的故事中，我们知道人们热衷于在优质的地理环境中聚集，这些早期的定居点也许就是城市雏形；又或许，我们从早期英雄的故事中恍然大悟——城市是强者统治弱者的工具！但是后来，我们陷入到浩如烟海的百家争鸣中。几百年来，学者们为城市的起源争论不休、振振有词、自说自话，将人们拖入城市认知的漩涡。然而，是否有一种观点能够容纳百家，成为一种具有普适性的认识论呢？在我们看来，城市始终在由两大主线构成的轨道上前行，这就是安全与利益。

安全是城市出现必不可少的一大原因。"治水社会"所形成的城市源于人们对于防范自然灾害的群体需求；由于宗教纽带而捆绑形成的城市，则满足了早期人们对于不确定的外界和未来的想象，以及为了寻求安全感而产生的心理需求；防卫更是体现了人们为了保障定居点的舒适生活以及人身安全的基本需求。

刺激城市出现和发展的另外一个必不可少的原因是利益。中国近代著名改良派思想家王韬就曾经精辟地概括道："治民之要在乎因民之利而导之，顺民之意而能之。"人们的习惯性行为在不断证明霍尔巴赫说过的一句话，"利益是人类行动的一切动力。"人口压力学说认为，城市人口剧增的主要原因不是自然人口的增加，而是农村人口的大量涌入，城市中有更好的机会使他们的利益最大化。在剩余产品学说中，封建领主对于城市的兴趣也多因经济动机而萌生。贸易论者则将长途贸易看做是城市兴衰的外在刺激，而这种刺激的基本动力也是对于利益的追逐。

即使到了城市高度发展的今天，城市化进程在重组人际关系的同时，也把安全与利益这一传统血缘关系置入现代社会。人们来到城市，认为这里可以寻求到梦寐以求的财富与理想。而城市也在为那些漂浮的人群编制链接，用提供经济利益与安全保障两大方式，为陌生人连接起坚实的纽带。在城市，出于对安全和庇护的渴求，外来人努力寻找身份，本地人则希望从城市的发展中获得更多的机会与财富。他们共同将自己的梦想建立在城市所展现的壮阔蓝图之上——坚实的安定感和个人发展的最大化。

对于人类来说，城市意味着人类文明，标志着人类发展进入到成年期。从古代雅典到八世纪的巴格达，从东周洛邑到北宋东京，从十三世纪的威尼斯到二十一世纪的巴黎，城市通过繁盛的贸易经济、多元开明的价值观念，吸收人才，催生创新，通过竞争提高人才水准，再将其所产生的智慧辐射开去，一步步推动了人类文明的进程。时至今日，城市已经成为创新的引擎和冒险的乐土，是通往全球市场与文化的机会大门。

古人云，"建久安之势，成长治之业"，"天下熙熙，皆为利来，天下攘攘，皆为利往"。这用来形容城市的核心命题——安全与利益，最是贴切……

二、早期城市：农村海洋中独自完善的城市岛屿

城市发展经历了漫长的幼稚期，在此期间，农村地区更像是广阔的海洋，而城市则是在这海洋中零星分布的孤岛，彼此往来困难，交通运输能力低下，信息沟通困难，更遑论服务和管理的共享了。每一座城市都必须要担负起自己的全部职能，虽然水平低下，却是无所不有，看起来很有些我们现代人所不齿的小而全的意思。我们现在认为在此期间城市的形成一般有两种方式：因"城"而"市"与因"市"而"城"。

（一）因"城"而"市"：安全与王权主导的城市模式

因"城"而"市"就是城市的形成是在安全需求主导下形成的，故先有城在前，而贸易等功能是后来逐步发育的，即市是在城的基础上发展起来的。这种类型的城市多见于战略要地和边疆城市，以安全为建设城市的主要出发点。这类城市一般不具备很强的生产功能，初期城市规模小，较为封闭，体现了较强的统治者意志；后期因为商业活动的需求，增加了集市的面积，形成开放性的城市规划布局。

在中国古代《吴越春秋》一书中有"筑城以卫君，造郭以卫民"的记载，即城以墙为界，有内城、外城的区别。内城叫城，外城叫郭，内城里住着皇帝高官，外城里住着平民百姓，即是古代城市形态的真实写照。由安全诉求出发而建立的城，是最原始的城市。

有一种观点，认为中国城市的出现多是因"城"而"市"，进而认为这是王权意志强于市场经济因素的表现，我们认为这是由于混淆了中西方历史而造成的误判。中国在两千多年前的前秦时期就形成了统一的国家建制，统一了文字、度量衡等，到了汉代更是在全国按照规制统一建立州郡县等地管理机构，这些州郡县的首脑所在地必然是防卫的重点，也是贸易、交通的枢纽，以此形成的城，对安全因素考虑更多也是自然的。这样的城市一般以官府和衙门为中心。以北京为例，紫禁城是城市的中心，市场则被放置在城市的角落——南城，那里有菜市口、花市、瓷器口等等。中国的城市一般都体现了军事意义，城市辅以消费功能，一般不具备较强的生产功能。

但这并不是说西方就缺少了因"城"而"市"的情况。其实世界上中西方的古代城邦——即较早时期的城市，一般都已经拥有了最完整的军事组织，早期城市基本上是为了军事目的而建立的。在以战士行会主导下的古代城邦中，城邦中生活的方方面面都受到了军事生活的影响。在以安全为目的建立的城市中，通常缺少市民阶层。

战争带来了堡垒的构筑，军事需求使人们在面临外敌入侵之时，有了避难之所。西方城市由于国家疆土变化大、国土规模小，加之在封建时期形成的城堡文化，以"堡"命名的也不少，而且多为历史悠久的古代城市。大概从 9 世纪起，出于防御萨拉森人或诺曼人的需要，欧洲大陆几乎每个角落都布满了堡垒。这些堡垒有着各种名称：如堡（castellum）、营（castrum）、镇（oppidum）、城（urbs）、市（municipium），而其中最具有权威性和专业性的用语是城堡（burgus），后缀（burg、bourg、burgh）都代表设防的城堡，典型的有奥地利的萨尔斯堡（Salzburg）；法国的斯特拉斯堡（Stra - sbourg）；英国的爱丁堡（Edinburgh）。[①]

关于城堡的典型画面应该是这样的：外有墙垣或木栅栏围绕，面积很小，呈圆形，四周是壕沟。中间是城堡的主楼——这是最后的防御内堡。城堡最初仅是军事设施，后来附加了行政中心的性质。到了 10 世纪，城堡墙垣外围面积广阔的地区成为了城堡区，但是城堡仍然与商业活动和工业

---

① 资料来源：四月网、城镇·城堡与城市：中世纪欧洲城市的"军转民"。history. m4. cn。

活动无关，最大的城堡只有几百人，它们并没有显现出城市的气质，但可以被认为是城市的雏形，因为当经济复兴以后，城市就在城堡的周围开始形成。君权、神权主导下的社会政治形态，以及军事防御需求下的战略思想，使得城市的布局也处处体现着统治阶级的意志和至高无上的权力，强调严格的等级观念。

以东周王城洛邑为例，可看出以安全为出发点建城的城市布局。最初洛邑建都的目的就是为了防卫——消除西周阶级矛盾和外族犬戎的入侵。王城在周朝的疆域布局中，居于天下之中，群山为屏，河流纵横，水路交通发达。这种依山傍水、"天下之中"的地理条件是周王朝号令八方诸侯的政治需要，其险要的地理位置使其进可攻、退可守，是理想的军事防御要塞。洛邑城内，宫殿位于代表尊贵的南方，显示了王权的神圣性；手工业和商业区位于代表卑微的北方，体现了"面朝后市"的原则。① 这说明在这座城市里，商业目的远不及军事和政治目的，与安全相关的宫殿和仓

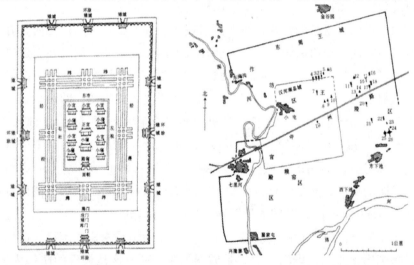

图 1－1　《元河南志》周王城图②　　　图 1－2　东周王城遗址布局图③

---

① 聂晓雨：《从考古发现看洛阳东周王城的城市布局》，《中原文物》，2010 年第3 期第 434 页。

②③ 图片来源：同上。

窖区都占据宝地，这一方面是由于高亢的地势易于建造大型建筑物，但另一方面，与军事相关的设施也必须修建在重要、安全且交通便利的地区，这是典型的因为安全需求所建立的城市。

中国古代都城的规划形制，经历了从"里坊制"到"街巷制"的演变。早在公元前7—8世纪，东周建洛邑（今洛阳附近）时，为了管制殷商遗民，出现了最早的闾里，即带有围墙的封闭性小街坊，街坊内为居住房屋。

随着封建制度下生产力的发展，手工业分工日益细密，生产技术和工具有很大进步，而且多集中于城镇，商品经济得以发展。商业、手工业和城镇中各种行业的发展与自古沿袭下来的"里坊制"规划形制的矛盾愈来愈突出，其焦点是：商业市场的活动空间需要扩大和开放，而里坊制布局下市场过分集中且用地紧锢，破坊墙沿街设店在当时被认为是破坏祖宗法制的行为。直到宋朝，这种旧的规划观念终于被彻底冲垮了。

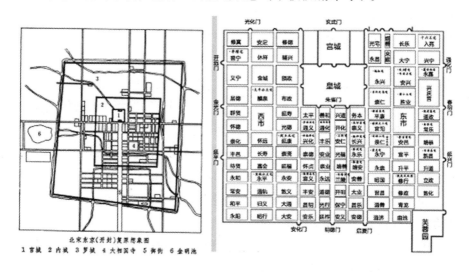

图1-3　北宋东京街巷示意图　　图1-4　唐长安城里坊示意图

北宋东京（今开封）完全采取一种新的规划形制。北宋东京的规划重新把宫城（大内）布置在城市中心，构成"大内—里城—罗城"三套城墙的格局，这主要是防御上的考虑。形制上的最大突破，即是彻底废弃了"里坊制"，取消了坊墙，使街坊完全面向街道，沿街设置商店，并沿着通向街道的巷道布置住宅。商业和各种行业的布置是开放型的。它们分布在城市各条主要街道上，并按一定专业相对集中布置，从而形成了新型的"街巷制"城市规划模式。汴京（现河南开封，古代也称东京）是宋代全国乃至世界上一个经济发达的大城市。宋外城周长48里233步，作为拱卫京师的首道屏障，筑有瓮城、马面、战棚等防御设施，是北宋"守内虚外"国策的重要体现。

可见，即使是因城而市的城市形成模式，其城市规模依然受到当期经济能力的影响。中国古代城市在规模上远大于同期的西方国家城市，也体现了中国曾经长期领先于世界的经济发展水平。

(二) 因"市"而"城"：发展与利益驱动的城市模式

当城市发展到了中世纪时期，大部分城市就转而以经济利益为建立目的。在王公或庄园领地上兴起了中世纪的城市聚落，与中古城市大多因为军事或政治目的而修建的情况有所不同，中世纪城市的建立源于领主对于建立城市谋求经济利益产生了巨大的兴趣。

建设城市不再仅是军事设施的修建，而是开展一项经济事业。中古城市的经济动机体现在：领主希望从城市中收取地租、关税和法律规费等等。马克斯·韦伯在自己的著作中论述道"正是这显著的经济特色，将中古工业城市与古代城邦……截然划分开来。"[①] 韦伯所说"城市的空气使人自由"成为德国脍炙人口俗语的背后，暗示着自由取决于城市的经济特征，而这种经济特征塑造了城市市民"经济人"性格，城市也因此开始具有资产阶级性质，竞相追逐市场利益。

因"市"而"城"是指由于贸易、产业的发展而形成城市，即先有市场后有城市的形成，这类城市是人类经济发展到一定阶段的产物，是人类的交易中心和聚集中心，其本质是根据利益而建的。当经济发展到一定阶段的时候，追逐利益而建的城市就会增多，比如毗邻贸易中心和港口所形成的城市。

---

① 马克斯·韦伯，康乐等译：《韦伯作品集Ⅱ：经济与历史·支配的类型》，广西师范大学出版社2004年版。

　　人们普遍认为，在政治、军事形成的城市以外，由于社会分工开始逐渐细化，使得农产品生产效率有了显著提高，剩余产品的出现使人们的交换需求日益强烈。从事手工业、商业的人与农业劳动者之间需要在某个固定的地方，定期或随时交换生产生活所需的必需品；交换的需求又带动商品贮藏、运输以及餐饮、住宿等附属的需求，使得这样固定的场所人口聚集越来越多，从而形成了早期的市场，并最终在此基础上建起了城市。真正意义上的城市是工商业发展的产物。如13世纪的地中海沿岸、米兰、威尼斯、巴黎以及中国的苏州、杭州等，都是重要的商业和贸易中心，其中威尼斯在繁盛时期，人口超过20万。

　　兴建于452年的威尼斯在8世纪成为亚得里亚海贸易中心，以及整个地中海最著名的集商业贸易旅游于一身的水上都市。这里以生产珠宝玉石工艺品、玻璃器皿、皮革制品、花边、刺绣等著称。手工艺人们在屋子朝向街道一侧开店，后面就作为加工作坊。为了满足复杂的对外贸易需要，威尼斯建立了当时西欧最先进的银行体系。与东方的贸易往来需求使这座城市制订了严格的海上借贷和海上贸易制度来规范船主和商人之间的权责关系。莎士比亚所写的《威尼斯商人》中描述了这座城市的贸易繁荣，"贸易和丰厚的利润成就了所有的国家。"当时，"威尼斯贸易"即为"全球化"的代名词。而这些"威尼斯商人"构成了这座城市政治的基础，透过各种行会，主宰了城市政治。

　　而在东方，由于重农抑商思想的存在，建立于591年的杭州直到1127年才获得城市经济的空前发展，成为中国最大的商业城市。唐代以前，以军事安全为主要目的而建造的城市采用的是坊市制度，即居住与商业截然分开，分行交易，交易时间、地点受到限制。南宋时期杭州的城市布局却冲破了这些束缚，出现了大街小巷、店铺林立的勃勃生机，商业贸易因此不断增加。

　　杭州城内经济和贸易的不断发展也带动了城外的交通要塞。杭州也由此逐渐发展成为商业繁荣的集镇。这些古代的卫星城，和城内的商业贸易紧密连接成一个统一的大型商业网络，共同促进了城市商业的发展。城市因为人们商业和利益的追逐而不断改变自己的布局，并扩大范围。而"南

■清明上河图，城市繁荣的写照。

抵闽广，北通两淮，西连四川，密切联系八方的市场，使当时的杭州（临安）成为全国最大的商贸中心。"① 早期城市的建立一般以安全和利益为主，可是过分地强调安全，将损害城市的商业和贸易，使城市的可持续发展受到威胁。而早期的人类社会由于物质财富还不是特别发达，因此因利益建造的城市是一个有益的城市发展导向。当城市发展到中后期时，过多的欲望使城市的发展偏离了本来的平衡模式，这是建立在利益之上的城市在近现代社会所面临的风险。这种风险我们将在后文加以论述。故此可见，越是新兴国家，越是后来兴建的城市，因市而城的越多。

（三）早期城市的系统特点

1. 政治、军事或交易需求是早期城市形成的主要动力

18 世纪以前，世界主要国家仍然处于封建主义的统治之下。英法直到

① 林正秋：《略论南宋杭州繁荣发达的商业》，《杭州商学院学报》，1981 年第
3 期。

18 世纪末才最终建立了资本主义国家，美国直到 19 世纪 60 年代才最终建成了一个完整的资本主义国家，而当时的中国正处于封建制度崩溃前，清政府最顽固的闭关锁国中。在这样一种政治状态下，由于社会生产力不发达，社会生产的物品相对较少，社会结构简单，于是君主或地方统治者的所在地即成为当时人口的重要聚集地。在这些区域不仅居住着君主、神父、达官贵人，而且还有相当数量的为统治者提供服务的仆人、普通居民，并驻扎着相当数量的军队维护君主的统治。大量人口的聚集产生了对生活必需品的较大需求，市场交易兴起，而交通运输能力的限制则使得靠近人口聚集地的农村成为最主要的日常生活品供给基地。城中心往往居住着统治者，而在中心周围则大量居住着农民和城市底层劳动者。

2. 城市产业结构简单，经济发展缓慢

农业社会主导下的城市，注定其产业发展必定处于较低水平。同时，由于城市功能相对较少，政治、军事需求下的城市难以在经济发展上展现较大的作为，而少数的商业城市或交通枢纽型城市受到当时的发展水平的约束，产业发展上也很难取得较大的突破性进展。

从第一产业的发展来看，由于城市周边、甚至城市本身均处于农业的支配状态，因此农业及其相关的衍生产业（如手工业、农产品交易）是城市经济的主要形态，这种主导产业形态决定了城市产业的简单性。

从第二产业的发展来看，限于当时社会较低的科技水平，虽然已经出现了铜、铁、铝、煤等矿藏的开采和冶炼，但缺少机械装备支持下的资源开发难以实现规模化生产，往往成为少数统治阶级炫耀其地位、维护其统治的工具。获得一定发展的城市手工业和轻工业，如纺织、造纸、食品制造、皮革加工等，由于其发展既依赖于剩余农产品资源的富裕程度，又受限于低技术水平下的手工作坊式的生产方式，导致其同样难以实现大规模的发展。

从第三产业的发展来看，社会分工细化使得商品交换需求不断扩大，形成了早期较为系统的城市商业形态。同时，社会交往的需求及不同区域之间的资源禀赋的不同，使得交通运输业得以迅速发展。限于陆路运输成本高、运量小的缺点，河运、海运得到迅猛发展，由此催生了一批沿海、沿江或处于交通节点的城市的形成和发展。①

3. 城市空间体现统治者特权，布局保守分隔

在西方，产业革命前的欧洲城市，除罗马等少数城市外，一般规模较小，城市功能和基础设施都比较简单，卫生条件也较差。城市规划多侧重于防御功能和政治需要，封闭性强。城市规划的内容主要着眼于道路网和建筑群的安排。虽然欧洲与中国有着截然不同的历史传统，但同样处处体现着反应统治者意志"神权至上"的思想。欧洲的中世纪，教堂、市政厅构成城市的中心，围绕着贵族的庄园或城堡，密集的房屋、狭窄曲折的街道成为城市底层劳动者的聚集地。15—16世纪的文艺复兴冲破了西方的精神桎梏，带来人类史上一次伟大的思想解放运动。人文主义反映在城市规划和建筑思想上，则突出了以"人"为主体来代替"神"的权威。例如，当时意大利威尼斯建成的著名的圣马可广场，就已经反映了市民生活的要求。精神的解放、工场手工业和商品经济的发展，与中世纪的城市结构明显地存在着矛盾，促使人们探索规划和建设城市的新观念，由此萌发了"理想城市"思潮。17世纪初斯卡莫齐（Scamozzi）的理想城市方案是个典型的代表。他所设想的理想城市中心不是教堂而是市民集会广场，东、西两侧是商业广场；南北是交易所和燃料广场，都处于显要的位置；平面呈多边形的城墙，则是防御的需要。

4. 城市服务供给较少，社会保障具有强烈的统治色彩

由于在工业革命以前，社会生产力相对不发达，社会经济形态主要以农业为主，较低物质生产水平下的城市仅仅具有御敌和市场的双重功能，因此当时的城市无论在规模上还是在复杂程度上都无法与现在的城市相提并论。这也使得其对基础设施的建设，集中于满足城市运转和居民需求的必要性基础设施，包括供水、下水设施，一般的道路设施以及相对简单的垃圾处理设施。同时，由于社会产出的物质财富和精神财富有限，人的需求相对简单，主要以基本的生存需求为主，具体表现为先是对食物、供水的需求，其次为对人身安全的需求。而后者主要由当时的统治阶层提供，

---

① Danielle C, Ompad. Sandro Galea, and David, Vlahov（2007）Urbanicity, Urbanization, and the Urban Erwiroment. Springer, 2007.

这正是农业社会中公共服务供给的主要方面。这一阶段下的公共服务供给，首要目的是保护在社会中占少数的统治阶层的利益，通过强制手段维持城市的稳定，带有极强的控制色彩。在社会中占多数的居民虽然间接地满足了自身一定的人身安全需求，但这种安全保障的供给是被动的、单向的，是必须接受的，在得到保护的同时，也失去了一定的人身自由权益。如英国 1601 年颁布的"伊丽莎白十三号法"（史称《伊丽莎白济贫法》），[①]表面来看，是在为贫民提供保障服务，如法案中要求各教区负责向居民和房地产所有者征收济贫税，用这种收入给无力谋生的人发放救济。但在实际执行过程中，对接受救济的贫民提出了苛刻的前提条件，如丧失个人荣誉和人身自由，必须被强制住在习艺所，丧失政治自由，丧失公民权，特别是选举权。因此本质上这种保障行为的出发点并不是保障底层居民的需求，是为维护统治者稳固的统治地位服务的。

三、发展中期：城市化的激烈增长与反复

城市发展中期基本上就是城市化的时期。各国城市发展大体都经历三个阶段：城市发展前期、城市化期（中期）和城市成熟期，并呈现出"S"型，即"缓慢——加速——缓慢"。在城市发展中期由于人口地域分布系统受到产业革命和科技革命的冲击，农村地域系统和城市地域系统处于动荡不定的局面，大量农业人口从乡村迁往城市从事第二和第三产业，城市人口和城市数量增多，城市人口比重迅速增长。

在城市发展中期，农村地域系统中的人口纷纷涌入城市地域系统，城市数目急剧增加，城市区域不断扩大，大城市、特大城市层出不穷，城市人口比重不断上升。导致人口大量流动和城市人口不断增加的主要原因是社会生产力的迅猛发展，即产业革命引起了社会生产力的巨大变革。伴随工业化的发生，产业结构也在不断地发生变化，第一产业比重逐步下降，第二、第三产业逐渐上升。伴随着产业结构的变化，人口从业结构也发生

---

① 徐滨：《英国 17—18 世纪的福利救济立法及其社会经济价值》，《天津师范大学学报》，2001 年第 1 期。

相应的变化，大批劳动力从第一产业向第二和第三产业转移。从地域分布上，大量人口从农村转向城市。另一方面，随着城市化进程的加快，城市也不可避免地会出现一些问题，诸如地价飞涨、住房紧张、交通拥挤、环境恶化、犯罪率上升等一系列所谓的"城市病"。

（一）以业兴城：城市规模无限扩张

18 世纪中叶的工业革命，结束了工场手工业生产方式，代之以机器大工业在生产领域的全面推广，使世界城市化的发展进入一个崭新的时期。20 世纪初，世界进入现代城市化阶段。此时，广泛应用的电力以及 40 年代出现的以电子计算机、生物工程、新材料等技术为内容的信息革命，促进了生产力的极大发展，同时也推动了世界城市化的进程。例如美国从 1840—1970 年城市人口在 130 年间上升到 73%，逐步走上了规模扩张的道路。① 美国的城市化发展可以分为边疆城市化时期、商业城市化时期、早期工业发展与城市化体系重组时期以及工业城市化时期。这四个时期奠定了美国总体的城市布局，与此相伴的是因为欲望的过度追求而建立起来的工业城市和产业带。这种由利益驱动，特别是产业驱动的城市发展经常面临盲目和无序性，往往会随着产业衰退以及大萧条的产生，而陷入灭顶之灾。

1. 经济欲望推动城市规模扩大

工业革命以后，随着蒸汽机、电报、机械化纺织技术等一系列重要发明的出现和应用，一方面推动城市原有的工业通过采用新技术，在生产的效率和质量上均得到了极大的提高，走上了高效的规模化生产道路，如纺织工业、采矿工业、冶金工业和运输业等；另一方面，新发明的出现衍生出对资源、产品的新需求，推动了新兴产业的形成和发展，石油开采、电力通讯、模具制造等产业逐渐兴起。随着后续第二次工业革命的出现，电子信息产业、通讯产业以及生物医药、金融等新产业类型的出现，使得城市发展进入电气化、信息化时代。传统产业的持续发展和新兴产业的日新月异，使城市的经济功能得到极大的提升，并在此基础上形成了大批新兴

---

① 张魁伟：《产业结构、城市化与区域经济、城市经济》，《区域经济》，2004 年第 11 期。

工业城市，如伯明翰、利物浦、曼彻斯特等。城市产业外延和内涵的同步发展，引起了社会生产和生活方式的变革，机械化大生产逐渐成为社会的主流。伴随着大批新兴工业城市的出现，人口分布开始出现剧烈变化，越来越多的农村劳动力向城市转移，如英国 1801 年生活在城市的人口比 1750 年增加了 274%。从第二次工业革命（19 世纪下半叶）到一战前夕，西欧城市人口的比例几乎上升了近 40%。1850 年，仅有 45 个欧洲城市拥有十多万人口，但到 1900 年，则达到 143 个，增长了三倍。① 在产业膨胀和人口聚集的双重作用下，城市获得了前所未有的发展，城市规模也持续增加，逐渐形成了伦敦、巴黎、纽约等大城市。以工业革命的发源地英国为例，伦敦规模的持续扩大使其兼并了附近的威斯敏斯、索斯沃克、乌利奇等，成为一个更大规模的城市。而纽卡斯尔、雅诺、南舍菲尔德等慢慢发展成为一个大的城市复合体。

2. 目标多样化使得城市结构异常复杂

随着二战结束，第三次工业革命在全球掀起科技发展浪潮，全球化成为世界的发展趋势，国与国之间、区域之间的经济、文化、政治交往日益频繁。城市作为国家或区域的中心，在全球化过程中首当其冲扮演着急先锋的角色。其功能的变化，从最初简单的政治、军事或商业功能，到第一次、第二次工业革命过程中经济功能的日益强化，再到现如今文化交往、金融中心、管理调控、对外交流、国际贸易等多种功能的融合，从欧洲的巴黎、伦敦，到北美的纽约、洛杉矶，从非洲的开普敦、开罗，到亚洲的东京、上海，无不反映出全球化浪潮下城市功能的日趋综合化。这些城市起初要么作为国家的政治或经济中心，要么作为贸易港口城市，发展到现在均已成为融合多种功能的综合性城市。

城市功能的综合化导致城市在空间结构、社会发展和经济发展方面需求的多样化，推动城市空间结构、社会结构和经济结构的日趋复杂化。从城市空间结构来看，城市规模的日益扩大使得城市辐射力和影响力不断提

---

① 资料来源：《浅谈英国工业革命对城市化的推动作用》，战略网。history. chinaiiss. com。

升，其发展突破了城市所在行政区域的束缚。① 周边的中小城市、城镇成为支撑大城市运转的组成部分，城市群、城市带应运而生，形成了五大湖、纽约、伦敦、巴黎、东京等世界著名的五大都市圈。中国也已经初步形成了长三角、珠三角和京津冀三大城市群，由此使得城市布局实现了从单一城市规划发展到城市群协调发展的跨越；同时在城市内部形成了居民区、商业区、工业区、文化区以及广场、公园等不同的城市功能区域。从城市的社会结构来看，人口的自由流动使得某一城市人口不仅包括本地人，还包括相当数量的来自其他国家或区域的外地人。这些不同人群之间有矛盾、有冲突，也有共同的利益诉求，他们的聚集融合导致城市的社会结构异常复杂。新能源、新材料、网络科技、生物技术、航空航天等新兴产业的崛起，使得城市的经济发展经历着快速的产业结构调整、升级、优化、淘汰的过程，大大缩短了产业的生命周期，新旧产业对城市的不同需求也加剧了城市结构的复杂性。

3. 欲望带来的城市危机

工业革命导致世界范围的城市化，城市聚集经济、社会、科学、文化综合的功能日益明显。随着现代科学技术的发展，城市变得越来越复杂，一方面城市内部的分工不断细化，组成城市这个大系统的子系统也日益增多，而子系统下还有小系统；另一方面城市越来越趋向综合，各子系统更加密切相依，紧密协作，不仅使城市这个大系统得以协调发展，而且也使各个子系统得以顺利运转。②

可是在城市化中期，大工业的建立和农村人口向城市集中导致城市盲目发展，城市数量和规模迅速增加，并由此带来了贫民窟、社会秩序混乱、居住环境恶化等一系列社会问题，严重影响了居民生活和城市的持续发展。一方面，在享有工业发展带来的富裕的物质产品的同时，规模化工业带来的环境污染问题日益突出，与之相伴的对土地的无序开发也使得城市的发展难以为继；另一方面，城市人口的迅速增加对城市管理水平、基础设施、住房提供、公共服务供给带来了挑战，同时不同阶层之间的社会

①② Danielle C. Ompad. Urbanicity, Urbanization, and the Urban Eriroment. Springen, 2007.

地位和社会广泛存在的贫富差距，使得城市内部各种资源的供需矛盾和不同群体之间的关系矛盾越来越突出。

在面临经济危机和大萧条的时候，美国"锈带"、德国"鲁尔"以及法国的"洛林"等著名的老工业基地面临着痛苦的冲击。20世纪中前期，这些由于欲望（所建立）的城市既有辉煌的历史，也有浓烟滚滚、混乱无序、污染严重的灰暗记录。到了20世纪70、80年代，制造业在全球经济中的比例急剧下降，这些以产业建成的城市中，工厂大量倒闭，城市失去了可以依赖的支柱，失业率大幅攀升，只留下锈迹斑斑的厂房，这也就是人们口中的"锈带"地区。[①]

底特律面临整体经济的衰落，大量汽车工人失业，从曾经辉煌一时的"汽车城"变为空无一人的"鬼城"，[②]而单一的经济体是扼杀底特律生机的罪魁祸首；伴随着煤炭、钢铁等传统工业的衰退，鲁尔区同样面临结构性危机，鲁尔区在德国经济中心的地位下降，现在其工业产值仅占全国不足1/6；[③]作为法国矿产资源富集区的洛林由于钢铁业景气不再，产量直线下滑，直接威胁到城市的发展。

■千篇一律的美国工业化城市布局，让人联想到正在焊接中粗糙的电路板，新泽西州巴约讷。

①②　资料来源：王俊鸣：《"锈带"区重放光彩，美老工业基地在调整中振兴》，《科技日报》，2003年12月10日。

③　资料来源：百度百科、百科名片：鲁尔工业区。

综上所述，城市的无序发展通常是过多的欲望追求所带来的，如果将一座城市建立在某一个单一产业上，那么城市的生存与发展也将随着世界经济环境的起伏而摇摆，那种什么赚钱干什么的狂热会将城市拖入无底的深渊。

（二）规划造城：空间规划大行其道

工业革命之后，城市的功能、职能、性质、作用的分工和综合比过去任何时候都更重要，分工越细，综合的要求越高。① 城市规划的地位越来越突出，作用也越来越重要。为了适应城市系统所产生的社会问题，各国政府提出了各项城市规划政策，现代规划理念也开始涌现。基于城市用地功能分区的空间规划显示出了重要价值，受到人们的高度重视，成为城市发展的重要认知保障。

1. 以法律保障城市规划

为解决城市无序发展带来的一系列社会问题，各国政府开始从各个方面研究对策，现代城市规划开始逐渐形成。如英国政府 1848 年制定的《公共卫生法》、1866 年的《环境卫生法》，成为政府解决环境和卫生问题的重要法规。从 19 世纪 70 年代开始，英国地方政府在不同程度上发展自己的地方住房法规，规定诸如日照间距、居住密度、卫生设施等一些基本标准。针对贫民窟问题，英国政府颁布了《1890 年工人阶层住宅法》，它标志着新型立法——住宅法阶段的开始，旨在弥补公共卫生法令在工人阶层住宅规划方面的不足。1909 年英国政府又颁布了《住房与城市规划法案》（Housing & Town Planning Act 1909），标志着城市规划作为政府职能的真正开始。瑞典 1907 年制定了有关城市规划和土地使用的法律，美国纽约 1916 年颁布了控制土地利用和建筑高度的分区区划法规，后来在 1961 年为适应新情况，修改成为区划决议。实践证明，上述一系列城市建设和管理相关的法律法规的颁布，有效提高了城市规划和建设的质量，在一定程度上缓解了城市盲目扩大带来的系列问题和社会矛盾。20 世纪以来，两

---

① Michael Storper. Why Does a City Grow? Specialisation, Human Capital or Institutions? Urban Studies. 2010.

次世界大战使国际政治、经济、社会结构发生巨大变革，科学技术长足发展，人文科学日益进步，价值观念起了变化，这一切都对城市规划产生深刻的影响。1933 年的《雅典宪章》概述了现代城市面临的问题，提出了应采取的措施和城市规划的任务，是现代城市规划理论发展历程中的里程碑。①

2. 城市规划理念百家争鸣

城市功能分区的观念开始出现。1910 年法国建筑师戛纳尔（Tony Gar-nier）的"工业城"规划，第一次把城市中的工业区、港口、铁路与居住区在用地布局上严格地区分开。1933 年《雅典宪章》明确提出城市的四大功能：即居住、工作、游憩、交通，并提出有"计划"与有"秩序"发展城市的原则。这种观念一直延续到今天，成为现代城市规划的一项基本原则，为世界各国的城市规划师所信守。19 世纪 60 年代，在城市中设置大片公园绿地以改善市区生态环境的观点开始出现。1859 年美国人欧姆斯特（F. L. Olmsted）在纽约曼哈顿区的中心设计了中央公园，打破市区总是充满密集房屋的旧空间观念。在此以前，园林总是属于皇室贵族，而中央公园则向公众开放。从设置公园进而发展到用绿化系统分隔、"肢解"块状的市区，逐渐成为一种新的、现代城市的空间概念。

开始从区域的角度研究城市规划问题。20 世纪开始"城市—区域"观念开始建立，这是人口城市化和经济发展进程加快后，客观现实反映到人们头脑的结果。20 世纪的头 10 年，英国人格迪斯（Patrick Geddes）就提出了从区域研究城市的观点。20 年代末，纽约搞地区规划开了个头，继而逐步发展了区域规划的理论。30—40 年代起，西方大城市开始大规模地向周围地区扩展蔓延，以一个或几个中心城市为核心构成的城镇集聚区相继出现，这就大大改变了几千年来以市区或城墙为范围的旧的城市形态观念，逐渐形成了在城市影响区域范围内分散人口和职能，组织合理的城镇

---

① 苏腾、曹珊：《英国城乡规划法的历史演变》，《北京规划建设》，2008 年第 2 期。

体系，以改善城市环境的新观念。①

交通工具的发展改变了传统的城市布局观念。高速交通工具的广泛使用，既对城市结构注入了新的因素，也改变着传统的城市规划概念。② 从1882年西班牙人索里亚·马塔（Arturo Soria Y Mata）提出沿着铁路干线发展带形城市的主张，到20世纪60年代希腊著名建筑师窦克西亚迪斯（C. A. Doxiadis）提出关于沿着汽车干道进行线型发展的所谓动态结构概念，再到1925年纽约建成近722英里连接曼哈顿与周边地区的地铁线路③，几乎都是出自充分利用高效率交通的考虑，这是一种新型的城市"时空"观念。④ 例如，20世纪20年代美国人佩里（Clarence Perry）关于"邻里单位"的概念，提出了扩大街坊，以防止汽车穿越居住地区的主张。⑤ 30年代美国人施泰因（Clarence Stein）在雷德朋（Radburn）新城设计中，采用"人车分流"原则及尽端路系统，以避免汽车交通干扰居住环境的安静。这些原则一直为今天的居住区规划和设计所遵循。在避免汽车交通干扰商业区方面，20年代的德国首先出现了无汽车通过的步行商业街；40年代发展到步行商业区，至今已广泛运用于西方的大城市。

城市道路的环形规划设想和分级制度开始提出。在城市道路系统方面，虽然从1853年欧斯曼（G. E. Haussma - nn）改建巴黎中心区道路结构，"打破"中世纪传统路网至今已百余年，但是真正从现代交通功能出发规划城市道路系统还是在20世纪。20世纪初法国人艾纳尔（Eugene Hénard）提出的道路环形交叉和立体交叉解决了节点（即交叉口）问题。到20世纪40年代，人类城市才对整个城市的道路系统进行功能研究，如英国人屈普（Alker Tripp）关于城市道路应该按分级分类原则形成系统的

---

① 刘新北：《纽约中央公园的创建、管理和利用及其影响研究（1851—1876）》，华东师范大学硕士学位论文，2009年。

②③ 张威：《20世纪20—30年代纽约大都市区发展状况浅析》，《中国城市研究》，2007年第2期。

④ 赵伟：《城市交通与城市空间》，《中国高新技术产业》，2008年第18期第183页。

⑤ 李强：《从邻里单位到新城市主义社区——美国社区规划模式变迁探究》，《世界建筑》，2006年第7期。

建议，具有深远的影响。鉴于高层建筑的大量建造，改变了传统城市"水平式"发展的模式，出现了向高空所谓"立体式"发展的新形式。因而，一些思想家提出以现代交通系统与高层建筑相结合的新型城市空间结构模式来代替、改造旧模式的主张。代表人物之一是法国著名建筑师勒·柯布西耶（Le Corbusier），他认为高层建筑、低密度、大片绿化和高效的交通系统可以大大改善城市的生活环境，他所倡导的概念集中体现在 20 世纪20—30 年代提出的所谓"现代城市"的建议方案中。这种观念的影响到第二次世界大战后一直延续，中国新一轮的城市复兴也深受其影响。

■上海外滩立交桥

3. 四大著名规划

以 1914 年英国成立英国城镇规划协会（TownPlan Institute）为标志，城市规划开始从早期先行者们个人的探索，逐步转为有组织的职业性、专业性的社会工作。受英国的影响与启发，1928 年丹麦也成立了非官方性质的规划组织——丹麦城镇规划协会（Danish Town Planning Institute），开始城市规划的研究工作。1938—1939 年丹麦议会制定了第一部《城市规划法》（Town Planning Act）。在此期间，产生了对现代城市规划具有深刻影响的四大规划实践。

1929 年纽约地区规划。自 20 世纪 20 年代以来，纽约区域规划协会（RPA）先后对该地区做过 3 次较大规模的区域规划。1921—1929 年的第一次规划，RPA 便确定了十项政策和规定：规划提出用环路系统来鼓励建设一个理想的都市景观；办公室从中心城市（曼哈顿）疏散出去；工业布置在沿着主要的郊区交通枢纽的工业园中；居住向整个地区扩散，而不是形成密集的邻里；这样，留出来的许多空地作为开放空间，吸引白领阶层到该区来生活。这一规划设想促使区域共同建立公路网、铁路网以及公园体系，这为后来区域发展提供了框架。① 因为意识形态的差异，这种规划思想在中国鲜有借鉴。

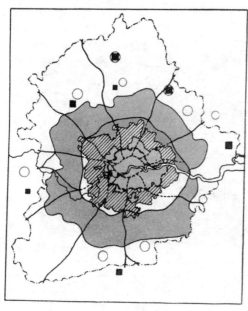

图例：
□ 外 圈　　▨ 绿带圈　　▨ 近郊圈　　▨ 内 圈
— 快速干道　⋯⋯ 干 道　　－ 伦敦郡界　⋯⋯ 大伦敦规划区界
■ 建成的新城　○ 计划的卫星城镇

■ 大伦敦规划示意图

1944 年大伦敦规划。从上世纪中期以来，伦敦的发展经历了从集中、疏散、再集中的过程。而在伦敦城市规划过程中，政府运用法律手段予以支持起到了重要作用。1937 年，为解决伦敦人口过于密集的问题，巴罗委员会成立，并于 1940 年提出"巴罗报告"。报告指出，伦敦地区工业与人口不断聚集，是由于工业所引起的吸引作用，从而提出了疏散伦敦中心区工业和人口的建议。在大伦敦规划中，"组合城市"概念得到体现。当时，被纳入大伦敦地区的土地面积为 6731 平方公里，人口为 1250 万人。规划方案在距伦敦中心半径约

---

① 综合报道"伦敦：昨日规划今日挑战"，《国际金融报》，2010 年 5 月 6 日。

为48公里的范围内，由内到外划分了四层地域圈，即内圈、近郊圈、绿带圈与乡村外圈。大伦敦的规划结构为单中心同心圆封闭式系统，交通组织采取放射路与同心环路直交的交通网。① 这种规划理念对于中国城市规划界影响深远，中国的很多大城市都采用了这种方式，特别是在进入市场经济时代后，面对突如其来的经济发展要求，这一方式更显得简单实用。

1935年莫斯科总图。20世纪30年代莫斯科改建并非简单的城市建设，斯大林改造莫斯科有着明显的政治目的：他不仅要将苏联首都发展成为社会主义国家的圣城，而且要成为最现代化的国际城市，令世人向往，要万邦来朝。这一点从红场的重新规划可以清楚看出来。其总体设计仍然以克里姆林宫为核心，基于莫斯科城传统的蜘蛛网形的设计，来进行辐射环形式的重新规划。总体规划主要有以下几个要点：第一，居民最多为500万人（1935年莫斯科的人口是360万人），不再扩展工业以免引入大量工人；第二，重建交通网，扩宽主要道路，建设地铁和增加铁路运输系统；第三，扩大城市的面积，把全市划分为居住、工业、文娱等13个区，以后区与区之间的发展要从一个整体方案来设计；第四，大量发展绿化带；第五，把市中心的红场扩大一倍。莫斯科城市规划已经注意到产业是人口增长的主要原因，并开始尝试以控制产业内容增加的方式达到城市的人口规模、空间规模可控的目的。②

1948年哥本哈根规划。1945年第二次世界大战结束之后，欧洲各国都开始着手进行大规模的重建工作。城市规划工作也由此变得格外迫切而重要。在此背景下，由政府官员、学者和规划师于1947年提出了哥本哈根"手指规划"（Copenhagen's Finger Plan）。从规划原则上看，它可以被概括为以下几个方面：一是停止"老城蔓延"，建设新型郊区。规划明确提出应该停止市区以摊大饼的模式向外蔓延，采取积极方法改变城区发展方式。二是依托铁路干线，形成手指城市（Finger City）。规划建议未来城市的结构应以由中心市区向外放射状布局的铁路为轴线，以沿线分布的车站

---

① 综合报道"伦敦：昨日规划今日挑战"，《国际金融报》，2010年5月6日。
② 冯文炯：《莫斯科地区到2010年的总体发展规划》，《国外城市规划》，1991年第1期。

为中心，形成具有完备商业服务、良好文化教育和有效办公机构体系的城镇。三是少占良田，改造荒原，营建宜居环境。规划提出，哥本哈根市区未来的发展方向，应该选择开阔和富有潜力的西部和南部而不是北部。四是保留绿色空间，美化与保护环境并举。规划建议特别提出，在各个手指之间，应该保留和营造楔形绿色开放区域，并且尽可能地使其延伸至中心城区内。尽管这份"手指规划"建议只是一份由民间提出的方案，并不具有任何法律地位和效力，但它所关注问题和提出建议的意义却远超出了其本身。① 哥本哈根规划改变了传统"同心圆"形成的城市空间形态，提出了城市多中心的功能布局，同时，力图在荒原上新建区，保留营造城市楔形绿地以实现城市与自然的和谐。这些理念对于今日的中国城市来说仍然属于非常先进的理念，让人不免唏嘘。

4. 城市规划考虑多重因素

20 世纪 60 年代后，现代城市规划观念经历着一次新的演变，主要表现在以下几方面：

社会经济因素与城市规划的结合。第二次世界大战后，西方城市和新兴的社会主义国家均面临一系列社会经济问题，成为制订城市规划时必须考虑的重要因素，促使城市所在区域的经济发展战略与城市规划相结合。它包括城市如何促进区域经济的发展，如何确定城市在区域中的合理位置，城市人口和经济发展如何与解决人口就业、发展新区、保持旧城中心区繁荣等问题结合起来等。可以说，此后西方国家制订的任何一项城市政策，都是与社会经济因素相联系的。某些规划政策和措施，如美国 60 年代后的城市更新计划，更是直接为缓和社会矛盾和促进旧城市中心地区经济复苏而制定。

对城市职能和结构复杂性的重新认识。从社会经济意义的角度，对城市（尤其是中心城市）职能的多样化和社会经济结构的复杂性，有了重新认识。这种认识既来自战后原有城市的经济发展和结构性的变化，也来自战后大量新城市（既包括西方的新城，也包括社会主义国家的新工业城

---

① 杨滨章：《哥本哈根"手指规划"产生的背景与内容》，《城市规划》，2009 年第 8 期。

市）由于职能单一而带来生活、就业、文化、娱乐、心理等社会问题的出现。这是社会科学渗入过去以建筑、市政工程为主要内容的城市规划的结果。这种认识所产生的新观念认为：城市的空间结构必须适应城市社会经济结构发展变化的需要。从空间结构上，60年代后西方出现了一些"革命性"的观点，对功能主义的城市规划观念进行了反思，提出了"挑战"。"反功能主义"的思潮起码影响了60—70年代后西方规划设计的一部分潮流，引导人们去重新研究旧城市，研究所谓"自然城市"的"人情味"、"城市味"和它们的网络结构，研究它们是如何适应人的各种需要的。在这种观念指引下，城市规划愈来愈重视保护原有的社区结构，允许适当提高密度，保护城市的历史文脉，保护有价值的自然和人文景观资源，还重视传统的建筑形式和新旧建筑的有机结合，改变过去对旧城市全盘推倒、大拆大建、彻底求"新"的做法。第二次世界大战后，西方不但出现了一批经过精心设计的新城市，也出现了一批经过更新的旧城市和得到很好保护的历史古城。

用环境的观点规划和建设城市。20世纪以来人类在发展经济的同时不自觉地破坏了环境，空气、水体、食品遭到污染，居住环境质量下降。规划师们在总结教训后提出城市规划的基本目标是：创造优化的城市环境。"环境"包含很多具体的内容，主要是生态环境、社会环境和物质形体环境3个方面。例如，宏观上重视城市合理环境容量的研究，合理地确定大型工业、港口、机场、铁路枢纽的位置，拟订正确的交通政策，保护资源，治理废气、废水和废弃物等。这些内容引入城市的综合规划，大大发展和丰富了"传统"规划的内容。微观上，普遍地把城市设计和建筑设计看作是环境设计的过程。追求"建筑—城市—园林"的统一，达到城市物质形体环境的连续性与完整性。新的环境观念，不仅表现在物质形体上，而且体现在社会环境的形成和创造上，增加了许多人文气息。

对城市规划性质与方法的重新认识。基于对城市结构和城市发展过程认识的深化，以及多种学科对"传统"城市规划的渗入，人们对城市规划的性质以及相应的方法有了新的认识。主要是否定了把城市规划看作是城市"终极状态"理想蓝图的观念，而是把城市的发展视作一种连续不断的

"过程"。城市规划是引导这种过程合理、有序发展的手段。规划方法反映了对规划性质的认识。以英国为例，70 年代修订的《城市规划法》就是观念演变的反映。新的规划作法，注重城市发展战略、目标的研究论证和各种规划政策的制订，而不像过去那样仅停留在绘制一张 20—30 年左右"一劳永逸"的理想总图。此外，在规划的"哲学观"上，出现了反对那种把主观意志"强赐"于人的做法，而是提倡民众"参与"，提倡协调各种关系和力量，提倡规划为全体民众服务。在立法和各种管理细则的制订方面，都比过去有很大发展。关于规划的方法论，不能不提到 60—70 年代后，控制论、系统论、信息论和很多数学方法以及计算机技术的引入和运用。这些理论和方法使规划师获得了一种前所未有的武器和手段，来进行各种社会经济的发展预测和模拟，对方案进行分析和优化。这种方法把定性分析和定量分析结合起来，使各种动态规划成为可能。毫不夸大地说，城市规划方法和技术的提高，为城市规划提供了革命性变化的基础。

（三）福利体系和信息化促进现代城市发展

二战后，西方国家在第三次科技革命的推动下，进入经济发展的黄金期，城市居民生活水平得到了很大提高，并开始追求满足对个人发展的需求，集中表现在教育、医疗、养老、平等就业等方面。

1. 城市公共服务功能逐渐完善

西方资本主义国家的城市发展过程中，曾经出现剧烈的社会冲突现象。在二次世界大战后，西方国家有意识的采取了一些改进措施。一方面因为贫富分化造成社会下层的贫困，容易引发政治上的动荡，西方国家政府为维护自己的统治地位，必须进行社会制度改革；另一方面，经济的发展，使政府掌握的资源进一步扩大，有能力为居民提供更好的公共服务。因此西方政府对战前已有福利制度进行了进一步完善，制定了囊括社会各阶层的福利政策，逐步建立起包括医疗保健服务、养老、住房、失业保险、教育在内的福利国家制度，以满足人们提高生活品质的需求，确保社会稳定。

福利社会制度最主要的特点是政府主导下的全方位的公共服务供给，

最大限度地满足居民最基本的公共服务需求。国家通过制定政策或者制度，规定最低的住房、医疗、工资和教育等标准，通过高税收缩小贫富差距，以最大限度保证所有公民享有最低标准的收入、营养、健康、住房、教育和就业机会。其主要载体是社会保障制度，其主要内容是国家干预国民收入的分配，使每一个公民能保证一定水准的社会福利。在最能体现福利国家特点的瑞典，国家社会保险、家庭福利、社会服务和医疗保健四大块为基础的社会福利保障制度构成了福利国家的最主要内容。其福利不仅可以涵盖个体生命从摇篮到坟墓的各个阶段，还涉及生活各个主要领域，包括儿童服务、老年人保障、残疾人保障、医疗保障等。甚至对每个 18 岁以下的孩子，国家每月补贴 950 瑞典克朗糖果费；国家保证每个瑞典孩子在幼儿园、十年义务教育期间拥有自己的位置，每个瑞典人可以免费接受从幼儿园到高中教育；每个人均可享受近乎免费的医疗服务；残疾人的生活服务费用全部由政府负担，并提供一名专门的服务人员等。

虽然西方国家的福利制度很大程度上满足了人们对公共服务的需求，在缓解社会矛盾、稳定社会秩序、促进经济的持续发展起到了积极作用，但大包大揽下的服务供给模式，由于政府负担太重终究不可持续。20 世纪 70 年代以来，由于石油危机引发的社会经济条件的变化，导致以北欧为代表的福利国家制度出现了诸多的矛盾和问题，陷入了福利国家的危机。到 20 世纪 80 年代，欧美各国相继对其原有的福利国家制度进行了新的探索和政策调整，"新公共管理"由此兴起，有力地推动了公共行政改革，为西方国家政府摆脱财政危机、管理危机和信任危机起到了积极作用。"新公共管理"引发的新公共服务供给也逐渐兴起，成为世界公共服务领域的改革趋势。[①]

2. 信息网络和交通的发展推动社会经济形态实现变革

从信息技术的发展来看，微电子技术、超大规模集成电路、计算机软件设计、即时通讯系统等新兴行业的出现，在形成城市新的产业元素的同时，也对城市生活形态带来了重大变革。信息传递加速，使得城市人群的

[①]　王立校、靳秉强：《现代城市基础设施管理体系初探》，《经济论坛》，2008 年第 15 期。

沟通效率大增。广播、电信和电视的融合将城市变得更加紧密，城市的无形密度增加。

信息技术的发展使城市更依赖于全球经济的外部力量，城市竞争也从区域层面上升到全球层面。"地球村"在某种程度上已经变为现实。城市信息化的最终目的是使城市产生"聚合"与"辐射"效应。在使人们生存空间不断扩大的同时，减少物理距离扩张所产生的影响。① 由于城市中心区的拥挤以及较高的使用成本，城市中心职能的分散化在所难免，制造业外迁与"在家工作"成为信息化城市的两个现象。未来城市的发展模式呈现生产、办公与居住功能的混合，城市趋于多中心网络结构，而中心职能的扩散通过高速公路联系在一起。

信息社会与工业社会主要特征比较②

	工业社会	信息社会
战略资源	金融资本	知识
生产组织	批量规模生产	柔性生产体系
流通模式	面对面交易，制式产品	背靠背交易，个性化产品
管理模式	等级管理体制	扁平化的网络管理
生产模式	制造	信息处理、循环服务
主要经济部门	制造与建设	贸易、金融与信息服务
被转化资源	人造能源	网络计算机信息
技术技能基础	科研机构、技术工程师、半熟练工人	知识力、技术科学家、技术与专业职位

19世纪末，铁路、电车等近代交通工具的出现，大大提高了交通效率，并为城市的发展带来了新的可能性。发展城市交通的目的，就在于促进可动性的提高。可动性的增加，会带来更多的商品流通，从而有利于城

---

① David A. Smith. Conceptualising and Mapping the Struoture of the World System's Crty System, Urban Studies. 1993.

② 资料来源：谢守红、汪明峰：《信息时代的城市空间组织演变》，《山西师大学报》，2005年1月。

市经济的发展。之后城市进入汽车时代，城市内部出现了"时空转换"，将较远的"空间几何距离"转化为较短的"时间距离"。

交通技术的进步，一方面增加延伸了城市的范围，另一方面使城市更加集中发展。使得城市空间规模的扩展具有了实现的基础保证。首先，交通发展带来了城市扩张。交通的发展意味着人们可动性的增大，出行和商品流通的范围都随之扩大，与此相伴的是城市的扩张。其次，由于交通的发展会使城市进一步集中发展。人们的日常生活范围也极大地扩展了，大范围地采集生活用品的行为降低了城市的生产和生活成本，城市的优势进一步显现，吸引了大量的周边人口向中心城区聚集，使城市人口不断增加。

四、发展成熟期：利益追逐和本原生活的博弈

当代城市开始出现一些新的特征，人们对于生活质量的需求不断追高，极力追求财富成了一种生活方式。新技术的不断出现使得一些原本不可能实现的人类欲望变得可能了，在新技术的帮助下，对于利益和欲望的追求，像从潘多拉魔盒中放出来的魔鬼，使得人们对于自然环境和资源具有了无法想象的破坏力。同时，人类文明的进步也让大家对于生活品质的追求日益强烈，对于控制物欲、回归自然的希望越来越多。

（一）动态平衡：城市规模趋于稳定

城市化的过程通常与社会结构的变化过程相联系。城市社会结构处于"多支点非平衡状态"——即在不同的城市，社会结构的结点要素不断发生变化，导致社会结构也相应地做出调整，最后达到理想的相对稳定的状态，这也是城市发展后期的一大特点，达到城市的"动态平衡性"。[①] 而这种相对的平衡性包括四个要点：人口流动更加流畅，城乡人口比例趋于稳定；产业结构不断变化，城市经济规模趋于稳定；社会服务内容和标准趋

---

① 田莉：《探究最优城市规模的"斯芬克司之谜"》，《城市规划学》，2009年第2期第67—68页。

同，对于社会保障的认识和供应趋于稳定；以及基础设施体系稳定。

1. 人口流动更加流畅，城乡人口比例趋于稳定

在城市化前期和中期，城市的劳动力转移具有"候鸟式迁移"① 的特征。大多数劳动力经常从城市回流到农村，但这种回流大多是面临城市生存困境的权宜之策，属于循环迁移。在城市化发展的成熟阶段，人口和劳动力在城乡之间的空间流动趋于稳定。城市体系具有了在危机时期抑制异常人口流动的能力，城市与乡村的差异性减少，城市与乡村流动性的增强反而能使城乡人口比例趋于稳定。

2. 产业结构不断变化，城市经济规模趋于稳定

在城市发展的前期和中期，由于"城市病"层出不穷，一直未能达到最优城市规模。早期的城市化以第二产业作为主要动力，导致乡村人口转化为城市人口；但是城市化后期却以第三产业为主要的动力源泉，信息化使乡村的生活方式转化为城市的生活方式。当区域的整体城市化达到稳定水平之后，城市化过程由外延式的人口扩张转变成为内涵式的人口素质的提升。在城市发展的前期和中期，工业化完成之后，人口和生产力网络体系的末梢——乡村会逐渐演变成为小城镇。产业转型是助推人口和生产要素从封闭乡村流动到开放大城市的动力机制，城市规模也在这样的动态转变过程中，达到相对平衡。②

3. 社会公共服务内容和标准趋同，对于社会保障的认识和供应趋于稳定

在城市发展的成熟期，各个城市对于社会服务的内容和标准逐渐达成一致，社会公共服务的供给趋于稳定。社会保障覆盖全社会，市民人人享有社会保障的权利；在这个阶段，社会保障与城市的发展水平相契合，社会保障水平达到与个人分配相适应的最佳水平。社会公共服务的平衡性体现在首先由于供给的稳定，能够最大限度地缓解城市中所产生的社会矛

---

① 周礼、来君：《农民之"候鸟式"迁移的背后》，《浙江经济》，2008 年第 10 期。

② Ben Derudder. Introduction：Mapping Changes in Urban System. Urban Studies. 2010.

盾，稳定社会秩序；并且通过向社会成员提供不同形式的劳动机会（如完善的就业保障）来创造城市和谐的市民关系。

4. 基础设施需求稳定，结构不断变化

城市发展成熟期因为人口流动更加流畅，城乡人口比例趋于稳定，产业的平衡，而达到一种需求的稳定，即基础设施不需要扩建（新建）就能保证城市正常的运行。但是基础设施的具体模式会不断调整，以适应城市产业结构的不断调整，并应对自然资源的制约。如天然气的供应量变化将影响相关基础设施的分布，因为自然界中天然气的储量一定，不可能源源不断地为城市提供。基础设施的种类也是多元变化的，但稳定的城市中，由于城市人口的数量基本稳定，对于基础设施需求量也是稳定的，当天然气储量减少时，为了满足城市人口对于能源的需求，城市必然会寻找其他替代能源。这些替代能源也许需要城市修缮对应的基础设施，以此影响了城市基础设施的变化，但这种动态的变化是用来稳定城市需求的重要保证。

（二）外部整合：大规模城市群出现

当城市的数量和个体规模不断增长，城乡关系会发生新的变化，城市不再是农村海洋中的岛屿，而是逐步连片形成了类似大陆板块的城市群，并在城市群规模达到一定程度时，形成了新的城乡间的稳定结构。当一个城市的容量达到饱和的时候，城市的资源、人口开始外溢，此时城市的扩散效益显现。但是如果城市原来的聚集效应并没有因此消失，而是扩散与聚集效益共同作用，那么某些城市会进一步产生区域优化。城市群的出现就是区域优化的主要结果。城市群内部结构中，扩散主要表现在原来某个老城的经济和人力资源向某个新的定居点扩散，而聚集则表现为在广阔的城市群网络中，资源开始交叉流动，这种流动的方向不是单一性的，而是向着城市群网络中的多个节点聚集。

现在，很多国家和地区已经进入城市化发展后期的城市群阶段，中国也在朝着这个方向迈进，国家"十二五"规划纲要明确提出要"遵循城市发展客观规律，以大城市为依托，以中小城市为重点，逐步形成辐射作用大的城市群，促进大中小城市和小城镇协调发展"。未来中国将在东部、西部和中部地区形成多个大城市群，其中京津冀、长三角、珠三角三大城市群在未来 20 年仍将主导中国经济的发展。而现在比较成熟的城市群主要分布在西欧、美国和日本等发达工业化国家。

作为已经发展到城市化后期的"过来国家"，美国的情况可以有效地阐释城市群发展的成功路径。美国城市群的形成可归功于制造业的推动，三大城市群所在地区均是制造业发达地区。波士顿—华盛顿城市群由 5 个大都市和 40 多个中小城市组成，面积约 13.8 万平方公里，人口约 4500 万人，城市化水平达 90%。其人口约占美国总人口的 20%，它是美国经济核心地带，制造业产值占全美的 30%。芝加哥—匹兹堡城市群分布于美国中部五大湖沿岸地区，城市总数达 35 个之多。这两个城市群集中了 20 多个人口达 100 万以上的大都市区，以及美国 70% 以上的制造业，共同构成一个特大工业化区域，是美国工业化和城市化水平最高、人口最稠密的地区；另一个城市群是圣地亚哥—旧金山城市群，它分布于美国西南部太平洋沿岸①。以都市圈经济规模制胜的还有日本，其三大都市圈集中了日本 2/3 的工业生产、3/4 的工业产值和 2/3 的国民收入②。

欧洲的城市群由于城市化水平高，城市数量多、密度大，城市群形成早，同样值得一提。英国的伦敦—伯明翰—利物浦—曼彻斯特城市群是英国产业密集带和经济核心区；法国的巴黎—鲁昂—勒阿弗尔城市群是带状城市群；德国的莱因—鲁尔城市群是多中心城市集聚区；荷兰的兰斯塔德城市群是一个多中心马蹄形环状城市群。③

综观大多数城市群的发展，可归结为以下几点特征：首先是可达性，包括信息、交通（含人流、物流）在城市群内具有如同在单个城市内部的

---

① 华淑华：《世界城市化的历史进程与一般规律》，《黑龙江史志》，2009 年第 10 期。

② 华淑华：《世界城市化的历史进程与一般规律》，《黑龙江史志》，2009 年第 10 期。

③ 华淑华：《世界城市化的历史进程与一般规律》，《黑龙江史志》，2009 年第 10 期。

便捷程度；其次是一致性，主要包括物价、公共服务等方面的同质和共享，如邮政、税收、教育、医疗和社会福利保障等；第三是功能性，主要是指城市群中每一个城市个体都应是特色化的，具有优势发展特点，同时与城市群的整体功能和竞争力浑然天成、相映成趣。

（三）内部优化：逆城市化与郊区化

我们认为，应该明确一个判断，那就是，逆城市化不是反对城市化。逆城市化是在新技术的帮助下，原来必须居住在城市的人们可以在郊区或者小城镇远程完成在大城市的工作内容，并把大城市的基础设施和公共服务基因带入郊区和小城镇，是城市化的又一种模式。逆城市化和郊区化表现为大量城市人口向郊区和乡村迁移，大城市和特大城市人口数量减少，中、小城市迅速发展。城市化最早出现在英国，逆城市化现象也最早出现在英国。作为后起的资本主义国家的美国，在二次世界大战后也步入了逆城市化阶段。逆城市化的产生需要具备三个条件：汽车的普及、信息技术的发展，以及人们对于郊区生活的向往。由于交通条件的改善和通讯设施的不断完善，愈来愈多的家庭宁愿迁往郊区或距城市更远的乡村居住。如果说城市化是产业革命的产物，那么逆城市化则是伴随着科技革命和信息时代而出现的新的微调①。二战后，以公路建设为先导，低密度的郊区在纽约大都市地区迅速蔓延，形成一种典型的美国式的发展，即"铺开的城市"。"铺开的城市"有赖于良好的交通设施和通讯技术。如果没有良好的交通，逆城市化将产生消极的社会意义：因为住在郊外的通勤者需要更长的往返路程，新的定居点会退化为一个被隔离的社会，缺乏大城市区域应提供的公共设施和交通运输设施，以及缺乏一个明确的公共中心，从而丧失社区该有的活力。

除了汽车和信息技术作为逆城市化的前提条件，中产阶级对于郊区生活的向往也是逆城市化的主要原因。一个独特的现象是，郊区化和逆城市化的推动者往往是有着较高经济收入水平的人群，他们能够最先放弃城市

---

① 陈勇、袁洪：《从城市化转变看世界城市化发展历程》，《国土经济》，2002 年第 7 期。

经济效益来追求农村社会自然效益。对于这些中产阶级和社会上层人士来说，经济收入已经呈现出边际递减效应，金钱增加他们幸福感的动力有限。当工业社会的铁骑掩埋住人的自然属性时，逃离城市变成了一种社会趋势。衣食无忧的社会精英阶层开始向往乡村明净的天空、清新的空气以及淳朴的田野风光。在那里，他们能够通过与自然的亲近带来更多的幸福感。

高收入者消费的奢侈品容易成为社会消费追求的目标。随着高收入人群离开城市，会带走一部分最有价值的城市市场。高收入人群中所包含的超过社会平均生活必需品之外的奢侈品消费市场历来是最有价值、能创造较高利润、代表未来技术和市场发展趋势、最具开发潜力和发展后劲的市场。在高收入人群离开城市以后，有价值的市场会继高收入人群之后进入郊区甚至是农村。由此"在农村新产业的发展中，将形成资源及劳动力择优机制，引导高效资源和劳动力向农村移动。随着产业、资源、劳动力在农村的结合，将导致农村建筑的改变，文化生活方式的改变，从而使农村有了更多的城市的性质，出现农村全面发展的景象。"[1] 可见，逆城市化既是对中心城市规模的控制、人口的疏散，也是中心城市对周边乡村的辐射与提升，是一轮有选择、小规模、精细化的城市化。

逆城市化同样考验着城市的品质。在逆城市化浪潮中，有的大型城市再次焕发活力，具有文化内涵和历史传统的城市往往是涅槃再生的佼佼者，像欧洲的伦敦和巴黎可以称为成功的典型。而相形之下，单纯依靠经济驱动的城市往往积重难返。中心城市的衰退形成了两次遍及美国的城市危机，城市在优秀资源流失以后，城市效益会有所下降，而城市效益的下降又会进一步导致社会构成要素的外逃，结果城市会与过去一段农村曾有的情况一样，形成劳动力及其他资源的择劣机制。劣质的社会构成要素被留在了城市，而且这些要素为追逐有限的城市经济效益，会进一步向城市中心靠拢，占据由过去最优秀要素占据的、由于优秀要素外溢而空出来的城市中心位置，其结果不仅城市经济效益会进一步下降，而且城市的社会

---

① 姜峰、罗静：《城市化过程中的逆城市化回归研究》，《理论导刊》，2005年第4期第31页。

自然效益严重恶化，使城市逐渐成为新发展所形成的"毒瘤"①。

（四）"伪"城市化：中国城市的螺旋上升

《2012 年中国社会形势分析与预测》提到，2011 年中国城镇人口占总人口的比重将首次超过 50%，但是仅有近三成农业户籍人口居住在城镇。与这个数据类似的还有 2010 年中国城市化率为 46.59%，而城镇户籍人口占总人口的比例只有约 33%。这意味着有 13.6%，即 1.28 亿生活在城镇里的人没有城镇户口，无法享有城镇居民待遇。② 两项数据的对比，深刻揭示了中国城市化的特殊情况——一种横亘着的户籍壁垒并被偷减了保障成本的城市化，也即是西方社会眼中的"伪城市化"。

城市化率过半意味着现在中国已经有 3 亿农民迁移到城市生活，然而由于城市资源、财政资源的分布不均，大城市以"没有做好接纳这些庞大人口的准备"为借口，在收取了他们贡献的税收之后，却逃避了应该担负起的公共服务职责；小城市受自身资源的限制，无法为外来移民提供理想的工作，财政收入捉襟见肘、入不敷出，就更不可能提供与大城市相同的公共服务与保障。于是，大量的伪城市化人口在茫然中消费着宝贵的劳动力时光，而不知未来的保障在何方。当我们敞开小城镇的胸怀，去热情拥抱周边的农民兄弟的时候，被毫不留情地拒绝了。而农民兄弟不远千里跑到大中城市，热烈投入大城市怀抱的时候，大城市却又冷冰冰的把他们拒绝了。

真正的城市化往往伴随着人口的正向流动，城市化不单纯意味着地理意义上的"城市化"，而是涉及融入城市文化，找到归属感，接受城市生活方式和价值观的过程。在此处，我们将城市化中的正向流动定义为：大规模的人群因为更高层次的需求，从乡村流向城市，从农村人口转变为城市人口的过程。这一般是人口的主动选择。正向流动的结果是，流向城市

---

① 姜峰、罗静：《城市化过程中的逆城市化回归研究》，《理论导刊》，2005 年第 4 期第 31 页。

② 汝信、陆学艺、李培林：《2012 年中国社会形势分析与预测》，社会科学文献出版社 2012 年版。

的人口依靠自身的技能实现就业，并承担与原市民一样的缴纳税收等法定义务后，以此换得拥有法律认可的市民身份，并能够公平享受完善的城市公共服务。

与"伪"城市化相伴的通常是户籍人口对于城市实际人口统计的失真，以及对于非户籍市民的民生保障缺失。与正向流动不同，我们认为城市人口的逆向流动是城市中的外来人口，在进城生活、学习、就业很长时间后，因为缺少社会保障而被迫返回家乡。它有别于上文所提到的逆城市化或郊区化。在"逆城市化"进程中，城市人口流向中小城镇是"主动选择"的结果，相比之下，中国目前放弃城市生活的群体大都表现为由一线超大城市向二、三线城市和家乡转移，而并非向城市周边的郊区和农村转移。这种转移和西方的"逆城市化"有着本质的不同。① 目前我国离开大城市的人绝大多数都是"被迫离开"的异乡人，他们即使具有相当的城市生存能力，但是以户籍为壁垒的区域公共保障门槛难以跨越，在无奈中"逃离"大城市也就成了理性选择。

"伪"城市化现象使城乡的差距进一步拉大，城市居民在得到显性收入——货币收入、工资收入的同时，也享受了巨大的隐性福利。作为"围城之外"的人群，则无法平等地共享城市化带来的发展机遇和公共福利。他们进入城市的过程通常只体现了作为要素的城市化，而不是人本身的城市化。"伪"城市化的一大特点是人作为要素流动了，但是对应的权利和福利却无法同步流动。

为了尽快度过中国的"伪"城市化阶段，我们不仅需要建设基础设施来适应城市化的潮流，而且更需要尽快制定有效的法律框架，在这个框架下弥合拥有特权的正式居民和被边缘化的外来人口之间的差距与疏离。这种法律框架最需要弥补的是户籍制度的限制。因为户籍制度的重要性在城乡都有显现：在城市，户籍制度捆绑了养老、医疗、教育、就业、住房等利益；在农村，则捆绑了宅基地、林地、承包地这三件套。②

---

① 秦菲菲：《"逆城市化"还是"伪城市化"》，《上海证券报》，2010 年 12 月。

② Danielle C, Ompad. Urbanicity, Urbanization, and the Urban Erwiroment. Springer. 2007.

对于中国的"伪"城市化，我们要客观地看待这个现象。"伪"城市化并非贫穷的根源，虽然在中国的城市化中，伴随着城市相对贫困、住房、交通、医疗、教育等诸多城市顽疾，但中国的城市化仍然是一次伟大的胜利！在这个世界上人口最多的国家，一半的人口已经进入城市，无论这种进入是短暂还是长久的，是安稳或具有较强的流动性。除了中国，在世界的任何一个地方，这种大规模的人口流动都是令人惊叹的。

中国的城市化具有相当的复杂性，这种复杂性要求我们既不能带着西方的"有色眼镜"来指责中国的"伪"城市化，亦不能盲目乐观，看不到城市化率过半背后的种种隐忧。

"伪"城市化是中国城市发展必须经历的一个阶段。这个阶段体现的不是中国城市的衰落，而恰恰是城市的强大。比照西方，就像盐湖城聚居了大量的摩门教徒，伦敦集结了大批银行家，巴西里约热内卢集结了大量贫民一样，[①] 皆是城市主体自由选择的结果。城市之外的人没有快速致富的方法，城市所提供的广阔市场和广大消费者，给了他们谋生乃至改变命运的舞台。[②]"伪"城市化所带来的城中村虽令人望而生畏，但比起中国那些更加贫困与偏远的山村，仍在一定程度上孕育了梦想和希望。

当然，我们需要尽快度过这个阶段，到达真正的城市化。届时，城市的面积、基础设施将产生巨大需求；而人口增长也会带来消费需求的扩大，带动内需的增加。破除了"伪"城市化的城市发展，提高了收入的流动人口将不再成为城市的负担和包袱，而是成为城市增大投资，拉动消费的宝贵财富。

五、庞然大物：复杂系统视角下的城市

由梳理城市的发展脉络，到分析城市化和逆城市化所带来的积极和消

---

① Danielle C. Ompad. Urbanicity, Urbanization, and the Urban Erwiromeat. Springer. 2007.

② 叶扩：《"钟摆式移民"揭示伪城市化进程》，中国特色城市化研究中心，2010年。

极的影响，我们力图使读者对于城市的复杂性有初步的认识。如果说城市在诞生之初是一个简单的生命体，社会分工简单，城市与城市直接相互孤立，那么发展到成熟期的城市，已经有较为复杂的分工，已经形成了类似于人体功能系统组合的复杂系统，每个功能系统又是由多个器官组成的复杂形态。到了逆城市化阶段，大规模的城市群与都市带形成，单个城市加强了与外部环境之间的联系，城市正向高级形态演进，但与之相伴的是一系列的城市病。

为了说明城市发展的复杂性，本章的末尾首先从宏观、中观和微观三个层次阐述城市与国家、单个城市之间以及城市内部各个部门之间的关系。然后简要介绍作为城市系统的四个组成部分：规划、公共服务、基础设施建设和产业。

（一）当我们看城市时我们看到什么？

1. 国家与城市：宝盒中的明珠

国家集外交谋略、民族尊严、政治斡旋、军事恐吓、经济发展、文化影响、社会进步为一体，是一个应该无所不能的复杂系统。城市则是有所为有所不为的，可以是较为单一的经济或政治功能，可以不考虑外交或军事因素，但她却是国家这个复杂系统中最为重要的系统组成单元。[①] 国家的实力不仅要通过经济实力、军事力量、国际影响力来宣示，也需利用城市这一平台参与到国际盛会（如奥运会），凝聚国际影响力（如金融中心，经济中心）。因此，拥有具有世界影响力的大城市在彰显国家发展成就的同时，在某种程度上也是国家面貌和实力的体现。在工业革命以前，世界上大多数人生活在乡村，城市则是国家这个复杂系统中漂浮在乡村海洋的孤岛。在现代社会，全球已有超过一半的人生活在城市，发达国家的绝大部分人口均在城市居住。而在广大的发展中国家，一场以人口进城为特征的城市化运动正在如火如荼地上演。所谓的城市化率，甚至已经成为国家经济社会社发展水平的考量标准之一。城市已经从相当独立的孤岛进化成

---

① Mc Kenzie, R. The Metropolitan Community. New York：Mc Graw – Hill. 1933.

为各个国家中美好的生活驿站，这些驿站通过郊区和乡村的连廊链接成为国家中一串串、一片片光彩夺目的明珠。

2. 城市群与单体城市：同中有异

在复杂系统视角下，任何一个区域或城市群中的单个城市都有自己的个性。这种个性或是一种独特的风景，让人流连忘返；或是一种令人深思的文化，让人细细品味；或是一种与众不同的建筑，让人耳目一新。更不用说那些蜚声国际的政治中心，影响全球的金融中心城市在我们脑海中所留下的清晰印记。① 这种独特的个性就是这个城市的符号，使得我们能够记住这个城市，看到她与其他城市的不同。

城市这种独特的性格造就了城市之间的复杂关系，彼此之间有合作，也有竞争，这种选择性的合作和竞争让区域或城市群在不断的淘汰升级中保持持续发展的活力；有分化，也有趋同，正是这种自发性的分化和趋同让区域或城市群在差异发展中实现共同的发展目标。

3. 人才是重要的城市资产

农业社会主导下的城市相对简单，人口、产业、环境等各个环节通过城市自身的循环，基本能够实现良性发展。而城市的不和谐因素则更多来自于城市和农村、统治阶级和农民之间的对立。

工业革命后，城市取得前所未有的发展，与之相伴的是大量人口从农村迁移到城市。短时间内城市的爆炸式无序发展，使得发展过程中经济、社会、环境等城市内部各种不和谐因素开始集中爆发，其中多数的问题则表现为众所周知的城市病。在我们看来，城市是一个以人为主体，产业、基础设施、公共服务、规划等各个方面为上层建筑的复杂系统。在尊重自然规律和人类规范的前提下，通过产业的发展、设施的完善、服务的供给、环境的改善等多方面的努力，实现人的全面发展，这正是我们一直追求的以人为本。城市的发展本质上是人的发展，城市的不和谐本质上是人类自身的不和谐，贪婪、嫉妒、永无止境的物欲追求、毫无克制的资源索取，这些人类显而易见的缺点让城市发展充满了争论、斗争、妥协和肆无

① David A. Smith. Conceptualising and Mapping the Structure of the World System's City System. Urban Studies. 1995.

忌惮，这也正是城市病的根源所在。

（二）破解城市复杂系统构成

1. 智慧系统：城市规划

解决的是城市的整体目标的问题，是城市的智慧系统。本书认为，为什么规划、为谁规划是我们在制定城市规划中首先必须面对的问题。城市规划应该围绕人类社会当前和长远的发展需求，对城市发展的各个领域，包括土地、人口、资源、产业、基础设施、公共服务、文化、环境等方面进行系统的谋划和设计，实现城市各领域的协调发展，使社会中的所有人能够平等、公平的分享城市发展带来的好处。

与以往严谨的、程序性的线性规划不同，在我们看来，城市规划应当是智慧和非线性的。规划不等于程序，以往的城市规划习惯以图说事，以色块说事，以容积率作为标准，这些惯性做法都是将复杂系统机械化、将非线性问题线性解决的、把多样性简单化的表现。规划系统就是把当期人类最先进的知识理念，以一个恰当的方式，在一个恰当的时机集成起来的智慧系统。其价值在于，能够统筹协调其他系统以及各种资源。规划不是工具，其需要解决的是城市这个复杂系统中最为根本的问题——安全和利益间的平衡。这种平衡具象的说，就是协调人和非人之间的各种关系。我们在城市规划的时候，需要有"实则虚之、虚则实之"的态度，看到规划的多样性和弹性，兼顾城市的硬性规划和柔性规划。

2. 支撑系统：基础设施

解决的是城市应具备哪些基本硬件结构的问题，是城市的骨骼与肌肉系统。本书认为，城市的基础设施是逐步发展起来的。有些基础设施产生的较早，这些基础设施往往是解决最基本的生活需求而产生发展的，如供水系统以及排污管道；当城市复杂性提高时，相应的基础设施"积木块"也随之增加。所以城市基础设施要跟上以大城市为核心的城市群的发展，基础设施的规划系统、建设系统、管理系统应当不断再造。

基础设施这个子系统对于城市来说，虽然其承载力是刚性的，但是也有很柔和的一方面。所以基础设施的主要特点是刚柔相济。

我们总是倾向于在放任城市的发展，当城市出现恶果之后，将责任归咎于落后的基础设施。于是就会针对现有的需求提出基础设施的改造计划，城市基础设施规模由此被动增加。然而，改善后的基础设施，面对的却是更加膨胀的发展欲望。人们无节制的需求与基础设施状况之间的差距非但没有缩小，反而进一步加大。

在漫长的城市发展过程中，由于人类首先是把城市作为一个安全的居所和一个寻求安全庇护的地方，所以在城市发展早期基础设施都是超前的。早期的城市都高度重视的基础设施对其他系统的承载和支撑能力，其发展呈现供过于求的趋势。

然而，当城市发展到中后期，城市的基础设施慢慢地失去了它的弹性，变得越来越刚性。主要原因是，人们在建设城市的时候，将发展优先于安全。当我们对自身正常的以及不正常的欲望都不加以限制的，肆意膨胀的时候，当我们对所谓的财富以及自我价值的追求无限扩张的时候，本应该超前，本应该有足够支撑力、有足够弹性的基础设施，变得滞后而没有弹性了。于是，生活在现代城市的人们，深切地感受到这个城市处处都有利益，但处处没有安全的恐惧，由此直接或间接地产生了诸多城市病。

基础设施从表面上看是城市的支撑体系，似乎是城市这个有机体坚硬的骨骼，但我们在研究城市基础设施这个子系统的时候，也应该更多地考虑其软性特征——满足人的需求。

除了基础设施的人文性，共同沟也能体现基础设施的柔性特质。人的发展欲望在城市发展中不会消减，而现在也无法充分预知未来的各种需求。因此，城市的空间规划及基础设施建设都需具有足够的兼容性。在我们看来，共同沟不仅安全、稳定，还具有适度弹性，是基于人类当前智慧和能力下的城市基础设施建设的终极梦想，也是实现基础设施兼容性的最佳载体。

3. 平衡系统：公共服务

城市公共服务子系统解决的是城市应向其全体人民提供哪些最基本的服务的问题。目前公共服务是一个世界难题，没有一个通行的解决模式。本书认为，公共服务给所有人提供的是最基本的服务，其核心特征是公平性。公共服务保证的是当期人群最基本的人权，是维持社会稳定的基本保证。公共服务的内容也是随着人们的需要而发展的。

在城市系统论视角下，我们认为公共服务首先是神经系统。公共服务针对的是这个城市的灵魂，人可能是这个城市的灵魂，但人也很难主宰一个城市。将公共服务比作城市的神经系统，是因为这个系统最能感觉到"疼"，这种"疼"能反映出很强烈的信号。比如拥堵的交通、稀缺的教育资源，都能够通过城市的相关主体——人，来得到反应。

其次，公共服务也是城市的平衡系统。作为平衡系统，公共服务体现了城市对生活在其中微小个体的慷慨赠予。通过公共服务，个体得到了城市的人文关怀。然而，公共服务的这种平衡也需要与城市的资源承载力相匹配。在发展城市基本公共服务的时候，我们需要秉持"不可或缺、过犹不及"的态度。

4. 动力系统：城市产业

产业是城市的动力系统。如果将城市具象成一座房子，那么公共服务是房子的地板，而产业则是城市发展的天花板。在城市的发展中，我们需要警觉的是，产业本身不代表发展。在城市生存与发展的恒久主题中，产业为发展提供了持久的动力，但是产业、财富不等同于发展，贪婪更不等于发展。城市发展是让处于城市当中的所有元素发挥最大潜能，让人与自然环境更加和谐地相处，在道德观的支撑下更顺利地往前走。因此，产业发展的基本原则是满足生产生活必须性需求的产业要保障、满足欲望的产业要限制、满足贪婪的产业必须警惕。

动力系统有时需要一些附加的需求，正如有的时候人需要参加竞技体育一样。从事竞技体育的运动员与普通人正常生存所需要的能量是不一样的，但是人经常会有这样的额外需求——正如竞技体育一样，城市也时不时的需要一些附加动力。对一个城市来说，如果产业不加以限制，会带来城市的无限制扩张。这种扩张会使规划这样的智慧系统趋于崩溃。

对大量的中小城市来说，立足于发展必须产业是不容置疑的。对于必须产业的空间分配、基础设施配套，在城市规划中要给予充分的保障。附加产业则可预测的经济能力，在城市与自然可预测的关系情况下，城市能否支撑这个产业。

  伦敦和巴黎等百年名城历经诸多社会动荡，仍然保持城市的活力的原因是，以"安全"为首要诉求建城，通常会使城市具有自我升华能力。因此在建城之初，它的功能就是均衡与复合的；反观美国两次产业的衰退，却给城市带来了灾难性影响。究其原因，在以利益建城或以产业建城的情况下，城市功能单一，配套服务较为低端，无法形成完善的产业体系，维持城市正常运转的各项要素流动均不稳定，必然造成城市的不堪一击。

第二章

城市病：欲望驱使下的恶果

　　人们满怀憧憬和希望来到城市这个车水马龙、霓虹闪烁的圆梦圣地，面对的却是人口膨胀、环境污染、交通堵塞、资源短缺、治安混乱等城市乱象，"城市病"让我们的理想之地变成了一个充满焦虑、狂躁和不满的失落之地。现代社会中，大城市是我们逐梦的地方；现代社会中，大城市也是我们梦醒的地方。绝大部分城市病不是天灾，而是人祸。诸多的城市病症不是城市发展的必然结果，而是人们在欲望驱使下行为失当造成的，在此当中，政府难辞其责。

　　城市化已成为当今人类社会发展的趋势。根据统计数据，19世纪初，世界3%的人口居住在城市，2007年这一比例达到了50%，预计到2050年将超过70%。[①] 城市化的迅速发展一方面为我们带来了经济的繁荣发展与生活水平的提高；另一方面，由城市化所引发的一系列社会问题，也对人类的健康安全和城市的可持续发展产生了巨大威胁和阻碍。

　　20世纪70年代以后，城市中慢性疾病、精神性疾病患病人数大大增

---

　　① 《"城市病"治理新趋势调查》。http：//www. chinanews. com/gn/2011/05 – 09/3025439. shtml。

加，"三高"成为最受关注的健康问题，癌症等慢性、非传染性疾病逐渐成为人类死亡的主要原因。从表面上看，慢性病由个人生活方式和行为习惯所致；但从根源上看，则与城市化的发展模式有很大关系，是"城市化"模式导致自然环境和社会环境变化的结果。如果盲目地追求高楼大厦和城市快速发展，必将会出现因城市快速发展所带来的诸多城市病。

城市病是伴随城市化发展而产生的一种阻碍，是几乎所有国家都曾经或正在面临的问题。简单来说，城市病就是城市的正常运行出现了问题。产生城市病的原因十分复杂，究其根本是人们对城市某些功能的需求严重超过了城市的供给能力，这种供需间的不平衡使城市出现了各种各样的城市病症，如果这些不平衡长期存在，会演变成慢性城市病，并引发其他方面的城市问题。例如，短期的道路供给不足会造成交通拥堵，长期拥堵就会对城市的投资环境、产业发展、治安和公共管理等造成危害。摆在我们面前的问题是，应如何根治、如何避免城市病与城市发展之间的矛盾和问题呢？

在城市发展中能否避免城市病的发生？对于已经出现的城市病症能否治愈？本章将以伦敦、巴黎等国际大都市发展过程中所浮现出的一系列城市病现象为例，结合我国改革开放以来快速城市化过程中所遇到的相似问题，回顾各国政府及学术界针对城市病问题所展开的探索研究与实践，透视城市病背后的深层次原因。

一、认知：挑动城市脆弱的神经

（一）令人揪心的城市病症

1952 年英国伦敦"雾都劫难"。1952 年 12 月 5 日—8 日，燃煤排放的煤烟粉尘集聚形成大雾笼罩着伦敦城。仅仅 4 天时间，由此造成的死亡人数高达 4000 多人。实践表明，如果一味追求产业的发展，忽视工业排放对环境的破坏，最后，本应该造福市民的产业反而成了危害城市生活的祸根。①

---

① 资料来源：百度百科。"雾都劫难"。http：//baike、baidu. com/view/371946. htm。

2011 年中国北京"看海"事件。2011 年 6 月 23 日下午，北京迎来了一场强降水，大雨伴随着大风倾盆而下，一时间昼如暗夜。北京不少路段由于严重积水而处于瘫痪状态。有网友调侃，"陶然碧波，安华逐浪，白石水帘，莲花洞庭，大望垂钓，二环看海，机场观澜。今夏最浪漫的事儿，就是陪你到北京去看海。"暴雨可以预报，但是，如果城市的排水系统不畅通，再准确的预报系统也无法避免"水漫帝都"的情况发生。①

2005 年法国巴黎骚乱。2005 年 10 月 27 日，巴黎北郊两名非洲裔穆斯林男孩在躲避警察时不幸触电身亡，该市数百名青少年走上街头抗议，骚乱事件由此蔓延开来，此后法国 38 个城市进入紧急状态。这些富有活力的年轻人，虽然身处发达国家的大都市，却难以融入大都市的主流文化，甚至连通过劳动自食其力的机会都没有，任何一种看似意外的社会偶然事件的触动，都可能对城市造成巨大的破坏。②

2006 年美国纽约市大面积停电事故。2006 年 7 月 17 日，纽约市发生大面积停电，高达 10 万人受到影响，数万居民在一年中最热的天气下"煎熬"了 5 天时间。据一些专业人士推断，此次事故的源头既不是某些遥远电厂的意外事故，也不是由某些不可抗拒的自然力造成的高压线故障，而是电力公司的电力分配系统的故障所致。因此，此次事故也提出了一个严峻的问题：即纽约当地电网能否承受电力用户不断增长而产生的用电需求？此前纽约市在 1965 年、1977 年和 2003 年也曾发生类似的大面积停电事故，这类事故直接暴露出的，是大城市在持续高速发展过程当中所不可避免的能源供应缺陷。③

2008 年中国广州地陷事件。2008 年 12 月 19 日广州市白云区夏茅向西村一巷子内发生地陷，巷内突现一个直径约 3 米的圆坑，约 10 栋楼房下沉

---

① 资料来源：人民网。"下雨天到北京来看海"。http：//www.people.com.cn/2011/0629/c25408－1485619576.html。

② 资料来源：大洋网。"法国巴黎骚乱：30 年隔离的代价"。http：//news.dayoo.com/world/gb/content/2005－11/05－Content－2287438.htm。

③ 资料来源：国家电网公司。"2006 年国外重大停电事故解析"。http：//www.sgcc.com.cn/xwzx/nyzx/48572.shtml。

后呈60度倾斜，至少两栋房屋倒塌，数千人撤离。这是在一年中发生的超过5起地陷事故中较大的一起，事后专家认为，楼房基础施工是这次事故发生的直接诱因。之前的几次地陷事故中，居民就强烈担心是与地铁等大规模的基础施工有关。①

2010年中国上海11·15火灾事故。2010年11月15日，上海市静安区一幢高层教师公寓发生大火，起火楼房高28层。事故共造成58人死亡，100多人受伤。高层楼房防火是根本，而此次事故恰恰是管理方面多个环节全都把关不力，失误叠加，酿成大祸。②

2010年巴西里约热内卢市共有250多座贫民窟。作为现代化国际大都市和世界十大著名旅游城市之一的里约热内卢市，同时也拥有着拉丁美洲最大的贫民窟，在全市600万人口中约有200万穷人生活在250多座贫民窟中。在这里，治安状况差，犯罪率高，毒品泛滥，恶性案件频发。③

2010年中国吉林松原电击事故。2010年4月11日，吉林松原吉安生化有限公司发生一起安全事故，几名工人和送货人员在搬运传送机时碰到高压线，被电击倒，造成3人死亡、6人受伤。安全，这是一座城市提供给你一切幸福感的前提和基础。④

一幕幕城市病症历历在目，居于其中的我们正是这些城市病事件的直接受害者。上述的这些城市病案例只是冰山一角，却足以令我们感到揪心，而在城市的各个角落中，更多的城市病隐患仍然虎视眈眈地潜伏着。

在城市病面前，人们无所适从，也无处可逃，它无时无刻不在影响着我们的日常生活。与每天的上班、上学、看病、旅行的各个环节，如影随形，不容我们有丝毫喘息。这些负面因素，不仅破坏了我们每一天的美好

---

① 资料来源：南方网。"细数广州地陷史"。http：//house. southcn. com/f/2009 – 11/03/content – 6174096. htm。

② 资料来源：凤凰网。"上海高楼大火"。http：//news. ifeng. com/mainland/spe-cial/shang haidalouzhuo huo。

③ 资料来源：新浪网。"里约热内卢：'上帝之城'的贫穷与罪恶"。http：// news. sina. com. cn/w/sd/2011 – 04 – 15/154322299993 – 2. shtml。

④ 资料来源：腾讯网。"吉林松原—企业发生电击事故致3死6伤"。http：// news. qq. com/a/20100413/000354. htm。

心情，还随时可能对我们的生命带来不可预料的危害。

城市病——大城市光鲜外衣下的毒瘤，人们该如何面对？

（二）城市病症面面观

1. 环境污染——城市生态不堪重负

环境污染是城市发展的伴生品，包括城市人口因生活所需而产生的各

种废弃物，需要自然环境进行消纳，也包括工业和交通造成的空气污染、噪音、震动、固体废弃物等。环境污染对城市的影响很大，单以经济损失计算就很可观。世界银行曾对此做出过估算，认为由于污染造成的健康成本和生产力的损失大约相当于国内生产总值的1%到5%。

■无尽的城市垃圾，有限的处理方式，"垃圾围城"是城市的必然命运吗？

早期城市，由于人类对环境的破坏能力有限，城市依靠自然净化系统可以实现生态平衡。工业革命以后，机械大工业的发展极大增强了人类改造自然的能力，同时也增强了人们破坏自然的能力。一方面，城市工业发展和人口聚集增加了人们对土地资源、水资源、矿产资源的需求，对地下水无节制开采，土地无序开发和绿化减少，以及资源不科学开发带来的生态问题与日俱增。另一方面，生产和生活产生的相关污染物排放也越来越多，工业污水和生活污水的排放、固体废弃物排放、煤炭、石油成为主要能源带来的大气污染排放对城市生态形成了全面的破坏。

在城市化的进程中，很多城市一味追求经济规模，对于产业发展过度纵容，造成城市人口严重超载，城市环境迅速恶化。密集的城市中心区生活质量严重下降，由于社会资源分配不均衡，社会强势阶层开始首先开始采取行动自保，在发达国家的部分大城市率先出现了"逆城市化"发展趋

势，大量富裕阶层逃避市中心区越来越恶劣的居住环境，因而在欧美发达国家的城市出现了在郊区建豪宅的潮流。汽车进入家庭，更加速了城市郊区化的倾向，使城市中心区这块"大饼"越摊越大，不断吞食着城市周围有限的绿色空间。

无论是发达国家还是新兴的发展中国家，大城市在发展过程中都对环境造成了不同程度的污染。1970年冬，日本东京市眼痛病患者骤增近2万人，究其原因是高度积聚的氮氧化合物在日光紫外线作用下所形成的光化学烟雾造成的。在此期间，东京的交警一直佩戴防毒面具上岗，且下班后必须立即吸氧才能恢复元气。这次光化学污染造成的损失不可估量。2010年底，印度新德里的两座自来水厂检测出有害化学物质大量超标，被迫关闭这两座水厂，由此导致新德里地区的供水出现严重紧张。中国城市在开发建设过程中强调追求城市规模和发展速度，容易造成资源高消耗、污染高排放、土地高扩张的结果，客观上加剧了水土矛盾和环境恶化。有关数据显示，中国90%以上城市水域严重污染，流经城市的河段普遍受到污染；城市生活垃圾以每年8%—10%的速度增长，在50%的垃圾处理率中只有10%达到无害化处理，大多数垃圾只能简易填埋，使北京、广州等大城市陷于"垃圾围城"的境地。

2. 资源匮乏——城市原动力后劲不足

水资源、能源、土地资源，是城市发展和人类活动的重要物质基础，也是城市生存和发展的基础保证。水资源是人类及一切生物生存必不可少的重要物质，是工农业生产、经济发展和环境改善不可替代的宝贵自然资源，对大城市的发展规模具有很强的约束作用，现在很多的

■砍伐一空的森林，是过度索取的罪证。

大城市（如纽约、东京等）都在水源丰富的江边、河边或海边即是最有力的证明。煤炭、石油、天然气等能源，是现代社会存在和发展的基础，现代大城市的存在、形成和发展很大程度上依赖于这些化石能源提供的动力支持，为经济活动和居民生活提供必要的原料、燃料和能源支撑。然而，由于这些资源储量的有限性，使得大城市进一步发展面临能源匮乏的瓶颈。与此同时，大城市规模的持续扩大，也对能源供给的规模、时效和安全性等方面提出了更高要求。土地资源是大城市得以存在和发展的空间载体。由于土地存在供给的绝对刚性，在城市人口高速膨胀、产业发展向中心城区聚集的过程中，很多像纽约、东京这样的大都市就会出现不同程度的土地紧张问题。因此，要实现大都市的可持续发展，如何开辟新的发展空间，拓展地域范围已成为必然要求。

针对水资源日益短缺的现状，联合国环境署指出，"目前全球一半的河流水量大幅度减少或被严重污染，世界上80多个国家或占全球40%的人口严重缺水。如果这一趋势得不到遏制，今后30年内，全球55%以上的人口将面临水荒"。在缺水型国家或地区中，大城市的水资源紧缺问题尤为严重。联合国有关机构曾预测：到2010年，不论是发展中国家还是发达国家的大中型城市都将面临严重的水荒，包括北京、上海、休斯敦、雅加达、洛杉矶、华沙、开罗、拉各斯、达卡、圣保罗、墨西哥城、新加坡等。[①]

能源作为一种商品，已经与国家战略、全球政治和实力紧密地交织在一起，有时也会成为国际社会冲突的最重要因素之一。美国作家丹尼尔·耶金所著的报告文学《石油风云》生动地描述了20世纪的石油发展史，认为20世纪战争多为能源的争夺而引发的，而战争的胜负也在一定程度上取决于交战双方最终对能源的占有。近年发生的阿富汗战争、伊拉克战争、利比亚战争，虽然打着反对恐怖主义、维护人权的幌子，在其背后却隐藏着欧美国家占有世界能源、确保石油利益的政治目的，中东地区正是由于丰富的石油资源而成为世界大国竞相角逐外交、军事

---

① 联合国环境署：《全球环境展望》，2002年。

和政治实力的战场。

在城市发展的大部分时间里，土地一直是一种相对充足的资源。随着城市功能的非线性增长，人们对于城市空间的需求多样化，使得城市不断膨胀，大量的农田和森林被占用。时至今日，在澳大利亚、加拿大等地广人稀的国家，城市土地资源的稀缺性尚不明显。但是在中国、印度、日本等可用土地资源有限，人口数量十分庞大的国家，城市的土地资源就成为十分宝贵的稀缺资源，在此情况下，房地产业成为疯狂的暴利产业也就顺理成章了。土地资源引发城市病的主要是两个方面的原因，一是房地产商在利益诱惑和欲望驱使下，不择手段地侵占公共空间，见缝插针地建设并恶意哄抬价格。二是地方政府在华丽的政绩观冲动下，追求公共设施的豪华气派，把本应是优化市民生存环境的公共空间，建成了类似神坛般建筑，远远地偏离了城市人群的真正需求，应该用于保障市民居住、生活和工作的土地被大量挥霍掉了。这样，本来只是正常稀缺的城市土地资源，就演变成了阻碍城市发展的城市病了。

3. 交通拥堵——车轮上的城市举步维艰

交通拥堵是最典型的"大城市病"。虽然就近工作与居住是市民最理想的生活模式，但各大城市几乎无例外地在城市中心区集中了过量的金融、商业、科技、教育、文化等诸多功能。交通拥堵的根本原因还是城市规划问题——"单中心"的城市格局和不合理的公共交通规划。

由于大部分的城市功能集中在仅占城市辖区百分之几的地段内，就业岗位集中，必然引起上班、下班通勤交通拥堵。目前中国很多城

■ 车轮上的城市，路在何方？

市出现了"单中心"的城市规划模式，把人流、车流都吸引到中心地带。但由于城市中心区房价高生活成本高，于是市民只能在中心地带上班，到边缘地带居住，于是每天往返于住地与工作地之间的浩荡人流，带来了巨大的交通压力。东京、纽约、伦敦、巴黎等大城市每天都会发生上百万的人口流动，更有数十万人要花费几个小时上下班。城市道路很难承受如此集中的交通高峰。城市越大，矛盾便越突出。同时，汽车的发展更加剧了这些城市的交通矛盾。

目前，发达国家各大城市的汽车保有量少则 200—300 万辆，多则 400—800 万辆。实践证明，道路建设的速度无论如何赶不上流水线上汽车生产的速度，因而几乎所有大城市的交通都能发现"路上车挤车，车上人挤人"的现象。早晚高峰时段，尤其在那些交通拥堵的路段，汽车速度赶不上自行车甚至行人步行速度的现象也时有发生。

伦敦市中心集中了超过百万的就业岗位，包含了政府机关、金融机构以及大量的企业和娱乐场所等。该区域日高峰时段有超过百万的人口流动，每小时约有 4 万辆机动车进出，平均车速 14.3 公里/小时，已然成为全英国最为拥挤的区域。巴黎在 20 世纪 60 年代推行了"适应小汽车发展"政策，致使私人汽车数量不断增加，市内交通严重阻塞。即便在 1973年环城快速路开通后，交通拥挤状况也未能好转，持续性的拥挤仍然存在。在曼谷，交通拥堵现象更加严重。由于车速过慢，整个城市就像一个巨型停车场，甚至出现过 3 个月内 900 名孕妇因为堵车被迫在轿车里分娩的情况。

交通拥堵导致社会多种功能的衰退。首先，也是最直接的，交通拥堵增加了城市居民的出行时间和成本，一定程度上抑制了人们的日常活动，并最终导致城市活力减弱，居民生活质量下降；其次，交通拥堵提高了交通事故的发生率，进而加剧了拥挤，造成严重的社会经济损失。有数据显示，欧洲每年因交通事故造成的经济损失高达 500 亿美元。同时，交通对环境的污染也在不断增加，拥堵导致车辆长时间低速行驶，频繁地停车和启动，极大地增加了汽车的能源消耗和尾气排放。上世纪 90 年代伦敦的一份检测报告显示，大气中 74% 的氮氧化物来自汽车尾气排放。汽车尾气已逐步成为城市环境恶化的主要污染源。

4. 住房困难——弱势群体的辛酸

"居者有其屋"是人们在城市工作和生活的最基本要求。然而，由于城市化过程中人口的大量增加，以及城市资源分配不均等诸多因素，造成了大城市普遍的住房困难问题。究其原因，一是不同的社会群体对社会资源占有不均，如在英国城市化过程中，资本家通过圈地运动占有了大量土地，巴西绝大部分土地则一直为少数大地主所控制，由此造成了大量无地农民向城市的单向流动。进城农民只好在城市边缘建设简陋的房屋居住。二是城市化过程中就业机会严重不足。城市发展往往把重点放在资本、技术密集的部门，这些部门对普通劳动者的吸纳能力有限，由于穷人缺少必要的劳动技能培训和教育，造成劳动力大量进入第三产业中的传统服务业和劳动密集型部门，这些部门的工资普遍较低，且没有签订劳动合同，没有社会保障，得不到法律保护。三是城市规划、建房用地、基础设施、社区发展没有充分考虑低收入人群的要求。在新德里、里约热内卢等大城市贫民窟居住的人80%收入低于最低工资标准，他们很难在城市获得建房用地和住房，又不能退回农村，只能非法强占城市公共土地和私人土地，搭建简陋住房。四是公共政策不完善。城市中贫困阶层的子女难以享受到应有的文化教育和职业教育，这也造成了穷人就业的困难。

无论是发达国家还是发展中国家的大城市，在发展过程中都出现了界限比较分明的富人居住区和穷人居住区。例如法国巴黎西部的富人区街道和社区整洁宽敞，而东部和北部的穷人区的许多街道狭窄肮脏，甚至没有路灯。1900年纽约市近400万人里就有150万居住在贫民窟里，直到21世纪纽约还有哈莱姆贫民区的存在。在一些发展中国家的大都市这种情况更严重，形成了规模庞大的贫民窟问题。在富人区居住环境、服务设施等与发达国家无异，而在穷人居住的贫民窟生活环境非常恶劣，许多住房是由外来移民通过非法侵入的手段占领闲置土地，使用破木板、旧轮胎等简易材料建成的，不仅缺乏下水道设备，也没有合格的饮用水，更缺少公共服务设施。在孟买，1600万人口中有60%居住在仅占城市土地面积十分之一的贫民区和路边的简陋建筑中，贫民窟已经成为这个世界著名港口城市以及印度经济中心的最大特色。①

贫民窟带来了严重的社会问题。一方面，贫民窟居民大部分人处于贫困线以下，享受不到作为公民所应享有的经济社会发展成果，居住、出行、卫生、教育条件极差，不仅影响当代人，也影响下一代人的发展。另一方面，生活水平的巨大差异造成国民感情隔阂，加之贫民窟游离于社区和正常社会管理之外，一些贫民窟为黑社会所控制，成为城市犯罪的窝点。毒品买卖盛行，暴力活动频繁，成为社会不稳定因素的发源地。

中国在经历了放任的房地产开发热潮之后，开始关注普通市民的保障性住房的建设，不过，这些惠民的政策和行动还是来得迟了一些，城市底层的市民为了有尊严的生活已经在自发地努力着。2010年9月2日，中国河南郑州一位退休矿工在自家小院里挖出了一个不足40平方米的地下小房间供家庭居住。他原来居住的房间很小，也不能装空调，冬天、夏天都很不舒服，就想到利用自己的技术挖一间地下室，既能增加空间，还冬暖夏凉。这些不得已的居住行为说明，城市虽然越来越大，但城市的有限资源仍然无法满足日益膨胀的城市人口的需要。于是城市和居民都开始向地下索要空间。②

5. 公共服务稀缺——优质生活渐行渐远

公共服务是实现人的全面发展所需要的基本社会条件，是让普通城市居民分享城市发展成果、提高个人生活水平的重要途径之一。完善的公共服务，有利于保护城市居民最基本的生存权和发展权，维护基本的社会正义和公平公正，形成较强的社会凝聚力，维持大城市经济社会的稳定。公共服务包括三点基本内容，一是保障居民生存的基本需要，政府及社会要为每个人都提供就业、养老和生活等基本保障；二是满足个人基本尊严和能力的需要，政府和社会要为每个人提供基本的教育和文化服务；三是满

---

① 资料来源：新华网。"贫民窟：全球城市化进程之痛"。http://news.xinhuanet.com/fortune/2010 - 12/01/c - 12834251.htm。

② 资料来源：《中国青年报》。"郑州退休矿工挖地道造地下房间"。http://296.cyol.com/conteut/2010 - 09/02/content - 3403281.htm。

足个体基本健康的需要，政府和社会要为每个人提供基本的健康保障。随着经济的发展和人民生活水平的提高，基本公共服务的范围会逐步扩展，水平也会有所提升。

在欧美等发达国家，由于城市化起步较早，城市的管理和服务水平相对较高，已经形成了一套覆盖全民的公共服务体系，在瑞典、冰岛等国家，其福利不仅可以涵盖从摇篮到坟墓的生命各个阶段，还涉及儿童服务、老年人保障、残疾人保障、医疗保障等生活各个主要领域。而在广大的发展中国家，由于正处于城市化阶段或城市化刚刚起步，政府将大部分精力集中于城市的经济发展，资源也被主要用于城市建设、基础设施投资等硬环境方面的建设，而对与居民生活密切相关的公共服务领域存在一定的忽视，导致相应的制度建设和管理落后，形成了公共服务领域的不公平、不公正现象。公共服务落后在中国的城市化进程中表现同样突出，近年在中国各大城市出现的看病难、看病贵和上学难问题，就是公共服务领域发展滞后，造成城市普通居民难以及时有效的获取服务的最有力说明。

6. 突发事件防不胜防——无辜生命死于非命

防不胜防的突发事件似乎已经成为大城市的常见病症。纵观目前世界各大城市发生的各种突发事件，正是各种慢性城市病的急性暴发。

一是各种安全事故。由于在城市建设和管理过程中，管理者和具体工作人员在安全意识、常识等方面的缺乏，以及安全教育、相关制度和设施方面的不足，埋下了安全隐患的种子，稍有疏忽或操作不当就会出现这样那样的安全问题。2007 年 7 月 5 日伦敦地铁脱轨事件、2010 年 5 月 16 日新德里火车站踩踏事件，以及近年中国大城市频繁出现的地铁施工塌陷事故，如 2003 年上海地铁 4 号线塌陷、2008 年杭州地铁"11·15"工地塌陷事故即是这种类型。

二是各种群体性事件。各种突发事件主要由某些社会矛盾引发，极易造成社会较大范围的不满情绪，并形成大规模人群的聚集，直接通过非正规渠道争取和维护自身利益，发泄不满、制造影响，甚至引起暴力冲突，这类事件一般会对社会秩序和社会稳定造成重大负面影响。如 2008 年 5 月 7 日纽约千名黑人示威抗议美国警察误杀黑人事件、2011 年 6 月 11 日广州增城聚众滋事事件等。

三是与社会犯罪、恐怖主义相关的突发事件。由于社会的极端组织、犯罪组织，以及对社会存在不满情绪的人员或由于个人失去理智而导致的犯罪事件。如 2005 年 7 月 7 日伦敦地铁爆炸案、2008 年 6 月 28 日贵州瓮安打砸抢烧事件、2009 年 4 月 3 日纽约枪击案。

二、面对：是否真的无计可施？

（一）政府面对城市病行动滞后

随着城市规模的日益扩大，无论是发达国家还是发展中国家，城市病似乎都成了政府的心病。现代大城市中普遍存在人口增多、用水用电紧张、交通拥堵、环境恶化等社会问题，而这些问题和矛盾又在一定程度上制约了城市的发展，增加了城市政府的负担，使政府陷入了两难困境。

1. 发达国家：城市病治理取得效果，但问题依然严峻

工业革命以后，英、法、美、日等西方资本主义国家作为城市大规模发展的先行者，很快走上"城市化"道路，成为世界上第一批完成"城市化"的国家。与"城市化"进程相伴的，除了崛起的近代城市、机械化大工业、日益丰富的社会产品，还有贫民窟、环境污染、交通拥堵等一系列的城市病问题，一直如影随形地困扰着伦敦、巴黎、纽约、东京这些大城市。

（1）治理措施频出

英国伦敦，在 1700 年人口仅为 67 万，到 1901 年已经达到 658 万，成为当时世界上前所未有的繁华大都市，但在这光鲜的外衣下，伦敦万人聚居的贫民窟超过 20 个以上，并因污染严重而成为欧洲有名的"雾都"和"脏孩子"。先发展、后治理的城市化模式，使得先行的资本主义国家，还没来得及庆祝发展带来的荣耀，就要仓促地面对这一系列的城市病。

为解决贫民窟的问题，英国政府于 1868 年、1875 年先后两次颁布了《工人住宅法》，拆毁贫民窟并利用市有地产建造大量工人住宅，并配套兴建了商店、公园、仓库、车站、剧院等设施；美国政府在 19 世纪末 20 世纪初发动社区改良运动，通过在贫民窟创办医院和学校，组织儿童俱乐部，建立救济所和各种社会救济机构，鼓励居民种花、种草、种树，寻求垃圾清理的更好方式，建立公园等多种方式，改造贫民窟。

为治理日益严重的环境问题，20世纪50年代伦敦开始下大力气治理污染，通过在城市周边建立绿色隔离带，将大批污企业迁出伦敦等措施，"雾都"终于拨云见日。巴黎则实行"垃圾分类存放、分时回收、排污者通过纳税缴纳排污费"等制度，最大程度鼓励各类垃圾再利用。

为缓解城市中心人口过多造成的住房、交通、公共设施等资源的紧张，20世纪50年代的伦敦，在距其50公里处建设了8座卫星城，并为每个卫星城配套除住宅外的生活服务设施。巴黎也采取了类似的做法，20世纪70年代后期在周边建立了5座卫星城；而东京则在城区限制新建大学和工厂，鼓励中心地区的企业特别是重工业企业外迁。

针对大城市交通拥挤的共同问题，世界各大城市除扩建城市道路、提高管理水平外，发展公共交通特别是运载能力大的地下交通和城市轨道交通是众多大城市的普遍做法。伦敦自1863年修建了世界第一条地铁线，后来陆续总共建有11条线路，其他城市如巴黎全市有18条地铁线，东京有13条地铁线路，伦敦、纽约、东京的轨道交通分别承载着全市65%、61%和86%的客流量。

（2）治理效果不佳

面对城市病的肆虐，尽管发达国家政府已经采取了很多措施来治理城市病问题，但城市病顽症似乎难以根治。

一是新贫民区问题层出不穷。在英美等发达国家，虽然老的贫民窟被基本消灭了，但新的贫民区问题却出现了。在伦敦，从气派的金融城东部边界穿过，鳞次栉比的高层建筑慢慢被一排排颜色暗淡、排列紧密的低矮平房所取代——这里是英国少数族裔的聚居区，也是伦敦东区的贫民区。这些少数族裔似乎始终未能真正地融入英国社会，并抵制外部文化的进入，整个社区依靠水平低下、却相对独立的服务体系保持运转，由于同社会主流相互隔阂，成为社会不稳定的重要因素之一。贫民区也是美国社会面临的一大问题。20世纪六七十年代，在许多美国城市都出现过因为种族歧视而引发的大规模冲突，其城市分裂也进一步加剧，开始出现数以百万计的居民搬离芝加哥、纽约等大都市的现象。新的贫民区也从那时开始形成——白人和有钱人带着财富和资本搬向郊区，贫穷人口居住在城中。

二是环境污染愈演愈烈。据法国环保组织"罗宾汉"报告称，由于塞纳河、马恩河、罗纳河等法国主要河流化学污染严重，而污染最严重的正是横穿巴黎的塞纳河，政府将禁止塞纳河、罗纳河等所产河鱼的食用和买卖。据福布斯网站公布一项针对都市区空气和水源质量的研究报告显示，纽约市与费城等五个城市被列为全美前五名有毒物质污染最严重城市，纽约市的布碌仑高瓦讷斯溪运河是全美污染最严重的河流之一。

三是交通治堵收效甚微。广为诟病的交通问题虽然略有好转，但仍然任重道远。2003 年伦敦推出车辆拥堵费征收方案，到 2007 年底已经收取了八亿英镑的费用，然而伦敦的交通状况却基本没有改善。2007 年，在伦敦平均每行进一公里要等待 2.27 分钟，而在 2003 年 2 月也只要 2.3 分钟①。

四是新的问题不断出现。欧美大城市中普遍存在的种族冲突、犯罪、吸毒案件等城市病，政府一直疲于应付，城市旧症未愈，反而衍生出一些新的城市病。生活在东京人群的高自杀率、美国各大城市频繁出现的校园枪击案、高科技犯罪以及大城市人群因工作生活压力带来的抑郁症、过劳死、网络依赖症等新现象也引起了社会的广泛关注。

很显然，发达国家治理城市病的举措确实取得了一定的效果，但却往往疲于应付，治标不治本。正如贫民窟的问题貌似解决了，实则以贫民区身份遗留了下来。对于环境污染、交通拥堵、资源短缺等悬而未决。而各类新城市病的出现也将使城市病治理面临新的挑战。

2. 发展中国家：城市病治理任重道远

相较发达国家的城市经过 100 多年的发展和治理，从近代开始独立并走上"城市化"道路的发展中国家面对城市病难题更是一筹莫展，正在重蹈发达国家的覆辙。印度、巴西、中国、南非作为"金砖国家"的成员，在广大的发展中国家中最具代表性。

---

① 2010 年 11 月 11 日，"拥堵费并非解决交通压力的灵丹妙药"，《经济参考报》。

（1）印度、巴西贫民窟问题严重

印度全国城市贫民窟中的人口在 2001 年度人口普查时为 7526 万人，但到 2011 年底，在城市贫民窟中生活的人口预计将达到 9306 万人，这甚至超过了德国的人口总数，其中首都新德里的贫民窟人口将达 316 万人，比 2001 年增加 85 万人，而金融中心孟买所在的马哈拉施特拉邦的贫民窟人口将达 1815 万人，位居全国各邦之首。① 以孟买为例，1995 年政府制定了一个计划，五年内要改造 90 万户贫民窟"住房"，但到 2000 年一共仅完成了 6000 户的改造。

巴西的贫民窟问题则已遍及其各大城市，1987 年巴西全国约有 2500 万人居住在贫民窟，到 2000 年巴西全国的贫民窟数量增加到 3905 个。② 令人惊讶的是，面对数以千万计的贫民窟居民，政府当局除了改善供水、供电等最基本的生活条件外，竟然再也没有采取更多的积极有效的措施来解决贫民窟问题。

■里约热内卢的贫民区

① 数据来源：新华网。"印度城市贫民窟人口逼近 1 亿，期望 5 年内告别"。http：//news. xinhuanet. com/world/2010 - 09/06/c - 12520418. htm。

② 数据来源：中国城市发展网。"巴西城市化模式的分析及启示"。http：//www. chinacity. org. cn/osfz/fzzl/59719. html。

（2）南非社会治安堪忧

南非作为非洲大陆经济最发达的国家，却被冠以"世界治安最差国家之一"的帽子，南非的恶性暴力事件长期居高不下，凶杀案比率是世界平均水平的七八倍。约翰内斯堡作为南非最大的城市和经济中心，更被称为"罪恶之都"①，劫运钞车、炸 ATM 机、入室抢劫如家常便饭，连曼德拉、姆贝基这样的国家元首的豪宅也遭到过劫匪的光顾。南非的交通问题同样让人不敢恭维，约翰内斯堡公共交通基本可以忽略不计，没有地铁，出租车极少且价格昂贵，公交车亦少之又少。

（3）中国城市病泛滥

中国经过长达 30 年的快速发展，经济总量跃居世界第二位，粮食、钢材、汽车等多项产品的生产和销售位居世界首位，但环境污染，交通、住房、公共服务等城市病在北京、上海等大城市已经到了不得不治的地步。首都变"首堵"，这是大家对于北京交通拥堵最形象的态度表达。看病难、上学难、蚁族、蜗居等社会问题考验着政府的执政水平。

在历经计划经济的桎梏之后，中国政府曾经真诚地希望依靠市场经济来解决城市的住房问题。然而，在双轨体制下，这种天真的理想造就了一批暴富而公益道德缺失的房地产商，他们如同英国早期的"圈地运动"，低价收购囤积土地，高价卖出缺少公共服务配套的房屋，套取巨额利润，却把制造出来的社会问题推给政府，卫星城变成卧城，大型居住区变成住宅森林。面对市场失灵、社会不满和日益高企的房价，中国政府从行政和市场两方面下猛药，期望能破解困局。一方面，大力发展经济适用房、公租房、限价房、廉租房来确保满足收入困难城市人群的居住需求；另一方面，则通过在各大城市的商品房市场广泛推行限购、限贷等措施抑制不合理需求，借此打压高房价。这种外科手术式的解决方案对待慢性病式的城市病，效果如何尚待观察。

治理交通问题方面，在大力发展公共交通的同时，小汽车限购、限行等措施也在各大城市推广。北京通过摇号购车、单双号限行、提高停车费

---

① 资料来源：搜狐网。"罪恶之都约翰内斯堡、糟糕治安带来恐慌与不安"。http://zolo.sohu.com/20100522/a272273543.shtml。

等措施限制小汽车的购买和使用，而上海自从上世纪90年代开始拍卖车牌后，上海车牌拍卖价格大幅上涨，2011年2月拍卖均价和最低价双双突破了4.4万元，① 被戏称为世界上"最贵的铁皮"。与此同时对于外地车辆在我国的大城市也有诸多限制，如外地车去上海的很多地方都被限走高架桥。北京市则出台政策规定，外地车辆在高峰时段，即工作日的7时至9时、17时至20时两个时段禁止进入五环。除了以上各种限制性政策，大力发展公共交通被视为灵丹妙药，于是，破解"堵局"就变成了发展公共交通，减少公务车和私家车数量。一时间从上到下，从学界到媒体，从官方到坊间，无不为此摇旗呐喊，颇有几分"文革"中希望通过打灭麻雀就可以确保粮食丰收的劲头。

对比纽约和北京，北京拥有两万辆公共汽车，而纽约只有5500辆。② 由此可见，公交不发达未必就会堵车，公交发达了也未必就能一路畅通。③ 不可否认的是，私家车数量不断增加、公共交通不够发达跟城市交通拥堵有着不可分割的关系，但是究其根本，还是城市规划的问题，是"单中心"的城市格局以及不合理的公共交通规划共同作用下的产物。收取"拥堵费"、"尾号限行"等措施可以缓解"堵局"，但幻想通过以"拥堵费"、"尾号限行"等办法根本解决交通问题就太过天真了。这就如同凭借止痛片和镇静剂去治愈顽固的慢性病一样，虽可缓解一时痛感，却可能带来巨大副作用。轻则毒品依赖，重则掩盖病症，加重病情，危害生命。

对于大城市环境污染问题，中国政府也一直未找到很好的解决办法，只是在重大活动期间采取临时管制措施来争取短期内的改善，而这些措施往往会干扰居民的正常生活。如在2010年广州亚运会，为确保亚运会空气质量，出台的保障措施方案规定禁止烧烤和其他煮食类小摊小贩上街贩卖，以及禁止居民在亚运期间使用油漆、涂料等挥发性物质进行室内装

----

① 资料来源：新浪网。"上海2011年2月车牌拍卖价突破4.4万元"。http：//auto. sina. com. cm/news/2011 – 03 – 09/0811731171. shtml。

② 资料来源：凤凰网。"薛世君：车多和公共交通不足都不是城市拥堵的理由"。http：//finance. ifeng. com/news/special/city disease/20110222/3453135. shtml。

③ 同②。

修。而类似的管制措施在北京奥运会期间也曾出现过。

可以看出，作为世界经济的后起之秀，新兴发展中国家在城市化过程中因种种原因未能充分吸取西方发达国家的经验和教训，同样经历着贫民窟、交通拥堵、环境污染等各种大城市病的阵痛，而对城市病的治理要么疏于应付，要么无计可施，甚至讳疾忌医，其治理之路任重道远，充满坎坷。

（二）学术界面对城市病莫衷一是

城市病不仅困扰着政府，同样也是学术界的研究热点和难以克服的困惑。针对大城市人口产业聚集带来的住房短缺、交通拥挤等问题，有些学者认为城市发展应充分结合乡村的田园因素，以解决大城市拥挤带来的人性化空间不足问题，然而这种田园式发展的思路却被指责是对城市病问题的逃避，甚至产生更为严重的问题。另一些学者认为城市发展应该"分散化"，以解决大城市中心功能的过度聚集，然而大城市分散发展造成的郊区边界的蔓延，城市病也随之扩散，并变异形成新的问题。于是有的学者从聚集发展的角度提出了建议，认为城市空间应明确工业、居住、商业等满足不同需要的功能分区，以解决各种功能混合带来的无序发展问题，但又有学者认为机械的功能分区切断了城市的内部联系，应在各个分区中考虑小系统的综合配套。

这些理论出现的时间是在 19 世纪末期到 20 世纪前 30 年，正是欧美国家工业化的关键时期，这些理论对于解决当城市存在的不同问题各有可取之处，但是，这些理论有一个共同的认识局限，那就是人为城市的产业发展是自然而不可约束的，只能以城市空间的扩大来适应产业发展的需求。他们恰恰忽略了，如果对于人类追求财富的欲望不加限制，无论怎样精密的空间布局，也无法解决因产业无限膨胀而带来的城市病症。

1. 空间集中发展还是分散布局

这些由城市规划师提出的城市蓝图，往往在空间布局上让人眼前一亮，也容易引起非专业人士，特别是官员和公众的认同，就像现在中国很多房地产商用美得炫目的效果图去吸引买家一样。遗憾的是，城市是复杂的、多层次的。透过这些蓝图的美好表象，我们便会发现他们对"理想"

的追求主要表现在对城市人群生存、安全的重视，提出的主要指标也体现着对于人文的关注。但是，由于他们把城市的所有产业都等而化之，将因欲望而产生的产业膨胀当作城市发展的必然，这些美好的理想，因回避了太多现实问题变得只剩下一张美好的蓝图。

（1）集中发展

城市化过程中低密度的城市蔓延，导致"郊区疯长"。尽管这种分散发展的模式一定程度上缓解了城市中心区功能的过度集中带来的环境恶化、人口膨胀等城市病问题，但新问题也随之而来。"分散布局"导致城市边界迅速向外扩张，郊区的蔓延导致城市边缘的农业用地和自然空间越来越少，公共建筑散置各处。与此同时，由于产业、公共服务等领域的疏散一般滞后于人口的疏散，拉大了通勤距离和时间，加大了对小汽车交通方式的依赖，能源消耗增大，空气急剧污染，更进一步导致城市与郊区发展的失衡、种族隔离等问题。针对上述问题，大城市的"集中发展"理论应运而生。

理想城市。1922 年，法国建筑师勒·柯布西耶在《明日的城市》中主张充分利用技术成就，建造高层、高密度的建筑群、现代交通网和大片绿地，为人类创造充满阳光的现代化生活环境，使城市集中发展，以求得最好的生活环境和最高的工作效率，被称为"理想城市"理论。他认为大城市的主要问题是城市中心区人口密度过大，城市中机动交通日益发达，数量增多，速度提高，但是现有的城市道路系统及规划方式与这种要求产生矛盾。城市中绿地空地太少，日照通风、游憩、运动条件太差。他提出要从规划着眼，以技术为手段，改善城市的现有空间，主张提高城市中心区的建筑高度，向高层发展，增加人口密度，同时增加城市中心绿地、道路宽度和停车场，增强车辆与住宅的直接联系，减少街道交叉口，并组织分层的立体交通。

新城市主义。1990 年以来对郊区化增长的批判和反思催生了新城市主义，其代表人物是彼得卡索普等。新城市主义提倡以人为中心的设计思想，主张恢复都市地区中的现有城市中心和市镇，重新配置无序蔓延的郊区成为具有真正社区和多样化的城区，保护自然环境，重新塑造多样化、人性化、社区感的城镇生活氛围，取代郊区蔓延的发展模式。新城市主义所构筑的未来社区的理想模式是集中紧凑的、功能混合的、适宜步行的邻里，强调对社区的重新组织和建构，通过将商店、办公楼、公寓、住宅、娱乐、教育设施集中混合在一起，鼓励步行，促进更加有效地利用资源和节约时间，并借此减少对有限土地资源和燃料的使用。

（2）分散布局

田园城市。英国城市规划师霍华德针对英国快速城市化所出现的交通拥堵、环境恶化以及农民大量涌入大城市的城市病问题，于1898年在其著作《明天：一条通向真正改革的和平道路》中提出田园城市的建设理念。认为城市环境的恶化是由城市膨胀引起的，城市无限扩展和土地投机是引起城市灾难的根源。霍华德开始发现城市中的某些特性是造成特定城市人口膨胀的原因，基于其当时的认识论，他将这种特性定义为城市的"磁性"，建议主动控制和移植这种"磁性"来控制城市膨胀。霍华德的解决方案是将城市的工业、住宅移置于具有一定空间距离外的农业区域，形成合适的区域结构。其实，这本质上是通过"以业兴城"的方式，以某种产业为依托，新建城市来分散大城市的工业和人口。这实际上是一种治表不治里的理论，并不能够从根本上制约城市产业无限膨胀的欲望，现有产业的转移会带走部分人口，而新引入的产业又会带来更多的人口。1922年，恩温提出卫星城理论，被学术界认为是对霍华德田园城市的发展，他主张在大城市外围建设绿带以限制其发展，并将大城市的部分人口和工业分散到周围的卫星城，以控制大城市规模。1924年，在阿姆斯特丹召开的国际城市会议上，"卫星城"被认为是"防止大城市规模过大和不断蔓延的一个重要方法"，"卫星城"自此成为一个国际上通用的概念。遗憾的是，恩温与霍华德一样，对于产业膨胀可能导致的后果认识不清。实际上，如果不能对中心城市的产业发展有理性的预期，即使是通过卫星城来分散部分产业，也不会真正有效地改善中心城市的问题。而且，对于卫星城来讲，因为产业的单一，卫星城的活力会随着支柱产业的兴衰而剧烈变化。

广亩城市。美国建筑师赖特在20世纪30年代提出的"广亩城市"认为城市应与周围的乡村结合在一起，被称为"城市分散主义"。他认为，随着汽车和电力工业的发展，已经没有把一切活动集中于城市的必要，分散（包括住所和就业岗位）将成为未来城市规划的原则。在他所描述的"广亩城市"里，每个独户家庭的四周有一英亩土地，生产供自己消费的食物；用汽车作交通工具，居住区之间有超级公路连接，公共设施沿着公路布置，加油站设在为整个地区服务的商业中心内。美国城市在20世纪60年代以后普遍的郊迁化在相当程度上是赖特广亩城市思想的体现。

有机疏散理论。针对城市过分集中所产生的弊病，伊利尔·沙里宁在1934年发表的《城市——它的发展、衰败与未来》一书中提出了"有机疏散理论"。他从生物有机体的细胞成长现象中受到启示，认为把扩大的城市范围划分为不同的集中点所使用的区域，这种区域内又可分为不同活动所需要的地段。他把无秩序的集中变为有秩序的分散，把密集地区分为一个个的集镇或区域，彼此之间用绿化带分隔，以便城市居民接近大自然。沙里宁认为，城市作为一个机体，它的内部秩序实际上是和有生命的机体内部秩序相一致的。如果机体中的部分秩序遭到破坏，将导致整个机体的瘫痪和坏死。为了挽救今天城市免趋衰败，必须对城市从形体上和精神上全面更新。再也不能听任城市凝聚成乱七八糟的块体，而是要按照机体的功能要求，把城市的人口和就业岗位分散到可供合理发展的离开中心的地域。"有机疏散论"在第二次世界大战后对欧美各国建设新城，改建旧城，以至大城市向城郊疏散扩展的过程有重要影响。

（3）对分散布局和集中发展的批判

加拿大的简·雅各布斯对霍华德提出的田园城市和勒·柯布西耶提倡的"理想城市"大力抨击，在其1961年出版的《美国大城市的死与生》一书中，她认为以田园城市为原型的"分散主义理论"实际上是逃避主义，因为这种理论"不尽力为快速增长的人口解决住宅却想着重新分布静态人口"的做法，是一种不切实际的目标规划。在田园城市的模型中，任何细节都要在开始时就得到控制，这是不能适应城市发展的，并且会使得城市丧失活力。另外分散式的城镇群只会把城市搞得越来越大，无法真正控制。她对勒·柯布西耶提倡的由摩天大楼、高架桥、绿色公园构成的"理想城市"也给予了否定，她认为柯布西耶忽视了城市的复杂性，城市化面临的困难和遇到的问题其实是个非常复杂的系统，而柯布西耶却用一种相对简单的机械论方法试图给以解决。在她看来，城市中最珍贵的就是城市对于一种相互交错、互相关联的多样性的需要，城市不应该是一个简单的有序的外表（这却是柯布西耶所追求的东西），而应该是一个有序的、充满了复杂交错的互动过程的运作机制，而这种机制、这种城市所区别于乡村和小型城镇的特有的品质恰恰需要依赖于城市里面多重功能的在场所上的互相叠合或者紧密的毗邻和互相支持，而这些却正是柯布西耶所致力于消灭的。

雅各布斯认识到仅仅凭借空间规划，通过空间配置去被动适应产业通胀是不可行的。但是，规划师的专业视角使得她仍然不能对城市复杂的内部系统进行审视，所以她也拿不出真正解决城市病的理论体系。

2. 功能分区还是系统统筹

功能分区论。产业革命后，城市中出现了大工业、铁路枢纽等新的物质要素，但由于城市建设的无计划性，实际上，在当时的认识水平下，也不可能有这种预见，也就谈不上计划，城市中往往是工厂、住宅、商场、仓库等混杂相处，生活、生产都不方便，城市病问题由此出现。城市功能分区从技术角度出发，按功能要求将城市中各种物质要素，如工厂、仓库、住宅等进行分区布置，组成一个互相联系、布局合理的有机整体，为城市的各项活动创造良好的环境和条件。因此，对城市的功能分区问题开始引起重视。1933 年的《雅典宪章》提出城市应按居住、工作、游憩进行分区和平衡的布置，建立把三者联系起来的交通网，以保证居住、工作、游憩、交通四大活动的正常进行。① 20 世纪 60 年代以来，随着社会生产力的进一步发展和科学技术的不断进步（如电脑的应用、高速交通的发展、环境污染的防治等），城市功能分区的理论和实践有了新的发展。如英国1970 年开始建设的新城——米尔顿·凯恩斯，不设置过分集中的工业区，而把工厂、行政、经济和文化管理机构等有机地布置在居住地段附近，形

---

① 洪城：《领导干部城市规划知识读本》，同济大学出版社 2002 年版。

成综合居住区，并基本做到就业和居住就地平衡。①

居住、工作、游憩、交通四大系统划分看似很科学，但是工作的内容与其他三个内容不同，是个活跃的变量，产业的划分不以人和城市需求为核心，不论以什么方式去混合，都注定是短命的，这也是建筑师的悲哀。随着城市规模和人口的持续增加，雅典宪章中将城市划分为各种分区或组成部分的做法，导致城市管理者为了追求分区清楚却牺牲了城市的有机构成，这一错误的后果在现代许多城市中都可看到。由于雅典宪章对城市规划的探讨并没有反映农村人口大量外流而加速城市增长的现象，导致城市住房、公共服务设施和交通设施等落后于人口增长，城市生活质量普遍恶化。这些新城市没有考虑到城市居民人与人之间的关系，结果使城市生活患上了贫血症，建筑物成了孤立的单元，否认了人类的活动要求流动的、连续的空间这一事实。与此同时，由于人为划分的不同分区之间缺少联系和沟通的渠道，导致功能区之间的协调发展也存在问题。因此越来越多的学者从综合系统的角度考虑城市的发展问题。

城市系统论。1977 年 12 月，一些城市规划设计师聚集于利马，以《雅典宪章》为出发点进行了讨论，在对《雅典宪章》所崇尚的功能分区进行充分的反思后，提出了《马丘比丘宪章》。目标是将城市的不同部分重新有机统一起来，强调不同领域之间的相互依赖性和关联性。《马丘比丘宪章》认为城市是一个动态系统，人的相互作用与交往是城市存在的基本根据。要求城市规划师和政策制定人必须把城市看作在连续发展与变化的过程中的一个结构体系，这一过程应当能适应城市这个有机体的物质和文化的不断变化。城市规划就是一个不断模拟、实践、反馈、重新模拟的循环过程，只有通过这样不间断的连续过程才能更有效地与城市系统相协调。同时，他们认为柯布西埃的理想城市"是一种时尚的、文雅的、诗意的、有纪律的、机械环境的机械社会，或者说，是具有严格等级的技术社会的优美城市"。

---

① 韩振华、殷跃建、丁珊：《开发区主导产业与房地产业发展关系分析》，《合作经济与科技》，2009 年第 3 期。

（三）面对城市病社会人群理性渐失

亚里士多德说："人们为了生活来到城市，为了更好的生活留在城市。"与农村对应，城市是人类生活的另一种载体。由于城市具备更多的就业机会，更为完备的商业、居住、医疗、教育、交通等服务设施以及宽阔整齐的马路、鳞次栉比的楼宇、高大精美的雕塑，使得大城市成为很多人寻梦的天堂。然而，城市病的久治不愈却让我们与理想中的美好生活渐行渐远。城市病的产生是因为对于经济发展的无限冲动，是在城市发展中人们追求财富的欲望，而城市病的症状大都发生在人类安全、舒适和保障等体现生存质量的方面。诸如就业、交通、公共服务、住房等一系列直接影响人们切实生活水平的问题，却是人们在工作生活中无时无刻不在关注的焦点。因此，当政府"医治"这些城市病措施乏力之时，常常会引发城市居民的自救意识。这种自救行为看似是个人为确保自己更好的生活水平而做出的理性选择行为，但当全社会都如此自救的时候，个人的理性行为往往演变为整个城市生活人群的理性失控行为。这一点在中国城市化进程过程中表现得尤为明显。

1. 交通

在城市规划方面，目前中国很多城市都是"单中心"模式，不加区别地将各种不同类型的产业和从业人员按功能区隔离开来。于是，不同行业、不同收入的人们混居在城市边缘，同时到市中心工作。本应差异明显的人群对交通却有着同样的需求，于是市民只能在中心地带上班，到边缘地带居住，每天往返于住地与工作地之间的浩荡人流，带来了巨大的交通压力。

以北京为例，因为运力低下导致公交车拥挤，于是政府出台政策鼓励私家车发展，市民开始大量去买私家车，私家车多了导致道路拥堵，政府又因为堵车出台限行政策，很多习惯驾车的市民因先行而去买备份车，这是城市主体理性渐失的典型。目前，北京小汽车牌照成为一种稀缺资源，摇号池已逾百万人，但这其中又有多少是因限号而被激发的呢？摇号政策在客观上对人们本已焦躁不安的心情进一步推波助澜了。

2. 公共服务

从公共服务来看，中国最突出的表现是看病难、上学难。由于中国医疗资源分配严重不均衡，北京、上海以及各大省会城市集中了全国或地区最好的医院，因此这些大城市医院不仅要为本城市工作和生活的居民服务，还要为数以万计的其他地区的患者服务。由此，大城市的医院成为稀缺产品，患者为了看病经常需要通过托关系、塞红包等方式才能实现尽快就诊。而医药领域存在的体制性弊端所造成的看病贵问题，导致患者就诊后还需要承担高昂的医疗费用，这对于中国大部分没有医疗保险的人，尤其是包括大城市郊区的农村人群是一个非常沉重的负担，有病不治的奇怪现象屡见不鲜。据卫生部数据显示，中国约有近半居民有病不就医，29.6%的居民应住院而不住院。① 这种社会中普遍的非理性选择，却是居民在对自身经济状况做出判断后做出的不得已而为之的理性选择行为。

公共服务理性渐失表现在几个方面，在教育领域表现为奢华的示范校和边缘的打工子弟学校的巨大反差。在医疗保障领域，表现为三甲医院的资源垄断、豪华专科医院与普通市民看病难、号贩子猖獗的巨大冲突。在就业保障领域，表现为横幅宣传的较低"登记失业率"和民众切身感受的就业难、"被就业"之间的巨大对立。

3. 住房

从住房来看，由于政府无力独自解决市民的住房需求，大批开发商涌入住房市场。90年代末期住房市场化改革后，在土地财政、房产商暴利、住房的刚性需求和投资需求等多重因素的推动下，北京、上海、广州等大城市房价普遍大幅上涨。面对大城市动辄2万/平方米以上的商品房价格，为了实现安居乐业的愿望，很多所谓的城市中产阶级举全家之力，拿出父母甚至祖辈的毕生积蓄为这些刚到大城市的年轻人购置房产，而这些钱往往是老一辈的养老钱、看病钱和应急钱；更多的人则要借助银行贷款，在想尽各种办法攒齐首付款后，才能荣耀的加入"房奴"一族；还有大量刚迈入社会的大学毕业生，从农村来寻梦的年轻人，以及来自中小城镇的家

---

① 资料来源：腾讯网。"湖北部分医院推行先看病后付费，破解住院贵难题"。http：//news. qq. com/a/20120516/000523. htm。

庭经济环境较差的城市移民，他们甚至连购房贷款的首付款也无法凑齐，往往只能与他人合租廉价房屋。更多的低收入群体蜗居于城中村、地下室，或者举例称中心较远的郊区，被称为"蚁族"。居住带来的社会矛盾日益突出，房地产的泡沫又对宏观经济带来威胁，双重压力之下，政府开始推出保障性住房，先是发展经济适用房，却因为政策粗糙大都成了富人适居房，而后又出现了"双限房"、"安置房"，名目繁复，不是专业人员都难入其门，最近出现的"公租房"、"廉租房"中依然可以看到诸多政府部门内部分房的影子，与民争利，理性何存？

现在中国的大城市不仅行车难，购车更难；看病难，养病更难；生孩子难，上学更难；而买房子对大部分人来说更是天方夜谭。当整个社会的话题不再是"指点江山、激扬文字"，而是转移到孩子、车子、房子、医院这些生活中的个人琐碎而重大的问题的时候，那么我们不禁要问，这就是大城市的现代人应有的追求吗？这样的追求就是国家的明天所在吗？这种看似回归平庸的人生理想，是社会稳定的图画还是暗流涌动的征兆呢？

三、理性与智慧，提升对城市病的免疫能力

城市发展的过程正如我们人体从小到大的成长过程一样，可能会患病，但这是必然的吗？在复杂的生存环境中，任何不健康的生活方式、对自身健康的忽视以及难以预料的环境变化可能都会让我们出现病症。加之各人不同的体质，生病是必然和正常的。但是，如果我们善于总结家族病史和个人特质，防微杜渐，绝大多数病症完全可以在成长过程中避免，或者即使发生也能顺利治愈的，甚至有一些本就不能称之为"病"的小毛病，它的出现反而会有利于免疫系统的升级。可见，个人自身的原因才是问题出现的根本所在。在我们看来，城市就像生命体一样，出现了病症就需要耗费大量的精力来解决，我们更需要未雨绸缪。具有前瞻性的规划设计、导向性的政策设计、对更多普通居民合理利益诉求的关注和保护，科学合理的城市规划能从一开始就杜绝城市病的产生。

（一）城市发展与病症加重的逻辑悖论

纵观各大城市的发展历程，我们发现了一些难以琢磨但引人深思的奇怪现象：城市的发展越来越大，但城市居民买房却越来越困难；道路越修越长，越修越宽，但行车却越来越慢，交通越来越不便捷；医院、学校越来越多，但看病却越来越贵，上学却越来越难……还有数不胜数的类似城市病现象不得不引起我们的反思。经济发展了，收入增加了，道路修宽了，医院更好了，科技更发达了，但我们的工作生活却越来越不便利了，大城市梦越来越受到住房、教育、医疗这些最基本的生活难题牵绊了。究竟是因为"城市化"发展本身就是个错误，还是因为这些城市病的出现是城市发展过程中的必然现象？

伦敦的发展似乎可以让我们看到一些解决问题的端倪。当英国在工业革命的呼唤下率先打开工业化大门的时候，伦敦——这个老牌资本主义国家的首都，在机器的武装下攻城拔寨，迅速崛起为世界的工业中心。随着后来第二次工业革命及二战后科技革命的发生，伦敦从一个工业城市进一步发展为世界金融中心。但是，城市发展的光辉却掩盖不了社会问题的涌现。首先即是前文提到的贫民窟问题，大量的农村人口或主动或被动的进入伦敦，成为伦敦贫民窟的第一批居民；其次就是日益严重的环境污染，最为著名的即是上文提到的伦敦雾污染事件，其他诸如交通问题、住房问题等也不断出现。此后的伦敦政府开始重视这些城市病问题，并积极地采取了一些措施。但是城市病的治理并不如想象的那么简单，直到现在，伦敦的交通仍然遭人诟病。但这些问题的出现是无法避免的吗？

因为人们习惯性地把产业增加和财富增长当做城市发展的核心主题，现有的城市发展理论都把产业扩张当成自然定律，于是在欲望驱使下各种产业的膨胀必然使得原本平衡的城市系统出现问题。这样，看起来城市要发展就会产生城市病，城市规模越大、发展越快城市病就会越重，这种城市发展与城市病相生相伴的悖论成了指导城市前行的理论陷阱。

（二）城市病背后的深层次原因

我们想清晰地表达一种观点：很多城市病症是完全可以避免的。但这如何解释无论在发达国家还是发展中国家城市发展过程中，都会出现这样那样的城市病问题？甚至在我们这个仅仅经历了30年城市化发展历程的国家，在北京、上海、广州这样的大城市都出现了日益严重的城市病问题，而这个问题正在向合肥、石家庄、义乌等中小城市广泛蔓延。我们认为，是人类对物质领域的过度追求导致了城市的畸形发展，对这种发展理念带来的问题预见性不够、准备不足导致了问题扩大化。而不断扩大的问题不仅让人们疏于思考、疲于应付，更为重要的是，在一个利益导向的社会制度中，人们的欲望被无限放大，焦躁、自私与贪婪已让我们与发展建设城市的初衷渐行渐远。我们虽然创造了城市，但由于对经济利益的过度追求，我们却已经"沦为"城市系统中的附属品，让我们在城市面前显得异常渺小，而在城市病面前显得茫然失措。贪婪，是产生城市病的根本原因。

1. 过度追求经济发展目标

伦敦从过去的工业中心演变为现今的世界金融中心；东京的经济产值超过1万亿美元，占日本这个世界第三大经济体全部GDP的三成；纽约是世界级金融中心；而我国的上海，也提出了"成为国际经济中心、国际金融中心、国际贸易中心、国际航运中心"的四大发展目标，非常清晰地表明了经济领域的发展在城市发展中的优先地位。我们从不否认，经济对大城市发展的支撑性作用，就业和财税的需求都让我们不得不重视经济的发展。很多专家也经常在给政府建言献策的过程中，以"世界大城市往往都具有庞大的经济规模"这样的观点来佐证经济发展在城市发展中的优先地位。但是，经济不是城市的全部，人类却是城市形成的基础。经济与其他系统一样，是城市的上层建筑。只有人类社会与经济以及环境、文化、交通、服务设施等各个领域共同发展才能组成完整的城市。正如我们个人不仅需要工作，也同样需要适当的休息娱乐一样，劳逸结合才能长期保持工作的积极性和创造性，一味地工作只会成为导致"过劳死"的悲剧。如果城市经济领域过度超前发展，在实现城市财富膨胀的同时，必然造成有限资源在产业、招商等部分领域的过度集中，导致上述其他领域遭到忽视或得不到应有的重视，那么与经济发展相随的人口增加带来的更多的住房、教育和医疗需要，人流、物流的流动带来的更大交通运输需求，以及由此带来的能源、水资源的更大消耗，环境的优化和治理等方面就会跟不上经济发展需要。而最终结果必然是，其他领域的相对滞后带来的住房紧张、交通堵塞、环境污染等城市病问题，反过来影响城市经济的可持续发展。

虽然中国在一直强调要避免走发达国家"先污染、再治理"的老路，要实现经济、环境、社会的可持续发展。但在"发展是第一要务"的方针指导下。实际操作过程中发展变成了唯一的要务，导致可持续发展始终难以真正的履行，先是全国各地兴办经济开发区、高新技术产业园区，接着中央商务区（CBD）、总部经济园区、金融聚集区在各大中城市轮番上演。与之相伴的是招商引资热潮，商品房开发热潮，以及道路投资的建设热潮，伴随极速聚集的人流而至的保障房问题、医疗问题、教育问题、交通拥堵等问题，虽然愈演愈烈，却没有及时得到应有的重视，由此使得等大城市的城市病问题层出不穷。

2. 对未来发展预见性不够

当第一台蒸汽机出现的时候，英国皇家工程师队的大尉军官萨弗里当时已经预见到在社会生产领域广泛应用蒸汽机的重要性和可能性，并将其应用于采矿领域，由此带来了产业的伟大变革。再如 20 世纪 80 年代电脑开始进入中国，中国政府敏感地预见到计算机在未来必将在经济社会领域大规模应用，为了不至于再重蹈工业革命、电力革命期间被排除在世界大潮之外而落后的命运，投入巨资研究自主的大型计算机技术，对于民间计算机行业的发展也给予鼓励。上世纪 90 年代进入中国社会的互联网也受到了中国政府一样的礼遇，使得今天互联网得以进入千家万户。其实，在当时改革开放攻坚阶段的大背景下，决策的环境异常复杂，各种反对的声音不绝于耳，但政府对计算机和互联网未来发展的正确预见让我们跟上了世界正在发生的信息革命的脚步。

然而，中国在城市化发展过程中，这种睿智的决策和实践却没有重现。作为后起的发展中国家，已经处于城市化成熟期的发达国家有足够多的经验和教训让我们借鉴。交通拥堵、环境污染、教育医疗资源紧张等"大城市病"不是城市有病，归根结底是规划、设计、管理它的掌舵者缺乏超前观念。城市规划和管理者过度迷信权力和个人的主观判断，同时较短的任期制和异地做官，使得地方主官心浮气躁、急功近利，不肯将精力和资源投入到长效机制和基础建设，甚至是掩耳盗铃，采取鸵鸟政策，导致城市规划严重滞后于人口增长和经济发展。北京"十五"计划提出每年增加人口不到20万，结果十年过去了，平均每年净增人口80万，总共增加了800万人口。由于公共交通、教育、医疗等资源安排与城市规划都按照每年20万净增人口的"人口和城市控制规划"来编制，这种削足适履式的城市规划和建设实施，也就必然引起了交通拥堵、医疗教育资源紧张等"城市病"的集中爆发。①

早在一百年以前在伦敦出现过的环境污染问题，今天在中国也出现了，长江、淮河等各大河流均受到严重污染。40年以前东京就出现的交通拥堵问题，在上海、北京等大城市正在上演；由于中国独一无二的庞大人口总量，使得诸如住房问题、教育问题、医疗问题出现之后，变得越来越严重。我们需要将城市所能承载的定位加以收敛和聚焦，强化城市发展有特色的产业、服务和文化，而不是以最粗糙的规模扩张和产业增量来保证发展，比如，在建设城市集中居住区的时候，与产业布局的调整、生活配套设施的建设结合，从而减少城郊之间的人流量，降低交通压力。如果政府显然对这些经验和教训重视不够，对于既定规划的执行也不够彻底，说一套，做一套，就会重蹈覆辙。

3. 人与城市关系摆放不清

城市是为了人而存在，还是人为了城市而存在？答案似乎很明了，先有了人才有了城市，那么当然是以人为主体。2010年上海世博会的主题——城市让生活更美好，也在诠释着城市中人的主体地位。因此，城市是为人类生活提供了另一种载体，这种载体相对农村来说，应该有更多的就业机会，更高的收入，更多的生活便利，从而让个人在城市中获得更有品质的工作和生活状态。城市病反映的正是城市建设过程中现实与主导思想出了偏差，城市的管理者在单纯的利益驱动下，较少地关注普通人的需

---

① 数据来源：中国网络电视台。"复兴时评：自相矛盾的户籍管制，城市病难治愈"。http://opinion.news.cntv.cn/20110315/110757.shtml。

求，于是马路越建越宽，高楼越建越密，但与人们生活密切相关的自行车道、城市绿化却越来越少，各种公用设施越来越贵。

事实的发展也与我们的分析非常吻合。在处理城市系统问题的时候，政府会说为了城市的发展来吸引各行各业的优秀人才，为了树立现代城市的风貌进行拆建，为了确保城市的经济社会发展和政治功能实现进行交通治理等等。于是，作为城市原本的主体——全体普通市民，就不可能感受到城市生活的美好了。反映在城市政策上，治理交通首先就是控制汽车数量，粗暴地通过限购剥夺普通居民的购车权利实现疏堵的目的；通过拆迁将居住区变成城市的特定功能区，却将城市中心的原居民赶到缺乏各种配套的郊区集中居住区；通过推进农民上楼置换城市建设用地，而不投入资源帮助村民适应这样的生活方式变化。由于忽视了人的主体地位，这些政策实施过程中必然难以取得预想的效果，引起社会矛盾，甚至引发群体性事件。拥堵并没有因"限牌令"而变得通畅，城市中心的功能区聚集和远郊居住区配套缺乏反倒加剧了往返城市中心和郊区的人群，而拆迁造成的暴力抵制、上访甚至自焚事件更是在中国城市化进程中时有发生。

（三）理性发展方能去除城市病顽疾

城市化，不仅要注重发展，更要注重对城市整体的管理和驾驭。过度重视经济领域的发展，对人在城市系统中主体地位的认知缺失，必然会导致对城市未来的预见性不足，使得我们在治理城市病时疲于奔命，虽然投入大量的人力、物力、财力却收效甚微。

城市是人类创造的经济、文化、交通、设施等社会各领域所组成的整体系统，破解"城市病"也应该是一个以人为核心的系统工程。不同领域之间相互影响，某一领域出现问题，可能是因为其他领域的错误而导致的"城门失火，殃及池鱼"。联系地、系统地看待和处理城市病问题，跳出城市病本身看待城市病的出现和蔓延，才是我们对待城市病应有的态度。我们经常遇到这样的情况：地方政府在处理城市病问题时，经常就事论事，跳不出城市病的圈子，比如在处理交通问题时，或者修路，或者限购，无法从城市整体的角度处理交通的问题；处理环境污染问题，要么投入巨资治理，要么兴建处理设施，不能跳出环境的本身从产业的角度、居民意识的角度、企业责任的角度等方面进行处理。这种方法虽然在短期内收效明显，但副作用很大，而且对于复杂的病症，往往治标不治本，会使问题变得更加棘手。城市病的形成是人的决策和实践失误造成的，因此克服城市病也要从纠正、减少决策失误和错误建设入手。城市的最终追求是让生活在城市中的人更加幸福，这就是以人为本。当城市决策者在面对经济发展、城市规模扩张、城市间资源竞争时，能守住这个底线就会大大减少城市病发生的概率。

城市从诞生之日起，就被人类赋予了一系列的复杂功能，也因此，自诞生之日起，城市就具备了复杂的深层基因。在这样一个复杂的人造生态系统中，人理应为本。城市病归根结底还是人的病，是人在建设城市过程中病态理念的集中体现。这其中，无论是早、晚高峰的拥堵，还是摇号买车、看病挂号的艰辛，抑或是城市角落露宿街头的打工族与流浪汉痛苦的生活状态，都只是一面镜子，无情地放大并折射出的是在人口、环境、资源的层层重压下，人类为寻求经济发展而不断膨胀扭曲的城市规划、管理理念。

反观我们最初的迷茫，城市病从城市诞生那天起就注定与之相伴而行。我们一手建造的城市日新月异壮大发展，就像没有绝对健康的生命体一样，绝对健康的城市是不存在的。

第三章

城市再认知：复杂性系统观

城市从何而来，从何而终？

城市整体仅仅等于各个部分之和吗？

城市的发展到底有没有可以预测的趋势？

各学科的研究成果叠加之后是否可以反映真实的城市？

城市的基因是一开始就注定了的吗？这种基因后天在多大程度上能够改变？

我们所说的城市究竟是物理城市结构，还是充斥着价值、文化、道德以及各种社会关系的场域？

直到把系统论运用到城市研究时，这些问题才有了较为合理的解释。

城市是彼此迥异但又相互联系的要素所形成的集合体，既包含了生活在其中的人，也包含了城市的物质结构。城市所包含的个人拥有不同的年龄、职业、生活方式以及收入等，每一个生活在城市系统中的个人，每天都要与家人、同事、政府官员以及这个系统中的其他人打交道。他们住在不同的地方，使用着可能同一工厂生产的商品，在不同的产业和服务机构工作。人和其他事物都是动态的，每天朝着不同的方向，借助某种特定的交通方式在城市系统中流动，比如汽车、卡车、公交、地铁、自行车、摩托车等等。① 商业和产业实体则在全球范围内作用于城市系统，比如对能源、资源、食物和文化的控制与影响。这就是我们日常所感知的城市。但是，这些对城市片段的认识远不足以让人们完整地理解身处的城市。于是，各种试图对城市一探究竟的理论渐次诞生，当然，也伴随着争论与共鸣。

■城市活跃的动力和新陈代谢，如此复杂、又如此协调。人类似乎在通过城市仿造自己。

17 至 19 世纪，自然科学的发展引发了新的认识论的产生，达尔文的进化论和牛顿的机械还原论引发了还原论和机械论的盛行，人们开始在各个领域应用这种观点。以机械论为基础的城市认识论认为，城市建立在物质性、均衡性、稳定性、决定性的动力基础上，由各种结构和系统简单构成，可以拆分和还原，城市并没有知觉，是一个冷冰冰的、没有知觉的物体。还原论与机械论的方法始终不能很好地解释城市这个巨

---

① Weich et al. Measuring the built enviroment：Validity of a site survey instrument for use in urban settings. Health & place. 2001.

型系统。

近代，人们开始质疑将复杂的东西简单化是否能够反映事物的本质。于是，"不可约化的复杂性"① 的概念被提出，并用以解释复杂的事物。这个概念主要阐释的是很多事物是一个不可分解的链条，只要抽掉一环，整体就会崩溃。把这个概念用于解释城市，说明城市的基因和基本元素是先天就具备的，后天很难再进化或改变。"不可约化的复杂性"只是指出对于城市这样的复杂系统，每一次设定其实都是一个不可约化的复杂，虽然演化能无限复杂下去，但初始设定的简单却不能演化出来。其价值是指出很多复杂系统不都是累加的结果，不是所有量变都能质变，有些时候必须一步到位。

混沌②论曾经是解释城市复杂性的有效理论。它属于非线性科学，只有非线性系统才能产生混沌运动。其基本含义可以概括为：聚散有法，周行而不殆，回复而不闭。混沌理论的世界观与理性的、逻辑的价值观相对立，它植根于复杂理论，代表了事物之间非线性的联系，解释的是秩序之外的、正在变迁的事物。③ 基于复杂科学的混沌理论的描述也许比较接近城市的本质，城市的非线性特性使得人们对城市的发展不能精确预测，而只能进行趋势预测，不过混沌论对于城市的描述还仅仅停留在解释阶段，并没有太多的应用性研究。

根据机械论、还原论、混沌论以及近代各种复杂理论的不同视角来认识城市，逐渐产生了城市研究的五大学科：建筑学、地理学、经济学、城市史学和社会学。④ 但是，这些理论的发展并没能从根本上解决人们对于城市认识的种种困惑。

城市从何而来，从何而终？

---

① Michael A. McAdams. Complexing Theory and Urban Planning. Urban：Urban Affairs and Public Policy. 2008.

② 混沌指确定性系统产生的一种对初始条件具有敏感依赖性的回复性非周期运动。

③ ［美］迈克尔·丁·贝希，邢锡范译：《达尔文的黑匣子：生化理论对进化论的挑战》，中央编译出版社 2006 年 8 月版。

④ 郑也夫：《城市社会学》，中国城市出版社 2002 年 6 月版。

城市整体仅仅等于各个部分之和吗？

城市的发展到底有没有可以预测的趋势？

各学科的研究成果叠加之后是否可以反映真实的城市？

城市的基因是一开始就注定了的吗？这种基因后天在多大程度上能够改变？

我们所说的城市究竟是物理城市结构，还是充斥着价值、文化、道德以及各种社会关系的场域？

直到把系统论运用到城市研究时，这些问题才有了较为合理的解释。

在对上述理论去粗取精的基础上，我们提出基于自适应特点的城市认识论：首先，城市不仅是物理结构，还是人类的生态秩序，它不仅仅是住宅或基础设施的组合，而且包含了人类真正的特性，是人类的产物；其次，我们采纳了混沌理论的观点，认为城市具有非线性的特征，但我们致力于在认识城市非线性的基础上，对城市的未来发展进行预测；对于"不可约化的复杂性"言论，我们要批判地吸收，认同对于城市来说，初始设定的简单将决定城市基因的优劣，即一开始城市的地缘位置、资源禀赋、城市规划将决定城市未来的发展质量。但是，我们不同意复杂系统不可拆分的观点。

我们认为，城市可以用理性的方法加以认识，但仅仅运用逻辑和理性是不够的，城市环境的最终产物不仅仅是物理结构，还包括城市所培养出来的各种新型人格。城市具有非线性和自适应等特征，运用科学的方法可以对城市的未来加以预测并指导城市发展。城市系统由不同的子系统构成，而这些子系统也可被视为城市中较低层面的系统，且这些子系统内部可以进行拆分或封装，以更好地研究城市。

一、一个以人为主导的复杂系统

建造城市是人类改造自然界，并留下自己印记的尝试，是地球上人类活动最为壮观、最为庞大的成果。作为城市的创造者和灵魂，人是城市中最具有活力，最具有创造性的部分。毫不夸张地说，在很大程度上，人是城市的主宰，城市各个领域都是由人创造或改造的，并随时为人而服务。但是我们也需要看到，城市自诞生之日起，就遵循着自身独特的发展规律，经常使得人们的意志不能如愿，规划的蓝图与发展实践南辕北辙。

古典生态学家认为城市的基本单位是社区，他们把社区看作相互竞争又相互联系的各部分所构成的一个系统，其各个组成部分之间存在一种追求平衡的自然趋势；芝加哥学派的帕克则把城市看作一种人类生态秩序，他认为城市不只是住宅区的组合，相反，城市包含了人性的真正特征，城市是人性的产物。①

（一）城市是人类改造自然的产物

城市是人类为了适应环境建造的最为壮观的人造系统，是人类能力的最高体现。所有的生物都是通过变异和自然选择来适应环境的，即通过改变基因来适应环境。人类的出现改变了进化的历史，不再单纯地通过改变基因来适应环境，而是通过改变环境来适应自己的基因。或许早期的人类改变环境的能力非常有限，"靠天吃饭"反映了当时对自然环境的无奈。但到了现代，随着科学技术的发展，社会最基本的物质生产——农业生产，早已基本摆脱了自然环境的限制，具有特殊能力的新品种被创造出来，如众所周知的杂交水稻、抗旱、抗寒等新的作物品种，新的种植技术层出不穷，如浇灌技术、无公害栽培等，新的生产工具也让人类从生产一线解放出来，机械播种、飞机喷洒农药等在农业生产中广泛使用。农业生产的巨大发展，为城市的形成和发展壮大创造了基本的物质基础，越来越多的人开始从农村来到城市，从农业转向其他行业；各种高大建筑在城市中拔地而起，这些建筑或为住宅、或为厂房、写字楼，它们的共同特点是为人类的生产和生活活动创造了更为舒适的环境，摆脱了日晒雨淋的痛苦，并普遍具有较强的牢固性能，可以在很大程度上保护人类在自然灾害

---

① R·E·帕克，E·N·伯吉斯：《城市社会学，芝加哥学派城市研究文集》，华夏出版社 1987 年版。

中幸免于难。还有各种道路及交通工具，水电气等基础设施，网络、电话等新的交流渠道，医院、学校等人类生活保障，工业、服务业等经济形态，所有这一切让"靠山吃山、靠水吃水"的日子成为历史。城市使得人类有能力与恶劣的生存环境做斗争，与与生俱来的生老病死做斗争，与物质资源匮乏做斗争。

（二）城市发展与人的社会性相伴

城市在本质上是人的聚集，这种聚集过程使城市由小到大，由低级到高级，由简单到复杂，表现出与农村截然不同的空间形态和发展模式。人除了具有生物的自然属性，更重要的是还具有聚集后产生的社会属性。人的社会性决定了人类社会结构及其基本特征，表现在社会成员的阶级结构、职业结构、社会制度、礼仪习俗、价值观与价值取向以及交往关系等多个方面。人的社会属性使城市具有价值观、城市精神、伦理道德等意识形态领域的内容，逐渐形成了类似于自然规律的社会规律，如道德规范、法律体系等，支持、推动并约束着城市的发展。正是由于这些社会规律的存在，使得城市不仅仅是各种物质和能量的堆积，它的发生、发展也受到了精神属性的制约，包括城市的历史文化传统、风俗习惯、宗教信仰等。[①]这种精神属性是由城市中每一个居住者自身的精神理念在城市社会中的叠加形成的，是一种隐性的决定力量。人类的社会属性还表现在对未来的一些假设性、前瞻性的设计——城市规划上，这是人类在城市的发展中为了维持生活和发展的空间秩序而对未来空间做出的安排。城市规划是人与空间的作用中介，通过对人的活动内容、形式和过程的预测和协调，以达到对城市空间的有效利用。

（三）城市演进与人的活动密不可分

城市的演进过程是人的生存、发展和社会化的过程。其本质特征是人与自然环境、人与社会关系以及人的思想互动和整合的过程。城市化的过

---

① Ompacl, Danielle C, Galea, Sandro, Vlahov, David. Urbanicity, Urbanization and the Enviroment, Springer. 2007.

■夜市，城市的生活文化。

程就是人的自主意识的提高、人化环境的扩大、群体关系的协同、创造性的发挥以及个性不断解放的过程。在城市发展的每个阶段，人都起着决定性的作用——城市源于人，为人、因人而改变。城市演进的整体性与其中人的活动密切相关，正是通过人的活动才在空间与时间之间建立了联系，这种联系构成了整体性的基础——活动既有时间性，又有空间性。无论城市发展演进的路径如何，其实各子系统都是人的本质在城市不同层面上的展示。从这一角度看，城市是以人为主体，以人化的自然环境为基础，通过人口的汇聚、分工和协作，进行生产和交往活动，形成和发展丰富多彩的个性，进行新的创造，达到时、空、质的统一，最终使人得以在各个方面自由、全面和充分地发展。

二、具有复杂生命体的成长特征

城市从诞生之日起就是有其生命周期的。人类城市历史已有 6500 多年，但现存城市中历史最长的不足 1000 年，古老的城市在消亡，新的城市在产生。有些近百年还曾兴旺过的产业城市，也在走向生命终点。直接明了的谈论城市的毁灭不会是一个轻松的话题，但正如讨论人的生死一样，只有明白最终的归宿，我们才能懂得珍视生命，并努力使其有快乐的成长期、辉煌的成熟期。

城市系统作为"人工生命"，与生命体在特征上有着相似之处。生命都具有复杂、自组织性和整体性的基本特征，这是与非生命的根本区别。而城市的组织结构和演化过程也同样具有这些特征。城市的发展演进就是建立在复杂、自组织和系统开放基础上的空间运动，其结果是促使城市功能、结构、空间和形态进行不断地发展和分化，但又保持着演进过程的整体性。城市的形成和演化与生命系统有着相似的规律，在不断与外界进行的物质、能量交流中实现其个体和群体的进化。①

开放城市的系统元素有四个：城市通行领域、未完成的城市设施、对于城市发展的描述，以及能够展示城市民主精神的公共空间。城市系统正是如此日夜不息的进行开放活动，不断自我调整、自我整合导致了新事物、新联系和新信息的不断涌现，才能保持城市的正常发展。②

（一）城市与外界的能量交换有生物体新陈代谢特征

城市是一个开放的系统，需要与外界不断地进行能量交换方能维持自身的正常运转。城市的这种能量交换过程，恰似生命体与其所在环境之间进行的营养物质摄取和废物排放的新陈代谢过程一样，通过对人力、技术、资源、能源、文化等外界多种要素的消化、吸收、转化、分解，持续进行着城市空间形态、经济形态和社会形态等各个方面的重构和再造。城市的这种新陈代谢特征，主要表现为城市内部不断产生变化，一部分旧的、不适合发展的内容和方式被淘汰和革除，新的内容和方式不断地被组织到城市中去，社会的高度组织化不断地推动着城市的演进。事实上，城市的发展离不开人与空间环境连续不断的相互作用，不同时代的人对空间

①　Anne Bretagnolle et al. From theory to modeling: urbanization system as complex system, the 13th European Colloquium on Theoretical and Quantitative Geography. Lucca (Italy) . 2003.

②　Ricky Burdett, Deyan Sudjic. The Endless City. Phaidon Press. 2008.

环境的解释与期望完全不同，人们不断地把自己的理解与创造注入到环境中去，在不断的双向互动中进行着城市的创新。

城市发展过程中所表现出的新陈代谢特征也在芝加哥学派的观点中得到了印证。他们将城市发展看做社会组结与社会解体的一种后果，类似于机体内部新陈代谢的同化和分解。在他们看来，现代城市中人口的自然增长可被视为城市的同化作用，而人口构成上的任何显著变化，比如老龄化社会的出现、社会男女比例失调等等都是社会新陈代谢出现异常的征兆。一般来说，解体与组结可看作是两个互补的过程，外来者到达城市之后，通常被迫放弃习惯和乡村生活中传统的道德训诫，这个过程伴随着激烈的思想斗争和人格损失的感觉，但是终究会以强大的同化作用使他们融合到城市发展的新目标当中。①

城市的劳动分工可以用来解释城市的分化和解组现象。首先，在欧洲和美国大城市中的社会分工、职业选择体现了按民族划分的特点。例如在伦敦，东欧人多做保洁和司机，阿拉伯人多在邮局和机场做服务性工作，

■伦敦骚乱事件现场。（图片作者：George Rex）

---

① R·E·帕克，E·N·伯吉斯：《城市社会学，芝加哥学派城市研究文集》，华夏出版社1987年版。

黑人当搬运工，土耳其人开烤肉店等等。与经济劳动分工相关的，是社会分化为一些阶级和各种团体，物以类聚，人以群分，社会成员在这样的社会分工中，会投身到适合自己的社会环境中。其次，社会解组对于个人来说，可能是因为个人未能适应两个相互对立的团体行为准则，是社会角色的失败；对于城市来说，伴随着城市新陈代谢的加快，社会解组也会加剧，具体表现为疾病、犯罪、混款、恶习、疯狂、自杀、社会暴动等现象。①

　　适当的社会解组不会影响城市系统的新陈代谢，如果设立社会安全阀机制，将社会解组的消极影响控制在较小的范围内，那么社会同化作用将加速城市的扩展、加速经济的发展、加速"解组"地区的废弃过程。

（二）城市的发展壮大具有生命体的生长和发育特征

　　城市的发展过程表现为扩张、集聚、升级等各种现象。这些现象一方面表现为量的增长，即通过资源、土地、能源、资本、劳动力等要素资源的投入，实现 GDP、税收、城市规模等方面的同比例扩张。这种投入和产出的关系表现为一种固定比例甚至是呈下降比例的线性关系，由于要素资源的有限性，往往难以实现持续的增长，是一种相对初级的粗放型的增长模式；另一方面，城市的发展还表现为质的提升，即通过城市内在结构的调整、环境优化、产业升级、科技创新等途径，在不增加甚至降低要素投入的情况下，推动 GDP 等经济指标实现持续增长，甚至呈几何级数的非线性增长。这种集约型的发展方式，塑造着城市自身独有的气质、城市文化和凝聚力，有利于提高城市竞争力，实现城市持续发展，推动城市逐渐形成完整的功能和自组织结构。

　　任何城市的发展都是量变和质变共同作用的结果，这两种变化可能是同时发生的，也有可能是在矛盾积累到一定程度的基础上，由量变引起质变而发生的。正是这种量变、质变的共同作用，并最终在质变的主导下推动城市功能的提升，使得城市的发展过程表现出非线性、自组织和螺旋形

---

　　① R·E·帕克，E·N·伯吉斯：《城市社会学，芝加哥学派城市研究文集》，华夏出版社 1987 年版。

向上发展的特征。

城市的这种发展特征与生物的生长发育异曲同工。生命体生长主要表现为外形、体积的变化，发育则表现为思维、认识等对外界感知的提升，前者是一个量变的外形扩张过程，后者则是质变的能力提升过程。量变使生物体变得高大、强壮、有力量，正如城市规模、经济总量的扩展；质变则让生命体变得聪明、敏捷、有思想，正如城市凝聚力的形成、竞争力的提升。显然，生长和发育共同完成了生命体从幼稚到成熟的过程，但发育即质变的过程是生物得以适应自然界的本质原因，使得生命体在成长过程中能够选择、取舍并最终完善自己，是城市得以实现持续发展的关键所在。

（三）城市对环境的感应能力具有生命体应激性特征

城市是具有自组织能力的复杂系统，也是一个开放系统，不断与外界发生能量和信息交换。作为城市主体的人、机构和关系群体，在实践和认识过程中都具有感知和反应能力。他们与内外信息和环境变化所导致的各种不同的反应和处理行为交织，并不断地相互抗衡，使城市整体表现出对变化的感知和自发组织应对的能力。

这与生命体的应激性特征是何等的相似，生命体受到外界刺激后都会发生含目的性的反应，表现为植物的趋光性、生物的免疫反应以及自我调节的稳定态等多个方面，反应结果则是生命体"趋吉避凶"。城市的这种应激性还能够对各种信息和刺激因素进行选择，保留那些有利于自身发展的信息和资源，并整合到自身系统中来，而排斥那些无用的或不利于自身发展的干扰和阻碍，表现出更加明显的目的性。

（四）城市结构的自我进化类似于生命体的遗传现象

城市结构具有相对稳定性，并且能不断地自我更新、淘汰、修复，表现为城市的成长和完善。在城市的结构能够满足城市发展需求的时候，城市表现为宏观稳定状态下的渐变发展。生命体的遗传现象表现出城市的这种相对稳定性特征，生命依靠繁殖而延续，在此过程中，亲代的遗传信息和他们所决定的结构形状被高度精确地传递给下一代。而不可避免的是，遗传信息也会在传递过程中发生少量的错误，产生变异，使后代与前代产生一定的差别。这种变异导致的差别正是生物种群在面临环境变化时得以延续的根源所在，有利于种群适应复杂环境的变异生物体将会受到大自然的眷顾并最终存活下来。

城市也会在新的物质、能量、信息的刺激下产生新的功能和结构的需求，尤其是原有的城市结构系统无法承载新的增长需求、城市系统的整体效率下降，导致城市运行出现紧张和困难时。这时，旧的结构逐步瓦解，新的结构从原有结构中逐渐游离出来，发展成为一种潜在的形式，并在继承原有结构优势特点的基础上不断吸收新的要素，逐渐取代旧的结构而占据主导地位。宏观上则表现为城市功能发展到一定程度，会产生新的有相关联系的子产业及相应空间载体，并与新的需求和功能建立起新的适应关系。城市新旧结构和关系的交替过程中存在着其地域经济、社会、文化的延续性，同时会根据其内外需求的不断变化产生相应的功能、空间和运转模式，体现出一种继承的关联。

■城市的交融：北京什刹海的星巴克咖啡店。

城市结构有着充分的弹性，可以在结构基本保持不变的情况下，通过自发地调整组织内容和发挥功能的潜能，取得与功能需求和环境相互适应的关系，这种适应性通常表现为一种渐变。当城市功能的压力增加到一定程度时，为适应新的环境和发展需求，城市结构的转化就会必然发生。此时，结构通过自身的变化对新功能做出适应，新功能本身也做出相应配合，逐渐建立起一种新的动态平衡。与这一过程对应的是城市结构发生变异和更新，同时也意味着创造和超越。

这种城市的结构和功能之间的互动关系，让我们不禁想起生命体的适应性特征，即生命体在某些特定环境中生存能力的属性。这种适应性可以是结构上的、功能上的和行为上的，也可以是三者的综合。适应使城市对环境的关系保持动态的平衡与互动，进而保持了城市的整体性。

三、城市认知

从城市发展史来看，城市的建立源于人类的两个基本需求：安全保障与经济交往。然而城市从诞生之日起，作为城市的创造者，人的复杂性从一开始就决定了城市系统所具有的复杂性特征。对于城市的认识，我们虽然仍在探索之中，但有几点认识是可以肯定的：

首先，我们想探讨一个问题——究竟什么是城市的本质？在我们看来，城市不仅仅是房屋、道路等物质元素的组合，也是物质结构与人性特征的结合，比如城市的空间分布特性就反映了人的社会关系特点。城市是各种民族、各种文化相互渗透、互相作用的大熔炉，具有复杂生命体所具有的大多数特征，能够进行新陈代谢，可以自我发展壮大，对环境具有感应能力，内部结构在一段时间内保持相对稳定但又通过自适应过程不断进化。从远古城市发展到现代文明城市，在新的发展需求、价值导向以及技术条件等多重因素影响下，城市原来的空间分布已经发生了很大变化，但变化中也有传承，如对老城区的保护、城市道路的设计仍然透露出对传统的尊重。城市作为一个人类所创造的开放型的环境，是人工与自然环境的结合。从生态人类学的角度看，人类社会只是生物群落的一个分支，因此城市作为这个群落聚居的载体，应该尊重自然法则。与此同时，城市不只是地理学和生态学的单位，更是一个具有人类社会特点的场域，人们在这里构建了相同的价值观与情感纽带，在二者的共同作用下构建了符合大多数人价值观的城市制度。

其次，我们通过感知城市，想知道具有整体人格的城市，分别具有哪些特点？

城市内部因素众多、涉及面广；各因素之间联系紧密，结构复杂；城市各个领域动态多变，信息量大，随机性强；各个子系统之间的因果关系一般是非直观的，不是简单的叠加或加总，具有非线性特质。城市内部子系统之间的非线性发展，使城市这个有机体呈现出多样性、流动性和混合性的特征，它们的共同作用又显现出了城市的整体性和复杂性。

再次，城市各个领域本身也都是一个复杂的体系，因此城市作为复杂系统的叠加，其管理的对象、内容以及管理的目标设定、过程设计等方面也显得异常复杂。通过截取两个城市片段，我们来亲身感受城市的光荣与梦想，以及发展中的苦痛。城市的标志性建筑是城市的 DNA 片段，它象征着城市的财富与文明，承载了城市的雄心壮志，骄傲地描画着最为壮阔的城市天际线；而城市病则是人们在发展中过多的欲望所催生的恶果。在理性经济人仅仅将城市当作个人寻求最大经济利益的地方，而忽视了城市的原真性时，城市的复杂性被搁置，取而代之的是经济理性。对于城市的盲目索取，对城市复杂性的认识和处理不足，导致城市病的滋生和蔓延。

最后，基于对城市系统主体和法则所达成的共识，我们开始逐渐从对于城市的感知过渡到一些理性的认识，提出城市管理的系统法则和系统决策。其核心是：从全局角度系统地看待城市问题，认识到城市非线性的发展方向，在决策过程中充分评估对其他领域可能产生的波及效应和潜在影响。城市系统法则和决策具体可以通过系统观的七个方面——城市主体、主体聚集、非线性发展、要素流、目标定位多样性、特点标志、内部模型和系统积木块加以说明，对这 7 个方面的解释和应用将在第一篇第四章详细论述。

（一）城市原真性探讨：城市是人们爱的容器

西方城市学者对于城市发展整体人格总是充满了各种美好的想象，他们希望人文需求能够与经济发展得到同等重视。但是，由于西方经济学的强大影响力，对经济需求的重视高过人文关怀，他们的认识中必然只能将这种观念作为类似幻想般的理想情怀。我们认为，城市首先是承载了人们爱的容器，城市应该最能体现人类所具有的整体人格，其次才是人们实现其经济价值的平台。因此，我们需要首先重视具有情感的自然人在城市系统中的主导作用。

首先城市需要保障基本生活、工作和发展的需要，要为在城市生活的所有人提供基本的教育、医疗、养老等公共服务，尊重就业的权利，创造足够的就业机会，消除各种就业岗位的贵贱之分，实现同工同酬。要确保不同民族、不同国家、不同阶级的人在城市中的平等地位，要让每个人都能够分享城市发展的成果，并在城市中找到属于自己的位置。

其次，人虽然是城市系统的主导，但这并不意味着可以为所欲为，而是要在合理、合法的基础上对城市进行改造，对资源进行开发，满足人的合理需求。然而，当前很多城市的发展却都是以资源耗竭、环境破坏、生态恶化为代价的。

更为值得关注的是，在经济为重、政绩工程、形象工程的诱导下，城市虽然从外表看来发展得越来越好了，但高楼大厦拔地而起的背后却是人文关怀的缺失和淡化，普通人对城市的归属感越来越少，对城市的感觉也越来越陌生。就业、住房、教育甚至连最基本的身份的认同，都是摆在很多城市，尤其是发展中国家城市面前的很现实的问题。在这种情况下，对于在城市生活的大部分人来说，个人不仅不是城市的主宰，反而成为了组成城市系统的一个微不足道的部分。因此，城市作为爱的容器，是人类生长的摇篮，需要处处闪烁和体现人文精神与人文关怀。

（二）城市复杂性探讨：生机勃勃的城市生活

具有全局思维的城市规划、复杂多彩的市民生活、城市人口和资源的大规模有序流动、对于城市区域的混合性开发，形成了一目了然的城市基本特征。城市规划的前提就是将城市当作整体看待，但是在这个整体中，城市主体的多样性呈现出系统的复杂性。而要保持城市的持续发展与勃勃生机，需要依靠要素流动来完成城市大系统与城市外界的资源交换。由于人人讨厌单调的城市，城市的混合型对于创造生气勃勃的城市氛围至关重要。

1. 多样性体现城市包容度

在伦敦拿出 6 位的区号，司机就能准确将乘客送到不同的片区。单从区号所反映的信息，我们就知道城市是由不同区域所构成的。从系统主体层面看，城市由生活在其中的人、大大小小的建筑物、各种社会组织共同构成；从人类生态学的角度看，城市包含了人类社会的生态、经济和文化系统。这些系统和部分构成了城市的多样化特征。

关于当前城市的多样性所带来的人群混杂、治安压力上升、城市陷入无序发展等方面的担心，其实完全没有必要。城市的多样性是城市高度发展之后所体现出来的一种复杂秩序，这种复杂秩序在作用于不同的城市主体时，需要建立城市相关设施的混合用途。这些多样性可表现为人流如织的街道、被频繁使用的公共设施和建筑物。和用途的单调性比，城市的多样性也许会产生外在的凌乱，但城市内部却有强大的秩序维持着城市的正常运转，产生丰富多彩的市民生活。与单调呆板、了无生气的单一用途城市形成鲜明对比。在南美很多国家，由于对城市功能单一性的片面强调，旧城改造和新城建设忽视了城市的多样性。巴西利亚成为新的首都之后，因为规划的功能过于单一——新首都只是作为巴西的行政首都而存在，缺乏可以多样化的生活空间与建筑。与此形成鲜明对比的是原来的首都里约热内卢，虽然现在还有很多贫民窟，里约热内卢却因为具有丰富的市民生活而拥有更多的人气，老城区的发展具有某种重要的连接性，城市多样性的元素融入其中，形成各种具有相互支持机制的区域。这或许正是里约热内卢和巴西利亚相比的成功之处。

除了物理结构的多样性，城市道德气候的多样性也增加了城市的吸引力，在传统的乡村社区中，体面的人物一般被认为是那些符合道德规范的人，他们既无癫狂的想法，又无引发旁人嫉妒的卓越才能，他们是乡村主流社会的精英。然而城市的氛围截然相反，城市鼓励那些孤僻但有惊世骇俗的想法的人，鼓励那些拥有卓越才能的人物投入城市的怀抱。① 因为城市多元化的空间组成将城市人口分隔在不同的小世界中，从而形成多元的道德氛围。在城市，几乎每个人都能找到适合自己的道德区间，特立独行的天才们更容易在多元而包容的城市中找到成功的机会。

2. 流动性让城市保持繁荣

城市最大的魅力是拥有各种各样的机会与资源。在这里，城市所拥有的流动性使得人们能够利用丰富的城市资源与随处可见的机会，随心所欲地进行选择。这种特性是城市最重要的特征，借由流动性所产生的社会活动与人口迁移，能够最大程度地保证城市的繁荣与发展。

城市的流动性不仅体现在城市日常生活的物流、人流、交通流和信息流中，还体现在社会体制为人们提供了更好的流动机会。在城市高速的生活节奏下，人们更加容易变换工作，也更容易因为行业的需要而得到升降。与此相适应的是，收入的升降、家庭成员的增减。而经济状况的改变会带来社会地位与消费品位的升降。为了寻求更好的机会，有些人会从小城镇流向大中型城市。这种人口流动一般以年轻人为主，他们的迁移为大城市的发展带来更多的劳动力，而大城市的中产阶级则因为收入的增高，以及对城市产生的一系列环境问题的不满，向小城镇和郊区流动，以寻找更加宜人的生活与居住环境。这种持续的双向流动造就了城市的繁荣。

3. 混合性带来城市的生机

伴随公共交通导向型和友好步道型 CBD 的蓬勃发展，CBD 的复合功能逐渐显现，7 天 24 小时的繁华为原来功能单一的 CBD 注入活力，这有别于以往大多数 CBD 基于经济回报最大化的发展目标。在经济回报最大化的 CBD 发展模式中，经济回报来源于甲级办公空间的高收益以及城市中心房地产商的炒作行为。此模式创造了一种同质性很强的商务环境——即在办公时间结束后，CBD 就变成冷清空旷的半公共空间，点缀着昂贵却无实际意义的装饰和公共艺术。一个真正活跃和可持续发展的 CBD 应塑造出人性化的公共空间与街道，容纳各种各样的人，承担商务办公以外的多重用

---

① R·E·帕克，E·N·伯吉斯：《城市社会学，芝加哥学派城市研究文集》，华夏出版社 1987 年版。

途，为人们打发休闲和零散的时间提供短暂逗留的场所。自从人们开始将混合型注入城市中央商务区，大量不同阶层的市民纷至沓来，实现了城市中央商务区内 7 天 24 小时的多元生活方式。使 CBD 最大程度地融入所在城市，为城市带来勃勃生机，而不是割裂于城市生活之外，仅仅充当商务人士的办公场所。

4. 整体性是城市规划初衷

以往人们在思考城市这个庞然大物的时候，容易形成分门别类的思维定势，通行的规划策略也变成了割裂的用途分析。最后把这些孤立的分析片段组合起来，就认为是构成了城市的全部。这种认识城市的方向如同盲人摸象，虽然对不同的城市系统有了认识，简单拼接之后却无法呈现城市全貌。若要将城市还原为一头大象，而不是一条绳、一堵墙，几截树干，我们必须在开始探寻城市的时候就完整地涉及城市不同系统的相关用途，而不是单独陷在这些子系统中无法自拔。

城市作为一个系统整体，需要承担很多联系整体与子系统的工作。比如将大量的城市资源输送到城市的各个角落，并将每个城市区域中的社会现状、经济发展状况等"翻译"成整体城市的政策和目标。城市整体对自身物质、地理与自然环境进行考察、分析与评估，确定自身发展的优势与劣势，整合碎片化的城市区域信息，用整体的视角勾勒出城市的基本轮廓，并进行长远的整体规划。

要进行城市整体的科学规划，城市必须拥有良好的连接性。失败的城市规划往往将城市管理者强烈个人偏好的顶层设计强加于城市，用还原的视角将城市看作是互不关联的城市片段的组合物。然而，他们忘却了城市的成功真正依赖的是各个城市子系统之间的交错和重合，当某一部分运转失灵的时候，其他的城市子系统所拥有的互补功能将维系城市的运转。成功的城市系统不是由互不关联的子系统所组成的，事实上，城市各个部分会构成社会意义和经济意义上的连续体，这些连续体有机地组合在一起，就像一个生命体是由很多器官组成的一样。如果我们能弄清楚城市各种行为背后的原则，规划者就能有目的地去积累潜在的要素和优势，从而避免在进行城市规划和城市治理的时候出现目标不一致、相互割裂的现象。

（三）两种城市片段的解读

城市就如同有机体，其个体差异有赖于 DNA 序列的不同，城市标志性建筑作为城市 DNA 的物质表现形式之一，带有城市文脉的遗传信息。地标性建筑的基本特征就是人们可以用最简单直观的形态来勾勒脑海中的城市形态。标志性建筑不仅是城市的片段，还是城市的名片，它是整个城市建筑的主角，代表的不仅是建筑本身，更是一种生活方式与愉快的城市体验。感知城市的时候，我们不仅有愉快的城市体验，还会有令人不快的城市生活经历，住房、饮水、交通等问题让我们看到城市在发展中的病变与不适，个体的高度理性却造成了城市整体的非理性，面对城市的"囚徒困境"，我们何去何从？

1. 城市 DNA：标志性建筑精神内核

事实上，许多北美 CBD 的重生侧重于将城市中心区改造为一种新型社区，这和 20 世纪 60 年代的城市更新方式有本质的区别。过去，规划者经常破坏内城原有的社区，蛮横地将它们变为"高级区域"。而现在，CBD 不仅被看做是一个商业场所，而且还是一个特殊的社区。这种崭新的理解也强调了城市和其所在地区文化、地理环境以及人口之间的深厚联系，并体现在街道、空间和建筑物规模、特征的协调性上，这种协调性最终能够反映城市的精神内核。

比如，巴黎本身是一个标志性的城市，更何况它还有像巴黎圣母院和埃菲尔铁塔这样的标志性建筑。这些建筑和对城市的臆想，构筑了不同历史时期林荫大道的风情，展现出真正能体现城市 DNA 的迷人街景。在这里，所有实体建筑和非实体的观念构筑了巴黎这座城市的整体形象，城市的整体性由此大于建筑物个体之和。良好的规划有助于搭建一个城市形象和城市体系。在这个体系里，建筑物在拥有自身特色的同时，也会随时间的推移逐渐发展出集体身份认同。此外，街道两旁的建筑物和开放的公共空间之间的恰当联系，有助于形成一个更健康、更可持续发展的城市环境。虽然在追求密度和效率的当代城市发展中，这种规划多少有些理想化。

2. 理性之源：集思广益胜过一家之言

城市规划建设难以适应城市中人的聚集带来的系统需求甚至过分欲望，这往往是城市病产生的根源。政府，作为城市管理者往往很难敏锐地对这种城市功能供给与需求的失衡作出及时的反馈。因此，从现实中来看，各种城市病的产生大多是与城市人口和经济的迅速增长以及政府规划与管理不善紧密联系在一起的，这些问题又集中体现在城市的自然环境、生活和社会环境的恶化。在发展中国家，这个问题比发达国家更为严重。因为发展中国家具有庞大的农村人口，在工业化和经济增长过程中，农村人口流入城市寻找就业机会，而城市承载人口的基础设施规模的增长速度，由于建设周期和其他因素，在短期内无法达到人口增长的速度，所以这种城市病的诱因就会因城市系统的复杂性而进一步扩散到其他各个子系统，引发一系列的城市病。在许多城市，由于政府部门对不断涌现的各种城市问题处理不当，缺乏发展规划、规划导向错误或是规划执行不力则加剧了城市生产、生活环境的退化。

城市在发展的过程中，市民欲望的无限与城市自身承载能力的有限性形成了矛盾，由此形成城市病症。有些病症可以通过正确的规划和引导加以解决；有些病症却是可能危及城市的生命。在医治城市病症的过程中，我们会不可避免地面临囚徒困境，每个人的选择似乎都是理性的，但是在城市这个巨大的复杂系统中，大家叠加起来的理性选择结果却非常不理性。反映在城市生活中则是个人的最佳选择并非城市系统的最佳选择。交通拥堵度问题就是典型的囚徒困境，说明了光靠现代的技术手段，不可能将城市交通系统变得高效，必须在技术进步的同时，推动社会制度方面的进步。

对于这个问题，"智猪博弈①"也许可作为破解城市"囚徒困境"的

---

① "智猪博弈"的案例是这样的：猪圈里有一头大猪和一头小猪，猪圈的一边有个踏板，每踩一下踏板，在远离踏板的猪圈另一边投食口就会落下少量的食物，当小猪踩动踏板时，大猪会在小猪跑到食槽之前吃光所有食物；若大猪踩动了踏板，则还有机会在小猪吃完食物之前争吃一点残羹。现在问，两只猪各会采取什么策略？小猪为了吃到食物，只能在食槽边等待，而大猪显然不能和小猪一般见识，否则两个都会饿死。所以答案是：小猪将舒舒服服地等在食槽边，而大猪则为一点残羹奔忙于踏板和食槽之间。

一种办法。当面对经济效益和社会效益不可兼得的"囚徒困境"时，"智猪博弈"隐喻着城市经济和社会的博弈：大猪处于成熟期，小猪处于成长期，大猪的胃口大但资源利用的有效性较弱，即其体态基本不变；小猪则不然，只要获得相应食物就会迅速增长，其资源有效性明显较强。现在中国的大多数城市的经济状况可以认为已经取得了很大的发展，甚至是处于成熟期，而社会公益、社会福利以及相关的城市精神文化则发展相对缓慢，这种不平衡造成了很多城市病。

城市病在城市单纯追求经济效益（大猪）的表现会进一步传导到城市的社会人文系统（小猪）。倘若城市居民处于一个不良的自然环境、社会和经济环境中，为求得基本生存条件，个人的行为发生变异的可能性就增大，表现为缺乏社会公德，漠视城市的人文历史，不尊重传统价值、不爱惜环境和公共设施等方面。城市人文系统一旦出现具有这些病症的氛围，城市管理部门为寻求短期内快速解决基础设施短缺的问题，往往就会不顾城市的自然景观和人文古迹条件，采取一些非常规不合理的措施，从而丧失城市潜在的利益。

在城市运行管理中，也广泛存在着类似大猪和小猪的博弈，体现为强势的影响主体与弱势的影响主体之间的博弈。根据社会地位的高低，经济能力的强弱等，城市群体也可划分为大猪与小猪，例如垄断企业与农民工。从上述系统的角度来看，真正的最优策略必须是居于强势地位的影响主体承担更多的责任，往往要为了整体利益让渡出自己的利益，包括弱势群众的诉求。只有这样，城市才不会异化成为少数人的世界，才能通过社会流动性保持不断前进的动力，才能丰富经济、社会、人文等多种城市内涵。因此，面对现实中普遍的"一言堂"式的城市发展决策方式，我们认为集思广益，听取城市中无论强势、弱势的各方主体的意见，才是城市发展的理性之源。

第四章

理论分析：城市系统论的基本构建

　　中国古代哲人讲求"知行合一"，理论与现实的匹配就像足与履的关系，理论要解释并解决现实问题，而不是让现实来"削足适履"。在分析复杂的城市问题时，人们常规的求解思路是做"微分"或者"拆分"，即运用不同领域的专业知识对城市的某一个侧面进行深入的分析，并未充分考虑到这些专业领域之间的相互影响和作用，从跨学科角度来剖析问题。单纯使用经济学、地理学、政治学、社会学、建筑学等理论对城市问题进行分析，所得到的"剖面图"纵然简洁，却未必能真正解决复杂的问题。作为复杂系统，城市不是一架可以机械拆分与组装的飞机，它更像是一个有血有肉、有性格、有气质的生命体，没有人会认为一个生命体被切割和拼合之后仍然能够保持鲜活完整。

　　20世纪90年代，诺贝尔经济学奖得主斯蒂格利茨曾经预言，21世纪影响人类的两大重要事件是新技术革命和中国城市化。中国的城市化道路，有着自己的刚性约束——地大物博，却也承载着十多亿人口，这个数字还会在未来膨胀。15亿人口是目前专家对未来20年中国人口总量峰值的谨慎预测。试想，任何一个微小的问题，乘以15亿，都会变成一个大问题。如何以有限的土地接纳即将到来的 15 亿以上的人口，并尽可能保障全体人的小康生活水平，是其他国家未曾面对过，同时又是中国不得不面对的问题。

为了能够比较准确地反映城市系统的构成和运行特点，本书尝试将复杂自适应系统理论应用于城市研究的框架中，提出城市系统的七个基本概念，构建出城市系统论的基本理论框架。为城市研究提供一种有效的方法论，避免将分析简单化，避免只研究问题的投影和表象，而是力求从更完整、更系统的角度来认识城市。这些理论是作者基于 20 世纪后期关于城市发展的实践，结合城市系统的特点进行修正后形成的，尝试着为中国城市发展研究寻找到一条不同的可行道路。

一、中国城市发展的妥协与进化

改革开放以来的中国城市发展，充当了时代最重要的象征。中国的历史在过去相当长的一段时间里发展得非常缓慢，但是，进入上世纪 80 年代之后，历史进程突然加速，走在这个加速行列中的排头兵是城市，城市化的大旗始终为城市政府所高擎。一个近乎自然的城市发展进程被目标化，城市深深地被政府的亢奋所摆动，社会发展失去了政府这个应有的制动者和导航者。

"当今许多城市的不稳定多源自于发展太快，仿佛每届城市政府的届期都意味着城市发展的终结，强烈的使命感将一切问题都送上了快车道，城市在发展中偏离了快慢相间的节奏，减弱了自适应的功能，因太快造成的失衡超越了社会的驾驭能力、调节能力和供给能力。"①

不论走到哪个中国城市，十年不见，已经无一例外地今非昔比，齐刷刷地在公众面前来了一个彻底的更新换代。这恰恰直观地代表了改革开放后中国最显著的特质。这是中国历史上的第一次，其幅度之大，规模之巨，变化之剧，都是空前的。主观上带来的物质优化和客观上带来的褒贬

---

① 刘振国：《城市发展四题》，《北京日报》，2011 年 12 月 5 日。

是同样的强烈，带来的机遇和挑战也是巨大的。

■拆旧建新式的城市更新在创造 GDP 增长神话的同时，是否也拆掉了以往的城市历史、社会人情？

中国城市的飞速发展和变化充满变幻莫测的无序，远离平衡状态，呈现着非线性的特征，城市发展过程中涌现着复杂的自适应现象。在这种不断发展变化、不断创新、不断调整的动态过程中，旧的城市发展范式已经不能适应发展的需要，越来越需要用系统的眼光来看待城市发展。

西方国家在二战以后经历了两次对城市发展理念的反思。第一次是在二战后，面对战争破坏及战后建设，西方规划界出版了一些著作，如《我们的城市能否存在?》（Sert, J. L Can Our City Survive?），开始思考城市的"死与生"；第二次则是随着"三论"（控制论、系统论、信息论）的提出，开始从系统思维角度反思城市病，提出了新的研究范式。

对中国城市发展来说，不幸在于"脱离了反思浪潮，坚持了落伍的东西。"① 1933 年国际现代建筑协会（International Congresses of Modern Architecture，CIAM）通过的《雅典宪章》中把城市理解为居住、工业、交通、休憩等四大功能，以封闭的时空为依照，通过"功能分区"原则，确定它的空间规划布局，以静态的用地平衡、劳动平衡来规划城市。这种理论发表 20—30 年后即遭到不同的批判，但它在中国影响正盛。又如西方在 1940 年代所批判的"城市美化运动"，我们仍在大肆模仿，一些地方形象工程迭起。

直到近年来，在中国，城市研究作为一门社会科学才开始逐步活跃起来，社会各界才开始关注城市本质、城镇化道路、可持续发展、人文关怀和公共空间等等问题。同时，有关城市发展的技术研究也在深化，力图解决实践中遇到的新问题，如城市交通、城市地下空间、环境质量评价、区域基础设施、地理信息系统研究等等。

在人类谋求发展的过程中，城市当之无愧地成为了最理想的阵地，人类积极实现着改造环境的梦想。对此，我们不禁发问：发展的最终目的是什么？这个问题的回答也决定了我们对城市发展终极目标的认识。

经济学家丹尼斯·古雷特（Dennis. Goulet）认为，发展至少有三方面内容：生存、自尊和自由。刘易斯认为："经济增长的好处并不在于财富造成的幸福增长，而在于它扩大了人类选择的范围。"1998 年诺贝尔奖得主阿玛迪亚·森（Martya. Sen）指出，发展的目的不仅在于增加人的商品消费数量，而且更重要在于使人们获得能力。在上述发展理论的影响下，联合国开发计划署从 1990 年开始，每年发表一份不同主题的《人类发展报告》。《1994 年人类发展报告》对以人为中心的发展观作了更为明确的表述："人类带着潜在的能力来到这个世界上。发展的目的就在于创造出一种环境，在这一环境中，所有的人都能施展他们的能力，不仅为这一代，而且也能为下一代提供发展机会"。"以人为中心的新的发展观克服了单纯追求经济增长的片面性，把发展的焦点由单纯的物质财富增长，转向

① 吴良镛：《中国城市发展的科学问题，城市管理与城市建设研讨会上的讲话》，2005 年。

了人的自由拓展、人的能力提高和人的潜力发挥上，着力提高人们拥有充分收入以购买各种商品和服务的能力、延长寿命的能力、享受健康的能力、获得知识的能力以及参与社会公共事务的能力"。[1]

■在人造的巨大建筑面前，个人如此渺小。城市究竟是为人而造，还是人为城市而生？

随着问题的不断突显，中国城市的规划者、建设者、管理者和参与者正逐渐深化对城市的认识，在反思中不断推动城市发展理念上的进化，以实现城市发展机制的优化。重拾以"人"为中心的发展观，正好契合了人作为城市最重要主体的认识起点，城市发展的起点和终点终于实现了一致。

因此，我们坚持在研究城市、规划城市、建设城市和管理城市过程中，从城市人的行为和心理出发，认识到城市作为复杂自适应"巨系统"的本质特征，着眼于城市的整体性和系统性来考虑城市的发展的决策和实践，并由此，提出了城市系统论。

二、城市系统论概念体系构建

就像我们在开展一项复杂工程，需要一些基本的装备一样，在认识复杂城市系统时，也需要有一些基本的概念。本节的目的就是要使用一些这

---

① 杨军生：《新发展观的兴起》，《学习时报》，2004 年 3 月。

样的"概念"，帮助我们把对复杂城市系统的感知转变为更加深刻和理性的认识。这些"概念"犹如路标一样，引导我们从一种前人从没有尝试过的视角来感知我们身处其中的城市，构建关于复杂城市系统的基本认识。

对这些概念的探索，使得迷失在复杂城市系统里的我们，能够从种种片面的感知中认识城市本质。在对城市系统本质的深刻理解和全面把握中，使构成城市的各种主体明白自己在系统中身处的位置以及自己该做什么。

目前许多专业人士认为城市是永恒和静态的，没有把城市看成是可以再生的。正如《看不见的城市》中说到，"不同的城市用同样的名字，在同样的地方存在着"，现在巴黎已经不再是拿破仑三世时期的巴黎了。恒新性是系统的基本特征。因此，我们认为，城市是各种各样的人类活动在城市这个物质空间里面的集合，城市既不是静态建筑的集合，又不是单单讲"人"的集合，更不是缥缈文化与精神的集合，而是强调人与人、人与环境之间的互动。

基于此认知，我们认为对 21 世纪中国城市发展研究来说，系统科学是一种不可缺少的方法论。约翰·霍兰（John H. Holland）定义了复杂系统中核心概念——"主体（Adaptive Agent）"，围绕"主体"这个核心概念，又提出了 7 个基本概念，即聚集（Aggregation）、非线性（Nonlinearity）、流（Flow）、多样性（Diversity）、标识（Tagging）、内部模型（Internal Models）和积木块（Building Blocks）[1]。城市作为一个复杂系统的特性和机制，可以借用复杂系统研究中常用的这 8 个概念，分析城市及城市群的复杂性，并提供了解决问题的有效办法。

本书把复杂系统研究中的概念置于城市研究的语境中予以界定，使城市复杂性分析更加贴近城市研究学科，也便于与社会、经济、文化等学科的学者进行交流沟通。这里将以上 8 个概念进行了限定性定义，分别为：城市主体（City Agent）、主体聚集（Agent Aggregation）、非线性发展（Nonlinearity Development）、要素流（Element Flow）、目标多样性（Target

---

① 约翰·H·霍兰，周晓牧等译：《隐秩序——适应性造就复杂性》，上海科技教育出版社 2000 年版。

Diversity)、特点标识（Character Tagging）、内部模型（Internal Models）和系统积木块（System Building Blocks）。

（一）城市主体（City Agent）

复杂系统中的基本单元称为"主体"。主体具有主动性，是有活力的（Active），具有自己的目标、内部结构和生命力。主体的适应性（Adaptive）体现在其能够感知外界信息刺激，通过学习来调整自己的行为。复杂自适应系统中所定义的主体具有广泛性，能够有效地应用到经济、社会、生态等各个复杂系统中。

比如，复杂自适应系统研究经济学以"主体"为考察对象，主体具有主动性，有自己的目标和利益考量，并且通过调整自己行为来适应外界影响；而其他经济学理论均以"经济人"为研究对象，经济人以自身利益最大化为根本目标，不考虑其他因素。对研究对象截然不同的认识和定义使得普通经济学理论难以与复杂性理论融合。

主体是在复杂性系统下研究系统演进规律的必然起点，同时，"城市主体"又是研究城市复杂性的出发点。城市主体是城市活动的参与者，是自适应系统的实体存在，因此也可称作适应性主体。主体能够影响其他因素，也可以被其他因素影响。主体的存在环境是其他主体所提供的，主体同时也参与了为其他主体提供环境的过程。

因此，城市的主体可以是人，也可以是建筑物、交通路网、地下管廊等等各种能承载人类活动的物体，是可具象的事物，其中人是最重要的主体。在城市及城市群的复杂系统中，个体的人、由人组成的组织机构、不同的功能分区均可作为主体进行研究。

人类是城市的创造者，人的主动性和适应性决定着"城市主体"的主动性和适应性。城市主体的发展活力、目标和结构取决于城市中人的规划和布局，同时人类也会根据外界的影响来调整城市的发展方向和结构。

复杂自适应系统理论认为，主体间，主体与环境的相互影响和相互作用是系统演变和进化的主要动力，而以往的建模方法主要注重主体本身的内部属性，未能充分把握主体之间，以及主体与环境之间相互作用。因此，在城市研究中也必须足够重视城市主体之间的相互影响和相互作用。

（二）主体聚集（Agent Aggregation）

主体具有聚集的特征，聚集是主体间的关系特性。作为基本单元的主体聚集后，它们之间的相互作用会形成大规模的复杂系统。这个聚集体同样可以作为基本单元形成更大规模的复杂系统。在复杂的系统中，较小的、较低层次的主体通过某种特定的方式结合起来，形成较大、较高层次的主体，这往往是系统宏观性质发生变化的转折点。

因此，聚集不是简单的合并，也不是原有主体的消失，而是新的、更高层次主体（在后文中将用"系统积木块"概念来解释）的出现，其中包含着主体间的互动关系。聚集的层次越来越高，原有的主体并未消失，而是在大系统中得到了更好发展，新的主体具有了原来主体无法具备的优势。

就城市而言，城市的形成是人、企业、机构、设施、服务和管理等主体在空间上的聚集。人与人的聚集形成家庭、组织、机构和团体等主体，这些主体的聚集形成社区，社区的聚集形成乡镇乃至城市，城市的聚集形成了城市群。这些大大小小的主体聚集决定着城市的发展规模和复杂程度。

比如，城市的空间集聚降低了交流和创新成本，进一步促进了城市经济的发展。企业、机构、团体等主体聚集形成城市大主体后，原来各个彼此独立的主体可以实现知识共享，即产生所谓的知识外溢效应。并且，随着知识的复杂化和交流难度的增加，频繁的、当面交流的价值逐渐上升，城市这种人才高度聚集的空间在促进尖端产业发展中具有比较优势，使得城市的重要性进一步增加。城市的聚集还有助于新兴产业的出现，特别是现代服务业的衍化和创新，不依赖消耗自然资源的产业发展成为可能。

世界银行研究表明，以加纳、波兰、新西兰3个面积基本相同（都是25万平方公里）的国家为例，其人均国民收入分别为加纳600美元、波兰9000美元、新西兰27000美元，比例约为1：15：45，与此对应的是，这三个国家的经济集中度分别为加纳27%、波兰31%、新西兰39%，可见经济资源在空间的聚集度越高，国家整体的人均经济水平越高。[①]

从各国城市集中化程度来看，美国 47000 英里的高速公路网使先前封闭的乡村地区融入了国家经济，并促进了大城市的发展。随着城市的发展，美国经济密度区的面积也进一步缩小。聚集着 80% 美国人口的区域面积由 1900 年的 25% 下降到 1960 年的 17%。目前，大约一半的美国人住在美国 51 个州中的 5 个州。亚洲国家的城市化集中程度表现更为突出，2009 年日本东京人口为 1299 万人，约占日本人口总数的 10%，大东京圈人口达 3670 万，约占日本人口总数的十分之三，其 GDP 达 29900 亿美元约占日本 GDP 总量的 60%。[②]

（三）非线性发展（Nonlinearity Development）

历史上线性思维和机械论占据了很长的主导地位，如拉普拉斯妖（Démon de Laplace）[③] 所代表的决定论认为，大自然原则上被看作一个巨大的确定的保守系统，一旦确切知道了它的起始状态，就可以预测其未来或追溯过去的每一时刻的因果事件。当然，人类也显然获得了一些成功地处理非线性复杂系统的理论及应用，如量子物理学、流体动力学、经济学、社会学、神经病学和人工智能等。遗憾的是，直至现今人们常常不自觉地陷于到以机械论理解非线性世界的错误中。

我们最早学习的一种函数便是线性函数，表达的就是变量间的线性关系，即 Y 一定是 X 的加权总和，X 与 Y 之间一定存在比例关系。而复杂自适应系统理论认为主体间在相互作用过程大多是非线性关系，整体不等于各部分简单累加之和。主体之间相互影响不是简单的、被动的、单向的因果关系，而是主动的相互适应关系。以往的经验和其他主体会影响主体将来的行为，也正是主体的这种主动性和适应性造就了系统的复杂性。

---

① 资料来源：世界银行，《2009 年世界发展报告：重塑世界经济地理》。

② "瞭望日本，人口逐渐集中于大都市"。2008 年 4 月 24 日。

③ 拉普拉斯妖（Démon de Laplace）是由法国数学家皮埃尔－西蒙·拉普拉斯于 1814 年提出的一种科学假设。

　　城市作为一个复杂自适应系统，由人类活动在物理空间中的互动而形成。人类思维和行为的非线性特点本身就决定了城市是一个充满非线性的时空。影响城市发展的因素千千万万，而这些因素之间并非完全独立，而是交互联动，无法用一个特定的模型和公式来演绎。因而，城市的兴衰并不是凭借自然资源、人口数量就能计算出来的，而是随着时空转变呈现出"波浪式"的发展进程，此起彼伏。

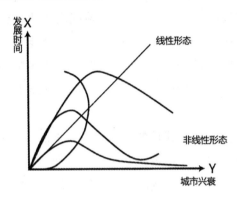

图 4 - 1　城市发展的非线性表现示意图

　　一个典型的日常生活中的非线性例子是关于交通状况与私家车增长的关系。当一个城市的公共交通不能令人满意的时，市民为了出行便利会去购买私家车，而大量私家车又会对城市交通基础设施造成影响，比如交通拥堵。在没有政府干预等外力作用下，过度的交通拥堵会使得驾车出行的成本激增且不便利，于是市民购买私家车数量又会自然减少。

　　城市中产业聚集效应也是复杂系统内部资源之间的相互适应、相互影响的非线性关系的表现。城市中产业的聚集使得分工更加专业化，企业之间可以共享更大、更为专业的劳动力市场。世界银行 2009 的发展报告表明，在韩国，工厂从有 1000 名工人的城市搬到同行业工人为 15000 人以上的城市中，在不改变生产组合的情况下，可以使其产出增加 20%—25%。美国 1988 年各州工人平均产出数据表明，经济密度增加一倍，生产率增加 6%。20 世纪 80 年代后期欧洲统计数据表明，就业密度增加一倍，生产率提高了 4.5%—5%。

城市的非线性发展同样表现在城市的公共服务和城市基础设施的发展上，在本书第二篇的各个子系统章节中将作详细的阐述。

（四）要素流（Element Flow）

要素流是对系统中各种各样具体的"流"的抽象概念。复杂自适应系统将"流"作为一种特性分析，并强调"流"的作用，认为"流"在主体间的传递渠道和传递速度直接影响系统的进化，也就是说主体间互动要通过"流"来实现和传递。"流"对于一个复杂系统的重要性，正如或中医所讲的"气血"对于人体的重要性。人体能量、营养循环是否流畅直接决定了人的生命力，一旦不幸阻塞使可能引发身体各器官病变甚至猝死。

由于主体间的互动是非线性的，所以，要素流引发的是连锁反应，要素流在各主体之间流动产生的效应并非是简单加总，而是会产生巨大的乘数效应。要素流始终在主体形成的系统中循环流动，呈现一个持续动态的过程。

在城市系统中，城市主体之间通过物质流、能量流、信息流和资金流等产生联系，城市发展的活力与这些"要素流"的质量与强弱直接相关。比如，中国实行改革开放政策，一定程度上打破了地方保护主义，有力地推进了国内要素的流动与国内外市场的一体化。

"流"的顺畅能促进主体的互动，反之则割断主体间的联系。中国在计划经济时期，为了实现工业化，强行压低农产品价格，通过剪刀差的方式由国家强制将农业剩余转移给工业。同时，在城市实行了严格的户籍制度和配给制，在农村实行人民公社制度，由此形成了城乡之间相互隔离和相互封闭的城乡二元经济、社会结构。这种对要素流动的人为割断虽然使得国家工业体制迅速的建立但造成了城乡社会、经济上的二元分化，成为一项极大的制度成本。

（五）目标多样性（Target Diversity）

"多样性"这个词最早用于生物学物种研究领域，并认为多样性是环境变化的产物。任何具有活动能力的主体，无论是微生物、细胞、动植物还是人类，都在一定的环境中保持特征稳定的状态，但是环境的变化会使不能适应的主体淘汰消失，并会产生填补这一空缺的新的主体。新的主体与消失的主体具有不同特征，从而产生了多样性。

复杂自适应系统理论认为分化的过程是由主体适应环境变化带来的。复杂系统的主体在相互作用和不断适应环境的过程中，主体之间的差别会发展与扩大，导致主体向不同的方向发展变化，最终形成分化，产生系统的多样性。

同样，城市的适应性是一个分化的过程，形成了城市结构的复合性和形态表现的多样性。J·雅各布斯（1961）在《美国大城市的生与死》中提出"多样性是大城市的天性"（Diversity is nature to big cities），他认为城市的活力在于错综复杂并且相互支持的城市功能，形成丰富多彩的城市空间。

对于城市来说，主体是在其他主体为其所创造的环境中存在的。因此，其他主体的变化会引起该主体自身的变化，这种过程无时无刻都在发生，是一个自适应的过程。每一次适应过程的完成，又为下一次适应开辟了可能性，从而保持城市系统的持续更新。

城市发展的多样性通常表现为差异化特点。首先，城市间的分工会更加清晰，城市功能、公共服务和产业布局在更大的区域中进行，每一个具体的城市和区域可以集中力量去扩大自己的比较优势。其次，城市文化的发展根据其文化传统和发展优势的不同也越来越多地表现出多样性，比如伦敦提出的文化发展定位是"模范的可持续发展世界级城市"、新加坡文化定位的"强大的亚洲第一文化都市"、香港的文化定位为"开放多元的国际文化都会"等。正是这种定位的多样性，使得这些从形态上看起来很相似的城市具有了各自鲜明的特点，在发展中既有竞争，更有特色。

（六）特点标识（Character Tagging）

信息在人类社会发展中始终起着重要的作用。对于现代社会，信息更是发挥着决定性的作用。以往的城市系统研究中，理论界大多关注的是实体资源，比如从最早的自然资源、交通设施等，到后来的资金、技术和人力资源等，但始终缺乏对于信息流作用机制的研究与分析。能够实现信息接收和搜索的"标识"，对于复杂城市系统以及由城市组成的城市群系统同样是十分重要的。

俗话说"物以类聚、人以群分"，这里说的"类"与"群"就可以理解为一种"标识"。在主体聚集形成系统的过程中，标识是一个重要的引导性机制。主体通过标识在系统中选择互动的对象，从而促进有选择的互动。标识的这种机制揭示了城市系统要素流动及要素充足的奥秘。

各个主体在相互作用时，总是选择共性的部分，使之聚集。那么，如果能很好地识别各个主体的特点，便可以有效地促进相互选择。选择促进聚集，聚集产生放大效应，结果便使得原来主体的功能增强了。于是，已经确立的标识，会在选择性互动过程中孕育出新的标识，为系统提供新的耦合和聚集的可能性。

标识的意义在于提出了主体在环境中搜索和接收信息的具体实现方法。它是解决系统整体性和主体个性矛盾的有效概念，因为整体性容易产生子系统雷同和同质化，个体特性也可能会损坏整体效率的提高。而设置良好的、基于标识的相互作用，为专业化合作提供了合理的基础。

标识是主体特异性的体现。在城市系统中，不同的区域子系统和不同的领域子系统如何实现自身的优势发展，是一个现实的问题，也关系到城市中每一个市民的切身利益。通常不同地区的比较优势和特色发展正是标识的实践。城市群内部的多样性决定了城市个体的目标取向不同。如何实现单个城市的发展目标，同时达成城市群的共同发展愿景，更多地表现为一系列在整体效率优先约束下，追求个体利益最大化的博弈过程，而在此过程中，差异化导向的标识显然是极其重要的。

（七）内部模型（Internal Models）和系统积木块（System Building Blocks）

内部模型和系统积木块概念的建立，为分析复杂系统的层次问题提供了便利。如果把系统积木块看做是多层次的"回"形方块，则内部模型就是串联这些方块的绳子。这里的系统积木块在应用到分析时，其本质作用与"主体"是相同的。两者的不同区别是，主体是不可拆分的基本元素，而系统积木块是可拆封的子系统。

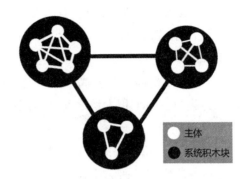

图4－2　主体与系统积木块的概念示意图

复杂系统理论中的"内部模型"就是主体或系统积木块之间具有的互动规则。霍兰提到，对一个系统中的给定主体，一旦指定了可能发生的刺激范围，以及估计到可能作出的反应集合，就可以确定主体具有的规则。

通过内部模型，主体可以基于一定的经验预知事物的动态。由于内部模型的存在，主体可以对事物进行前瞻性的判断，并根据预判对互动行为作出适应性变化。在城市系统中，内部模型的应用无处不在。比如在以公共交通为导向的开发机制（transit－oriented development，TOD）中，在城市尚未成片开发的地区，通过先期对规划发展区的用地以较低的价格征用，导入公共交通，从而影响开发商对这片用地的预期，带来他们的蜂拥而至，最终影响居民对住房购置区位的选择。

内部模型有隐式与显式之分。隐式的内部模型是在对一些期望的未来状态的隐式预测下，为当前行为所提供的指导性工具，往往是一些约定俗成的常识理念、道德准则、人际关系规则等。隐式的内部模型较为灵活，随着时代而呈现出多样性，没有强制的约束力。显式的内部模式往往是制度化、公开化、普遍性的法律规范和行为制度等，规则明确，较为固定，具有一定的时滞性。

隐式内部模型的作用要靠显式内部模型来保障，而显式内部模型的作用要通过隐式模型来实现。比如，道德是最典型的隐式内部模型，法律则是典型的显式内部模型。德治与法治的争议已经延续了两千年，而如果从隐式和显式内部模型的角度来理解则不难发现，德与法必须相互依存，从来就不存在没有道德支持的法治。有德无法，则法不立；有法无德，则法不行。

在应用于分析较高层次系统的问题时，就会用到系统积木块的概念。它把下一层次的内容和规律即内部模型"封装"起来，"暂时忽略"或"搁置"其内部细节，作为一个整体参与较高层次系统的相互作用。只有这样，才有利于将注意力集中在两个积木块之间互动规律的研究上，即研究更高层次系统的内部模型。

根据考虑问题的不同层次，积木块既可以封装，也可以拆封。比如，内部模型与积木块的分析方法应用于研究全球经济地理时，各个大洲可以是积木块；研究国家经济地理时，城市群、农村地区可以作为积木块；研究城市群时，城市、城镇、乡村可以作为积木块。这种分析方法不仅简洁，而且还可以避免复杂分析中常常出现的层次混乱问题。

内部模型和系统积木块同样可以应用于分析城市运行的各个功能系统。运用系统积木块概念对子系统进行封装，可以从城市宏观层面来研究城市的运行规律、各子系统之间的互动和影响关系，从而科学分析城市运行系统的形成和演变以及各子系统之间的作用机理。同样，我们也可以运用系统积木块概念对城市各个子系统进行拆封，把每一个子系统视为一个完整系统进行深入分析，从而研究具体子系统内部的规律。

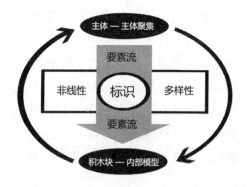

图4-3　8个基本概念的逻辑关系示意

这8个概念之间有着严谨的逻辑关系。主体是城市系统研究的出发点；主体自身运动的表现形式是"主体聚集"；主体间相互作用的载体是"要素流"；系统通过主体聚集和要素流持续的共同作用逐步达成"目标多样性"；不论是主体聚集的过程、要素流的运动过程，还是系统朝着目标多样性的运动过程都普遍存在着"非线性发展"，以上是复杂适应系统的四个特征。"特点标识"是影响要素流的重要机制，决定了要素流的方向和活跃度；将同一层级的不同子系统分别加以封装，就构成了系统的"积木块"；而"内部模型"是主体和子系统间互动的行为规范。这八点作为城市系统的基本概念，贯穿一体。

三、如何将城市系统拆封为若干子系统

根据系统论的观点，城市系统可以向下拆封，从而形成更为直观的各个子系统。目前，对于城市系统的研究大都由城市空间规划人员主导。规划派看城市，还是生活、产业、休憩、商业等不同色块的结构，对于空间形态的研究相当深入。而经济派看城市还纠缠于一产、二产、三产的规模与结构，甚至为了有没有所谓的实体经济而纠结不已，处在将空间与经济分离的阶段。

两种派别都自顾自地钻进了专业设置的范畴，在脱离现实的"假设"中琢磨现实，解决现实问题，尚未充分意识到城市空间与经济发展间的微妙互动。而城市系统的理论试图架起一座连接规划空间、经济行为以至于社会动态的桥梁，以尽可能映射现实的努力，去解析固态空间和动态行为之间的自适应性、非线性的复杂关联，这需要不同学科"自上而下"和"自下而上"的相互渗透和融合，这也是本书将城市系统拆封为四大子系统的根本出发点。

城市作为复杂系统具有非线性和多样化的特征，这并不意味着我们无法探寻城市发展的规律，无法解决城市发展的具体问题，而是能更接近城市发展的真相去解决问题。

按照系统论拆封后的城市，将是由一个个具有复杂系统所有特征的子系统组成。它们既自成体系，又紧密协同，相互影响。它们不再是城市的一个个侧面，也不是被割裂开的局部。这种拆分方式，考虑到各子系统既要保持相对独立，能提炼出特性；又要便于分析子系统之间的联动关系，找到整合的接口。同时，这种划分方式也较为符合现实中城市建设管理的专业划分，有利于将理论分析转化为实践指导。

（一）构建有机的"城市生命体"

我们始终坚持将城市看作一个生命体，她也有智慧、有跳动的心脏、有骨骼肌体、有敏锐神经，有着新陈代谢式的更替演进过程。那么城市的智慧是如何体现的呢，城市又需要什么样的智慧呢；城市的动力是什么，城市从何处获取能量；城市的骨骼肌体是什么，如何支撑着城市茁壮成长；城市的敏锐神经是什么，如何提醒城市及时趋利避害……这一系列的问题都引发我们对城市系统更深层次的思考。我们将城市系统相应地拆封为：规划系统、产业系统、基础设施系统、公共服务系统，它们有机组成了"城市生命体"。

基础设施系统因对产业系统、公共服务系统提供功能服务而被称为支撑系统；产业系统顺应了人类对发展和利益的追求，成为重要的动力系统，并反过来对基础设施系统提出越来越多的需求，决定了城市发展的高度（天花板）；公共服务系统是人类在城市生存的最基本保障，是城市的平衡系统，对城市发展过程中的"痒与痛"产生着应激反应，是城市发展的底线（地板）。

对城市发展的努力，其实是在这种天花板和地板之间的动态角力。当天花板和地板太接近，则城市发展显得局促；而天花板和地板离得太远，又将使城市居民分散成群，形成更复杂的城市阶层，甚至造成社会分裂，难以共享发展的红利，影响城市的稳定和安全。

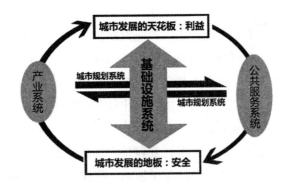

图4-4　城市四大子系统结构关系

这一切的配合有着微妙的非线性规律，而规划则是在尊重城市系统非线性特征的前提下，对城市未来发展轨迹的美好设计，试图以当期人类最优秀的智慧将基础设施、公共服务和产业发展统筹一体，如同人体最重要的中枢系统，用以协调四肢、器官、血液和细胞的动态变化。规划的原形是城市最高统治领袖脑海中对所在城市的专制设想，而现在规划是对人类追求在城市中更美好生活进行集思广益的人为机制，并最终落实在基础设施系统、产业系统、公共服务系统上。

（二）折射生存与发展的根本诉求

四大城市子系统折射着城市人对生存与发展的根本诉求。城市是为了让人们生活更美好。从人类个体的具体需求着眼，城市要为居民提供安全的保障、发展的空间；要为居民提供硬性的设施、柔性的服务；要为居民提供物质和精神的安全和利益。城市也有着刚性的制约和弹性的规则，需要人类在安全和发展的双重诉求中寻找微妙的平衡。

一个城市人的生活，每天出门上路接触的是基础设施，生老病死离不开公共服务，工作和生活依托的是产业发展。围绕着人类生存与发展的根本需求，城市子系统相互联动，密不可分。

当我们在城市系统论的视角下来考虑产业发展时，对城市安全底线的判断和保障就成为产业发展的首要问题；基础设施的吞吐承载能力就成为产业发展的先决条件；公共服务的保障能力就成为产业发展或抑或扬的重要影响因素。

非线性发展的本质特征，要求产业发展的研究和实践必须考虑不同城市子系统之间的关联接口，形成系统性的解决方案。同样，在考虑基础设施建设时，也要响应产业发展和公共服务的需要来供给。正因为基础设施是一个功能的供给方，被动的反馈方，往往基础设施问题的根源在产业和公共服务的不恰当索取上。

在谋求城市飞速发展的今天，最容易出现的问题是只顾眼前，缺少对人与自然、人与社会之间关系的深谋远虑，往往误入"吃祖宗饭、欠子孙债"的歧途，这是极其危险和不负责任的。

城市要权衡安全与利益、生存与发展的抉择，当偏向于任何一个极端时，城市要么凋敝于保守落后中，要么毁灭在疯狂的贪婪中。因此，城市的发展不仅要考虑经济发展，更要考虑国土资源的刚性约束、人口最高承载能力，城市精神归属以及社会福祉。

（三）减少"集体行动"的组织成本

城市的规划最终将具体呈现在产业、基础设施和公共服务的发展上，是一个整合与协调、创新与包容、规范与激活的动态过程。由于人是城市最重要的主体，人的活动充实了城市的时空，从本质上来说，城市规划作为一种内部模型，并不是纯粹的技术工程，而是一个组织"集体行动"，朝着共识目标前进的过程。

目前在中国，城市规划依然是技术人员主导，以建筑、工程和美学为主流领域。由于从建筑学传统和计划经济的实践延伸过来，现行城市规划的隐含假设是城市是一个建筑的集合体，而政府是一个处于强势地位的主导者。因而，现有的规划较多地考虑技术上的"合理性"，而忽视规划在实践应用中将会遇到的"组织成本"，这如同经济学中的"交易成本"一样，通常假设为零，但实际中却是普遍存在的。

然而在现实中，除去从空白土地上建设新城的最初的一段时间，城市是被无数的业主所共同拥有。城市的所有权分散在无数的利益主体手中，政府并不能任意地按照技术图纸组织城市功能，安排城市设施，引导城市主体的行为。① "组织成本" 的存在，阻碍了 "最优" 规划结果的实现。换而言之，城市规划必须探索在有 "组织成本" 的真实世界里，引导城市走向 "一定条件下" 最优发展的道路。

显然，传统的城市规划专业，无法提供给我们 "制度设计" 所需的专业分析工具，无法提供组织 "集体行动（存在于产业、基础设施、公共服务中）" 的系统解决方案。在充斥着机械论的现实中，城市产业、基础设施、公共服务等各个领域的治理界限明显，要么多头管理、要么管理缺位，而大部分的城市病都源自于子系统内部或者子系统之间的联动失调。

然而，在系统论的范畴下，对规划系统、产业系统、基础设施系统、公共服务系统的如此拆封与机械论下的割裂式分类有着本质的不同：一是这四个子系统有着共同的主体以及主体聚集特征；二是要素流在子系统中相互贯穿，一个子系统中的要素流终点或是另一个子系统的要素流起点，形成动态循环；三是要素流对各子系统的标识产生反馈，调整着流动方向和流动力度；四是子系统之间的要素流交互流动使每个系统都具有了非线性和多样性特征；内部模型则是对各个子系统内和子系统间关系的统筹协调机制，其作用是使各系统的功能各得其所，相互匹配。因此，对城市系统的拆封是为了更好的整合各子系统间的关系，真正形成城市系统解决方案。

（四）适应城市及城市群的优势发展

对于当代城市的规划、建设和管理，我们坚持优势发展的立足点。从现实经济的角度来看，挖掘和发扬优势是当代规则下城市分工形成的基石，是引导城市认清自身在大城市群系统中的战略价值和角色地位的出发点，是激活和整合城市各子系统关联力量的着力点，是城市发展实战性工作的基础起点。

城市优势是一系列因素的函数，是各种经济、社会、政治因素共同作用的结果。这些因素大体包括自然资源、经济要素、区位空间、人文传统、政策因素等。城市优势具有广泛性、地域性和相对性的特点，其形成

---

① 赵燕菁：《制度经济学视角下的城市规划》，《城市规划》，2005 年第 7 期。

及其发展是一个动态过程。城市优势存在着生命周期，有一个产生、发展、成熟、衰落的过程。现实优势是历史的产物，是对过去的各种要素优选、否定和发展的结果，也必然会经历再次否定，走向新的发展优势。

城市优势的发挥，依托于各个子系统的相互配合。在单个城市系统中，只有各子系统围绕优势条件较完美地配合发展，才能够最大程度地发挥出城市优势的作用。任何一个子系统无法较好的配合，都将导致优势作用的弱化，如同"木桶理论"中的短板效应。而城市优势的转变，也离不开涉及各个子系统的技术变革、要素流动及市场变化。这些动态变化又反过来影响各子系统之间的交流与配合，形成新陈代谢式的城市优化升级过程。

而在城市群系统中，不同的城市根据各自的优势，通过规划、基础设施、产业、公共服务等子系统之间的紧密对接来降低城市群间个人、企业和政府间的交易成本，最终实现城市群的聚合发展。

当前，在区域一体化的大背景下，基于优势互补的分工、合作和协调发展成为区域城市关系的主流。世界范围内已经形成了五大湖、纽约、伦敦、巴黎、东京等五大都市圈，中国也已经初步形成长三角、珠三角和京津冀三大城市群。而城市与城市之间如何较好地达成系统合作也成为区域发展的重要领域，这在本书的下篇将作出详细的阐释。

■灰霾笼罩的鸟巢。

专栏：解析"PM2.5事件"① ——8个基本概念的简单应用

2011年10月关注PM2.5：一场灰霾笼罩京城，但北京环保局公布的每日空气质量报告中，最严重的地方也仅为"轻度污染"。同日，美国大使馆自测的空气质量PM2.5指数反复跳上200大关，达到美国国家环保局认定的"非常不健康"、"危险"级别。数据不同的原因是计算方法不同。美环保署实施的AQI指标是综合PM2.5、PM10、一氧化碳、二氧化硫、臭氧和二氧化氮的浓度计算出来的；而当时中国通用的API只考虑了PM10、二氧化硫、二氧化氮。PM2.5开始进入中国公众的视线，并随着姚晨、潘石屹等名人微博的关注，成为社会热点。

2011年11月中旬：环境保护部公布《环境空气质量标准》征求意见稿，向全社会第二次征求意见，公众普遍赞成将PM2.5和臭氧（8小时浓度）纳入常规空气质量评价。

2011年12月21日：环保部部长周生贤公布了各地实施监测PM2.5的时间表。

2011年12月30日：环保部常务会议审议并原则通过了修订后的《环境空气质量标准》。标准增设了PM2.5平均浓度限值和臭氧8小时平均浓度限值。

2012年1月21日：北京市环保监测中心网站发布PM2.5研究性监测小时浓度数据、车公庄自动监测站数据，每小时更新。之后，多省公布监测时间表。

2012年2月29日：国务院常务会议同意发布新修订的《环境空气质量标准》，部署加强大气污染综合防治重点工作。

2012年3月5日：温家宝总理在政府工作报告中宣布：今年在京津冀、长三角、珠三角等重点区域以及直辖市和省会城市开展细颗粒物（PM2.5）等项目监测……

如果以城市系统论的这8个概念来解析这一事件，我们会发现其中的

---

① "PM2.5事件"回顾。《扬子晚报》，2012年3月30日。

动态变化轨迹清晰可辨。

主体：这个事件涉及最初关心 PM2.5 问题的个人、空气问题的默默承受个体、关注环保问题的非政府组织、北京分管环保问题的政府部门、更高层次的政府领导、媒体、涉外机构等多个主体。他们各自有着不同的诉求。

主体聚集：当这些主体依据诉求"抱团"发展时，聚集形成社会公众（包括非政府组织）、政府、媒体等三大类主体。公众，作为承受主体、评价主体；政府，作为环保这一公共服务的供给主体、执行主体和管理主体；媒体，作为公众和政府间的信息传播主体。

要素流：公众、政府和媒体间的信息流，具体表现为舆论传播、政府文件、政策法规等。当 PM2.5 写入政府公文后，在执行过程中又会引导资本流、技术流、人才流和物质流等。

特点标识：三大主体在互动过程中，涉及"进攻"、"防御"和"黏着"三大标识，使信息流朝着既定目标不断汇流。

进攻标识是指当公众的某种公共需求被激发时，对政府的公共服务释放的需求信号。当美国驻华使馆显示北京空气污染已达"危险"水平时，北京市环保局公布的空气质量为"三级轻微污染"。这条信息暴露之后，社会共识立刻将其上升为公共问题——即主体聚集产生了进攻标识，这种标识在与政府的协商、沟通等交互活动中，使这种强大的公共诉求成功地转化为政府议程。

防御标识是对公众释放的公共服务需求所产生的反应。防御标识可能是关于现有公共服务的相关条例等现成的制度设计，也可能是应对这一新情况而制定的新政策规范。

黏着标识是确定需求和供给主体相互黏着的机制，反映了"攻守"之间的匹配程度。当需求主体——公众，以及供给主体——政府在某个特定的事件中对峙时，公众的进攻标识与政府的防御标识会进行匹配，在这个匹配过程中媒体作为信息传播主体起到了关键的作用。黏着标识将需求信号和供给行为像楔子一样吻合起来，形成常态化、稳定持久的服务供给模式。如关于PM2.5 的公共政策的出台就是需求主体和供给主体互动磨合的产物。

非线性和多样性：这个动态的需求和供给匹配的过程，充满着非线性发展的特征。不同的匹配方式，也会产生不同的解决方案，体现目标的多样性。目前达成的PM2.5的政策，只是当前互动下的一种进步，但远没有达到根治这个问题的地步。试想，如果这一问题继续严重，无较大改观，又将开展新的"进攻"、"防御"和"黏着"，产生新的解决方案。

内部模型和系统积木块：公众、政府和媒体作为主体聚集而新产生的更大主体，也可以称为系统积木块。毫无疑问，这三者内部也有着自身的组织规律和系统特征。但当解析他们之间的互动规则时，我们刻意地忽略其内部的不同的系统规律，将其封装起来作为一个主体。主体间的互动规则就是内部模型。由于之前的内部模型对解决PM2.5效应甚微，因此供需之间的互动产生了另一套内部模型，即最终形成对PM2.5的政策规范。

以PM2.5事件为例，我们简单地将城市系统论的8个基本概念加以应用。需要说明的事，应用这8个概念时，分析的起点一定是主体及主体聚集，分析的终点则是落在内部模型上。要素流和标识的分析是理解非线性、多样化的重要前提，也是联结分析起点和终点的有效桥梁。只有这样的系统已知过程才能将理论分析引向解决方案。

第二篇

城市系统解构与功能分析

第五章

规划系统：让城市体现人类的智慧

当我们将城市系统视为一个复杂的自适应系统，那么规划系统就是这一复杂自适应系统中的智慧子系统。规划应展现同期城市人群在人文、科技、经济发展等方面的最高水准，体现一个城市的学习能力、纠错能力和创造能力。当然，这需要一个合适的机制，能够把当时人们的最高智慧发挥出来。否则，就会成为败笔，留下历史的遗憾。

城市是人类智慧的结晶，汇集了人类在社会、文化、经济、政治、宗教伦理等各个领域的知识积累。与城市发展相关的，诸如城市选址、城市形态、城市建筑、产业发展、文化艺术、社会服务、社会管理等有形和无形的所有事物，都是当代最高智慧的体现，而这些事物的构想和实现都是依靠规划及其实施才得以完成的。在人类发展中，城市是伴随人类成长的重要空间形态，不同历史时期的城市都是当时人类综合智慧的结晶。但是人们通常认识不到，每个城市都有其特定的生命周期。目前完整保留下来的城市，历史最悠久的不足一千年，大部分历史名城的年龄也不过数百年，大量的城市随着时代需要产生，又随着时代的变迁而消亡。

城市是人类能力的最高体现，是最复杂的人造系统。这不仅体现在城市以较少的土地聚集了较多的人口，也不仅仅因为城市建有宏伟的建筑、密布的路网和华丽的公园，还体现在城市的文化、城市的服务、城市的安全及城市产业。这些内容在城市发展的不同阶段产生，发展方式不同，相互之间彼此影响。这些城市中不可或缺的内容需要一整套智慧系统进行协调，以适应不同时期人群结构的有效运转，其实质即规划系统。时至今日，单一的城市已发展为城市群。在以核心城市、节点城市、基础城市构成的城市群中，跨市的规划系统对于人类的智慧是一次前所未有的巨大挑战。

人类的规划具有悠久的历史。中国是最早诞生城市的区域之一，中国的古城基本上是"前朝后市"的结构，并在此后的规划中长期延续了这种城市形态。进入20世纪后期，中国城市化进程进入快速发展时期，在市场的力量下，大城市成为中国经济发展最具活力的组成部分。虽然现在"城市病"的问题不可忽视，但事实证明，"城市病"也并非不治之症，不应成为从政策上抑制大城市发展的理由。事实上，"城市病"在一定程度上是由于规划的问题造成的，如规划的权威性不够，规划的系统集成差，规划的程序不科学等等。

中国当前规划出现失控、失效、失败的现象，最大原因并非在技术层面，与其说是缺乏"规划之术"，不如说是缺乏"规划之道"。因此，本章通过对规划系统的解析，将阐明如何经"规划之道"而达成"城盛之道"的理念。

一、规划的基本认知：城市需求的多样化推动规划的演变

（一）原始城邦：安全需求下功能和空间的一一对应

城邦一般由一个城市和附近的若干村落组成，面积不过百里，人口不过数万，最多的也只有数十万。历史上的城邦通常是大文化圈的一部分，如古希腊城邦（如雅典、斯巴达）、迦南的腓尼基城邦（如泰尔、西顿）、

中部美洲的玛雅城邦、丝绸之路上的小国（如撒马尔罕、布哈拉）和意大利城邦（如佛罗伦斯、威尼斯）。中国周代实行封建制度，分封的一些诸侯国有时也被称为城邦。①

由于原始城邦普遍较小的城市规模，城市的结构也相对简单。功能和空间之间存在着简单的对应关系。城市的政治决策或管理机构在西方是市政厅，在古老的中国则是皇宫、府衙、县衙；城市的产业结构主要由农业、手工业和商业构成，在城市的分布则是集市、酒家、客栈、作坊以及分布于城市边缘的农田和耕地；城市的教育存在于为数不多的几类学校，如西方的宫廷学校、教堂学校，中国的书院、私塾等；军事上则是城墙、壕沟组成的比较简单的防御体系；城市的文化甚至只是作为一种生活的附属品，而不是城市拼图的一个独立组成部分，淹没在城市的市井和庙堂等各个角落。

在原始城邦较为落后的交通和技术条件下，特定空间对应单一的功能有其内在必然性。较小的城市规模便于统治者按照自己的意愿进行功能的空间布局，满足自身树立权威、维护统治地位的愿望。同时，在交通和信息传递不便的限制下，某一空间特定功能的聚集具有非常明确的功能标识导向性，诸如什么地方是用来做什么，做什么事到什么地方去，这些问题便于形成社会的共识。因此，能够在很大程度上节约社会的交流成本，促进社会的各种要素能够有指向性的流动。

功能和空间的简单对应意味着相对简单的规划即可以达到预期的目标。对原始城邦来说，与其说是城市的规划，更不如说是城市空间布局的规划更加贴近现实。为数不多的人口、相对单纯的功能，加上统治者的强势地位，使得在原始的城邦可以相对简单的根据统治者的意愿，去摆布市政厅的位置、居民区的位置、集市的位置，可以较少的考虑甚至是不用考虑普通人的诉求、土地的多寡、道路的合理性、市政管道的布置等现代城市遇到的问题。

因此，原始城邦的规划是一种线性规划方式，最大的特征就是功能和

---

① 资料来源：百度百科。"关于城邦的定义"。http：//baike、baidu.com/view/219962.htm。

空间的一一对应。

(二) 城市成长：欲望驱使下功能和空间的非直接对应

现代科技的发展已经在很大程度上突破了原始城邦面临的困境，城市发展出现了很多新变化。现代交通和通信条件的改善，使得城市的规模化发展成为可能，无论是城市的占地面积还是人口，抑或是建筑的规模，都数倍于原始的城邦。这种规模的扩大使得传统城市的功能和空间线性对应式的城市结构，变得越来越难以适应城市发展的需要。城市空间形态变化也非常值得关注。如果说原始城邦是一个独立的王国，那么现代城市则更像一个城市群这个大王国下的一个组成部分，我们耳熟能详的城市群、城市带即是这种变化的产物。在规模扩大和交通的带动下，城市群内部各城市之间的界限变得越来越模糊。城市内部的结构形态不再是以市政厅或府衙所在地为中心，出现了副中心、多中心、新城、卫星城等新的结构形态。

更为重要的是，现代科技的发展和人类文明的提升，使得人们逐渐脱离了物质缺乏的时代和动辄兵戎相见的社会关系。随着知识积累的增加，人类智慧水平快速提高，使得人们开始有时间、有精力、有能力去尝试着满足潜伏于内心发展的欲望，追求更美好、更新奇的事物。在三次工业革命的浪潮下，人类的知识水平迅速提高，自身发展的欲望则被彻底地唤醒，并呈现愈演愈烈的趋势。在这种欲望的推动下，人类利用自己掌握的智慧，不断地去发掘未知的领域，持续地改造自然环境，并按照自身的意愿创造出新事物。世间一切人类的活动，无论是政治、战争、商业，还是文化、宗教、艺术、教育等等，都是人类欲望驱动的结果。在这个意义上，欲望是人类改造世界的根本动力，也是人类自身进化、社会发展与历史进步的动力。

人类欲望的苏醒带来城市发展的新变化，打破了城市功能与空间之间的一一对应的格局，城市的某一种功能会有多种的表现形式。城市政治功能的载体不仅存在于类似市政厅的白宫、克里姆林宫、青瓦台这些地方，电台、报纸、网络都有一定的政治功能；经济功能远远超出了集市、酒家这些地方，不仅有硅谷、金融城、中关村各种产业的聚集区，城市的青山绿水等风景区，寺庙、古迹等历史文化区，以及看不见的信息网络、金融市场都可能成为城市经济的载体；教育不仅存在于普通的大学、中学、小学，网络教学、函授教育、技能培训等都是社会教育的载体；文化已经成为社会独立的组成部分，博物馆、音乐厅、电影院以及报纸、杂志、博客、微博都是文化传播的工具或场所；还有城市的军事、服务等也都出现了类似的变化。

总之，城市的功能打破了与空间的对应关系，某种功能对应多个空间，或某个空间对应多个功能的情形成为城市的普遍现象。

■当人们在赞颂田园城市时，不曾想，贴近自然本来就是城市最初的生活方式。

（三）演变结果：规划系统成为城市的智慧系统

无论是原始城邦，还是工业革命后形成的近代、现代城市，功能和空间之间对应关系变化的背后，蕴含的是人类认识能力、改造能力和创造能力的提升。这种能力就是人类的智慧。

　　规划的过程是对人类智慧的收集、集成、决策和实践的过程。智慧与当期人类掌握的知识和科技水平密切相关。在原始城邦，人类的知识积累相对较少。受限于不发达的科技水平，知识的传播手段也非常有限，传播的距离也非常之近。更为重要的是，当时多数人尚在为个人安全和吃饱穿暖的问题奔波的情形下，对于知识的追求就显得更加的力不从心了。在此背景下，城市的多数智慧掌握在少数人手中，城市的决策权掌握在少数统治者手中。因此，少数人便可以完成原始城邦智慧的集成，亦即规划的编制和决策过程。智慧的实践，也就是规划应用于实践的过程，则在少数人专制推行和多数人的被动参与中得以完成。

　　因此，空间布局的规划基本成为原始城邦规划内容的全部。单一的规划内容，单纯而明确的规划目标，使得规划在城市管理中发挥的功能少且简单。需要说明的是，在当时的政治背景、经济发展水平和人们的认识程度下，这样的规划已经基本能够满足城市发展的需求。

　　相比于原始城邦，现代城市的复杂性有目共睹。这种复杂性的表象是城市建筑的增多，规模的扩大，经济形态的多样性等多个方面，内在则表现为城市功能的增加、文明水平的提升、城市文化的多元化、对外交往增多和服务需求的增加等方面。人类社会本身的复杂性也日益增加，知识增长带来的欲望膨胀，使得人们更加关注密切的人际关系，更高品质的生活水平，更为舒适的工作环境等等。

　　城市发展也暴露出越来越多的问题，住房问题、交通问题、教育问题等各类城市病困扰着城市，种族问题、公共安全问题受到越来越多的关注。公民意识的逐渐觉醒，个人对自身权益的持续追求，以及由此带来的市民罢工、游行，甚至是暴力反抗，给城市管理者提出了新课题。

　　在此背景下，规划先天具有的指导性、前瞻性等多方面特性，使其在城市管理中的调控、组织和协调功能日益显现。规划得以迅速发展，土地规划、经济规划、城市总体规划等各类规划进入城市管理者视野，与空间布局规划一起构成了城市的规划体系。规划的初衷不再简单的出于维护权威的考虑，全体市民的利益也被纳入考虑的范围。规划的目标不仅着眼于解决城市当前的问题，也更加看重城市的长远发展，政治、经济、文化、环境等城市各领域的多元化诉求得到释放。规划的表现形式也越来越多，相关的政策规范、法律法规、制度设计等多种内容，让规划实施变得更加易于掌握。

与此同时，科技水平提升，知识积累的加速，不仅丰富了规划的智慧来源，而且让在城市中居于多数的普通市民开始掌握生存以外更多的智慧。他们有自己的权利、目的和欲望，希望自己对城市发展的意愿和想法得到采纳和实现。对于出现在眼前的各种不如愿，也有提出问题并要求得到解决的勇气。这意味着普通市民已经从一个城市规划的被动承受者，成长为直接的参与者。越来越多的企业、社会机构和组织，也以各种角色加入到城市规划的行列中，通过多种途径向城市的规划系统贡献着他们的智慧。

综上所述，早期城市可以通过空间规划直观地表达人们对城市功能的全部诉求。而随着城市功能的非线性增长，空间规划无法实现对所有需求的直观表达，相应的，城市规划系统本身也就实现了非线性的演化，成了一个以全体人智慧为支撑的复杂系统。

二、规划的三大主体及其聚集

城市规划系统是一个智慧系统，需要将城市内外的所有智慧加以收集、整理、筛选、集成和决策，并将其最终用于城市的运行中。在此，将规划的主体分为智慧提供者、智慧集成者和智慧实践者三类。

（一）智慧提供者

1. 主体描述

智慧提供者可以是专业的学术团体、研究机构，也可以是各领域的专家学者，普通市民也是智慧提供者的一个重要组成部分。他们可能来自城市内部，也可能来自城市外部。很多时候，城市外部的智慧往往更加的具有参考价值，正所谓当局者迷，旁观者清。由于来自城市外部的智慧从一个旁观者的角度来看待这个城市，不受个体利益的牵绊，不受各种社会势力的影响，因此能够给予相对中肯、客观的意见。

城市自身的历史、其他城市的实践也是智慧的重要提供渠道。历史记载着城市的兴衰成败，透过历史，能够让我们认识城市、理解城市，其中透露出的城市的文化演变、经济发展、习俗的形成，以及经历的变迁和荣辱，将让规划者实现对城市认知的"知其然，知其所以然"。其他城市发展过程中的经验和教训具有非常重要的借鉴意义和实际价值，能够对规划者的设想给予一定的验证或启示。

2. 主体聚集

智慧提供类主体聚集的最大特征表现为主体分散、智慧聚集。这类主体广泛分布于城市内外，彼此之间联系较少甚至没有联系。但是，当他们就某一城市的规划贡献自己智慧的时候，又表现出非常明显的多种智慧的聚集效应。而且，由于不同的主体对城市的感知、个人阅历、经验积累等多方面的不同，往往能够在多个角度对城市规划提出自己的见解。很多时候，这种聚集也能够提升相关智慧主体自身的知识、结构和能力。

当然，这些来自各种主体的智慧并不全都适用于城市的发展，各种智慧之间甚至存在着矛盾。这种矛盾正是下一步智慧集成过程中需要取舍、化解的地方。

来自城市内外的智慧提供者的主体聚集类型也有所不同。在城市内部，生活在城市中的所有的人（无论是土生土长的本地人，还是后来迁入的外地人），以及城市政府、社会组织、企业等各种机构，都可能对城市的规划表现出非常关心的态度。这种态度既出于对城市的热爱，也有自身利益的考虑。因此，他们一般积极性较高，会主动地建言献策。

来自城市外部的智慧提供者则相对简单，主要是那些关心城市发展的研究机构、咨询机构和专家学者。他们或是出于传播个人（或机构）观点的考虑，或是受到城市管理者委托，或是出于社会责任的担当，对某一城市的发展贡献智慧。这类智慧提供者往往有一定的社会地位和社会声望，对问题的见解独到且富于影响力。但他们一般较为理性，缺少对城市的感性认识，对城市内部的各种关系也不甚了解，城市内部的不同主体对他们的意见接受程度往往差别很大。

（二）智慧集成者

1. 主体描述

马塞尔·普钽鲁斯特曾经说过：没有人给我们智慧，我们必须自己找到它。

智慧的提供者广泛分布于城市内外，意味着如果要使用这些智慧，首先必须找到它们，然后才能将对城市有用的智慧加以挑选、集成和决策。在此，我们将智慧的集成者分为两类：专业集成主体和决策集成主体。

专业集成主体。主要功能是找到那些分布于城市内外各个专业领域的智慧，将这些智慧进行分类梳理和深入的分析，通过集成各个方面的专业知识，提供多个城市规划系统解决方案，供决策主体决策。其主要特征就是在一个或几个专业领域具有很强的知识集成能力，重点解决的是专业性问题。他们还可以借助自身的影响力，发动其他领域的专业机构或人才，参与到专业知识的集成中来。这类主体包括专业的规划咨询机构或企业、科研院所、大学等具有较强的智慧查找能力和分析能力的机构或企业。

决策集成主体。主要功能是确定适合所在城市的专业集成主体，并对他们提供的规划系统解决方案，从经济、社会、环境和资源协调发展的角度，从城市与所在区域协调发展的角度，从全体城市居民共同利益的角度等多个方面，进行更进一步的选择和决策。其重点解决的是规划系统涉及的综合协调问题。这类主体首先是城市的最高管理者，如以市委书记、市长为领导的城市管理集体。根据规划的不同，政府重要的组成部门也可能成为决策的主体。当涉及区域城市群协调发展的问题的时候，则需要能够对城市群内各大城市都具有影响力的行政管理者（一般需要具有更高的行政级别和权威）介入决策的过程。

近年来，普通的城市居民和专家学者也越来越多地参与到智慧的决策过程中，他们通过个人意见、建议和愿望的表达，对智慧的决策施加影响。

在智慧的集成过程中，相关的机构、城市的管理者以及普通市民的共同参与，使得规划的过程成为了一个统一思想、统一认识的过程。

2. 主体聚集

智慧集成类主体聚集表现出非常明显的群体特征。在规划集成的过程中，经常会形成一个智慧集成群体，亦即一般意义上的规划编制小组。在智慧完成集成的过程后，这种聚集并不会弱化，仍然会对城市发展持续发挥作用。

这类主体聚集一般由专业集成主体和决策集成主体共同组成。其中，决策集成主体通常是规划的发起者和决策者，专业集成主体由决策集成主体通过契约关系进行确定，进而委托确定专业团体。在此过程中，双方的智慧经常会产生激烈的碰撞。专业集成主体一般从全体市民的利益出发，站在城市长远发展的角度，集成各类智慧，并在此过程中进行合理的创新，追求的是智慧的高水平。决策集成主体一般是政府，代表了区域特有的历史文化和社会关系，所以这类主体更加看重智慧集成方案的可行性。因此，这种智慧的碰撞在所难免。在碰撞交锋的过程中，主体之间的妥协与坚守就显得尤为重要。在双方都可以接受的范围内进行的妥协有助于达成方案的共识，各自的坚守则将确保方案始终处于双方底线的监督和约束之下。

（三）智慧实践者

1. 主体描述

智慧实践的过程，就是将规划的设想付诸实施、变为现实的过程。因此，不仅需要全体城市成员的共同参与，为规划的实现出谋划策，也需要来自城市以外的实践者进入，为规划的实施注入新的元素和活力。

全体城市成员都是智慧实践者。这些成员不仅包括一般意义上推动规划实施的政府部门，普通市民、各类型企业、社会组织、教育科研机构都是规划实践的参与者。他们在规划实施的过程中发挥着不同的作用，或是作为投资的主体（如企业），或是作为监督的主体（如普通市民和社会组织），或是作为政策配套、制度设定的主体（如政府部门），或是作为效果评价的主体（如教育科研机构）。当然，这些主体发挥的作用不是一成不变的，有的时候甚至是可以相互转化的。而且，规划的不同，各种主体所能感受到的影响也不尽相同。如教育规划，政府和企业一样都可能就成为投资的主体，教育机构本身则成为规划实施者，最能感知这种变化的主体。

来自城市外部的智慧实践者。主要是其他区域的企业、组织和人才，他们时刻关注着不同城市的投资价值和发展机会。一旦从某一城市的规划实施中察觉出这种机会，他们便会参与到城市规划的实践中来。这些参与者中，企业（或机构）往往都是具有全球化的发展眼光、较强的竞争力和较大影响力的大企业（或机构），人才中不乏有经验、有能力、有见解的高端人才。这些企业和人才的到来不仅带来了资金、技术、管理的经验，为区域发展带来新活力；尤其值得关注的是，他们的到来对其他类似的企业和人才会形成一定的示范效应，形成规划实践过程中城市内外两种资源、两种力量的合力。

这些智慧的实践者有相当一部分就是智慧的提供者和集成者。因此，这三类主体之间存在一定的交集，其中的一部分主体在规划系统中兼有多个角色。

2. 主体聚集

智慧实践类主体聚集的最显著的特征是主体数量和结构的双重变化。实践过程中既有新主体的不断加入，也有原有主体的升级、调整，甚至被淘汰。这种变化的不同结果也在不断验证着既定规划的正确性。

智慧的实践必然会带来新的市场潜力或发展机会，吸引来自城市外部的企业、机构和人才加入到实践当中。同时，在城市内部人们的创业意识、创新意识的直接推动下，也会促进形成新的智慧实践者。但必须看到，智慧的实践有时也会影响到城市中原有主体的利益，促进他们做出改变。这种改变极端的情况，就是主体的自我毁灭。更多的情况是主体通过自我调整适应这种改变。或者被迫离开这座城市，由一个智慧的实践者变成一个旁观者。当然，这种旁观者的角色并不是绝对的。当新的智慧实践机会出现的时候，他们又有可能回到这座城市。

因此，智慧实践的过程中，城市经常会面临主体的增减，这种增减有时会给城市带来剧烈的变化。中国自"十一五"规划开始，提出要加快产业结构调整，导致大量低技术、高污染的工业企业，以及部分中小企业的经营成本迅速增加，不得不离开长三角、珠三角等中国东部的城市，转移

到西部地区，甚至是印度、越南等外国区域。其他没有能力迁出的企业，

■破败的玛雅古城依然透露出昔日的宏伟，是当时人类最高智慧的集中体现。

■金碧辉煌的紫禁城是中国古代建筑艺术的集大成者，体现了古代宗法礼制的要求，突出了至高无上的帝王权威。

在这种较高的经营成本和市场不景气等多重因素影响下，经常面临倒闭的困境。2011年爆发的东部沿海地区企业"倒闭潮"，即是这种困境的典型。与此同时，金融、信息、商务服务等行业企业受到政策的优待，不断入驻这些城市，并带来相关行业人才的流入。由此使得整个城市的主体不仅在数量上有所变化，在结构上也有所不同。

三、城市中非线性特征最为显著的系统

（一）智慧提供的非线性：欲望膨胀带来诸多诉求

人类的欲望具有无限发展的特性。随着知识水平和科技水平的提高，人类改造自然的能力不断增强，新的欲望也会不断增多。但总体上来看，欲望都可以归纳为生存和发展的需要这两个方面。在人类早期的发展阶段，由于较低的科技水平和社会的文明水平，人类对自然的敬畏远远多于改造的勇气，宗族之间、城邦之间、国家之间的矛盾更多的是通过战争的手段得以解决。这种背景下人类的冲突，更多的是出于权威、出于生存空间占有的需要。随着人类科技的进步，出于安全需求的欲望已经基本能够得到满足，人类自身发展的欲望则被逐渐的唤醒，并呈现愈演愈烈的趋势。在发展欲望的推动下，人类的经济、文化、商业、社会服务等多个方面都获得了长足的发展，并且仍然在不断的提升和完善之中。

欲望膨胀推动了城市的发展，也给城市带来了越来越多的问题。这些问题反映到城市的智慧系统中，就是对问题解决的诉求。

城市智慧系统面临的第一个诉求即是，如何解决有限资源和无限欲望的矛盾。意味着城市必须统筹安排生活、休闲和工作等社会各个方面在资源上的分配。具体到规划上，则是住宅、公园、绿地、厂房、写字楼、展览馆、道路、医院、学校等城市空间元素的安排，以及资源在产业发展、公共服务、基础设施等领域的合理流动。

任何规划都是在特定环境、特定背景下的规划，受到当时的科技和文化知识水平制约，那么城市智慧系统面临的第二个诉求即是：在已经发展

成熟的城市区域里，如何满足人类新增的欲望。这意味着规划应具有较大的回旋余地，能够不断深化、不断补充、不断地进行修订，以满足不同时期的发展需求，即规划系统需要有很大的弹性。

城市满足人类欲望的能力终究是有限的。对于那些超出城市承载能力的欲望，强力为之的话则会给城市系统本身带来危害，有时甚至是造成灾难性的后果。由此提出了城市规划系统面临的第三个诉求：如何克制城市发展中过度的欲望，并对已经形成的后果找到适当的解决办法。这在一定程度上反映出城市规划的刚性。

上述三个诉求，是从人类城市长远发展的角度考虑的，强调的是发展过程中的可持续性、协调性和整体性，是所有城市规划系统都必然要面临和满足的诉求。一定程度上，可以认为是规划系统的三个基本诉求。这些诉求往往更多的通过独立的个体（包括个人或组织）智慧的提供得以表达，并由此传导至城市的规划系统。

由于个体存在的多样性，提出的诉求必然也有所不同。在这些个体的诉求中，有些能够代表全体市民的利益，有些仅代表了有势力、有影响力、有较多话语权的少数人；有些诉求是合理的，有些诉求则透露出智慧提供者的贪婪。无论是怎样的诉求，总体上都可以看作是对上述基本诉求的分解，或者由它们产生的衍生需求。基本诉求和数量庞大的个体诉求之间的分解和衍生关系，正是智慧提供的非线性的突出表现。

不同的社会群体由于不同的诉求，提供的智慧也存在较大的差别。有的偏重于文化的发展，有的偏重于环境的改善，有的希望得到更优质的公共服务，有的却仍然在争取获得最基本的公共服务权利。不同欲望的人群提供的不同智慧，具有很强的主观性和目标性。随着主体知识水平、所处状态的变化，欲望诉求也会变化，提供的智慧就会表现出明显的短期稳定、长期渐变的特点。这种利益诉求的不一致、不稳定，甚至彼此之间存在矛盾的特征，也充分体现了智慧提供过程中的非线性特征。

智慧提供过程的这种非线性特征，也体现在其对智慧集成和实践过程的影响上。如何将不同主体的不同诉求加以调和统一，形成社会所有主体的共识，考验着智慧集成者的能力、道德和胸怀。智慧提供者中的绝大多数也是智慧的实践者，他们的诉求如果得不到满足，将对实践过程的顺利推进产生负面的影响，而这在现实中的反应则是来自媒体、各领域的专家或研究机构对政府批判的声音，以及世界范围内的城市普遍存在的游行、静坐、拆迁钉子户等各种表达个人诉求的现象。

（二）智慧集成的非线性：知识膨胀等多种因素的综合影响

在过去的很长一段时间里，传统的学校教育几乎就是社会知识正式传播的唯一途径，有形的书本、档案材料则成为知识保存的主要方式。时至今日，现代化科技已经让知识的传播超越了时空界限，遍布全球的门户网站、社交网站、通讯工具让知识的传播，在不同城市、不同国家、不同民族和不同语言之间得以实现，甚至两个陌生人之间也能就某个问题在网络上争论不休。知识的保存方式更加多样化，海量存储和云技术等高科技手段让知识保存得更长久、更完整、更便携，也更加的便于查找。

在这种背景下，人类的知识实现了爆炸式增长，人们的学习模式、获取知识的模式，以及利用知识、分享知识的模式都在经历一个革命性的变革。而且，知识爆炸的时代，为我们更加快捷获取关键知识提供了更多的选择，也为选择性利用加工传播知识提供了无限的可能。

对于城市规划来说，人类拥有知识的膨胀，使得各类规划主体的智慧水平都获得了前所未有的提高，这极大地提高了智慧集成的难度和复杂性。

知识膨胀带来的学术论文的激增，新的企业管理理念的不断推出，普通居民话语权的提升等多个方面的进步，都预示着人类在知识水平、思维能力上的非线性增长。这种增长也直接导致了智慧集成过程中的非线性。智慧集成者不仅要从浩瀚的智慧海洋中找到那些对城市发展有益的智慧，而且需要对这些智慧进行本地化的应用，必要的精练、分析，甚至是适当的创新，在这种集成过程中时有发生。

随着知识的传播，普通人掌握了越来越多的知识，他们的智慧水平也日益增加。智慧集成过程中如何充分的考虑并纳入普通人的想法，规划方案如何能反应占城市人口多数比例的普通人的愿望，是智慧集成者面临的新课题。

智慧提供的非线性，也是导致智慧集成的非线性的重要原因。每个智慧提供者背后，都隐藏着个体的利益诉求。这种诉求不仅数量庞大，涉及内容广泛，而且彼此之间存在一定的差异，甚至可能会出现相互矛盾的诉求。意味着智慧集成过程中，必须充分的整合这些诉求，平衡不同主体之间的利益关系，提出相应的解决方案，发挥规划应有的协调和组织功能。

更加充满挑战的是，智慧集成者需要始终秉持着一种客观、公正、负责任的态度，对人类智慧背后的那些过度的诉求进行取舍，而这种诉求有时候甚至正是这些智慧集成者本身所希望的。而且，智慧集成的过程中，可能面临的来自强势群体的压力、来自社会舆论的压力，以及来自专业集成主体和决策集成主体内部矛盾的负面影响，这些都有可能让智慧集成的过程，在这种非线性的主观因素影响中，变得难以捉摸。

规划方案本身存在的时效性，也在一定程度上导致了智慧集成的非线性。由于智慧的集成到实践的过程存在一定的时间差，有时这种时间差会长达数年。这使得先期形成的规划方案，受限于当时的经济社会环境、人类的认识等方面因素，在当期可能难以指导现实的工作。这对智慧的集成提出了新要求。意味着规划方案需要根据外界因素的变化，进行适时的修订。因此，智慧集成主体形成的规划方案，从一开始就应具有一定的弹性，能够为未来可能发生的改变提供修改或补充的余地。

（三）智慧实践的非线性：利益分配难以协调和新智慧火花的迸发

智慧集成的效果，需要实践的检验。一个完美的智慧集成，就是让全体城市居民在实践参与的过程中，感受到实实在在的好处，并且或多或少的能够实现自己的诉求。

智慧实践的过程相对智慧的提供和集成，存在很大的不同。无论是智慧的提供或集成，主体都可以选择性表达自己的愿望，智慧的集成也可以根据集成主体的偏好有所选择。而且，在智慧提供或集成的阶段，即使有利益倾向的表达，也不会影响到现实中主体已有的利益分配。但在智慧实践过程中，规划方案的实行将会直接影响到相关利益的分配，协调不同主体之间利益占有的平衡，就显得尤为重要。但这往往却又是现实世界中难度最大的环节。

这种差异使得智慧实践过程中，有时经常会面临不同程度的阻碍。一旦部分主体由于规划的实施，导致工作或生活环境的恶化，甚至利益损失，往往就会激起这部分群体对规划实践的抵制，强行的推进则会引起激烈的对抗。这种抵制或对抗有可能通过温和的方式，如具体工作事项的不配合、通过新闻媒体或网络发出反对的声音等等。一旦碰触到他们的底线，就可能发生较为激烈的对抗方式，如示威游行、肢体冲突，甚至是大范围的社会动乱。

利益分配难题反映了智慧实践过程中的非线性。它没有现成的解决思路，必须根据问题的具体情况，提出具体的解决办法。而且，这些办法的提出往往都需要经过一个漫长的谈判、协调和讨价还价的过程。主体自身存在的主观性和认识水平的变化，也经常给问题的解决带来很多的变数。

智慧实践过程中可能面临的利益分配难题，不仅是非线性的，很多时候甚至是难以解决的。全体市民都希望在城市发展过程中获得应有的回报，但由于规划实施过程中，或人为、或客观存在的不确定、不协调的因素，使得任何一个规划方案都难以尽善尽美，甚至总会有少部分人对方案存有一定的异议，这本身就给智慧的实践带来了困难。意味着很多时候我们在智慧实践或集成的过程中，尽可能多的去考虑和满足多数人的利益诉求。做到这一点，可能就是一个合适的、好的规划方案。

智慧实施过程中还会迸发出新的智慧，这也是非线性的重要反映。在规划方案具体推进的过程中，总会出现一些预想不到的问题或情况，逼迫人们去开动脑筋寻找解决的办法，这些办法就是新的智慧。有时候，某一问题会牵涉出一连串的相关问题的出现，对其的解决需要一个或多个解决方案，来进行权衡和决策。有时候，我们找出的某一个办法会激起我们更多的灵感，或者是实践过程中的某一现象会激起我们深层次的思考，这些灵感和思考的结果就是新发明、新工艺、新科技、新理论的出现，进而有可能形成某些领域的变革，社会观念的变化，道德水平的提升。由此带来的结果，就是人类智慧水平的提升。

这也正体现了城市规划系统的智慧所在——依靠对人类集体智慧的集成，满足个体发展的欲望。这种欲望的实现又会反过来提高人类自身的智慧水平，进而解决更多、更高水平的欲望诉求。

四、规划的要素流与智慧的流动密切相关

当我们说起要素流的时候，我们总会不自觉地提及人才、资金、技术、信息等各类要素的流动。可当我们面对着规划的文本，只能在脑中畅想未来城市蓝图的时候，我们会发现很难将平时耳熟能详的这些要素，明确的对应到我们的规划中。这就是规划的要素流与城市其他系统要素流的不同所在。

规划集合了当时城市内外所有人的智慧，这些智慧在规划中表现为城市的定位、规模的控制、产业的导向、空间的安排、基础设施的布局、环境的保护、公共服务的平衡等多项内容。这些内容本身会产生对人才、资金、技术等各种要素的需求，从而实现智慧流动向要素流动的转换。

（一）智慧提供中的要素流：分散于社会的各个主体

前文已多次提到，主体提供智慧的背后都蕴含着自身的利益诉求。这种利益诉求投射到现实的世界中，就是一条条分布于城市各个区域的要素流。

就生活在城市中的个体而言，这种诉求可能是更好的生活环境，如更为人性化的小区环境、更大的房子、更多的旅游出行、更为优质的医疗和教育服务等方面。这些诉求在要素流中的反应，则是对小区绿化、公共卫生、社区服务等方面的资金和人力的投入，房地产市场的资金流动和土地资源用于商品房、廉租房或公租房建设，旅游目的地的资金流入和景点正常运行所需的人力和资金投入，以及改善医疗、教育条件所需的资金、人才、土地和相关专业技术的投入；这种诉求也可能是更好的工作条件，如更为宽松的工作环境、更高的工资、更多的职业晋升机会等方面。在要素

流中则表现为新的管理理念或技术引入带来的效率提升、个人为提高自身能力而开展的新技术学习、相关信息的搜集，以及必要的资金投入。

就社会企业而言，这种诉求与要素流动之间的关系显得更为直接。如企业希望更好的投资机会，暗藏着资本的流动；希望扩大经营规模，意味着更多的人力资源需求，以及可能的土地资源需求和资本投入；希望拓展市场，意味着更多的市场信息需求。

就各类型的社会组织、机构和各领域的专家学者而言，扩大自身的社会影响力、提高社会知名度和社会声望，是他们共同的诉求，信息资源的流动是实现这一诉求的前提。

就政府而言，诉求背后的要素流动具有一定的特殊性。作为城市的管理机构，政府对经济、社会、环境、文化等各个领域有综合性提升的诉求。但在多数情况下，政府本身并不直接参与诉求背后的要素流动，而是通过设计出相关的法律、制度、政策或规范，引导各类要素向预先设想的方向流动。只有在涉及公共利益（如基础设施的改善、公共服务的改善等）或特殊的经济社会背景下（如金融危机、自然灾害等），政府才会通过直接的资金或人力投入，来达到自身的诉求。

总之，这些由城市内外的智慧提供者的诉求产生的要素流，广泛分布于城市内外的各个主体。这些要素流的规模普遍较小，影响力较弱，相互之间也缺少联系，显得凌乱且缺少共同的指向性。

（二）智慧集成中的要素流：从分散到集中

俗话说："不积跬步，无以至千里；不积小流，无以成江海。"

分布于城市内外的分散的要素流，以各种诉求的形式存在于人们的智慧当中。专业集成主体利用掌握的专业知识，对这些智慧加以收集、梳理、分析和集成。经过这样的过程后，人们的诉求得到系统的集中，相同的诉求得以提炼或合并。相应的，诉求背后的要素流也从分散、无序、微弱的"小流"状态，变成了集中、有序、精练的"江海"。

专业集成主体的专业性、公正性和职业操守，对智慧集成的效果具有很大的影响，从而影响要素流的最终状态。当专业集成主体被赋予更多的决策权利时，这种影响有时候甚至是决定性的。由于专业集成主体自身会存在一定的主观性，有其自身的观点、看法和态度。因此，他们在智慧集成的过程中难免存在一定的偏好，对智慧的取舍也在所难免，部分智慧提供者的意愿可能会遭到忽视，或者被认为是不合理而遭受冷遇。

专业集成主体可能会形成一种或几种智慧集成的结果。不同的结果，对诉求的侧重、取舍也不尽相同。对这些集成的智慧，需要提出一种或多种解决的方案。不同的方案，意味着满足诉求的方式、满足诉求的类别以及侧重点都会有所不同。相应的，要素流也会因集成结果和方案的不同，而形成若干种可能存在的状态。

这就需要决策集成主体对这些不同的方案进行决策。根据城市发展的内外部环境，从近期利益和长远发展的协调，不同社会群体利益关系的协调，城市不同领域、不同区域平衡发展的协调，城市自身和其他城市关系的协调等多个角度，选择出最佳方案。或者根据已有方案的内容，提出一个更好的方案。

决策集成主体决策的结果，将会确定要素流的最终流向，也决定了对各类城市主体诉求的满足程度。具体到现实的城市发展中，决策集成主体如果更加关注经济的发展，资金、技术、人才等各种要素将会更多的流入经济领域，很多企业在融资平台、政策资金扶持、人才引进、免税政策等方面的利益诉求，则可能会得到满足；如果更加关注民生，来自政府和社会领域的相关要素，则会更多的流入教育、医疗、住房、交通等事关改善市民工作和生活条件的领域，这恰恰是大部分市民的共同诉求。当决策集成主体关注环境、文化等其他领域时，要素流向、诉求的满足也有类似分析的结果。

当然，决策的结果虽然基本能够确定大部分要素的流向，但并不意味着一定会达到预期的效果。相关部门的执行力、可能出现的意外的情况，都有可能使得这种决策结果的实际前景难以预测。在公民意识日益觉醒和普通市民的话语权越来越大的情形下，决策方案是否能够得到全体市民（至少是大部分市民）的认同，对方案目标的实现也具有决定性的作用。

（三）智慧实践中的要素流：从集中到再次分散的升华

智慧实践过程中，经过集成并决策的规划方案，被分解成若干个实施层面的子方案，落实到相关的工作部门、国有企业、社会组织或机构。与之相伴的，将是相关专项方案的深入设计，配套政策的相继出台，鼓励性措施的相应跟进。

随着这些规划方案内容、政策措施在社会的广泛传播，将引起相关企业和人力资源市场的关注。在要素自由流动的条件下，城市内外相关的企业会敏锐捕捉到其中的商机，并在第一时间作出反应，带动资本、技术和信息等要素的流入。随着企业的流入，就业机会增加，发展前景更为乐观，人力资源市场就会迅即做出反应，各种劳动力和人才或作为企业员工，或创办企业，或提供交通、餐饮、快递等服务性活动，主动加入到规划方案实施的行列。

部分市民则会被动地加入到规划方案的实践中。他们或因为面临房屋搬迁、土地征用，而被迫直接参与其中；或因为方案实施带来的交通改善、环境改善、公共服务改善等方面，间接享受到了更好的服务和生活环境。当然，也有可能由此间接地导致个人的工作生活环境变得糟糕，如面临更为激烈的就业市场竞争，人口增加带来的交通拥堵和房屋租赁市场的价格上涨，城市建设带来的噪音、空气污染等。

个人参与智慧实践中的要素流，更多地需要和政府、企业等其他的城市主体放在一起，才能非常明显地表现出来。如旧城改建过程中，这一区域的居民可能被迫面临搬迁，意味着政府将会为这部分居民提供搬迁所需的资金支持；建设工地给居民生活带来的负面影响，背后是大量的资本、劳动力、新的建筑技术或节能环保技术在建设项目的投入。

与此同时，在市场推动的要素流入以外，政府本身也会增加对区域的投入，主要表现在基础设施的投入，以及相关的大型国有企业在区域的入住。政府投入在改善区域发展环境的同时，还具有很强的乘数效应和示范效应，有利于增加市场化的各种要素流入的规模和速度，加速区域的要素聚集。

从规划方案被分解成若干个子方案开始，集中的要素流就开始被分成相对较为分散的若干个较小的要素流。随着全体市民、城市内外的企业、政府以及社会组织在智慧实践中的共同参与，让在智慧集成过程中形成的集中的要素流，最终重新变成了由城市的全体成员共同承担的分散的要素流。

尽管如此，要素流的质量和数量都发生了很大变化。经过这样一个分散到集中，再到分散的过程，要素流被进行了重新的组合，原来较大的要素流可能被分割，较小的要素流则可能被合并。占有要素流的主体也发生了变化，这正是改变要素流质量特性的根源所在。不同的主体对要素流的使用方向、使用的方式或途径是不同的，由此带来的效果也不尽相同。来自城市外部的要素会流入城市，要素在使用过程中也会生产出更多数量的要素。当然，要素数量并不总是增加的，企业的倒闭或迁出、劳动力的离开都有可能导致相关要素数量的减少。

五、规划的多样性

（一）人类诉求的多样性

智慧提供的背后，蕴含着人类对规划的诉求。不同的经济社会发展阶段，人类的诉求有着不同的特征。在原始城邦，社会的政治制度和较低的城市发展水平，决定了人们诉求首先是要确保个人的安全，其次则是吃饭、居住等最为基本的物质方面的需求。随着工业革命后经济发展带来的政治变革和社会文明的进步，以及城市自身发展水平的提升，使得人们的诉求不仅超越了安全的需求，而且更加关注吃、穿、住、行、娱等综合物质条件的改善。

时至今日，在大部分国家的城市区域，人们的诉求开始逐渐的从物质领域的满足，更多的转向精神层面的诉求，包括文化的需求、个人影响力的需求、社会认可的需求、自我实现的需要等多个方面。

城市中不同个体的诉求也不尽相同。由于个人在社会地位、经济能力、自身阅历、接受的教育等多个方面存在的差异，城市成员之间诉求会存在明显的差别。例如在原始城邦，国王和普通人的诉求可能存在天壤之别。由于国王地位尊贵，衣食无忧，因此他们的诉求可能集中于树立威信、稳固统治、拓展领土，甚至是美丽的舞蹈、稀罕的珍宝等多个方面。而普通的市民则由于社会地位的低下、物质方面的贫穷，可能时都在为免受劳役之苦、逃离贵族的压迫，以及吃饱穿暖这些基本生存条件的保障而祈祷。

（二）智慧集成的多样性

智慧集成的多样性，源于诉求的多样性。人类在安全、物质、精神等各个领域的需求，意味着在智慧集成过程中，需要把这些数量庞大的、来自不同主体的、蕴含不同需求的智慧，加以梳理、提炼和集成。

这种集成的过程，也会因为智慧集成者自身存在的主观性偏好的不同，导致不同的集成结果。首先是专业集成主体存在的偏好，其对智慧的取舍不同，代表的诉求也就有所差别，必将导致集成的效果也不一样。其次是决策集成主体的偏好，可能会带来更为直接、更为确定的影响。由于这类主体一般都是城市的最高管理者或管理机构，他们的偏好，直接能够体现出城市管理重心的转移，影响资源的流向，相应的智慧集成方案关注点也会有所变化，从而影响城市主体的切身利益。

另外，在专业集成主体和决策集成主体之间必然存在着的思想碰撞，也会促进智慧集成过程中多样性的形成。专业集成主体提出的规划方案，倾向于追求方案的高水平和逻辑的完美。决策集成主体则从区域的社会关系、历史人文的角度，更加关注方案的可行性。他们之间偏好的不同，有可能导致双方在不断的妥协和坚守中，最终形成基于特定条件下的规划方案共识。

（三）参与主体的多样性

智慧在提供、集成和实践的过程中，都有来自城市内外的不同主体参与其中。这些主体有生活在城市中的普通人，也有各类型的企业、社会组织、专业机构，以及城市管理的各个部门。他们在城市规划过程中的共同参与，形成了参与主体的多样性。

智慧实践过程中的这种多样性尤其值得我们关注。这首先表现在新的参与主体的出现，以及原有主体的淘汰或升级，意味着整个城市主体的数量、类型或结构都有可能因此发生变化。其次，来自城市外部主体的直接参与，为城市主体注入了新的元素，不断地丰富着城市主体多样性的内容，有利于提升主体的整体水平，保持长久的活力。

六、规划的标识

（一）实则虚之，虚则实之

实则虚之。城市形态、建筑体量、道路设计等看起来是很实在、很具体、很形象的内容，通常外在表现为各种可以衡量的数字指标，显得刚性十足。其实，在它们背后是看不到的城市功能、人口规模、自然条件、产业发展以及公共服务。

虚则实之。教育、医疗、社会保障等内容，似乎只与人文相关，看不见摸不着，似乎很虚幻。其背后却需要实在的支撑，医院的病床数与医院的占地规模、建设规模直接相关；学校的好坏和其地理位置、交通便捷息息相关；美好的社会保障理想离不开城市强有力的经济实力。

（二）因时而为，因势而为

因时而为。任何城市的发展都具有明确的时代特点，这里的时主要指时机、机遇。由于机遇转瞬即逝，城市的发展要及时根据当前发展的有利条件和环境，精心谋划发展战略，抓住契机，果断决策。

因势而为。城市发展要考虑位置，明确起点，了解外部环境，了解内部条件。如果说因时而为是规划在时间纵轴上对城市发展的前瞻性谋划，那么因势而为则是在这条纵轴的某个切面对城市未来的考量。这种"势"放在世界的大格局下，即包括世界政治形势，各国的经济形势以及外交的形势。具体在某国的国内，除包括经济发展的形势外，还包括整个国家的城市化发展阶段、人们的生活水平、自然环境和社会环境的状况、劳动力素质、公共服务供给的情况等多个方面。

（三）集成性

集成性反映的是规划对信息的整合功能，通过对一些孤立的知识或智慧的碎片进行筛选、加工和处理，使其集中在一起，产生联系。主要表现在两个方面：

规划是当期人类所有智慧的集成。集合了城市内外的专家学者、科研机构、专业咨询机构、政府机构、普通民众等众多主体的智慧。

规划是各类知识的集成。任何规划的完成，不仅是各个学科知识的集成，而且需要查阅大量的史实资料，借鉴参考很多其他城市的案例经验，并利用现代化的工具进行各种情形的模拟和分析。

（四）主观性

主观性反映在规划上，是人类有目的、有计划、积极主动的有意识的活动，通过思维与实践的结合，人类自觉、有目的、有计划地反作用于客观世界。在城市规划编制过程中，系统认识城市的能力，突出地表现为我们通常所说的"想"；在规划的指导下，按照预先的设想能动地改造城市的活动，即通常我们所说的"做"；在认识城市和改造城市的活动中人们所具有的精神状态，即通常所说的决心、意志、干劲等。

这种主观性还表现在规划本身所具有的主观利益倾向。在智慧集成和实践过程中，虽然全体城市居民都有机会通过不同的途径参与到规划中，但由于不同主体的话语权不同，代表的利益和立场不同，使得强势主体具有更多影响城市发展的能力。

（五）导向性

规划制定过程中，客观、超前地预测长远目标并指出达到目标的途径非常重要。通过对未来进行科学的预测，指导城市主体对当前的行动进行相应的改变，以适应未来可能的环境变化，从而达到预定目标。

规划的导向性首先表现为对城市未来发展共识的引导。在全体城市居民的参与和推动下，智慧的提供广泛来自于城市生活中的各类主体，智慧的集成则是充分反映了各类主体的共性诉求，智慧的实践更是需要在城市内外各类主体的主动参与和协调配合中得以推进。由此使得规划的过程真正成为了城市居民统一思想、统一认识的过程。

这种导向性还表现为对各类资源流动的引导作用，表现为靶向性特征，即特定的资源、企业和人口会在规划实践的指引下，向城市特定区域指向性的流动。

七、规划的积木块和内部模型

人类诉求的多样化推动城市规划系统的非线性演变，其最为显著的特征，就是空间和功能之间对应关系的复杂变化。为更加深入的洞悉这种变化，将规划的积木块划分为两类：空间载体性规划和功能性规划。在此基础上，进一步找出两类规划之间的内在关联，寻找功能和空间之间的作用机制。

（一）规划的积木块

1. 空间载体性规划

城市中人类生活、产业发展、基础设施建设、环境保护、公共服务供给等经济社会功能，都需要相应的空间承载，对这些空间进行统筹安排和合理布局，主要表现为依赖于有形空间的规划。包括土地类规划、空间布局类规划等。

土地和空间是城市最基本的载体，城市的各项活动不可能脱离这两项载体单独的开展。

（1）土地规划

土地规划是根据城市所在区域的自然、社会、经济、科学技术条件，从土地、水、矿产、气候、海洋、旅游等资源的合理开发利用角度，对国土资源的开发利用、整治和保护做出的总体部署，确定建设用地、林地、耕地、河流、工矿用地、道路等各类型土地的占用情况。其基本任务是从总体上协调国土资源开发利用和治理保护的关系，促进人口、土地、资源、环境的综合协调发展。

土地规划应在对区域自然条件和国土资源的综合评价基础上，确定用于城市建设的用地规模，明确土地开发整治、国土整治、环境保护的目标和任务，综合开发的重点地域，以及自然资源开发的规模，并给出规划落实相关的实施措施。规划中应明确相关领域的用地规模及环境资源的相关指标，如城市建设用地的面积，郊区和乡村的耕地保有面积、治理水土流失面积、沙漠化防治面积、盐碱化治理面积、森林覆盖率、水资源供需平衡、大江大河防洪标准等。

土地规划是城市建设的基础和前提。如果将城市看作一座大厦，那么土地规划给出了这座"大厦"的全部土地和区域的环境。土地作为最基本、最为原始的资源，是城市功能得以实现的空间载体。在城市经济发展过程中，作为产业发展的投入要素，以厂房、工地、仓储设施、写字楼、商品房等多种形式，融入城市的经济活动中，为人力、资本、技术等提供创造财富和价值的平台。在人类生活领域，土地不仅生产着居民生活必须的蔬菜、水果等农产品，提供水面、绿化等亲近自然的空间，而且承载着医院、学校、图书馆、广场等休闲娱乐学习设施。

（2）空间规划

空间规划是在土地规划确定的城市范围的基础上，对居住、产业、休闲、公共服务等各种功能在空间的分配和设计，是城市功能、发展定位在空间范围的体现，因此人在哪里居住和生活？工业、农业、服务业中各种类型的产业在哪里发展？学校、医院、购物中心等生活配套在哪提供？公共交通、车站、道路在哪修建？居民住宅楼、写字楼、厂房建设规模多大？……这些城市功能安排成为空间规划的主要内容。

空间规划表现为各种体现规模的规划指标，如城市中某一区域工业、商业、住宅、绿地、公共设施等各类用地的占地面积，以及容积率、建筑高度、建筑规模等具体的数字指标。这些数字一般都比较专业，很不感性，甚至有点些许的古板，因此大部分城市居民对其并不了解，往往没有非常深刻的认识。

作为城市生活中的个体来说，或许个人从未意识到空间规划在工作生活中的重要作用。但从城市发展的整体来看，空间规划却与土地规划一起，共同构成了城市这座"大厦"地基的全部。空间规划决定了"大厦"的地基深度，地基越深、越稳固，城市这座大厦就可以建设的越高。城市越发展，规模越大，这种地基深度的载体功能就显得越重要。因此，挖掘有限空间的发展潜力，高效合理的设计功能和空间之间的复杂对应关系，不仅是空间规划本身的要求，而且整个城市的未来发展潜力和能够达到的发展水平都有直接的影响。

这种重要性在人类欲望日益增多的今天，表现得尤为明显。最早的规划表现为城市功能的空间布局，这种布局紧密围绕人的衣食住行等基本生存需求，推行空间和功能结合。时至今日，城市规划师们仍然将此作为城市规划的定律，"大厦"的地基没有随着城市的发展相应地加深，出现问题也就在所难免了。最典型的是随着发展欲望的增多，人类的需求已经不再满足于基本的衣食住行。而且城市的发展日新月异，相关领域的变化和更新越来越快，这也对空间规划的应变能力提出了更多的挑战。

由此带来的结果即是，规划师们发现他们空间唯美的效果图和色斑区分的空间，往往在画成之日起就失效了。经济、社会、服务、设施，这些规划师眼里的色斑——积木块，不再是一个个可以轻松划定的附属物，反而经常会反过来要求城市空间规划做出调整。

■亚洲第一大城市：东京复杂的全景与安逸的局部。

2. 功能性规划

功能性规划是对城市居住、文化、产业、环境、公共服务等城市各项功能的改善或强化所做的规划。包括国民经济和社会发展规划，功能区规划，以及产业、教育等各专项规划等。

功能性规划让自然的空间充满人类的活动，赋予城市人性化的一面。由于其涵盖的范围极广，难以对其进行一一阐述。在此，本书对城市发展具有战略性或特殊意义的功能性规划进行较为详细的介绍，并将涉及城市各领域的专项规划作为一个整体进行说明。

（1）国民经济和社会发展规划

国民经济和社会发展规划统筹安排和指导城市各领域的建设工作，是城市发展的纲领性文件，是具有战略意义的、全局把控的指导性文件。内容囊括城市的发展战略、宏观经济、社会发展和人民生活等各个方面，是其他各类功能性规划编制的依据。

该类规划内容一般比较宏观，具有重要的战略指导意义，表现在空间和时间两个方面。在空间方面，确定了整个城市，在所处的国家、所在的区域甚至是整个世界的地位，确定了城市整体的发展方向、发展的重点，以及实现既定战略所采取的路线、方针和政策。在时间方面，这类规划在一定的时期内，始终具有全局性的指导作用。在可预见的规划期内，不同的时间阶段所要达到的战略目标，也有比较明确的界定。

国民经济和社会发展规划确定了城市这座"大厦"的整体框架、总体的形象和空间高度，反映了城市经济、社会、文化等各个领域将要达到的整体发展水平。因此，这类规划虽然宏观，但却充满人性化的色彩，能从企业经营环境的改善、盈利能力的提升、个人收入的增加、社会保障的完善等多个方面，让城市中的企业和居民切身感受到规划带来的影响。

国民经济和社会发展规划目标的实现需要来自多方面规划的支撑。首先即是来自载体性规划，尤其是空间规划的支撑，二者之间的匹配程度决定了目标的现实可行性。这种目标所能达到的高度，很大程度上取决于空间规划"地基"的深度，地基越深，所能达到的高度则越高。而且，由于这类规划偏重于对城市发展方向的指引，因此很难将其直接用于实际操作层面的指导。在规划具体实践的过程中，更多的需要其他规划的支撑，包括下文提到的功能区规划、各类专项规划等。

（2）功能区规划

功能区规划是对某一特定区域开展的综合性或专业性的规划。根据区域特定功能的不同，规划内容也有所侧重。对于综合性的功能区规划，内容一般较广，包括了产业发展、环境保护、公共服务、社会发展等多个方面。对于专业性的规划，主要是针对功能区的特殊性，更加侧重于某一方面的规划。如旅游景区的规划，会更加强调自然风景、人文、历史等旅游资源的保护和开发；高科技园区规划则会更加强调电子信息、新能源等高新技术产业发展和科技创新领域。

功能区规划对象的范围可能在某一行政区内部，如区域内的旧城区改建的规划、产业园区的规划等。也可以跨越行政界线，涉及两个或多个行政区。如中国北京的中关村科技园区，形成了"一区多园"的发展格局，范围涉及海淀、丰台等北京市下辖的数十个区县。2011 年中国国家发展改革委发布了《中关村国家自主创新示范区发展规划纲要（2011—2020年)》，提出了科技园区整体发展的目标和要求，并且从科技发展相关的创新平台、创新要素、对外合作、空间布局、环境建设等多个角度对园区的发展进行了综合性的规划。

随着区域一体化的发展，跨越多个城市的城际间的规划越来越多，这也可视为功能区规划的一种，如大伦敦、大巴黎规划，中国的京津冀都市圈区域规划、成渝经济区规划、长江三角洲区域规划等。这类规划试图通过城市之间的分工和协调，寻求一种资源整合的路径来实现共同的发展目标。因此这类规划特别强调建立不同城市共同参加的长久合作机制，为相关规划内容的落实提供城市之间协调和对话的平台。

在城市这座大厦中，功能区规划就像大厦内部的一个个功能单元或平台，让城市充满了多样化的色彩，为城市中各类主体的生产、工作、交往、休闲活动创造了更加便利、高效的活动空间，增强了城市满足不同主体利益诉求的能力。这种局部范围的综合性或专业性的规划，也有助于促进城市空间的集约化利用。

（3）专项规划

专项规划涉及的内容极其广泛，几乎囊括城市发展的各个领域，如工业、交通、商业、文化、教育、环卫、电力、供水、防洪等。

专项规划从城市管理层面的角度，将城市的综合目标需求进行分解，落实到相关的产业、公共服务、基础设施等各个系统中去，并对专项领域的发展目标、发展路径、发展重点等方面的具体内容给出较为详细的安排。因此，与国民经济和社会发展规划对城市综合功能的宏观指导相比，专项规划涉及面较小，更加的深入和细化，对于城市功能的实现和问题的解决具有更强的可操作性。

专项规划与空间承载性规划直接衔接。专项规划更多地表现为城市发展微观方面的指导，如产业发展的类型、基础设施的布局、社会保障的标准等方面的内容。这些操作方面的设计和安排，表面看似是一些具体的功能性的指标，实则正是通过这些具体指标在城市的落地，将具体功能的实现和特定空间的安排联系起来，从而实现功能性规划与空间承载性规划的匹配和衔接。

因此，在城市这座大厦中，专项规划起着重要的支撑作用。它将由国民经济和社会发展规划形成的大厦框架与空间规划形成的地基之间的立体空间有效支撑起来，成为大厦存在和运行的内部支撑骨架。

虽然本书仅提到了上述的这几种规划，但是对于其他常见的各种规划，如城市下辖各个不同级别行政区的规划、某一专项活动或项目的规划，甚至是企业、社会机构、个人等城市各类主体所做的自身规划，在很大程度上都是本书中几种规划的衍生规划。另外，在本章的结尾，对中国当前的规划体系给出了较为详细的介绍，有兴趣的读者可以结合本部分内容进行比较阅读。

（二）内部模型

1. 规划主体是空间载体性规划和功能性规划联系的桥梁

空间载体性规划和功能性规划通过规划的各类主体有机的联系起来。

主体的诉求是实现这种联系的根源。这种诉求首先表现在对城市所能提供某种功能的规模总量、获取的便利性的需求，对应在城市中就是这种功能所需要的占地或建设面积、所处的区位等方面的要求，这正是空间载体性规划所要考虑的地方。这种诉求还有对城市功能的完备性、高品质的需求，反映在城市的发展上，就是城市的经济社会发展水平是否足以支撑主体对城市功能的高要求，这正是对以国民经济和社会发展规划为代表的载体性规划的需求。

主体的这种诉求，反映在规划上就是空间和功能的匹配。如何高效集约的使用土地，合理规划城市空间，尽可能为完善城市功能创造最大的承载空间，是空间承载性规划需要不断解决的问题。如何在有限的土地和空间约束下，持续提高城市的经济和发展水平，不断增强城市对各种功能的数量增加和质量改善方面的提供能力，满足规划主体诉求的不断增加，是功能性规划面临的挑战。

2. 规划系统内部各种规划之间的互动关系

城市规划系统内部各种规划之间相关衔接，彼此制约，共同形成了完备的城市规划体系。各种规划在规划系统中所处的地位或许不尽相同，但却都同等的重要，缺一不可，任何规划的缺失都有可能导致城市整体规划方案的失效。城市规划系统的这种相互制约、相互支撑的关系，反映了智慧系统的复杂性特征。

以土地规划、空间规划为主体的载体性规划，为城市各种功能的实现提供了最为基本的空间支持。土地规划直接决定了城市区域的面积大小，为其他各类规划的制定限定了明确的规划范围。这种面积的确定，也在一定程度上决定了整个城市未来的发展规模，形成了对城市其他所有规划的刚性约束。

国民经济和社会发展规划作为功能性规划中最为全面、最为综合的规划，给出了城市经济、生活等各方面功能未来的发展方向，确定了城市在可预见的时期内，可能达到的发展水平。因此，这类规划目标的实现直接受限于载体性规划所确定的城市规模和空间安排。在土地规划的刚性约束下，城市的总体用地规模即基本确定，国民经济和社会发展规划的各种目标、发展的战略等内容都将受限于这个规模。

国民经济和社会发展规划与空间规划之间有着直接的相互促进和制约的关系。一个高水平的空间规划，能将城市的各种功能进行高效集约的统筹规划，最大限度的发挥城市空间在已有占地面积下的发展潜力。在此背景下，合理的经济社会发展规划目标，将得以顺利、快速地实现。可以说，空间规划从根本上决定了国民经济和社会发展规划已经确定的目标实现的可能性，其规划的深度，决定了经济社会发展水平所能达到的高度。

因此，这两种规划之间的匹配非常重要。脱离了空间规划，经济社会发展规划将只能是一个美好的愿景，难逃墙上挂挂、纸上画画的厄运。但是，空间规划如果没有经济社会发展规划的衔接，则只能在沙盘或效果图中满足视觉的享受，难以成为现实，最终只能被废弃。意味着在整个规划体系设计的过程中，经济社会领域的顶层设计必须与空间规划的底层设计协调一致，才能形成一个可行性强的规划系统。

功能区规划是加强城市空间内部联系的纽带。通过形成一个个功能单元，甚至是很大面积的功能区域，对城市功能在特定区域的实现具有强化作用。因此，有助于促进空间规划、国民经济社会发展规划在城市的实现。

专项规划，通过微观的功能性指标，如产业发展类型的选择、基础设施的布局、社会保障的标准等方面的内容，支撑着经济社会发展规划的总体目标。通过专项领域具体目标的推进，使得这些城市的功能在某一空间得以实现，反映着空间规划的设计初衷。因此，专项规划将经济社会具体功能的实现和特定空间的安排联系起来，成为经济社会发展规划和空间规划之间不可缺少的媒介。

城市规划系统内部各种规划之间相关衔接，彼此制约，共同形成了完备的城市规划体系。各种规划在规划系统中所处的地位或许不尽相同，但却都同等的重要，缺一不可，任何规划的缺失都有可能导致城市整体规划方案的失效。城市规划系统的这种相互制约、相互支撑的关系，反映了智慧系统的复杂性特征。

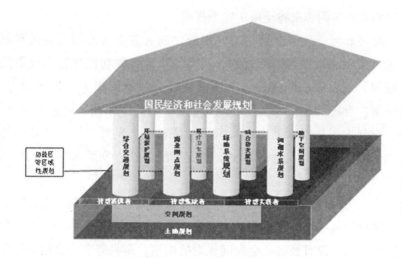

图 5 - 1 城市各类规划间互动关系示意图

上图非常形象的描绘了各种规划之间的互动关系。图中将城市的规划系统比喻为一个大厦，位于大厦零层的位置，则聚集了城市各种类型的主体，他们成为连接零层以下的载体性规划和零层以上的功能性规划的媒介。

土地规划和空间规划共同构成了这个大厦的地基。其中，土地规划为大厦提供了全部土地和区域环境，空间规划则代表着这个大厦实际建设用地及地基空间设计，体现的是城市发展的负高度。国民经济和社会发展规划形成了大厦的基本框架，决定了大厦的楼顶高度，体现了城市发展所能达到的正高度。空间规划和经济社会发展规划之间的匹配决定了城市发展正负两个方面的表现。商业、绿地、医疗卫生等各种类型的专项规划则像大厦的一根根柱子，支撑着大厦的楼顶和地基，确保大厦的平衡和稳定。包括功能区在内的各种区域规划（如各级行政区的规划、某一专项活动的规划等）构成了大厦内部不同的单元或空间，他们或作为大厦的一层整体的存在，或以某一个空间单元而存在，形成了大厦内部工作或生活的活动空间。

专栏：揭开中国现行规划系统的神秘面纱

中国城市现行的规划系统成形于计划经济时期，伴随国家公共政策的变化经过长期的调整、完善，逐步形成了现在以国民经济和社会发展规划、国土规划、城市空间规划、主体功能区规划等为核心的规划系统。

1. 国民经济和社会发展规划系统

规划要点：国民经济与社会发展规划是以国民经济和社会发展各领域为对象编制的 5 年规划，侧重于宏观经济、产业经济、社会发展和人民生活，是统领规划期内经济社会发展各领域的宏伟蓝图和行动纲领。是对国民经济和社会发展重要的调控手段，是各类专项规划编制的依据。

规划构成：《国务院关于加强国民经济和社会发展规划编制工作的若干意见》提出中国要建立"三级三类"的规划管理系统，即从行政层别上分为国家级、省级、县（市）级规划；按对象和功能类别分为总体规划、重点专项规划和一般专项规划。重点专项规划和一般专项规划要在区域总体规划的指导下编制。

规划局限与问题：国民经济与社会发展规划空间概念不强，内容过于宏观，难以起到指导具体开发活动的作用。

2. 土地规划系统

规划构成：中国现行的土地利用规划系统由土地利用总体规划、土地利用详细规划和土地利用专项规划三个层次组成。为了便于编制规划和实施规划，按行政区划范围形成了全国—省—市—县—乡五级土地利用总体规划系统。规划期限一般为 10 年左右的中长期规划。

规划要点：土地利用总体规划是在一定规划区域内，根据当地自然和社会经济条件以及国民经济发展的要求，协调土地总供给与总需求，确定或调整土地利用结构和用地布局的宏观战略措施。其实质是对有限的土地资源在国民经济各领域间的合理配置，即土地资源在部门间的时空分配（数量、质量、区位），具体借助于土地利用结构加以实现。其核心内容为土地利用结构和布局。

规划局限与问题：以经济分类作为土地规划的依据，缺少对经济发展的前瞻性，土地利用规划偏重于保护性和制约性，强调以供给制约和引导需求为基本原则。目前，中国的土地利用规划具有很强的"扬农抑城"的色彩表象，认为城市的迅速扩展是耕地减少的主要根源，以控制城市用地作为控制耕地减少的主要手段。但是，在实际控制过程中，采取的手段是

"一刀切"的简单化政策，强调耕地占用指标的分解与平衡，指标自上而下层层下达，不得突破，这种带有很强的计划性的计划执行模式，表面上看似公平、严格，实际上严重忽略了土地利用的区域差异，使得在全国范围内城市土地紧张和土地浪费现象同时存在，给全国的经济社会发展带来了不利的影响。

3. 城市空间规划系统

规划构成：中国的城市空间规划按等级层次分为城镇系统规划、城市总体规划、城市详细规划。城市规划是一般为20年左右的中长期规划。城市规划系统是与地方专门政府业务部门职责直接对应的，是中国少有的刚性规划体系。

规划要点：城镇系统是指在区域范围内，由若干不同规模等级、不同职能类型，且又相互联系紧密、相互分工明确、空间分布有序的城镇组成的有机城镇群体。城镇系统规划是城市总体规划的基础和依据。城市总体规划是依据城镇系统规划和城市规划纲要进行的，其基本内容是综合研究和确定城市性质、规模、容量和发展形态，统筹安排城乡各项建设用地，合理配置城市各项基础设施，并保证城市每个阶段发展目标、发展途径、发展程序的优化和布局结构的科学性，引导城市合理发展。城市总体规划在很大程度上影响着城市的发展方向和建设安排。城市详细规划的任务是以总体规划或分区规划为依据，详细规定建设用地的各项控制指标和规划管理要求，或直接对建设项目做出具体的安排和规划设计。城市详细规划可分为控制性详细规划和修建性详细规划。

规划局限与问题：中国现行的城市空间规划受传统影响大，局限于固有的空间形态认识和土地利用性质分类认识，对于迅猛发展的产业和社会服务的需求估计不足，规划手段和认识进步滞后，创新缓慢。主要表现为对产业和社会发展预想不足，规划认识通常落后于产业发展，新兴产业空间局促、分散，导致本应相对稳定的空间规划频繁修改，处处被动。主要问题表现为三个方面：1）教条主义严重，规划的认识、定位停留在学院理论性认识水平，对实践创新态度消极，专业人员近亲繁殖，本应是技术和行政彼此互补的规划委和规划院，在实际中却变成了行政上下级，使得本就门户观念很强的规划系统，更加门户森严，难以创新。2）规划的技术手段也比较滞后，基本上还是纸上作业，规划图与实际情况出入甚大。3）严苛与放纵并存，在发展面前墨守成规，对于城市有益的创新横加阻拦，对于破坏城市的不法建设却束手无策，甚至推诿卸责。

4. 主体功能区规划系统

规划构成：中国现行主体功能区规划分为国家级和省市级两级。

规划要点：编制全国主体功能区规划的主要任务是，在分析评价国土空间的基础上，确定各级各类主体功能区的数量、位置和范围，明确不同主体功能区的定位、开发方向、管制原则、区域政策等。主体功能区规划根据不同区域的资源环境承载能力、现有开发密度和发展潜力，统筹谋划未来人口分布、经济布局、国土利用和城镇化格局，将国土空间划分为优化开发、重点开发、限制开发和禁止开发四类，确定主体功能定位，明确开发方向，控制开发强度，规范开发秩序，完善开发政策，逐步形成人口、经济、资源环境相协调的空间开发格局。主体功能区规划是把经济社会发展规划、国土规划进行衔接的一种规划创新，在市（县）级甚至可以结合到城市空间规划。这种规划力图把宏观发展目标和土地利用、空间形态加以结合，以提高规划的集成度和可实施性。

规划局限与问题：受制于条块分割的行政管理体系，规划主体实施的协调性差。规划制定的纵向部门为了回避矛盾，仍然会坚持一刀切的规划、政策理念。中央和地方现行的分税制，缺少区域间进行财税调节的有机机制，影响了地方之间进行统筹合作的积极性。

第六章

基础设施系统：
支撑起城市巨人的身躯

> 基础设施是城市的支撑系统。在当下的城市中，城市基础设施的发展却常常是被动的，这是因为在不理智的城市发展需求之下，相对固定的城市承载能力必然难以满足无限膨胀的发展欲望，在这种发展欲望和承载能力的博弈中，基础设施经常成为发展失误的替罪羊。

一提起城市基础设施，人们通常会联想到拥挤的道路交通、局促的地铁空间、肮脏的下水道、蜘蛛网般的电线杆，这些设施冰冷、粗糙，毫无美感可言。然而，去过巴黎的人一定不会忘记那如同迷宫般的城市排水网络；去过莫斯科的人一定会惊叹那雄伟壮观的地铁系统；去过东京的人不免会赞赏那精细完美的地下管廊系统；去过柏林的人无不赞叹那畅通无阻的城市高速公路；去过纽约的人会流连忘返于那发达便捷的信息网络。这就是基础设施，如同支撑起人类身体的骨骼和肌肉一样，城市基础设施搭建起了各具特色的城市躯干，各种设施刚柔相济，展现出城市的灵性之美、人文之美和弹性之美。

然而，由于不正确的发展理念和缺乏预见性的规划，城市的发展需求

■路网勾画出的城市夜景：融阳刚之气与阴柔之美于一体，基础设施
以沉静的姿态默默支撑着城市巨人的身躯。

不断超出城市基础设施的承载能力，于是出现了各种城市病症，如道路拥堵、排污问题、通讯问题等。在应对这些问题的时候，人们更倾向于放任发展而把责任归咎于落后的城市基础设施，于是就会针对现有的需求提出基础设施的改造计划，城市基础设施规模也因此会被动的增加。在经过了一轮建设周期之后，改善后的基础设施面对的却是更加膨胀的发展欲望，这种差距不仅没有缩小，反而进一步加大了。

　　基础设施是城市系统重要的子系统，它既是城市系统的积木块，也是一个独具特色的复杂系统。我们将从城市子系统的角度对基础设施进行分析，这种分析与传统的市政建设观点有些不同，基础设施不再被当成城市发展欲望的被动参与者，而是城市发展目标的先决条件和重要支撑。

一、感知基础设施：沉静的基础设施，精彩的城市

　　我们每天生活在人来人往、熙熙攘攘、车水马龙、信息如织的城市中。无论这个城市是文化之城、艺术之都还是时尚之地，在光鲜靓丽的表

象之下，是什么让它能够正常运转呢？那就是人们每天必需使用，却也容易被忽略的道路、燃气、水利、电气、机场等基础设施，再繁华的城市也离不开这些基础设施的支撑。

（一）生存与安全伴随着基础设施漫长的成长期

在城市形成之初，一些最基本的基础设施就已经出现了。直到工业革命前，低下的生产水平尚不能对城市基础设施形成显著的压力，御敌和市场交易是城市的主要功能，基础设施只需要满足城市正常运转和居民正常生活的必要性需求。供人马行走的道路，靠敲钟和登高一呼的城市通讯，还有陶制的饮水工程，地沟式的排水系统等。无论是中世纪的欧洲，还是中国封建时代的各个王朝，城墙都是城市不可或缺的重要设施之一。由于城墙在防御外敌入侵中的特殊功能，堪称为当时城市基础设施的重要组成部分。

（二）知识爆炸带来的基础设施膨胀

第一次工业革命以后，随着蒸汽机、电报、机械化纺织技术等一系列重要发明的出现和应用，纺织工业、采矿工业、冶金工业和运输业逐渐兴起，引起了社会生产和生活方式的变革，伴之而来的是越来越多的农村劳动力向城市转移。在产业膨胀和人口聚集的双重作用下，城市获得了前所未有的发展。而此时，城市基础设施系统已感受到了城市需求增长所带来的压力。

随着后续第二次、第三次工业革命，电子信息产业、通讯产业以及生物医药、金融等新兴产业类型的出现，世界进入了电气化、信息化时代。随着人口的持续聚集，功能的不断丰富，城市逐步成为集经济、文化、管理、调控和信息交流等多种功能为一体的复杂系统。知识的爆炸和新技术的不断涌现，进一步推动了城市的非线性发展，不仅对交通的组织形式、能源的供给规模和稳定性需求进一步提高，而且产生了信息网络、邮电通讯等衍生性需求。由此，城市基础设施随之迅速膨胀，基础设施系统的复杂性程度不断攀升。

（三）精彩的城市，沉静的基础设施

无论是繁华喧闹、车水马龙的大都市，还是祥和静谧、节奏缓慢的小城市，城市生活都展现出争奇斗艳和丰富多彩的形态，而基础设施在城市中却始终扮演着静静付出、默默奉献的角色。当我们开车奔驰在宽阔的道路上，感受到的是基础设施的豁达；当我们打开水龙头，看到奔流而出的水花，感受到的是基础设施的细润；当我们在寒冷的冬夜，风尘仆仆地走进房间，感受到的是基础设施的温暖。基础设施系统默默支撑着城市，为城市中的人们提供水、电、油、气等营养，支撑起城市的千姿百态。

■ "康庄大道"、"细水长流"这些美好的形容词恰是源自于人类对于城市基础设施的感知。

我们常说，城市因产业的兴衰而兴亡，但是如果城市没有足够的水，没有适度的交通，我们无法想象孤悬于城市的产业园区能够发展起来。当城市中筹划开办汽车展览会的时候，首先要考虑的就是让前来参观的人员迅速地到达、舒适地观赏和方便地离开，而不会因为道路拥挤、车位不足、厕所欠缺等问题，使一件美好的事情产生无比纠结和厌恶的感觉。

当我们坐在 5A 级写字楼里，悠闲地喝着咖啡，轻轻地一点鼠标，就可以把世界各地的信息收集起来，可以很方便地与世界各地的工作人员进行沟通。我们往往把创造这种舒适的环境归功于我们人类的智慧和技术的进步，此时的基础设施是沉静的。当我们有特别紧急的公文要发出，却因为网络的不畅、通讯线路的中断、信号的不稳定、电缆容量不够而无法及时完成的时候，感觉又将如何？当我们住在时尚、宽敞的房间里，享用着电脑、电视和冰箱等现代化电器的时候，心情是多么舒畅，此时，基础设施仍然是沉静的。但是，当打开热水器，水流却呈滴状出现，电压还不时跳动，我们的感觉又该如何？

基础设施是沉静的，而沉静的事物往往会被漠视。这种漠视会带来严重的后果，道路塌陷、桥梁垮塌、楼房倾斜等事故，一个个生命在我们对基础设施的漠视中逝去，类似的事件一桩桩、一件件摆在我们面前，我们虽庆幸逃脱，却无法回避。沉静不代表着冰冷，当我们用系统思维认知基础设施的时候，我们会发现基础设施系统身负责任、饱含情感，它体现的是我们的专业技能对于城市人群生活和发展的支撑保障与安全承诺。

如果我们继续漠视它，它也会发脾气，这就表现为城市病。当城市病症通过基础设施表现出来的时候，政府行为却往往是滞后的。因为意识不到问题的根源，基础设施又被当成了政府决策失误和行为失当的替罪羊。其实，基础设施所出现的问题，有时候是由于规划系统集成的智慧量不足，驾驭不了日益复杂的城市系统；有时候是由于城市过分追求经济发展，使基础设施无限制、无选择的扩张；有时候是由于公共服务系统的布局混乱，扰乱了基础设施原有的平衡。我们容易看到的是病态的表象，容易忽略掉的却是问题的根源。

（四）城市基础设施的刚柔相济

沉静的基础设施系统时而表现出阳刚之气，时而散发着阴柔之美。基础设施系统是在城市特定资源禀赋的刚性约束下，逐渐形成的、支持和保障城市的子系统。然而，城市对基础设施的需求总是处于不断地变化之中。面对城市需求的变化，基础设施能够在一定的范围内保有适当的弹性变量，以体现其阴柔之美。

以城市中最普通、最简单的要素——水为例，看似柔软的水却能表现出刚性。在建城之初，城市可利用的水资源数量就是相对确定的，城市的规模和承载能力也因此而受到基本的制约，这也是城市发展最刚性的制约。城市对水资源的需求在其刚性上限以内，水资源会表现出一定的弹性，当对水资源的需求超出其承受极限的时候，水资源的逐步枯竭会导致城市走向衰亡，这在城市的发展历史中并不鲜见。

应便捷性需求和大规模运输需要而产生的道路，是人类城市最早出现的基础设施之一。一条路可以供很多车辆穿行，是其柔性的体现。但是，行车数量一旦超过承载极限，看似宽敞、无障碍的道路就会出现拥堵，表现出其刚性的一面。从规划之初，道路的宽度也就确定了，道路红线就是其承载能力的上限。道路的红线、自来水管的压力和管径、通讯线的孔径和孔数等一旦确定，基础设施系统的刚性也就确定了。从零供给量到刚性约束之间就是基础设施系统的相对弹性。当基础设施在刚性范围内，并保有一定的弹性时，城市是精彩的，基础设施是沉静的。如果超出了基础设施的刚性范围，城市将不再精彩，基础设施也不再沉静。

二、城市基础设施系统的主体与主体聚集

（一）主体

主体研究是城市基础设施系统研究的出发点。根据主体的作用方向不同，我们将城市基础设施的主体分为两大类：供给主体和需求主体。

1. 供给主体

所谓城市基础设施供给主体，就是为需求主体提供所需资源、能源、道路、通讯等要素的企业、政府和组织机构。这些要素或获取于自然，或是对自然资源经过加工后可以物化的物质，它们决定了基础设施系统的支撑极限。供给主体能够利用特定的基础设施，并提供相应的要素支撑。根

据提供的要素不同，这些供给主体可分为：水资源供给主体、能源供给主体、交通供给主体、通讯供给主体等。

水资源供给主体 水是一切生命之源，水资源是城市发展过程中赖以生存的最根本的供给，是城市的生命线。那些为需求主体提供充足水源的企业、政府和组织等，就是水资源的供给主体。风水学上讲水散气散，水停气聚，水有情则内气聚，水斜飞则生气散。水的交织停聚，可以为城市带来发展与进步，而地处沙漠和荒山地带的城市发展都相对缓慢。

能源供给主体 能源为城市的发展提供了能量，现代化程度越高的城市对能源的依赖越强。那些为需求主体提供连续能源供应的企业、政府和组织，就是城市的能源供给主体。城市能源包括直接来自于自然界的能源，如煤、石油、天然气等；以及经过加工后的能源，如煤气、蒸气、电力等。每个城市能够获得的能源支撑在总量上都是有限的。在城市结构中，能源安全始终面临着极大的挑战。

交通供给主体 那些为需求主体提供了各种安全便捷交通供给的企业、政府和组织，就是城市的交通供给主体，包括城市内部交通和城市外部交通的供给。"门是骨，路为筋，筋骨相连血脉通"，这里所讲的门就是一个城市的交通格局，路就是一个城市的交通网络。交通格局为城市搭建了一个有机相连的骨架，交通网络疏密有序的连接，形成了交通枢纽和交通节点，这样的组合形式才能够支撑城市的正常运行。否则，即使有筋有骨也会运行不畅，导致系统瘫痪。

通讯供给主体 通讯的需求和形式随着城市的非线性发展变化巨大，信息化和数字化已经成为提升城市竞争力的有效途径。那些为需求主体提供即时准确通讯供应的企业、政府和组织就是城市的通讯供给主体。城市的不断发展和扩大对城市通讯供给能力的要求越来越高，通讯供给兼具迅速、准确、可靠且不受时间、地点、距离的限制等特点，近百年来得到了迅速的发展和广泛的应用。

2. 需求主体

所谓城市基础设施的需求主体，就是对城市基础设施所提供的资源、能源、道路、通讯等产生诉求的主体。需求主体的存在是城市基础设施得以持续发展的根源，在规划基础设施系统时应首先解析出基础设施的需求主体，从而进行智慧的规划。根据需求的刚性强弱和表现形式的不同，需求主体可分为：基础类需求主体、公共服务类需求主体和产业类需求主体。

基础类需求主体　基础类需求主体对城市基础设施的刚性诉求，是出于自身的安全、生活和基本运行的需要。基础类需求主体主要包括两部分：一是所有的市民都是基础类需求主体，他们基于安全和基本生活的需要，会对基础设施产生需求；二是基础设施自身也是基础类需求主体，它们的正常运行也需要其他基础设施的支持。

公共服务类需求主体　政府以及相关的教育、文化、卫生、体育、公共安全等机构是基础设施的公共服务类需求主体。它们对城市基础设施产生的需求包括两方面：一是这类主体本身的正常运行就需要基础设施的支撑保障；二是这类主体要为城市发展提供丰富的服务，这些服务功能要顺利完成，也会对基础设施产生非线性的需求。比如，一所学校要正常服务于城市，自身运行就需要水、电、气、热等基础设施的保障。学生们从城市不同的区域到达学校，还会带来道路、交通管理和停车服务等方面的非线性影响。其中，政府是具有特殊性的公共服务类需求主体，政府担负着城市社会运营的主要职责，是城市基础设施建设的主导者，也是大部分基础设施的所有者。

产业类需求主体　各种与产业相关的企业和机构是城市基础设施的产业类需求主体。产业是城市的发展动力，对城市的基础设施需求最多、影响最大。城市必需产业保证城市的基本动力，由此产生的基础设施需求，如饭店用水、洗衣店用电等，应优先保障；城市附加产业满足城市发展的诉求，由此产生的基础设施需求具有显著的非线性特点，应有所选择，有所限制。

（二）城市基础设施主体的聚集

城市基础设施系统中的主体之间具有聚集的关系特征，主体的聚集决定着城市基础设施建设的规模和复杂程度。城市基础设施主体不仅限于空间的聚集，还包括功能和技术的聚集等。

1. 供给主体的聚集

起初供给主体的聚集是自然选择的结果。适者聚集、不适者被孤立是自然聚集的一般规律，由此形成供给主体自然导向性聚集的一般存在状态。随着人类技术水平提高和生产力发展，供给主体的聚集逐渐增加了人工成分。以"南水北调工程"为例，跨流域的水资源合理聚集，大大缓解了中国北方水资源严重短缺问题，促进了水资源的集约利用和环境的协调发展。即便在这种情况下，人工成分在自然聚集中所占份额也依然很低，自然导向性聚集的模式并没有改变。

专栏1：南水北调工程

南水北调是缓解中国北方水资源严重短缺局面的重大战略性工程。我国南涝北旱，南水北调工程通过跨流域的水资源合理配置，大大缓解我国北方水资源严重短缺问题，促进南北方经济、社会与人口、资源、环境的协调发展。南水北调工程分东线、中线、西线三条调水线。西线工程在最高一级的青藏高原上，地形上可以控制整个西北和华北，因长江上游水量有限，只能为黄河上中游的西北地区和华北部分地区补水。中线工程从第三阶梯西侧通过，从长江中游及其支流汉江引水，可自流供水给黄淮海平原大部分地区。东线工程位于第三阶梯东部，因地势低需抽水北送。

城市快速发展的今天，基础设施供给主体聚集的特性还表现为政府导向性的聚集。这是因为：基础设施供给主体中的要素要么来自于自然资源，要么是对自然资源经过加工所获得的，一旦离开政府的主导机制很容易出现安全性与稳定性问题。只有政府才能保证城市基础设施公益性的有效发挥，作为公共利益的体现者和维护者，政府必然要负担起基础设施规划、建设、投资、管理的任务。由于需求的增加，政府往往需要进行前瞻性的建设和投资，这时候就会和现实的财政实力、当前的经济社会发展水平发生冲突，因此政府也是城市基础设施供给主体聚集中巨大压力的承受者。当所有层面都希望成为强项时，政府的资源反而成了最短板。当需求不能得到满足时，政府必然会遭到埋怨。

2. 需求主体的聚集

由于城市经济水平的提升，导致需求也逐步升级。从满足生活必需的基础刚性需求到实现自身发展欲望的需求，需求主体的聚集特点分为两大类，分别为具有稳定性的基础需求和非线性较强的发展需求。

基础类需求是稳定性较强的需求，也是城市基础设施供给优先满足的需求，需求的增长和变化是可预测的，其供给是容易满足的，技术上也是易于实现的。

公共服务类需求和产业类需求是基础设施的发展需求，其增长和变化往往很难预测，常常会超出可控的供给能力范围。如果对发展欲望不加以选择，对基础设施中所承载的要素不珍惜、挥霍无度，就会导致本应稳定的基础设施供给变得岌岌可危。

三、城市基础设施系统的非线性发展

由于主体间的非线性互动，城市基础设施系统呈现出了非线性发展的特征。人类最初对基础设施系统的需求仅为满足自身最根本的生存需要，因此基础设施的发展为线性发展。但是，随着逐步滋生的发展欲望，对基础设施的功能需求产生了非线性的变化，而基础设施的供给则表现得相对稳定，从而加剧了有形设施供给的线性增长与需求欲望的非线性扩张的矛盾。

（一）需求的非线性增长带来基础设施功能的非线性拓展

在基础类需求主体、公共服务类需求主体和产业类需求主体中，基础类需求主体的需求增长都相对稳定，而公共服务类需求主体和产业类需求主体的非线性增长最为显著，对基础设施的发展影响最大。

产业类需求主体因人的欲望而生，因技术而实现。从生活的根本需求到如今的各种附加需求，基础设施的功能都在不断地变化。水的功能已经转变为生活用水、生产用水和服务用水等，单单生活用水也转变为自来水、纯净水、中水等多种形态。道路的功能也从起初单纯的便于人车通行，转变为满足生活、生产、社会服务等多种需求。

（二）技术进步提升有形设施的非线性供应能力

在供给主体供应的要素中，水资源与交通两种要素在基础设施发展过程中的线性增长特点明显。水和道路千百年来提供的技术方法、可拓展的能力都是线性的，扩宽道路、建造立交桥、拓展地下交通来应对不断增加的交通负荷，水的供应量加大、管道加粗等也都呈现显著的线性增长。如果只是针对必需的基础需求，基础设施是足以支撑的，但是，当面对城市非线性的发展需求时，线性供给与非线性需求之间的矛盾就会变得十分突出，这也是城市病主要在这两个领域发生的原因。

能源的供给具有一定的非线性。国家电网、远程输电和天然气输送管道等新技术、新设备，一定程度上满足了能源的非线性发展需求。有了这些技术新设备之后，城市可以从外部获得相当的能源支撑，而不是像原始的城市一样，必须把基础原料输入城市之后才能变成能源。技术的发展使得供给具有了一定的非线性，但即使这样，当这种较弱的非线性面对城市产业发展等非常活跃、非线性较强的需求时，同样会表现出供给与需求之间的强烈反差。这就是大城市通常会在特定季节限电、进行能源需求侧管理、甚至会制定所谓的能源峰谷价格的原因。但即使采用了这些手段，也仍然难以在供给和需求之间形成平稳的对接。

通讯技术的发展使得基础设施的支撑能力具有很强的非线性。信息化革命之后，新材料和新技术的革命为城市的基础设施带来了较强的非线性供给能力。光纤、宽带、互联网、海量存储、云计算等新技术的兴起，使通讯供给能力产生较强的非线性发展。但是，在我们感到短暂的宽裕和满足之后，当面对城市不加限制的通讯需求时，对这种已经体现基础设施最强非线性的供给，也依然会表现出不满足感。当我们传送超大文件、在线观看电影、使用海量存储时，我们依然会觉得不够便捷，基础设施的供给依然感觉到较大压力。

■从鸿雁传书到现代化的互联网络，科技的进步和社会交往的诉求呈现出极强的非线性发展历程。

四、城市基础设施系统的要素流

城市的安全和发展需要各种要素，基础设施系统正是通过流将这些要素提供给城市，要素流是供给主体与需求主体之间联系的载体。基础设施系统中主要有资源、能源、交通、通讯等几大类要素。

以水为代表的资源要素是人类不可或缺的生活保证，是城市中最根本的需求，直接决定着城市的安全和稳定。电力、煤气、蒸汽、石油制品等能源要素，是满足人类优质生活和城市发展的根本保证。道路等交通要素是城市中最先出现的基础设施，使人们在城市里的交通更加便捷。电话、网络、广播、电视等通讯要素方便了信息交流，削弱了距离对通讯的影响。

（一）要素流的供需平衡性

基础设施要素流大都来源于自然界。其供给流动特点表现为集约——分流——分散。要素流经过需求方使用之后，在回流的过程中表现为分散——分流——聚集。在自然承载能力较充分的情况下，供给和回流表现为一个完全的闭环，此时的供需是平衡的，要素流表现出来的状态是平稳和安全的（如下图所示）。

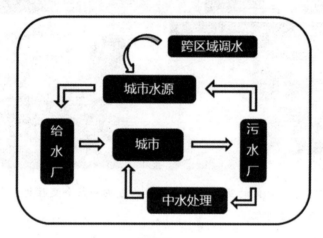

图 6-1　供需自然平衡的示意模型

随着城市需求的增加，需求使用后回流的要素流不能被自然完全消纳，为了满足需求，人们通过各种方式增加供给，比如中水利用技术、南水北调工程等。但是，供给的刚性制约在这个过程中越来越明显，需求已经明显达到了供给的上限。尤其在工业革命之后，需求的空前膨胀已大大超出了自然的承受能力，闭环被打破，要素流的供给和回流出现不平衡，资源短缺十分严重。此时的基础设施系统在供需上已经慢慢失去了平衡，系统会变得不再稳定，安全问题也会逐步凸显。最终，我们仍然不得不控制需求，开源节流，以求重归平衡（如下图所示）。

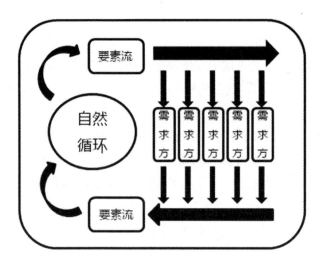

图 6 - 2　人工方法介入实现供需平衡的示意模型

（二）要素流供给匹配的优先性

基础设施要素供给存在总量的刚性约束，这种约束使得要素对不同需求的供给必须具有优先性。基础设施供给应优先满足生存、生活的必要需求，然后满足正常的发展欲望。当然，由于基础设施的被动性，在大部分情况下，也不得不为那些贪婪驱使下的需求提供支持。

要素流供给匹配的优先性，要求控制好需求的合理性，这分别体现在城市规划系统、基本公共服务系统和产业系统上。在规划的时候，就要明确城市对基础设施的需求结构、空间布局、时间特点等重要指标，形成要素供给与需求的基本匹配预案。通过社会制度建设和政策管理，抑制城市不正常的欲望需求，减少因贪婪而带来的压力，使这些不必要的需求主体在城市中难以立足。这在城市的附加产业发展方面尤为重要，这些产业既要给城市提供足够的动力，又不会给城市增加额外的负担。

（三）要素流之间的协同性

不同流之间，或者流的不同阶段，需要有机的衔接才能实现和达成供需的平衡。基础设施的供给主体相对集中，需求主体相对分散，所以要素流从供给主体到需求主体中有一个分流和分散的过程。每一段之间如何有机的衔接，对流的效率会产生很大的影响，很多时候都是因为衔接不畅，而造成要素流动出现问题。

比如，地铁和公交若能够方便换乘的话就会提高交通的效率；给水管布置中注意干管与支管之间的压力和管径调整能减少损失；在输变电网中，电网之间、超高电压到民用电压之间的有效合理衔接，才能保证电力供应的安全和平稳。不但同一要素在流动过程中的不同阶段需要良好的衔接，要素流之间也需要有良好的衔接。比如污水流与中水流良好的衔接，既满足了城市不同的需求，又提高了水资源的利用效率。

五、城市基础设施系统的目标多样性

因为需求的非线性发展，使得基础设施需求主体与供给主体相互作用时，需要不断适应彼此，也使得城市基础设施系统呈现出多样化特点。

（一）以高效为初衷

基础设施的发展受技术水平的影响和限制较大，技术是基础设施系统发展的最底层支持。无论是在基础设施技术的发展过程中，还是在设施本身的设计、建设和运营过程中，人们都希望能够通过技术水平的提高，使基础设施系统的运转不断提高效率。

比如，以供水设施为例。长期以来，自来水管道老化、漏水等故障时有发生。由于管道多为直埋铺设，难以准确定位故障点，因此，频发的事故造成水资源的严重浪费，降低了水资源的传输效率。供水设施因此一直在寻求技术上的支持，以减少因管道漏水造成的水资源浪费，提高水资源的利用效率。随着技术的进步，人们发现可以通过压力变化监测到漏水点的位置，这种技术的进步帮助人们快速准确的定位故障点，节省了检修时间，也在很大程度上提高了水资源的传输效率。但是，由于在输送过程中，水对管道的压力本身就是一个不断减小的过程，对于较小的渗漏点，水流压力变化不明显，仍然很难检测到，于是，城市地下管道综合走廊出现了。城市地下管道综合走廊使上述问题的解决变得更为高效，通过管廊的直观可检测性，不仅可以解决供水管道的检修问题，同样也可以解决电力、通讯等多种人廊管线的检修难题。

（二）以集约为方法

基础设施系统的集约化不是一蹴而就的，是因系统主体的聚集特征而逐渐自然形成的。基础设施的集约化主要表现在布局上，城市地下管道综合走廊就是基础设施集约化非常有效的一种方式。

基础设施系统供给主体和需求主体的聚集使得城市中出现了居民区、商业区、工业区等功能分区的划分，各个功能分区对资源都有共同的需求，人们逐渐发现对这些资源的供应上有其共有的方式和位置，如压力供应、沿路铺管，也有其共同的问题，如直埋式管道难以检修、架空式电缆影响城市形象等。于是，人们采用了城市地下管道综合走廊的模型将具有共同使用特点的设施安置在一起，集中管理、集中控制。以集约化的方式，既解决了设施原有的问题，同时也提高了设施的综合利用效率。

（三）以平稳为目的

要素流的平稳输送是基础设施系统的最终目的，也是基础设施系统多样性的一个重要表现。基础设施系统为城市所提供的水、电、气、热等资源要素，只有达到平稳，才能使基础设施系统安全的支撑城市运转。

平稳的水流能保证人类的生存，更能保证城市更好的发展。水库、水坝等基础设施，能够使城市在多水的雨季，快速将多余的水流排走或贮备利用，而在缺水期可作为水源满足城市需求，减轻旱灾发生带来的损失，只有这样的基础设施供给才是有保障和安全的。基础设施系统所输送的要素流，无论是水流、电流、通讯流，还是人流、车流，都有高峰和低谷的交错。基础设施系统的运行，是通过采用新技术和新方法，避免要素流波动的影响，逐步使要素流达到平稳输送的目的。

比如，中关村广场冷站采用冰蓄冷空调技术，在夜间用电低谷时段，开启制冷主机，将建筑物空调所需冷量制备好，以冰的形式储存起来，在白天用电高峰时，关闭制冷主机，进行融冰供冷，达到降温的效果。冰蓄冷技术的应用，可以有效改善夏季高峰负荷时电力严重短缺、低谷时电力使用严重不足的局面。

六、城市基础设施系统的特点标识

基础设施系统中的主体具有不同的个性，主体的个性特征一方面可以形成系统的非线性发展，另一方面也可能会影响整体效率。所以，认清系统的特点标识，能够帮助主体在系统环境中准确搜索和接收信息，使主体间形成良好的相互作用机理，为专业化合作和主体聚集提供合理的基础。

在研究基础设施系统时，我们发现，城市基础设施系统通常具有安全、稳定、被动、适度弹性和网络性等共同的特征信息。

（一）安全性

安全性是基础设施系统的基本属性。在城市形成之初，城市基础设施系统的基因就已确定，其中，安全性就是城市基础设施系统最基本的基因。基础设施系统最初是由于城市中人们的生存和安全需求而产生，比如早期的城墙就是作为特定的基础设施，为人们提供最基本的安全保障。由于漠视基础设施而引起的每一起事故，都会对城市的经济发展和市民的生命健康造成巨大的损失。

安全是城市发展的依托，但是人们在不断追求效益、满足欲望的时候，却往往将基础设施对市民可能带来的伤害视而不见，因漠视而忽略了城市安全这一首要的标识。比如，2012 年 4 月 1 日北京市北礼士路的一段地下热力管线因腐蚀造成泄漏，因为缺乏有效监管，相关专业部门没有及时发现这一事故。下午 3 点，一位在人行步道上正常行走的女士跌入因路面塌陷而出现的热水坑中，高温热水致使这名女士全身 99% 面积及内脏严重烫伤，经救治无效去世。事件发生后，社会舆论一片哗然，虽然之前城市里也多次发生地面塌陷事件，但是，这次事件是发生在人行步道上，致人死命的城市热力设施，是本该让人们生活更舒适的现代城市基础设施。这是对城市基础设施安全性认识的根本颠覆，是对基础设施安全与发展关系的本末倒置。

（二）稳定性

稳定性是基础设施系统的主要属性。基础设施系统具有一定的生命周期性，这种周期性表现为基础设施的新建、维护、老化甚至消亡、废弃的过程。基础设施一旦建成就很难改变，同时还要面临后期的保养、维修、更换等难题，这一点在巴黎、伦敦等历史悠久的老城市表现得尤为突出。大城市基础设施系统规模大，数量多，运营管理过程中面临暴雨、地震、火灾等多种风险因素影响，而且，基础设施自身运行过程中也会产生各种意外情况，一旦发生突发事件即可能产生一连串的连锁反应，导致城市出现许多不可预料的危险。所以，基础设施系统的稳定性非常重要。

2003 年 8 月 14 日，美国和加拿大东部地区发生大面积停电，事故起因是俄亥俄州克利弗兰市附近的三条输电线路发生故障，结果引起美国从新英格兰到密歇根州集体断电，并且很快波及了加拿大安大略省全部地区，受影响的人口大约在 5000 万人。事故发生后由于供电负荷激增，美国和加拿大的 100 多座变电厂，其中包括 22 座核电站自动"保护性关闭"，结果造成停电区域进一步扩大，最终酿成了美洲大陆有史以来最为严重的停电事故。事故造成工厂停工、机场关闭、交通堵塞、地铁瘫痪，惊恐的人群涌上街头，事故直接经济损失高达 300 亿美元。

（三）被动与适度弹性

基础设施系统一旦建成以后，其架构是坚实稳定的，其形态是相对静止的。相对于较为动态的需求和使用而言，基础设施表现出被动性的特点。比如，道路是被动的，车流是主动的；管线是被动的，水流是主动的；通讯设施是被动的，通讯设备的使用是主动的。

城市对资源的需求总是处于不断地变化之中，在城市特定资源禀赋的刚性约束下，基础设施系统需要能够保有适度的弹性。基础设施系统的弹性取决于规划系统的预见性。规划系统应该根据城市的资源承载力，充分考虑基础设施功能和容量的前瞻性，对未来发展空间做出准确预判，使基础设施适度超前。

在相当长的历史发展中，人类一直是把安全作为首要目标来发展城市，高度重视基础设施对其他系统的承载和支撑能力，规划的基础设施通常是超前的，容量是富余的，系统是有较好弹性的。但是，当人类把发展优先于安全的时候，当我们对需求和欲望不加以限制的时候，当我们对所谓的财富以及所谓的自我价值的追求无限膨胀的时候，城市的基础设施开始变得没有那么超前了。于是，我们就感到了城市中处处都有利益，但是处处都没有安全。这是因为，基础设施系统的承载能力达到了极限，系统的弹性正在逐渐消失。

（四）网络性

基础设施通常以网络的布局形式建设，目的是要保障主体之间的要素流动快捷、密切。大城市首先外在表现为规模大、人口多，这就要求基础设施的供给要确保多达几百，甚至几千平方公里范围内实现无盲点的网络覆盖形式，而且，还需要能够承载高密度、大负荷、全天候不间断的要素供给，以保障城市中千百万人口的正常生产和生活。城市的路网、供水管网、地下排水管网、通讯网络和互联网络等，都是其网络性的体现。

因为基础设施系统中的要素往往不是点供应，而是面供应，只有形成对需求主体的网络覆盖，才能实现其价值。如果城市中的道路只修一半，那就无法正常输送客流、物流；给水管道如果只修一半，也无法完成正常的供水功能；电缆如果只搭设一半，更无法实现正常的电力供给。

七、城市基础设施系统的积木块和内部模型

（一）城市基础设施系统的积木块

城市基础设施系统主要由以下6个"积木块"组成：

1. 城市给排水系统

城市可供利用的水资源承载力决定着城市规模的大小，水源开发及给

排水系统是城市的必需组成部分。城市给排水系统包括城市水资源的开发、利用和管理子系统，自来水的生产、供应系统，雨水排放与污水排放、处理等子系统。

就近打井、地沟式排水等简单的水源供排方式，在城市形成之初就存在了。由于当时城市对水资源的需求比较简单，水资源的供给相对充足，所以，水资源重复循环使用领域处于空白。随着城市发展和技术水平提升，城市的供水出现了远程的自来水供应系统，排水出现了现代化的污水、雨水排水网络系统，水资源的重复循环使用也逐步形成了现代化的污水处理、中水回用等水资源再利用系统。

2. 交通运输系统

交通运输系统是城市得以存在和发展的基础，是城市中人们正常生活和城市经济发展的基本需要和先决条件，是实现人和资源在不同区域之间流动的重要纽带。交通运输系统包括城市内部交通子系统和城市对外交通子系统。城市内部交通子系统包括道路、桥梁、轨道交通、物流仓储和交通管理等设施；城市对外交通子系统包括航空、水运、公路、铁路等设施。

随着技术的进步和需求的变化，城市内的交通已不再是仅供人马行走的简单道路，城市交通已逐步形成了复杂的交通网络。城市交通系统由平面交通发展为立体交通，出现了高速路、快速路、立交桥等多种形式。对城市地下空间的开发利用，也使得城市交通由单纯的地上交通，发展为地上与地下相结合的交通系统。人们的出行方式，也在由原来单一的、分散式的出行向公共交通发展。

3. 城市防灾系统

灾害不是单纯的社会现象或自然现象，而是自然与社会因素共同作用的结果，是自然系统和人类物质文化系统相互作用的产物。城市防灾系统包括防火、防洪、防地震、防地面下沉、防风雪以及人防战备等子系统。

城市形成之初的城市灾害种类，主要包括水灾、旱灾、火灾、地震等自然灾害，也包括战争、冲突等人为形成的灾害，城墙在当时是重要的城市防灾设施。随着人类对自然改造和征服能力的增强，城市灾害的种类也在逐渐增多，越发复杂。灾害不仅表现为不仅包括自然及人为灾害，还包括人为与自然混合灾害，如交通事故、化学品泄漏、爆炸、恐怖袭击等。随着人类技术水平的进步，水坝、水库和消防等城市防灾手段随之提升，虽然在技术手段上依然难以对地震等城市灾害进行准确预测，但是人防工程、应急避震等设施的设置，已将这些灾害的影响逐渐减小。

4. 能源保障系统

能源是城市发展和人类活动的物质基础。能源保障系统包括城市电力生产与输变电系统，煤气、天然气、石油液化气的生产、供应系统，城市热能生产与集中供热等子系统。

由于人类活动能力和认知水平的限制，在古代，植物秸秆和树木等一直是人类能源的主要来源，那时的城市能源供给以人力操作和自给自足为主。随着科技的进步，尤其是工业革命以后城市对能源需求的非线性发展，石油、煤炭等自然资源逐渐成为了城市能源的主导。市民的生活中，以电力、天然气、集中供热为主导的清洁能源，也逐渐成为城市能源的主要组成部分，相应的供给也出现了输油管道、供热管网和电力电缆等新的能源供应设施。

5. 邮电通讯系统

邮电通讯系统包括各级邮电局、邮政所和邮政信箱等邮政服务系统，以及电信局、电话、电报、传真、移动通讯服务和网络等子系统。

邮电通讯系统的形成是以传送消息和互报平安为目的的。最初的设施为烽火台、驿站、信鸽等原始形态，之后逐渐出现邮政信箱、邮政局等，以信件为依托的信息传递设施。工业化革命之后，信息化的出现，产生了邮电局、电报、传真等邮电设施。发展到现代社会，随着信息化的迅速膨胀，邮政业已形成了沟通城乡、联通世界的现代邮政网络系统。邮电业也已建成包括光纤、数字微波、卫星、程控交换、移动通讯、数据通讯等通达世界的公用电信网络系统。

6. 环境卫生系统

环境卫生是与人们生产和生活密切相关的大气环境、水环境、土壤环境、地质环境和生物环境等环境状况的总称。环境卫生系统包括垃圾清运和处理、环境监测保护、园林绿化等子系统。

在古代的城市，环境卫生系统相对原始、简单，由于规模普遍较小，经济功能较弱，且人类改造自然、影响自然的能力有限，因此环境自身的代谢功能即可实现城市环境的自我净化，实现生态平衡。随着城市规模的扩大，功能的聚集，以及人类改造自然能力的提升，人类对生态环境造成了越来越大的负面影响，人与自然的原始平衡被打破。自然已无法全部消纳人类发展过程中所形成的污物和废弃物。为保证城市的运营，使人类和自然之间形成新的平衡，环境卫生系统的重要性就越来越凸现出来，各种垃圾的清运和处理方式、环境卫生的监测和保护设施种类也越来越多。

（二）基础设施的内部模型

1. 建立模型的目的：实现两个平衡

一是实现人与自然的平衡。在城市中，人是最基本的需求主体，而自然是最基本的供给主体，人类需要自然界提供生存环境和各种资源。在农业文明时代，基础设施系统处于利用和强化自然的过程，人类和自然处于初级平衡状态，人类尚缺少对自然进行变革和改造的意识。此时，基础设施系统中只有给排水、交通运输、城市防灾等用于保障城市基本需求的设施，这些设施已能在相当程度上保持自然界的生态平衡，但这只是一种在落后的经济技术水平上的生态平衡，是和人类能动性发挥不足与对自然开发能力薄弱相联系的生态平衡。工业文明的出现使人类和自然的关系发生了根本的改变。随着现代化机器、自动化装备、遥控装置等自然界所不曾存在过的人类智慧创造物的出现，人类慢慢意识到自己对自然界干涉的范围和能力扩大了。人类开始对自然资源产生了巨大的掠夺行为，同时人类产生的废弃物返回自然，对自然界也造成了严重的破坏，超过了自然界自身的调节范围。如今，随着对自然界中被改造对象认识的深入、改造自然能力的提高和对自然规律认识的升华，人类对自然界的改造进入了新的领域和新的境界，基础设施系统随之出现能源、邮电通讯、环境卫生等新的设施，以平衡人类需求的逐渐升级与自然承载力相对固定之间的矛盾。

■纵意排放的烟囱与失去生命的河水。

二是实现理想与欲望的平衡。在人类的生产水平相对较低的时候,基础设施系统所供给的要素以自然资源为主,相对简单,且都在城市承载能力范围内。此时基础设施系统实现着保障城市安全,为生活在城市中的人们创造理想生活条件的本职,城市处于理想的平衡状态。但是,往往在城市的安全性得以实现之后,人类的欲望却在不断增加,对经济的增长、生活水平和生产力的需求逐渐膨胀,尤以产业系统非线性发展的影响最大。随着产业发展的非线性,在人类欲望的驱使下,城市对基础设施提供要素的需求数量和种类都在迅速增加。此时的基础设施系统就要在其刚性约束范围内有所取舍,其首要任务是要保证城市最基础的需求,之后在其弹性范围内可再考虑产业等欲望的发展需求。由于城市的承载能力是一定的,如果基础设施系统对主体的需求不加以限制,一味地满足人们无限变化和放大的欲望,这种因欲望而形成的需求就会抢夺城市中最基础的安全保障资源,城市的基础资源分配就会出现混乱。

2. 内部模型的设想:城市地下管道综合走廊

城市地下管道综合走廊也叫共同沟,是基础设施系统内部模型的一种现实表现，是系统所包含的主体间所形成的良好的互动规则，也是供给主体用于平稳基础设施要素流的一种主动努力。通过城市地下管道综合走廊构建的原则，基础设施主体可以基于一定的经验预知基础设施系统所要发生改变的方向，可以对基础设施系统进行前瞻性的判断，并根据预判对主体间的互动行为作出适应性变化。

人类理想中的基础设施应该是安全、稳定、具有适度弹性的，虽然是被动的，但是能够很好地适应主体的需求。然而，由于基础设施系统中的积木块以机械分割、分立的方式建设，使基础设施系统出现诸多不安全和不稳定的因素，如：直埋式管线难以增容，管体老化难以检测，为了增容或维修就要挖路，重埋管道，使得城市的道路经常被人为挖断，拉链路已成为常态，基础设施系统要素的供应也经常被中断。这些都使基础设施系统丧失了稳定性，各种城市病就会不断在基础设施系统中爆发。

城市地下管道综合走廊这种基础设施内部模型的出现，可以在人类当下智慧和经验的基础上，对系统做出准确的预判，从而避免或很好地解决这些问题。城市地下管道综合走廊是利用最小的空间和内部模型成本来获得系统特点标识和基础设施保障能力的最大实现。这种内部模型的形成，增加了基础设施系统的安全性、稳定性、弹性和网络性，有效地削弱了系统的被动性，传承了基础设施系统天然的特点标识。

专栏 2：国外城市地下管道综合走廊的建设情况

城市地下管道综合走廊的建设历史最早可追溯到 1833 年，在法国巴黎建设了第一条城市地下管道综合走廊，至今已有 100 多年的发展历程。经过百年的实践与研究，城市地下管道综合走廊的技术水平已臻于成熟，并在国外许多城市中得以推广，其建设理念已深入人心，成为发达城市市政管线建设的主流趋势。国外主要国家城市地下管道综合走廊的发展历程概括如下：

1832 年法国发生了霍乱，当时的研究发现城市的公共卫生系统的建设对于抑制流行病的发生与传播至关重要，于是，在第二年巴黎市着手规划市区下水道系统网络。并在管道中收容自来水包括饮用水及清洗用的两类自来水、电信电缆、压缩空气管及交通信号电缆等五种管线，这是历史上最早规划建设的城市地下管道综合走廊型式。近代以来，巴黎市逐步地推动城市地下管道综合走廊规划建设，在 20 世纪 60 年代末，为配合巴黎市副中心拉德芳斯的开发，规划了完整的共同沟系统，收容自来水、电力、电信、冷热水管及集尘配管等。迄今为止，巴黎市区及郊区的城市地下管道综合走廊总长已达 2100 公里，堪称世界城市城市地下管道综合走廊里程之首。

1861 年伦敦市区开始建设城市地下管道综合走廊，其收容的管线除包括煤气管、自来水管、污水管外，还收容连接用户的电力、电信等供给管线。伦敦市的城市地下管道综合走廊建设费用均由政府筹措，并为政府所有，采取出租管道空间的形式给管线单位使用。迄今为止，伦敦市区已有 22 条的城市地下管道综合走廊。

1933 年西班牙开始计划建设城市地下管道综合走廊，1953 年马德里市首先开始进行城市地下管道综合走廊的规划与建设，当时称为服务城市地下管道综合走廊计划，而后演变成目前广泛使用的城市地下管道综合走廊管道系统。经马德里市政府官员调查结果发现，建设城市地下管道综合走廊的道路，路面开挖的次数大幅减少，路面塌陷与交通阻塞的现象也得以消除，道路寿命也比其他道路显著延长，在技术和经济上都收到了满意的效果，于是，城市地下管道综合走廊逐步得以推广。到 1970 年，已建成城市地下管道综合走廊总长约 51 公里。

20 世纪 60 年代，美国开始了城市地下管道综合走廊的研究，在当时看来，传统的直埋管线和架空缆线所能占用的土地日益减少而且成本越来越高，随着管线种类的日益增多，道路的频繁开挖严重影响了城市交通，破坏城市景观。研究结果认为，在技术、管理、城市发展和社会成本等多个方面建设城市地下管道综合走廊都是可行且必要的，只有建设成本的分摊难以形成定论。1970 年，美国在 White plains 市中心建设城市地下管道综合走廊，其他如大学校园内、军事机关也开始建设城市地下管道综合走廊。此外，美国较具代表性的城市地下管道综合走廊还有纽约市从东河下穿越并连接 Astoria 和 Hell gate generation plans 的隧道，该隧道长约 1554 米，收容有电力缆线、电信缆线、污水管和自来水干线。

1926 年日本开始建设城市地下管道综合走廊，在关东大地震之后，日本政府针对地震导致的管线大面积破坏问题，在东京都复兴计划中试点建设了三处城市地下管道综合走廊：九段阪城市地下管道综合走廊，长度 270 米，为钢筋混凝土箱涵构造；滨盯金座街城市地下管道综合走廊，为设于人行道下的电缆沟，只收容缆线类；东京后火车站至昭和街的城市地下管道综合走廊，收容电力、电信、自来水及煤气等管线。1955 年后，日本汽车数量快速增长，各大城市积极新建、扩建道路，埋设各类管线，为避免经常开挖道路影响交通，1959 年又再度于东京都淀桥旧净水厂及新宿西口建设城市地下管道综合走廊。1962 年政府宣布禁止开挖道路，并于 1963 年 4 月颁布了"城市地下管道综合走廊特别措施法"，制定建设费用的分摊办法，拟定长期的发展计划，同时在全国各大城市拟定五年期的城市地下管道综合走廊连续建设计划。1993 年—1997 年为日本城市地下管道综合走廊的建设高峰期，共完成干管 446 公里，较著名的有东京银座城市地下管道综合走廊，青山城市地下管道综合走廊、麻布城市地下管道综合走廊、幕张副都心、横滨 M21 城市地下管道综合走廊、多摩新市镇城市地下管道综合走廊设置垃圾输送管，其他各大城市，大阪、京都、各古屋、冈山市、爱知县等均大量进行城市地下管道综合走廊建设，至 2001 年，据统计日本全国已兴建超过 600 公里的城市地下管道综合走廊，在亚洲地区名列第一。

除上述国家外，俄罗斯莫斯科、瑞典斯德哥尔摩、芬兰赫尔辛基、挪威奥斯陆、瑞士苏黎世、波兰华沙、莱比锡等城市，都有城市地下管道综合走廊的建设实例。

电力电缆、通信通讯电缆具有可以变形、灵活布置、不易受管廊纵横断面变化限制的优点，在管廊内设置的自由度和弹性较大，且不受空间变化（管道可弯曲）限制。所以，在管廊的建设中较易纳入。电力、通信通讯电缆是最容易受到外界破坏的城市管道，在信息的时代，这两种管道的

■易于检测和维修的城市地下管道综合走廊，是人类当下智慧对基础设施系统做出的最佳解决方案。

破坏所引起的损失也越来越大，所以将其纳入管廊是最好的布局和维护方式。由于电力电缆对通信通讯电缆有干扰，在管廊内宜布置在两侧，并保持一定的安全距离。

给水（生活给水、消防给水）、再生水管是压力管道，布置较为灵活，且日常维修概率较高，适合纳入城市地下管道综合走廊。管道入廊后可以克服管道漏水、避免因外界因素引起的管道破裂及管道维修对交通的影响，可为管道升级和扩容提供方便。

燃气管道是一种安全性质要求较高的压力管道，容易受外界因素干扰和破坏造成泄漏，引起安全事故。所以，可以纳入城市地下管道综合走廊。但由于燃气管道的特殊性，在管廊内必须设置独立的腔室，并不得与高压电力电缆同侧布置，而且应配备监控与燃气感应设备，随时掌握管道情况。

热力管道的特点是要求补偿量大，需设置伸缩器，且自身散热较大，在城市地下管道综合走廊内，会引起管廊温度升高，对电缆安全性不利，需作保温隔热处理后入廊。热力管道入廊后，可以克服管道直埋易腐现象、延长管道使用寿命，便于维修，减少对周围环境的影响；敷设位置应高于给水管道，如为蒸汽热力管道，与燃气管道同理，宜采用独立腔室敷设。

有压污水管道可以参照给水管道做法直接纳入管廊。重力污水管道由于有一定排水坡度，每隔一定的距离要求设置检查井，污水管道内产生硫化氢、甲烷等有毒、易燃、易爆的气体，影响管廊运行安全，对管廊的埋设深度产生不利的影响，大大增加建设费用。因此，不宜纳入城市地下管道综合走廊。

雨水管道与重力污水管道类似，需要有一定坡度，每隔一定的距离需要设置雨水收集口，同样，不宜纳入城市地下管道综合走廊。

近年来，随着科学技术的不断进步，发达国家在城市地下管道综合走廊的建设中，甚至纳入了垃圾的真空运输管道。中国在 21 世纪开始，逐步在深圳、天津、上海等地开始推广应用，目前江苏省无锡等地也在积极应用，运输生活垃圾的废物收集管道纳入城市地下管道综合走廊将成为可能和未来发展的必然。

第七章

基本公共服务系统：
不可或缺，过犹不及

> 需求与欲望，平等与竞争，稳定与创新，是城市系统中截然相反的两种力量，在城市系统中必然存在使之协调一致的平衡系统。减少分化，体现人文关怀，体现人人平等的普世价值观，基本公共服务系统正是这样的一个不可或缺的城市子系统。这个系统一方面对于城市经济能力高度依赖，另一方面对于创新和竞争具有天然的迟滞作用，所以这种平衡也要适度，否则就会过犹不及。

城市复杂系统中，不同的子系统发挥着不同作用。与充满活力的产业系统相比，基本公共服务系统显得沉静和平淡。基本公共服务系统是随着城市的发展逐步形成和完善的，不同的基本公共服务对于整体系统形成不同的影响。集成这些子系统的能量，形成有利于系统优化和持续发展的合力，需要一个大的平衡机制，基本公共服务系统可以发挥这种作用。

在城市化快速推进的过程中，中国城市面临着城乡二元结构、区域发展不均衡等问题，这些问题与西方发达国家曾经遇到过的问题有很大不同。基本公共服务系统在城市发展的不同阶段具有鲜明的变化，这种变化与人类的人文进步、生产力水平提高息息相关。在人类进入民主时代后，公共服务的非线性特征更加突出，与此同时，一些负面的影响也逐步显现。

一、化蛹成蝶：基本公共服务伴随着城市的安全与利益演进

基本公共服务和我们每一个人的切身利益息息相关，如同敏感的神经，轻微的刺激便让城市感觉到不适。透视其发展历程，我们发现，基本公共服务的产生和发展，一直伴随着两种力量的博弈，一是安全，二是利益。前者体现城市的基本需求、平等和稳定，主导着城市的安全诉求；后者代表欲望、竞争与创新，主导城市的发展诉求。两种力量相互制约、相互影响，此消彼长与相互融合，贯穿了基本公共服务的整个过程。

（一）不可或缺：体现城市的安全与稳定

在人类社会发展的历史过程中，由于早期的生产工具简陋、文明程度较低，面对洪水、干旱等自然灾害，依靠个体力量无法解决，必须通过集体行动，来解决问题，公共服务由此产生。如中国夏王朝的国家权力就起源于大禹治水这样的公共服务活动。这个时期，基本公共服务主要表现为防御自然灾害。

进入农业社会以后，生产力相对滞后，社会物质和精神财富也较为缺乏。在物质基础薄弱和民主价值意识较低的双重约束下，城市的基本公共服务供给能力极为有限，仅满足于对食物和供水的基本生活需求，以及在防御自然灾害、抢掠等方面的安全保障。这个阶段的公共服务，主要由当时的统治阶层提供。统治阶层通过强制手段维持城市的稳定，满足了社会中占据多数市民的人身安全需求，但这种安全保障的供给是片面、被动和单向的。

由此可见基本公共服务系统的根本意义。在人类的发展过程中，基本公共服务的作用是减少因为外部环境和个人能力的变化而对个体所产生的

冲击。当城市发展动力不足时，对基本公共服务的支撑不够充分，导致它的保障内容缺失，保障范围也不能涵盖所有市民。

早期城市也出现了一些基本公共服务的萌芽，如私塾、郎中，诞生了教育和医疗，那时，系统的基本医疗保障和教育保障是市民的奢望，而现在，这些已经成为城市最基本的安全需要，是一个城市不可或缺的基本环节。

（二）过犹不及：在城市发展的驱动下不断膨胀

工业革命带动社会生产力实现大发展，引起生产组织形式和社会组织形式的大变革。随着人类智慧的增加和产业的发展，在科技和需求的带动下，城市的基本公共服务供给越来越丰富。除了与安全相关的基本公共服务外，就业和养老保险等均实现了较快的发展。

为确保城市的安定和谐，西方国家普遍采用福利社会制度，在政府主导下给市民提供全方位的公共服务供给，最大限度地满足居民公共服务需求。国家通过制定政策和制度，规定最低的住房、医疗、工资和教育标准，通过高税收缩小贫富差距，以最大限度保证所有市民享有最低标准的收入、健康、住房、教育和就业机会。其主要载体是社会保障制度，即国家干预国民收入的分配，使每一个市民能保证一定水准的社会福利。

在最能体现福利国家特点的瑞典，其福利涵盖个体生命从摇篮到坟墓的各个阶段，涉及生活各个主要领域，包括儿童服务、老年人保障、残疾人保障、医疗保障等。瑞典的福利，"上不用养老，下不用养小。""上不用养老"是说，老人有自己的退休金和医疗保险，有的父母的退休金甚至比儿女的工资还高。"下不用养小"就是说在瑞典每个孩子出生后每月就有 1050 克朗的糖果费，和人民币基本上可以按 1∶1 换算。瑞典失业者可以领取失业救济。1995 年前，300 天之内补贴额相当于原工资的 80%。[①]

福利制度下的基本公共服务在很长一段时间，的确起到了缓和社会矛盾和保障市民基本需求的作用，但是也产生很多问题。高福利制度易滋生

---

① 文献来源：瑞典有哪些福利制度？北欧百科。http：//beiou. baike. com.

"懒人"和"搭便车"的投机者。更严重的是，一旦经济出现波动，这种福利制度便失去了经济基础，福利保障效果难免大打折扣。由于国家财力有限，在经济危机中无法被社会保障所覆盖的社会群体成为社会潜在的不安定因素。欧洲的"福利危机"透支了未来的公共服务供给，造成公共服务资源的浪费，并挤占了其他城市子系统的发展空间，最终导致基本公共服务体系的全面失败。毫无节制地去满足当前的公共服务需求，就会给未来背上沉重的负担。

（三）基本公共服务是城市的平衡系统

伴随着城市发展，城市基本公共服务的地位和角色日益重要，已经成为城市不可或缺的平衡系统。一方面，基本公共服务的作用结果是让整个社会保持平衡。只有先实现自身的平衡，才能实现对整个城市系统的平衡。它是"全体人对全体人"的服务系统，即"所有人做贡献，所有人享受服务"，要达到这种要求，基本公共服务系统内部不能存在短板。另一方面，基本公共服务还需要平衡当前城市的生存水平和未来的发展潜力。对于城市系统而言，基本公共服务需要保障每个市民基本生存需求，但是，对今天生存的满足不能以毁掉明天的发展为代价。因此，必须把握好这个"度"，处理好当前生存水平和未来发展潜力之间的平衡。

二、城市基本公共服务的主体与主体聚集

城市基本公共服务的受众是城市全体市民，为保障所有人享受到基本公共服务，城市基本公共服务也应围绕如下四个层面的逻辑依次展开，即"为谁服务"、"谁来提供服务"、"谁来运作服务"、"提供的服务怎么样"。与之相对应的四个主体分别是：需求主体、执行主体、供给主体和监督主体。

（一）需求主体多节点聚集

从基本公共服务整个系统来看，需求主体是全体市民，包括长期在城

市生活居住、工作的每一个人。城市中的"每一个人"不分贫富、行业、性别、年龄、民族、健康程度，都有获得基本公共服务的权利。

基本公共服务和人的最基本的生活密切相关，在本身高度聚集的城市中，需求主体按照城市生活的空间，表现为散落式、群落状的分布，但不排除在局部地区和节点上形成聚集。这种基本公共服务需求主体在空间节点上聚集的特点，要求公共服务的供给设施也呈现多中心分布。

（二）供给主体实现资源聚集

城市基本公共服务要实现的是全体人贡献，全体人享受。因此，城市基本公共服务的供给主体也是全体市民。历史演进表明，长期以来，由于基本公共服务对于公平性、全覆盖性和非产业化的特殊要求，政府始终是基本公共服务最重要的供给主体。随着市民对基本公共服务需求的增加，单纯依靠政府的力量，已难以满足社会公众对公共服务水平日益提高的要求，多元化供给主体成为基本公共服务发展的趋势。一些非政府组织、市场组织甚至是市民个人正在成为基本公共服务的供给主体。

从供给主体看，基础公共服务的主要渠道来源是高度聚集的，基本公共服务的投入绝大部分来自于政府。基本公共服务的供给量最大，提供的是最基础的服务，也是最易招致批评的服务。由于基本公共服务需要保障所有人的基本需求，而每一个需求主体的需求具有差异性，不同阶段的主体也具有不同的诉求，这种供给和需求的两难或多难的困境将始终存在。如基本公共服务中的基础教育、基本医疗等五个子系统，都需要投入充足的资金保障，但是最终只有一个分配渠道，这个渠道面向的是每一个具体的子系统，而这些子系统背后，是特定的利益群体。

（三）执行主体促进服务聚集

执行主体是基本公共服务的一个重要接口，如果公共服务出现问题，往往会在执行环节上表现出来。因此，高效、便捷和稳定的服务是非常必要的。基本公共服务执行主体一般包括公共服务组织、公共服务组织的内部人员和相关政府管理人员。其中，公共服务组织和行政官员，既是执行主体，亦是需求主体。

基本公共服务面对的是全体市民，但是在执行层面，往往需要面对的是服务个体。执行主体必须认识到自己是社会道德底线的坚守者，需要把城市系统的"地板"夯实筑稳，让每一个市民都能够平等地享受公共服务。每一个执行主体都需要面对具体细化的基本公共服务资源，其对城市公共服务体系具有重要的支撑作用。

（四）监督主体引发认知共振

基本公共服务质量的好坏，服务过程的便捷性和舒适性，直接关系到每一个人的切身利益。因此，在基本公共服务的执行过程中，往往贯穿着跟踪评价、监控和认识评判，这些都会对此系统造成较大影响，我们将实施这一影响行为的主体称为监督主体。由于牵扯到每一个人的福祉，谁来代言个体需求，谁来替每一个个体说话，并能够发挥出作用，谁就有可能成为监督主体。从发展现状看，基本公共服务的监督主体可包括政府、非政府组织以及其他社会组织。

监督主体的聚集特性，主要体现为差异性。即每一个监督主体一般只专注于某一个领域。差异化的监督主体站在不同的需求主体立场上，以完全保障某一类具体需求主体的利益为出发点，不遗余力地进行监督保障，其行为具有很强的针对性。具有相同需求或利益诉求的个体进行有效聚集，引发主体之间的相互共振，形成社会共同认知。

三、基本公共服务的非线性发展

非线性发展主要表现在如下三个方面：一是基本公共服务需求的非线性发展，这是非线性发展的根本；二是基本公共服务主体之间会形成一种非线性发展的相互作用；三是在城市复杂系统的视角下，基本公共服务的非线性发展会对城市系统带来外部性影响。

（一）基本公共服务需求主体诉求的非线性发展

基本公共服务需求方的每个个体都充满了无限期待，希望能获得更为充分的服务保障，更高的服务质量，符合自身特性的服务内容。每个个体的遐想就会汇聚成需求方的无度索求，现实社会有限的供给能力显然无法满足，现实与幻想之间的落差表现为一种非线性发展的特征。

从需求维度看，基本公共服务是一个包含人们的医疗、就业等方面的多维度空间，这些需求维度会相互牵制，相互影响并相互制约。在有限的供给资源约束下，若我们教育维度的需求被过度满足，医疗等其他维度的需求保障便会受到影响，当某一维度的需求与供给差距达到一定程度时，该领域的基本公共服务保障便成为了城市发展的制约。反之，当这一维度的需求受到过度重视时，便会使其他维度的需求供给不足。

（二）基本公共服务主体之间非线性发展的相互作用

基本公共服务主体之间的非线性作用，往往表现为蝴蝶效应。执行主体和需求主体之间的相互影响最为明显，以医患关系为例，当患者对某个医生的态度和行为感到不满和愤懑，便会对所有的医护人员，对整个医疗系统产生等攻击性情绪，这表面看起来是激化的医患关系，根本上是社会价值认知的失落所导致的。

（三）公共服务非线性发展所带来的外部性影响

基本公共服务系统的非线性发展，还体现在它给城市系统带来的外部性影响。基础公共服务不仅决定了市民的基本生存水平，而且还会对经济社会的发展起巨大的推动作用。保障的缺失，也会对城市的发展造成巨大的负面影响。

基本公共服务执行过程中产生的道德问题，会对整个社会的诚信体系造成严重影响。于是，我们看到工业明胶制造的毒胶囊遍布药店，掺入了三聚氰胺的牛奶摆放在超市显眼的柜台上，学校变质的免费午餐摧残着无辜的孩子们。这些发生在日常生活中的恶劣事件层出不穷，细微而具象的个体事件，慢慢侵蚀了城市系统的道德免疫系统，这不仅制约了城市的繁荣与发展，甚至还会危及到城市存在的安全根基。

四、要素流分析

基本公共服务作为城市的平衡系统，合理配置和平稳流动的要素十分重要。基本公共服务系统中的要素流整体可分为两类，一类是显性的、可被物化的要素流；另一类是隐性的、精神层面的要素流。

（一）两种不同性质的要素流

基本公共服务发展需要资金和人才的支持，需要专业技能、信息和知识的支撑，这些要素的合理配置、定向流动构成了基本公共服务的显性要素流。显性的要素流通常是可物化的，表现为资金流、人才流、技术流、信息流和知识流等，显性的要素流整体上看是易于监督、易于量化的要素流，在主体之间的流动一般呈现一种线性的方式。比如通过设立基本公共服务标准体系，可以对各种要素流的流向、流动数量等进行监控，引导其合理流动。

与基础设施和产业相比，公共服务是一个具有人性关怀和伦理价值的复杂系统。基本公共服务主体在聚集中能产生一种价值认知和理念的共鸣，这就是公共服务中的隐性要素流。隐性要素流代表着基本的社会价值、基本的人文关怀和基本的公平正义。在这种流的指引下，基本公共服务的平衡性才得以充分体现。不过，隐性的要素流是需要被感知的，是不易被量化的。在社会价值指引下，社会资源将呈现一种乘数效应，政府的少量投入会引致广泛的社会资源注入；在公平正义引导下，诚信体系将会得以完善；在人文关怀感染下，社会价值体系能够得以重塑。

（二）不同主体要素流的相互作用

需求主体是基本公共服务的直接使用者，是享受公共服务的城市大众。需求主体与供给主体本质的一致性，决定了需求主体必然对基本公共服务享有主宰感。因为特定的需求主体通常只会对某一项公共服务产生需求，因此，理想的服务期待与现实服务水平的落差，必然会带来内心感受的冲击。当这种冲击难以容忍的时候，就会以批判的态度表现出来，需求主体在某些特殊事件的激发下，会蜕变为监督主体。而且，如果这种态度被监督主体放大，形成集体意识之后，就会对基本公共服务的格局带来影响。

供给主体是基本公共服务所需资源的提供者，执行主体是执行基本公共服务的体现者，监督主体是基本公共服务效益的评价者，需求主体是基本公共服务的使用者，供给主体所需资源的总量受制于当期城市经济发展水平，这也是每一项基本公共服务可能提供资源的上限。

执行主体是基本公共服务的体现者，不同的执行主体都力求体现自己在公共服务中的价值，从而获得更多的资源配置权力。这种资源配置的变化，可以改变特定执行主体在公众中的形象，也在无形中改变着他们的社会地位。供给主体本质上是全体市民，但是以税收物化后的资源，则主要是由政府来支配的。

监督主体是基本公共服务效益的评价者，他们通常是活跃的社会团体与组织，通过具有号召力的口号与宣传，将具有共同诉求的需求主体聚集在一起，在搜集整合信息流之后，形成对于现行公共服务产品分配的群体意见表达。监督主体并不直接涉及资源配置，但是，他们会敏锐发现资源配置中的欠缺与冗余。相当规模的集体意识一旦形成，供给主体会据此优化资源配置，执行主体则会调整自身行为。在此过程中，执行主体对监督主体也会有某种莫名的爱恨纠结。

五、基本公共服务发展目标的多样性

发展目标的多样性本质由不同的主体诉求所决定，来源于要素流和非线性发展的共同促进，在三者的交互影响下，基本公共服务的目标多样性呈现动态变化，推动城市的安全和利益平衡发展。

（一）供给主体的强制性特点

供给主体具有强制性特征。市民对于社会的贡献需要有约束性，而这仅靠制约是不能够实现的，由此需要强制性使每一个人对城市有所贡献。强制性是随着社会的进步，城市的发展逐步强化的。在原始的城市，公共服务通常由寺院和具有高尚道德的富人所提供。城市公共服务的覆盖面较窄，服务水准无法得到很好的连续，市民也没有过高期待，这种由私人提供的城市公共服务一般较为单一。现代城市以法律制度的强制方式形成了基本价值观一致。

（二）执行主体的利益化特点

面对多样化的需求，执行主体总是希望能够获得更多的资源支持。在供给主体和监督主体的约束之下，执行主体才会通过提高专业技能，改善服务水平来获得社会赞誉，进而在公共资源的分配中具有更大的发言权。当然，也有一些执行主体热衷于使自己的经济利益最大化，甚至为了既得利益而丧失道德底线，以损害需求主体的权益为自己谋取私利，成为破坏社会风气和价值体系的始作俑者。比如医生开贵重药品加大了患者的经济负担，对于这种行为，利益驱使是根本，中间既有医生的愿望也有院方的默许，是医疗机构存在已久的不规范、不道德执业行为。"顽疾"不除，药品回扣之风就会继续盛行，患者的医药费用就会居高不下，广大群众怕看病，看不起病的沉重包袱就卸不下来。

（三）监督主体事件化特点

监督主体对于基本公共服务的影响通常是点状的、爆发性的反应，呈现出事件化的特点。监督主体通常只会对相对落后或者相对超前的基本公共服务给予关注，而这种关注又常常以某一具体事件为导火索。经监督主体渲染和提升后的具体事件，会被抽象出具有普遍意义的改进诉求。进而，这种诉求会成为供给主体改变资源配置方式，以及执行主体改变行为模式的动力。

（四）需求主体：总量的同质和当期需求的矛盾

在人的生命周期中，每一个需求主体都会对所有的基本公共服务产生需求。从理性角度看，总体资源应该在不同的公共服务需求中均衡分布。但是具体到每一个需求主体，由于他们对于基本公共服务具有显著的阶段性和针对性，在某一特定的时段内，会对某一项基本公共服务有唯一的需求性。往往会希望更多的资源注入自己当期需求的公共服务中，表现为感性和非理性。对此，基本公共服务系统对需求主体的理性调配显得尤为重要。

六、基本公共服务的标识

基本公共服务作为城市的平衡系统，无时无刻都在体现公平性。这种公平性的体现需要通过对基本公共服务有准确而清晰的认识。通过对基本公共服务的分析，我们认为他们有全覆盖性、均衡性、同质性和伦理性这四个特点标识。

（一）全覆盖性

全覆盖性是针对在这个城市长期生活，并对城市公共服务做出贡献的所有个体而言的。城市基本公共服务需求主体与供给主体的统一，是城市基本公共服务公平性的根基。城市与城市之间的公共服务可能存在差异，但是在城市这个单一区域中，所有的公共服务都使该区域的每一成员都受益。"全体付出，全体获益"意味着，如果付出不能得到应有的服务，会

■基本公共服务具有全民参与性。（图片来源：新华网 2012 年 4 月 2日，谁能吃低保，听证说了算）

在客观上制造城市中的阶层对立，以及不同人群之间的盘剥与欺诈。这种制度上的缺陷，经过时间的发酵会给城市系统带来不可估量的创伤。

（二）均衡性

基于城市资源的有限性以及基本公共服务的"不可或缺"的前提，最大的公平就体现为资源的均衡性分布。虽然基本公共服务供给能力会随着社会生产力和社会认知的进步而逐步提升与完善，但是城市这个系统无法将所有的城市资源投入到基本公共服务领域中，特别是为了保持城市应有的活力，会有相当的资源进入城市的动力系统——产业中去。

面对无限的需求与欲望，基本公共服务只能是城市系统的"地板"，其根本是为所有市民提供最低保障。由此，在法规制定时应该关注的是如何制定均衡机制，而不在于某一具体的指标的提出。因为这种细化的硬性指标只会破坏应有的均衡，也就是破坏社会的公平。

（三）同质性

相似的生命阶段、社会责任和家庭地位的市民，对于某项城市基本公共服务有着一致诉求。面对医疗、教育、就业和养老等任何特定服务领域，对于每一个公共服务的需求者，所提供的服务内容、服务标准、服务态度都应该是基本一致的，这就是基本公共服务的同质性。

现实中重点校、贵族班等现象，则是违背了基本公共服务的同质性，导致基本公共服务资源的分配差异。进而带来不同需求主体之间的攀比心理，以及市民对于稀缺资源的追逐，由此加剧了分配不公和失衡。

（四）伦理性

基本公共服务的需求主体是全体市民，而供给者从本质上来说也是全体市民，政府只是通过税收，来对全体民众的"贡献"进行再分配的执行主体和监督主体。基本公共服务实际上贯彻的是全体人做贡献，服务于全体人的分配逻辑。这种逻辑说明，公共服务是一种存在于人与人之间的交往活动，因而是一种伦理活动。

伦理性是人区别于动物的重要特征，而这种特性与优胜劣汰的自然法则在某种程度上也是相悖的。只有在具有伦理认知和强大生存能力的城市人群中，才可能通过强制性的公共资源配置，并借助专业化的手段支持，体现保护弱者、实现公平的伦理要求。然而，如果不遵循适度原则，过高的伦理性一旦盖过自然规律，基本公共服务的"过犹不及"性，则可能会阻碍整个城市的发展。

七、积木块

基本公共服务涵盖了生老病死整个生命阶段，针对这些不同阶段，我们可以提炼出基本公共服务的基本积木块，在将其拆封后进行分析。这些积木块分别是基本医疗、基础教育、就业保障、养老保障和公共管理。

（一）基本公共服务的积木块

1. 基本医疗

基本医疗服务是城市基本公共服务体系的重要组成部分，是人一出生就接触到的第一个基本公共服务，直接关系到人类社会生存和健康发展。对于一个人来说，完善合理的医疗保障是确保健康的前提，而市民良好的健康状况则是维护社会稳定、促进经济发展的重要保障。基本医疗服务是减少和减轻贫困、提高人民生活水平、改善生活状态的重要措施，人人都有健康生活的权利，把健康作为人的基本权利是人类社会的一大进步。

城市基本医疗体系的特点有：

基本医疗服务涉及城市每个人的基本利益，是市民健康的重要保障。人们不分职业、性别、年龄，都无法回避健康问题。因此，基本医疗服务是每个人都必须面对以及正视的问题，医疗保障也必须要涉及每个人的基本利益。

基本医疗服务是市民最低保障。健康是市民从事其他一系列活动的前提，基本医疗服务正是人在城市中的一个最低健康保障。如果缺乏健康，会导致丧失机会和能力剥夺，造成个人无法正常生活和工作，参与经济活动的能力被剥夺，从而带来收入减少和贫困发生的加剧，同时又会阻碍其健康。因此，作为人的最低、最基本的保障，基本医疗服务必须要有公平性。

基本医疗服务的过犹不及性。随着城市经济社会不断发展，城市居民收入水平和生活质量日益提高。除了基本的生存需要外，市民对于如何改善生活品质、提高自身健康水平的需求越来越紧迫，倡导健康的生活方式、提高自身健康水平的健康保健服务市场逐渐升温。在基本的疾病治疗和康复以外，人们在保健服务方面的投入也越来越大。但是要看到，由于基本医疗服务是覆盖全体市民，保障每一个人平等、基本、无差异的基本医疗服务，必然要求基本医疗服务必须是有边界的。一旦盲目过度扩大基本医疗服务的范围，必将直接导致资源的巨大投入，而将应该由部分需求主体负担的投入改为公共资源投入，一方面带来了公共资源的紧张甚至出现福利危机，另一方面也无法有效控制资源分配的公平性。因此，基本医疗保障应该遵循适度原则。

专栏1：各国医疗模式①

基本医疗服务体系是社会经济发展到一定阶段的产物，基本医疗保障制度作为制度性保障，是各国政府需要花费大量精力、财力的领域，各个国家根据国情制度、经济水平和文化价值的具体情况，选择了不同的医疗保障制度，且差距性、分歧性较大。即使在发达国家的医疗保障体系也不一致。

国家医疗保险模式。国家医疗保险模式是一种以税收形式筹集资金，通过国家财政预算拨款向医疗服务机构或个人提供资金，由它们为国民提供低收费甚至免费医疗服务的医疗保险形式。在这种模式中，政府是组织者，资金主要通过国家财政预算，个人不予承担或少量承担医疗费用，计划性较强，市场调节几乎不起作用。采用国家医疗保险模式的主要是一些福利型国家，如英国、加拿大和瑞典。由于具有雄厚的资本实力和较高的城市化率（如英国的城市化率已经超过了90%），这些国家在医疗保障城

---

① 梁云、邵蓉：《国外医疗保险模式的比较及对我国的启示》，《上海医药》，2007年。

乡统筹中，采用的是全民福利型医疗体制。

国家医疗保险模式的标准较为统一，相对容易管理。所有市民都是保险的享受者，充分体现了公平性和福利性，基金大部分来源于国家的财政预算拨款，具有较高的福利性，并覆盖全体市民。但是，这种模式也存在着一定的不足之处。目前采用此模式的国家大多面临资金不足问题。而区域的差异性容易造成卫生医疗资源使用低效率、引发医疗服务质量下降等问题，病人面对极其有限的医疗服务，苦不堪言。

社会医疗保险模式。社会医疗保险模式是一种雇主和雇员按一定比例缴纳保险费，由依法设立的医疗保险机构作为"第三方支付"组织，代表参保人向提供医疗服务的机构或个人支付医疗费用的医疗保险形式。社会医疗保险模式具有强制性、互济性和补偿性的特点。运用风险分摊法是将社会少数成员随机产生的疾病风险分摊到全体国民身上。其资金一般按"现收现付"的原则筹集并按"以收定支，收支平衡"的原则支付。目前，这种模式在德国、比利时、日本、韩国等许多国家实行着，又以德国为典型代表。

社会医疗保险模式的理念是低收入水平人群必须参加社会医疗保险，强调服务的公平性和福利性，而其他收入人群则根据自愿的原则参保。国家确定保险条款，细节由服务供方和保险公司具体确定。医保基金由参保人管理，且严格规定不得以盈利为目的。有限制市场因素的运用大大提高了医保市场的社会参与度。在社会医疗保险模式下，由于供方存在着竞争，医疗服务具有高度的可及性，没有或只有很少的人候诊；医疗机构能够为病人提供更多的服务选择和创新；这种机制允许竞争并且能够获取高度的区域平等。

健保双全模式。这种模式在新加坡等国实行，采用强制储蓄，强制劳方或劳资双方缴费，以个人名义建立个人储蓄账户，促使对医疗费用的控制，但对低收入者来说，往往就得不到很好的医疗保障，或者是保障水平较低。新加坡能够把全社会的医疗保障处理得比较好，有几个主要的原因，一是新加坡国家人口少、国土面积小，城乡统筹难度小，比较容易实现全国范围的统筹。二是新加坡是发达国家，人均 GDP 达到 51226 美元（2008 年），人均储蓄高。三是新加坡国家历史负担小，容易实现服务均衡。

商业医疗保险模式。商业医疗保险模式以美国为代表，多投多保，少投少保，不投不保，权利和义务完全对等，公立和私立医疗结构都在市场上平等竞争。这种模式，不具备法律的约束性和强制性，覆盖面较小，资金主要来自雇主和雇员自身，政府财政一般不出资，除了严格监管外，只负责为穷人、老人医疗买单。而如何为穷人和老人买单，这才是问题的关键。因为，要为穷人和老人买单，就需要有准确的个人信息档案，这是社会管理尤其是城市管理的重要基础，甚至是比道路、水电等硬件基础设施更重要的城市基础条件。美国的医疗保险模式主要由三个支柱组成的医疗保险系统：第一是有工作的雇员通过雇主购买商业性保险公司的医疗保险，这是一个主要的支柱，不过绝大多数商业医疗保险是面向就业者及其家庭，将年老、失业者排除在外，于是政府出面调节，建立另外两个支柱：联邦政府向老年人和残疾人提供的"老年医保"（Medicare）；联邦与各州政府合资向穷人提供的"贫困医保"（Medicaid），来作为辅助。其中，"老年医保"大约负担了老年人住院治疗医疗费用的90%，而"贫困医保"大约负担了低收入者住院治疗费用的80%。这种模式能满足中高收入者较高层次的需求，也能较好控制医疗费用的上涨。

但是，美国现行的医疗保健体系存在医保费用不断上涨和数千万美国人未能享有医保的矛盾。数据显示，近年来美国政府每年投入的医保资金高达2万亿美元（占GDP的17%以上），却有近5000万人（占总人口的16%）没有医疗保险。美国政府预计，今后医疗开支平均每年将增长6.2%。照此趋势发展，到2020年之后，美国财政收入将难以支付庞大的医疗开支。因此，改革现有的医疗保障制度已经迫在眉睫。

专栏2：中国当前的医疗状况

目前中国医疗保险制度以城镇职工基本医疗保险、城镇居民基本医疗保险和新型农村合作医疗制度为主体，旨在使用分类参保、全面覆盖的策略来实现全体国民享有基本医疗保险制度的目标。

我们的基本医疗体系，还存在明显的不公平性。表现为是多元化的医疗保险制度，和户籍、身份紧密相连。不同参保群体之间，尤其是城乡医疗保障制度之间差异明显。在医疗保障项目设置的种类上，城市医疗保障制度包括公费医疗、城镇职工基本医疗保险、城镇职工大病统筹、居民基本医疗保险、城镇居民医疗救助、大学生基本医疗保险、商业医疗保险等众多制度，部分城市还根据本地的实际情况，推行了政府财政资金补贴的，带有强烈福利色彩的，专门适用于少年、儿童和老人的医疗保险制度，而农村的医疗保障制度却仅仅只包括新型农村合作医疗、农村居民医疗救助以及商业医疗保险等数量有限的几种制度。

另外，三种主体基本医疗保险制度的参保率都不足。在未覆盖人群中，城市弱势群体占了很大比例。城镇弱势群体是指城镇贫困人口，他们收入低、生活困难，在市场竞争中处于不利地位。一是已参保的困难群体个人负担水平较重。二是破产关闭企业无缴费能力，职工基本医疗得不到保障。三是"体制外"人员特别是享受低保的困难人群，基本医疗保险问题急待解决。同时，这些人员没有固定单位，比较分散，操作管理难度较大，也是当前难以参保的主要原因之一。这里还需要特别谈及农民工医疗保障问题。城市化的加速使得农民工这个群体在城市里越来越庞大，他们所面临的医疗保障问题也亟须解决。由于农民工多从事"苦、累、脏、险"的工作，加之安全措施和生活条件等的限制，致使农民工在生产和工作中面临更大的健康危险。受生理、工作环境、生活条件等限制，农民工身心健康问题较为突出。与城镇职工相比，农民工缺乏医疗保障，在有了医保之后，参保率也不高。在解决农民工医疗保障问题上，对农民工是不是一个长期的社会现象、能否将农民工医疗保障纳入到城镇医疗保障体系中以及采取什么样的过渡型农民工医疗保障措施都是需要慎重考虑的问题。

2. 基础教育

基础教育是教育系统的关键部分，是国民教育的基石，也是基本公共服务系统的重要子系统。基础教育是人们在成长中，通过教育来掌握知识的最初过程，包括帮助学生达成身、心和谐发展，包含着对人的认知、情感、意志和行为的要求。从时间维度上看，贯穿了每一个主体幼年到少年的关键成长期，加强基础教育服务，有利于帮助需求主体建立价值观、道德体系和掌握基础知识，使得这些主体在成长后减少对就业保障、养老保障和医疗保障的依赖。

作为造就人才和提高国民素质的奠基工程，基础教育一般包括正规的小学和中学阶段的教育，世界上多数国家基础教育学制一般为12年学制，免费义务教育的年限一般为9—12年，所有适龄儿童、少年必须接受的教育，是国家必须予以保障的公益性事业。它是各级各类教育里面唯一面向全体国民的教育，对提升社会效益和个人效益，促进社会稳定具有不可或缺的地位和作用。

基础教育有其独有的特性，涉及的人数多、范围广。因此，实现机会均等、空间均等、资源均等是未来基础教育的发展方向。

强调机会均等。基础教育作为一种最基本的公共服务，由政府通过财政和法治手段直接提供和满足，强调普惠、足够和均等，是一种社会保障机制和再分配手段，是由基本公共服务性质、功能决定的，是基本公共服务的内在要求。在发展城市教育公共服务的过程中，必须保证城市里每个人都享有宪法规定的受教育权，通过法律制度确保绝对公平。

强调空间均等。大城市的空间跨度大，在城市建设中要考虑人口居住的位置来规划教学设施的空间布局，与人口居住地区配套，避免城市中心区聚集大量教学资源，而城市新区教育资源匮乏，使大量人群向中心区聚集现象的发生。

强调资源均等。基础教育的资源配套应该均等化，不应该人为地区分出不同的教育档次和质量标准。基础教育提供的是最基本的教育保障，在这一阶段的教育就是要求每个人获得的教育资源、教育质量都是一样的，不能出现一些学校资源丰富甚至过剩，而另外一些学校却连最基本的教学资源都无法得到保障的现象。

当前，中国城市基础教育最大的问题出在教育的不均衡性上。解决这个问题的关键，要从教育投入、教师资源配置和引导教育需求主体合理选择三方面入手。

考虑区域内教育投入的均衡。在一个城市内，根据经济状况和教育发展情况，列出符合实际情况和教育未来发展趋势的硬件标准，严格按标准配备到位。教育经费的投入也要确保均衡到位，健全督导机制，确保教育投入在区域间的均衡性。

考虑师资力量配置的均衡。教学工作本身是知识密集型劳动，教师是教育工作的执行主体，师资力量的均衡是义务教育均衡发展中最重要的环节。而实现教师队伍的均衡，必须推进教师交流制度的建立。打破目前教师不流动的封闭机制，让教师进行流动，从而促进信息流的流动，使得城市内教师配置的均衡。

考虑执行"就近入学"。通过政策机制，促进适龄学生就近入学，既可以减轻家庭支出，又可以减轻学生、家长、学校的压力，在一个相对宽松的环境中，促进教学质量的提高的同时，确保城市间教育资源的均衡。

3. 就业保障

就业保障是城市基本公共服务系统的关键环节。就业保障通常面对的是社会的中坚力量和家庭的中流砥柱。如果某个市民的就业出现了问题，将会对其整个家庭造成较为严重的不利影响，甚至对其孩子的基本教育保障，其老人的养老保障造成冲击。一旦城市中许多个体都出现了就业问

■就业，业在哪里？（图片来源：新华网 2010 年 6 月 6 日，湖北举行"两圈一带"大学生就业招聘会）

题，必将影响社会的和谐安定，其根源往往是政府以往的产业政策、产业规划出错的表现。

中国城市就业保障要根本解决的是公平性问题。公平性首先体现于基本公共服务的全覆盖性。而在中国城市的就业保障中，因没有城市户籍而进入城市区域务工的农民，无法享受平等的就业机会，往往更不能享受与城市其他市民同等的保障待遇，如失业保险金等。建立在缺失了城市就业保障基础上的中国劳动力红利，却恰恰是对就业保障的逆袭。

表面看，城市就业保障使每一个市民能够在在失业的时候，仍然获得最低的生活保障，以此维护最低的生存尊严。失业保险金可以起到这样的保障作用，全面覆盖就业服务的所有需求主体。其本质仍然贯穿了全体人付出，全体人享受的理念，这并不是社会对于这些群体的恩赐，而正是集体公平性的保障。社会需要得到的不是感恩，而是在他们脱离这一状态之后，对于这个系统能够有所贡献。就业保障应该是不可或缺的，但不应该成为那些厌恶劳动的人群的寄生方式，如果这种寄生方式成为一种集体行为，反而会大大降低城市的发展活力，减少城市可利用的公共资源，最终危害到就业保障本身。

就业也是联系教育和养老的中间环节。就业服务让教育的效果和作用从某种价值形态上得以体现，而充分的就业也让教育保障具备了得以维持和增强的理由，就业保障有全覆盖性和伦理性等特点。

从不同层面实现目标群体的全覆盖性。中国城市就业服务涉及大学生就业、新生代农民工就业、下岗失业人员和灵活就业人员等多类型需求主体，同时每类需求主体的规模都比较庞大，且对自身就业具有不同的需求，这需要多样化的就业服务与之相适应。

从德国就业服务的成功经验来看，其建立了全面系统的就业服务体系，主要包括五个方面，一是职业介绍服务，二是就业指导服务，三是就业信息服务，四是就业促进服务，五是失业保险制度。从中国城市就业服务的需求主体来看，大学生具有探索的求知精神，对未来职业发展比较迷茫，可在就业指导服务方面对大学生进行指导；涌入城市的新生代农民工亟待熟悉城市的环境和产业发展方向，从而为其更清晰的指明工作方向，因此可在职业介绍服务方面有所侧重；下岗职工需要在专业技能或新的知识方面加强，因此再就业的引导服务尤为重要。

在就业服务中注重伦理性的双向互动。不管是哪个类型的需求主体，其都需要在失业的时候获得最低的生活保障，来维护最低的生存尊严，失业保险金可以起到这样的保障作用，应全面覆盖就业服务的任何一个需求主体。但就业服务也要使需求主体懂得回馈和感恩，要对从事隐形工作或具有其他收入，还在领取失业保险的行为给出必要的限制和引导。失业保险在起到失业救助的同时，应将工作重点放置于促进就业上，强化对失业人员再就业的制度扶持和有效激励，从以往简单的生活保障转化为促进失业人员的再就业。

4. 养老保障

养老保障最能体现伦理性，保护弱小是自然法则，而赡养老弱是人类社会特有的行为，是城市系统对曾经做出过贡献的人的回馈。这种保障不是施舍，是一种人性、是一种公平。养老保障在全球呈现老年社会的趋势下，是所有城市都要面临的世界性问题，如何迎接老龄化时代，维持城市协调发展，对于全球城市来说，都是一个崭新的课题与挑战。虽然每个城市的发展模式不尽一致，但不管采取哪种模式，其都应在基本公共服务的标识引导下去解决问题。

城市养老保障要充分考虑基本公共服务的过犹不及性，当代就业人员是为上一代人的养老做支撑，而当代人的养老问题要靠下一代的就业贡献来支撑。养老的公共服务分配有一个代际传递的过程。因此，养老保障不能基于现实的约束条件来发展，而应充分考虑当前和未来的各种约束，否则，如果后人达不到以前的人所作的贡献，将会出现严重的养老问题。

在养老服务这个子系统中，不仅能够体现出伦理性和公平性，而且还能体现同质性、全覆盖性和均衡性。

养老保障体现伦理性和公平性。任何一个时刻，都生活着出生于不同年代的人，每一代人在其生命的不同周期，都可以和不同年代的人进行交易。代际关系包括两个主体之间的互动关系：即社会中的不同年代人和家庭中的不同年代人之间通过资源的分配与共享，情感的交流、沟通以及道德义务的承担，发生各种各样的联系。由于家庭关系中的核心纽带是亲子关系，因此，家庭养老较多体现的是家庭代际关系或亲子关系，任何形式的代际关系、家庭成员关系都是在亲子关系基础上延伸和扩展的。

在养老问题上，东西方社会有着不同的伦理观念。西方社会具有强烈的契约精神，强调权利和义务的观念，延伸出的是经济手段解决养老问题的思路，因此社会养老是西方社会的主要养老模式。中国家庭养老的运行在于情感和亲情的表达，有别于西方意义上的权利义务表达。因此，对于中国人来说，家庭养老是最符合国人文化心理需求的养老方式，或者说家庭养老是与中国社会特有的文化传统相契合的。

养老在形式上是通过代际间持续性、互惠性的行动而得以实现的。互惠在形式上可以被看作是一种交换，但这种交换又不同于市场交换，因为它内部含有一种公平的逻辑。这种超经济的交换本质上是一种伦理性行为。

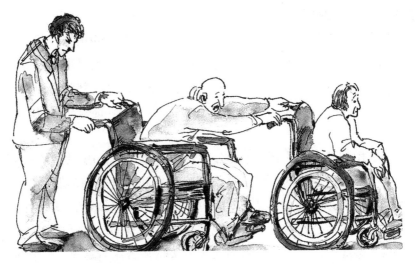

■谁陪中国老人走完最后一程？（图片来源：中国经济导报，2011年8月23日，"老李"、"中李"、"新李"，记者：蔡若愚）

社会养老体现同质性、全覆盖性和均衡性。养老不能单纯考虑文化伦理性和代际的公平性，还需要适当考虑同质性和覆盖性。随着经济理性对现代市民生活的持续渗透，高效地实施养老公共服务；确保养老服务的广覆盖，以及为特定的老龄化群体提供同质性的养老服务，应该被提上养老改革的议程。

目前西方社会中大多数老年人能独立居住、在经济上不依赖子女，双方相互的依靠和帮助（主要是在日常照料和探访方面），维持着一种亲密的"伙伴关系"。不过，这种"伙伴关系"是以西方社会近几十年来物质条件极大丰富、有较充分的资源向老年人提供社会化养老为前提的，而中国要实现城市养老保障的全面覆盖，为社会群体均衡、无差别地提供养老服务，仍然有一段很长的路程要走。

5. 公共管理

公共管理是对公共事务的管理。作为基本公共服务系统下的伴生积木块，公共管理不仅要为社会提供高效优质服务，而且更应当强调社会公平。公共管理是公共服务，但是也要避免被过大的管理成本引入歧途。当教育、医疗、就业和养老等这些子系统"拆封"之后，公共管理是与这些系统相生相伴的积木块。

作为伴生积木块，首先是与各个子系统之间都互相衔接，其次是各个积木块（子系统）与内部模型对接的桥梁。公共管理是以市场导向的激励机制和企业导向的管理方法为基础，通过政策转变公共部门治理模式的改革过程。在这一过程中，理论、政策和实践三者不断相互适应、调整和完善。

以英国的基本公共服务中的公共管理演化为例，19 世纪的社会系统组织是功能性的，目的主要是提供医疗卫生和教育方面的服务，而不是特别用来服务于公民的需求或用来专门解决具体问题的。但是在现代，英国政府利用新公共管理，有效地把传统的垂直的政府结构和新的水平的结构重叠起来，比如将所有与儿童有关的服务结合起来，将所有与老年人有关的服务结合起来，无论是中央级的服务还是地方级的有关部门；重新安排对公共资金的使用，资金主要是用来解决问题的，而不是仅仅属于某一个部门，一个部门要获得资金，必须证明这笔资金能够带来好的结果或有效地解决问题，同时，成立了交叉执行小组，如果出现问题，比如大城市有人露宿街头，所有的部门都有专门的人员去组合起来解决这方面的问题。除此之外，他们之间还交流数据情报和政策方面的知识。这种改革显示了公共管理，即伴生模型在提供基本公共服务和处理社会事务中的强大作用。

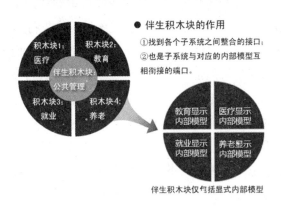

图 7 - 1　公共服务的积木块与内部模型示意图

在基本公共服务系统中，虽然公共管理是内部模型的一个子系统，但是和别的城市系统中的公共管理不同，公共管理在公共服务中的地位是平等的。如果将公共管理放置在很高的位置，就会与基础公共服务的核心理念之一"过犹不及"相违背。公共管理也会因为处于系统的核心位置而变成一个利益的单元。现在不争的事实是，中国基本公共服务系统的公共管理带了太多的群体利益与产业味道。比如中国现在有 600 万公务员，这个强大的利益群体，对社会财富的消耗极大。对应供给主体的表现，对总体资源的配置有很强的影响力。基本公共服务系统中的五个积木块的发展都应该是平衡的，但是由于公共管理对其他几个积木块具有特殊的影响力，如果没有公共管理较好的内部模型来约束自己的特权，就会变得过于强势，最终抑制其他几个积木块的良性发展，从而影响力基本公共服务系统的平衡性。

（二）内部模型

对于基本公共服务的内部模型，我们有如下认知：公共服务系统本身受制于内部环境，与规划、产业以及基础设施联系密切；基本公共服务内部的几大子系统之间也存在相互之间的非线性影响；从性质上来看，内部模型可以被分为显性和隐性的；最后，我们认识到掺杂了利益的公共管理有别于基本公共服务的内部模型，后者应该是不掺杂利益的制度。

构成基本公共服务系统的各个积木块拆封之后，我们可以开始探寻这些积木块的内部模型。但是医疗、教育、就业、养老和公共管理这些积木块几乎每一个都是世界难题。因此对于这些积木块的内部模型我们将不在本书中探讨，现在只是提出构建基本公共服务内部模型的几个原则。

1. 内部模型的认知

从城市整体系统来看，基本公共服务这个积木块与其他子系统也存在一定的内部模型。我们发现公共服务内部模型受制于系统的外部环境，如产业系统决定资源总量，资源总量牵制了城市可以用于基本公共服务的资源投入，直接影响服务的总量。而产业系统又受制于规划这个城市智慧系统，规划系统能够指导产业系统的科学布局。当产业系统一旦布局完成，基本公共服务系统的内部模型又会对基础设施系统产生巨大影响，因为，基础设施系统需要根据基本公共服务的需求进行合理的空间分布。

在基本公共服务系统内部，各个积木块之间也存在内部模型。比如医疗系统如果能够平稳运行，全面覆盖每一个城市需求主体，使市民通过良好的医疗服务拥有健康的体魄，增强城市主体的身体素质，成为他们投入就业的健康保障，并能够减少未来的养老医疗支出。而教育系统均衡、同质地分布到每一个需求个体，有助于城市主体理解和认同社会价值观念，学习到今后进入就业市场有用的职业技能，不仅能够减轻就业保障方面的公共支出，而且能够帮助市民养成良好的健康意识，从而减少今后的养老保障资金投入。

显式的内部模型表现在对于总体资源的切割比例以及能够对个体可提供的数量指标，即人所制定的标准。比如法律、法规和标准，基本公共服务显式的内部模型受制于产业系统和当前的经济能力。除了与产业系统和社会经济发展相适应，基本公共服务水平还会受到与当期的社会伦理认识、社会问题、道德水平影响。基本公共服务的隐式内部模型就是人们对于当期和未来发展的期许、人们价值观的演变。

我们要特别区别基本公共服务的内部模型有别于前文提到的公共管理。公共管理本质上是掺杂了利益的服务，而内部模型的本质是不掺杂任何利益的制度。制度对所有主体一视同仁，包括实施公共管理的主体。但公共管理的对象是差别化的。公共管理系统自身有其内部模型，这个内部模型既不等同于公共服务其他子系统，如基础教育、基本医疗、养老保险和就业保障的内部模型，亦不等同于基本公共服务系统本身的模型。

2. 内部模型的原则

原则一：如何通过有效手段把资源做大

首先要做蛋糕，才谈得上分蛋糕；蛋糕做得越大，人们分得的蛋糕才能越大。在谈到与基本公共服务相关的城市资源时，人们常会有"城市资源有限、难以承受压力"的认识误区。但是实际上，我们可以通过有效手段，扩大用于供给公共服务的城市资源。比如，住房、交通等一半社会人文一半资源因素的资源，完全可以用城镇合理布局、城市规划建设科学、国家地方公众多种积极性共同努力、中低收入廉租为主中高收入购房为主的住房政策等多种方式解决。有些发达资本主义国家也重视分好蛋糕的问题，它们通过高额累进税、遗产税、慈善事业等来制约收入分配和财产占有上的差距扩大，通过较为成熟和有效的社会保障制度来保障低收入者的生活水平、缩小初次分配中形成的过大差距。由此，我们提出实现城市基本公共服务有效供给的第一个内部模型是要通过有效的手段，扩大城市资源。只有在城市具有充足资源的基础上，才能实现对于公共服务的再分配。

原则二：按照公平和全覆盖的原则分配资源

经济发展的内涵既包括较快增长，也包括合理分配。既要把"蛋糕"做大，又要把"蛋糕"分好。蛋糕分得公平合理，可以调动劳动者和要素所有者的积极性、主动性、创造性，促进经济发展，把蛋糕做得更大更好。执行主体在做大"蛋糕"的同时，就会掌握调配资源的权力。目前中国政府在社会管理中表现的医疗、教育、住房等基本公共服务领域的供需矛盾，也就是这个阶段的宏观背景在微观现实上的典型映射，而解决这种供需矛盾的方式之一是按照公平和全覆盖的原则分配资源。分蛋糕要避免只体现执行主体的意志，而是要注重增加需求主体的权利。分蛋糕还要避免道德分法。道德分法就是以道德为蛋糕分配标准，谁道德高谁分的蛋糕多。

原则三：在单一领域中提高服务效率和服务效益

公共教育配置效率低是世界性难题，执行主体的分配并不总是能够满足需求主体消费需求，而一味满足需求主体的诉求，又会带来执行主体的财政压力。有效率的制度选择是基本公共服务需要找到的内部模型之一。由于执行主体有利益化的特点，因此通常权力过分集中，且拥有高昂的公共管理成本，具有一定垄断性。为此，在建构执行主体内部模型，提高其在单一领域中的服务效率和服务效益时，我们需要在执行主体层面，适当地引入竞争机制，有效节制其活动成本，调动监督主体的积极性，为分散的需求主体创造集体行动的平台，督促执行主体效率的提高。

原则四：要使所有的需求主体感受到城市服务的价值

供给主体的责任感决定着城市基本公共服务的水平和质量，影响着公共服务供给的有效性。由于城市基本公共服务网络的全覆盖性，系统如同人体的神经网络，能够从每一个微小的主体感知城市服务的好坏，每一个市民主体的需求显得尤为重要。为此，对于供给主体来说，应倡导"市民导向"的公共服务提供方式，即在考虑城市可用于分配的资源总量的同时，以需求主体的诉求为公共服务的出发点，并以要使所有的需求主体感受到城市服务的价值为前提，将其作为衡量供给主体和执行主体责任感的尺度之一。由此，合理的内部模型应具有公开、透明、回应型、责任等方面特质。总之，在城市基本公共服务系统内部，供给主体要把资源均衡地分配好，执行主体要让资源发挥效应，监督主体要提供有意义的意见与建议的作用，促进其内部模型的改进。

第八章

产业系统：游走在天使与魔鬼之间

> 有城市就一定有产业，有时候产业也能够强大到足以缔造一个城市。这种相互影响的紧密关系，使得人们经常混淆了他们之间的独立性，将城市发展简单地与产业发展画上等号。事实上，产业是城市的动力系统，动力充足使城市生意盎然，物阜民安；动力不足导致城市暮气沉沉，日渐萧条；动力失控会使城市疯狂逐利，透支元气。

　　为什么有的城市走向兴盛，而有的城市走向衰败？为什么有的城市要转型，而有的城市则可以持续地发展？这主要是受到城市产业系统的影响。产业是城市发展内在的动力系统，在产业系统的作用下，我们会看到城市长大。产业发达的城市里会有熙熙攘攘的上下班人群，城市的空间会有灯红酒绿，大量的人口会被吸引迁移来此聚集。

　　如果一个城市缺乏有力的产业支撑，城市的发展会停滞不前，城市中不再有人群的大量活动，高楼大厦被空置和废弃，城市逐渐失去生机，有的城市甚至会因为产业衰败而荒芜。过于追求强大的动力，就会对城市的资源造成不可恢复的破坏，迫使城市基础设施的超负荷运行，引发就业人群的动荡，进而导致城市价值认同冲突，割裂社会群体，最终危害城市本身。

针对城市动力系统的两面性，我们有必要从城市的角度对城市产业进行再认识。城市是因为人的聚集而兴起的，产业发展离不开人的物质需求和精神需求的变化。因此，有必要从人的需求角度出发，对城市产业进行符合城市系统特点的系统解构。

一、城市产业：需求与欲望的纠结

走进一个城市，随处可以看到产业的影子，高新技术产业区、商业区、商务区、工业区、中介公司、餐饮零售等等，这些都是与城市紧密相连的产业表现。如今，大城市中的业态已成千上万，而且还不断有新的产业形态出现，它们影响着城市的繁荣与衰败，决定着城市在区域发展中的竞争能力。若追溯到产业的起源，我们可以从其脉络中更清晰地认识产业发展的历程。

（一）起源：因需求而产生

在公元前2000年的埃及"行业讽刺文学"中，出现过约18种不同的行业，主要有僧侣、医士、建筑师、理发匠、木匠、补鞋匠、制革匠、裹尸匠等。从目前保存比较完整的古城遗迹——庞贝古城来看，体现不同行业的工作场所也已经产生，如面包房、陶器作坊、打铁铺子、酒馆、漂洗行、织布坊、铜匠坊、玻璃作坊、金银作坊等。

随着人们不断地在城市聚集，城市自身的容积也要不断地扩展，于是早期的建筑业就诞生了。他们要满足人们对房屋的需求，要满足酋长对庙宇殿堂的需求，满足人们经商的需求等等。建筑师就此成为最早的一批职业之一，由于建筑业的存在，木材加工、铜铁加工等一些早期的制造业也逐渐兴起，推动着社会生产关系的不断演进。

早期的产业还源于人们最基本的一些需求。人们聚集在一起，需要饮食、需要穿衣、需要医疗、需要简单的生活保障等等，于是面包房、小酒馆、织布坊、理发店、医生等都应运而生。围绕这些需求，形成了一些简单手工业，比如制革业、陶器制作等产业形态。这些以全部时间来专门从事某专一活动的生产形式，逐渐形成了最原始的产业。

同时，人们需求的分化间接促进了产业的分工，提高了产业的效率，满足人们更多的需求。人们欲望和贪婪的一面也在此时开始萌发。

在庞贝城，随着人口大量聚集，逐渐成为一个繁荣的商贾云集之地。大量的神庙拔地而起，还出现了供富商和贵族享受的大剧院、花园别墅、连片的娱乐场馆以及新奇的蒸气浴室等等设施。随之不断萌生的商品交易、私人服务和建筑工艺等行业或产业，一方面反映了早期城市人们不断追求满足自身需求的本性，另一方面也萌生了追逐利益的产业萌芽。

■制陶作坊遗址：庞贝古城早期的业态。

（二）早期：因"市"而成长

在早期的城市，以手工业为主要的生产方式，人类的物质生产能力比较低下，在城市人群的基本生存需求得到满足之后，一部分上层社会人群萌生了更高的需求。附加性产业随之逐步出现，并以交易的方式实现价值的交换。这种价值交换，促进了"市"的形成。

"市"的含义较广，凡是可以产生交易的地方都已称之为"市"。从大的方面说，交易聚集的地方可以叫集市；从小的方面说，一个店铺、水果摊也可以叫市。因人口大量聚集而催生大量不同的需求，于是"市"往往包含着众多产业业态。

在庞贝古城的商业区聚集着不计其数的商摊店铺。一般是店主雇佣一批工人或使用奴隶进行劳动，制作商品，以前店后坊的模式边生产边销售。日常用品是这类作坊的主要经营项目，主要有面包、呢绒、珠宝、香料、玻璃品以及铁器等等。有的作坊内工序设备至今仍历历在目，更令人惊奇的是，有一家面包房里，烘炉里有一块已经烤熟的面包不仅其外形保持完整，而且上面所印的店名，仍能被清楚地辨认出来。

"市"的繁荣成就了庞贝城，使之从一个小渔村成为古罗马第二大繁华富裕的城市。逐渐地，市场成了无所不包的容器，你可以在同一个地点买到一切，无花果、一串串的葡萄、萝卜、梨子、苹果、占卜器、油灯、起诉书……

市场的出现和发展，迅速加快了产业门类和配套产业的诞生和发展。在城市诞生后不久，产业的分化进一步加快，尤其是随着交通工具的改进，交通运输业也成为一个专门的产业门类，河运、海运产生了，由此催生了一批沿海、沿江或处于交通节点的城市。这些城市逐渐成为贸易、商业、娱乐等产业繁盛的地方。

专栏1：庙宇——早期的市场

在古代城市中，市场的功能主要是取得货物、贮存货物、分配货物，这些职能早期主要是由庙宇来承担的。庙宇本身并不完全是宗教性质的，还有贸易领地的职能，交易物品就在此领地范围内加工制造。庙宇还具有购物中心的职能，在这里贮存货物和分配货物，包括粮食、蔬菜、酒、鱼、油脂、羊毛、兽皮、柏油和石料等；拔羊毛、加工粮食、制革、纺线、织布等也都是在庙宇中进行的，只是到了后来，随着城市人口的增长和经济活动的复杂化，这种类型的经济中有一部分才逐渐转移至城市其他地区，成为世俗性产业。

（三）发展：因欲望而贪婪

科技和生产力的发展，大大提高了城市满足安全和生存需求的能力。然而，人类的物质生产能力逐渐超越了自身生存和发展的基本需要，也逐渐超越了自然对于人类破坏的恢复能力的时候，千百年来人类对于自然的敬畏被打破，人定胜天的幻觉使得人类的行为更加狂妄。在此时期，在欲望驱动下，城市产业畸形发展，给城市留下了浓重的贪婪的痕迹。

城市粮食供应充足了，城市聚居区比较安定了，产业刺激城市发展的作用便日渐显现。人们需要以货币形式来购买贵重的奢侈品，人们对华贵服饰的需求逐日剧增，骑士们则需要更多的钱购买昂贵的盔甲和装备。当贵族领主们需要大量货币来满足自己的欲望时，催生了以下几种主要获取利益的方式：投机房地产业、扩大工业生产和制造垄断。

破坏了城市空间和谐的早期城市房地产业。在房地产业的投机中，大规模的乡村田产被转化为能收回更多货币的城市出租房产，古罗马民宅群原有的空间联系和文化传统都损失殆尽，贵族们从低劣的房屋建筑和拥挤的空间中榨取出最大的利润。

这种贪婪的逐利，致使罗马城就连阳光和空气也是不充足的，楼房层层迭起，达到历史上空前的高度。克拉苏（公元前115—前53年，罗马将军和政治家）就在房地产产业中发了一笔横财，他吹嘘说他从不花钱搞营建，但他经常在火灾物品大拍卖中买进一些局部被毁的旧房产，稍加整修再出租。罗马的贫民公寓在16世纪以前是整个欧洲最拥挤、最肮脏的建筑。

16世纪时，建筑空间的超密集使用、房屋的过分拥挤，从那不勒斯到爱丁堡，已成为普遍现象。连伊丽莎白时代的伦敦一度也不得不屈从于这种房产投机事业。在纽约，公寓建筑业也是一项投机，奸猾的承包商和房主都从中捞到极大的利润。承包商建造的尽是些极简陋的建筑物，几乎无法使用，房主则把一些旧房产进一步划分成更狭窄的小房间，以更高的租金出租给更穷困的手工艺工人。[1]

工业不断扩大吞噬了城市花园。在城市发展早期，市民的住房既是住家，也是作坊、店铺和账房间。随着营业的发展和生产的扩大，住家和作坊之间互争面积，结果逐渐侵占了原来的后花园。比利时的弗兰德斯在14世纪时开始有了大规模的生产，并把织布机集中在大棚里。有些工业如磨粉业、玻璃制造业、制铁业等，需要在单独隔离的工场里操作，还要有相关产业在周围分布，如蒸洗、染色、编织、缩水等工场。尤其是工业革命

---

① 周磊：《西方现代集合住宅的产生与发展》，同济大学博士学位论文，2007年。

以后，工业的扩张给城市环境和资源带来了巨大的负担。

> **专栏 2：工业的焦炭城**
>
> 　　19 世纪，英国著名社会写实小说家狄更斯就在其小说《艰难时世》中，把当时的西方工业城市称为"焦炭城"（Coketown）——"它是个机器与高耸烟囱的城镇，烟囱不断吐出烟，永远在那儿缠绕，卷着解不开。它里头有条黑色的运河，还有条带恶臭染料味的紫色河，以及一大堆一大推建筑，充满窗户，整天嘎嘎作响又抖动不停，蒸汽机的活塞单调地挺上掉下，活像一只发狂心伤的大象，不断甩着象头一般……"一个世纪之后，美国人本主义城市理论家刘易斯·芒福德在他的《城市发展史》一书中又这样论述到，西方世界中的每一个城市，或多或少，都有着焦炭城特点的烙印。工业主义，19 世纪的主要创造力，产生了迄今为止从未有过的极端恶化的城市环境。即使是统治阶级的聚居区也被污染，而且也非常拥挤。正如他们所描述的那样，具有跨时代意义的工业大革命，不仅仅为那些利欲熏心的资本家带来了丰厚的利润，同时也为居住于其中的人们带来了一座浓烟废气笼罩之下的"焦炭城"。

　　垄断和产业大爆发搅乱了城市原有的秩序。贪婪还促使行业垄断产生，并直接影响国家稳定。从 16 世纪起，英国和法国便产生了行业垄断。大工业、投资银行、批发业不再以单独一个城镇为据点，而是通过联姻、合伙、设代理机构等办法伸展到许多地方。即使在自治市镇内部，一些原有的同业公会和公司，在受到强大财团冲击之前，也已经在分崩瓦解。这些大财团，常常善于雇佣一些唯利是图的家伙，推翻选举出来的官员，篡夺政府的权力。

　　产业大爆发带来了城市发展的黄金时期，但生产发展也在不断膨胀着人们的需求和欲望，越来越多的人开始向城市聚集。城市的基础设施明显落后了，城市的大气也开始变的污浊了，城市的交通开始堵了，教育、医疗、社会保障等公共服务严重滞后，城市已经今非昔比了。但这都不能阻止人们继续向城市聚集，于是，出现了"产业扩大——人口聚集——再促进产业做大——继续吸引人口"的发展怪圈。无序的产业发展让城市不堪重负，城市病层出不穷。

罗伯特·克劳莱在 16 世纪时写过一首诗，总结了城市的崩溃瓦解：

> 这是一个城市，
>
> 但它名存实亡，
>
> 它只有一群行尸走肉，
>
> 在追求私利，
>
> 官员们和所有的人们，
>
> 都在追求他们自己的利益，
>
> 但对公家的财产，
>
> 没有一个人关心，
>
> 我但愿把它称之为：
>
> 一个混乱的地域，
>
> 那人人为己，
>
> 却没有一个人为公。

——摘自芒福德：《城市发展史》

历史的记忆还未消散，欲望和贪婪已成为走在快速发展道路上的人们的一层迷障。城市的动力系统将变得极不稳定，这样城市的未来必然没有希望。

（四）转变：因涅槃而重生

"从追求洪水般剧烈的变化到追求连续的、逐渐的、复杂的和精致的变化"，这是简·雅格布斯在《美国大都市的生与死》书中对美国大都市五六十年代发展情景的描绘，目前正在城市产业的演变中得到验证。

产业发展大跃进、资源开采无规划、低端产业过度发展、产业发展"人口红利"过度依赖化等，这些曾经因为人们的贪婪和欲望而做出的近似疯狂的产业发展思路，目前正在以问题的形式，不断抛给处于转型发展十字路口的城市。资源枯竭、空气污染、水资源短缺、民工荒、产业话语权等问题，让城市不得不从剧烈的变化向精致的变化转变。

于是，我们看到了德国鲁尔区从以煤炭和钢铁工业为中心的资源型生产基地，转变为以煤炭和钢铁生产为基础，以电子计算机和信息产业技术为龙头，多种行业协调发展的新型经济区。我们看到了焦作、阜新等资源型城市不断追求变革的积极努力，由资源开采向绿色生态经济转型。同时，我们也看到了上海等城市的许多工业用地版图在应时而变之后，相继建立了以生产性服务业或现代服务业为主的聚集区。这些转变让城市获得了重生，也为更多的产业提供了机会。但是，对于更多处于快速发展中的中国城市，主动追求变革仍需较大毅力和决心。

魔术般的转换：

■左图：1906 年，德国鲁尔区蒂森梅德里希钢铁厂中心动力站内景。（图片出处：《华中建筑》2007 年 11 期中《后工业景观公园的典范—德国鲁尔区北杜伊斯堡景观公园考察研究》一文。作者：刘抚英、邹涛、栗德祥）

■右图：1997 年，该动力站改造成用于举办国际性展览的多功能活动大厅。

（五）对城市产业系统的基本认知

产业系统也是复杂系统，它有自己的主体和作用机制，我们需要从本质上来认知产业，从城市安全和利益的角度来平衡产业，从复杂视角中去审视产业。

产业是城市发展的动力系统。在城市形成之后，城市产业为聚集人群、凝聚资源、提升城市竞争力起到了重要的推动作用。为了"城市让人们的生活更美好"这一目标的实现，城市不断通过发展产业、发展大项目来拉动经济增长。于是，我们看到城市人口不断聚集，城市空间不断扩大。翻开大多数的城市总体规划，城市目标人口、经济总量和城市空间等规划目标均在增长，这些目标主要靠投资巨大的产业项目来拉动和实现。一些城市的形成就属于"因市而城"的模式，当今多数地方政府在发展中还在延续着这一思想，如大力兴建以产业为依托的新城，或者通过拓展工业开发区来提升城市功能。

产业是城市发展的天花板。城市产业的发展也不是越大越好，因为，产业的发展是与城市的生态、环境、资源都是相互影响、相互作用的，产业盲目发展就会突破城市资源和环境的最大阈值，给城市发展带来负面影响。产业作为城市发展天花板的含义是：随着产业的发展，带来了城市经济的日趋繁荣，但对于每一个城市都有一个不可逆的环境阈值。当盲目的产业发展给城市带来的影响超出这个阈值后，将给城市带来灾难性后果。每个城市的发展都需要明确这个天花板。

确立面向需求的产业认知。从人的需求的角度出发，根据产业能否满足人们正常生活的基本需求以及城市的基本运作，可将产业划分为必需产业和附加产业。例如，对于某些城市来说，并不需要服装加工制造企业，可以通过从其他地区运输服装至本地进行销售，以满足人们对着装的需求，因此服装制造业属于附加产业。而相反的，人们必定会产生服装换洗的需求，因此，与服装直接相关的洗涤服务业就是城市的必需产业。

二、城市产业的主体与主体聚集

（一）城市产业主体

城市产业主体包括有产业行动能力的人，相关的组织、机构，以及参与到产业活动中的人造物等。从主体在产业系统中所发挥作用的角度来看，我们把产业系统的主体分为三类：动力性主体、参与性主体、外部性主体。

1. 动力性主体

在动力系统中，那些具有推动性，对资本具有支配能力和影响力的企业、组织及个人，构成了推动产业发展的动力性主体。动力性主体具有扩张性，是产业系统的核心，能够不断产生新的动力。根据主体的活跃程度，又可分为活跃的动力性主体和稳定的动力性主体。

活跃的动力性主体，具有不断产生新动力的冲动，可以从思想上和资金上向系统注入非常强的推动力。这类主体往往与新兴产业相关，伴随着新知识领域和新经济制度设计的出现而产生。例如，信息技术革命催生下的电子商务、新媒体和物联网等新兴经济组织或个人，以及虚拟经济下从事风险投资、期货、基金等金融衍生品的组织或个人，均属于活跃的动力性主体。它们参与产业的行为方式受到当期城市所处的外部环境的影响很大，同时也能够为城市带来强大的助推力和影响力。

稳定的动力性主体是一类动力性质比较温和、比较稳定、比较持久的发展主体，在动力系统中发挥维持既有动力的作用，也是产业的推动者、维护者。稳定的动力性主体多与家族世代的职业世袭有关，是一种家族职业的延续。它们在参与产业活动时，表现出较强路径依赖性，受所处家庭背景、文化习俗和生活方式的影响较大。

2. 参与性主体

参与性主体为产业的存在做出贡献，是为动力性主体提供配套和服务的产业参与者，不直接产生推动产业发展的动力。参与性主体是产业系统的实际执行者，我们通常讲的就业群体就属于这类主体，他们包括企业员工、基

■高速运转的机车，安静的工人：动力冲动与稳定参与，尽在这一动一静之间。

层管理人员等。参与性主体往往没有推动产业发展的冲动，他们把对产业系统的参与作为谋生的手段，通过参与产业活动，满足了他们现实生活的需要，这种参与也是履行社会责任的过程。同时，产业系统的产出，也为参与性主体的基本公共服务提供支持，使得他们能够在未来的生存中获得回报。

3. 外部性主体

外部性主体是能够对产业施加影响的主体。包括政府、非政府机构和个人等。这类主体代表城市的价值认知，代表城市系统以及其他子系统对产业系统的外部性影响。政府、环保机构、福利机构和媒体等组织，以及在工作上与这些组织有着相似属性的个人，均属于外部性主体。

政府在这里的作用是最复杂的，因为政府既要保证城市系统的发展，又要保障城市系统的安全，所以表现的作用有时候是助推，有时候是约束。例如，政府关于产业发展的规章制度、政府设立的产业引导基金等，既会有对产业的约束性影响，也会有积极的促进性影响，政府对动力系统起到的是平衡作用。

其他的外部性主体通常表现为对动力系统的监督，例如环保机构、社会福利机构等，对动力系统一般持批评和监督的态度，当然也有和动力性主体具有一致价值认知的外部性主体。

（二）城市产业主体聚集

产业主体聚集是产业主体运动的表现形式，主要通过推进和平抑来体现。

1. 动力性主体聚集

活跃的动力性主体聚集是不稳定的，例如投资者、经营者和一些项目的聚集即是如此，经常表现为资金的跨区域流动、企业的迁移等。其聚集和反聚集的速度非常快，且能迅速地跨界聚集。因此这类主体的成长是爆炸性的、非线性的。例如计算机发明之后，互联网、邮箱、博客、微博等迅速发展，继而对原有业态进行快速的跨界整合。

稳定的动力性主体聚集则表现为相对稳定、长效、变化幅度不大的特点。这类主体的聚集虽不能对产业产生强大的推动力和创新力，但能促进传统工艺的传承，延续人们关于产业的传统认知，为人们提供精致、耐久的产品和服务。因此，这类主体在一定程度上有可能成为活跃的动力性主体创新的基因和源泉。

2. 参与性主体聚集

参与性主体的聚集一般具有趋利性和稳定性。由于参与性主体几乎没有资源配置的能力，这类主体的聚集往往是因为生存的需要，共同向某一动力性主体流动，为动力性主体提供自身的劳动力和智力。由于参与性主体内部的联系机制较弱，只有在特定情况下，分散的个体才会因为某一共同认知而自发形成聚集。因此，参与性主体在产业系统中通常表现出较强的稳定性。

3. 外部性主体聚集

外部性主体的构成较为复杂，因此聚集特征既具有严密性，又具有松散性。

政府作为特殊的外部性主体，具有严密的组织性、强大的行动力和较强的资源调配能力，是外部性主体中唯一能够与市场行为形成抗争的力量。政府部门自身的聚集，以及政府主导下的外部性主体聚集，大多具有这一严密性的显著特征。

其他的外部性主体则大多是松散的聚集，这些主体独立性很强，是容易不联合的，平常很难形成聚集。但是，他们往往会基于共同的价值观和信念，在特定的事件和特定的节点上，形成紧密的联合，而且这种联合一旦形成，就会对动力性主体和政府产生巨大的影响。

专栏 3：厦门 PX 项目选址事件

2007 年，厦门 PX 项目（二甲苯化工项目）事件是一个典型的案例。该项目 2004 年 2 月就国务院批准立项，但是，直到 2007 年 3 月 105 名政协委员建议项目迁址，厦门 PX 事件才进入公众视野。2007 年 6 月 1 日市民开始集体抵制 PX 项目，及至厦门市政府宣布暂停工程。在此期间，PX 事件的进展牵动着公众眼球。从二次环评、公众投票，到最后迁址，地方政府与公民百姓从博弈到妥协，再到充分合作，留下了政府和民众互动的经典范例。在这次事件中，虽然 PX 项目被政府称为厦门"有史以来最大工业项目"（投产后每年的工业产值可达 800 亿元人民币），但其对城市环境和人们生活造成的潜在危险更大，于是，以政协委员为代表的社会力量，作为产业系统的外部性主体，通过激发全体市民的认同，把对产业系统影响作用发挥出来了，最终民意在这场产业选择之争中获得胜利。

■外部性主体的事件性聚集，形成产业系统改进压力。
（根据王希平漫画改编）

三、城市产业的非线性发展

非线性发展是城市产业的重要特点，一方面，产业主体间相互作用促进了产业系统的非线性发展。另一方面，产业主体的非线性演变会导致城市系统的非线性发展。

（一）主体间相互作用促进产业非线性发展

产业主体有着强烈的需求和欲望，如对财富的拥有、对知识的获取和对技术的革新，伴随着外部环境改变，主体的欲望会不断的膨胀和扩张。这种需求和欲望源于动力性主体的推动，参与性主体的助推和外部性主体的催化。

1. 动力性主体的非线性作用

对于动力性主体，由于新技术的不断诞生，让他们对创新能力和速度的要求越来越高，这种不断进取和探索的动力，是产业非线性发展的强大力量。动力性主体的不稳定、创造性特点使得他会不断寻求新的知识和新的技术。

纵观产业革命整个过程，动力性主体为了扩大生产、攫取利润，在19世纪中后期就大力发展了电力、煤炭等能源产业，并逐步使其成为了垄断行业。为了使自己的足迹扩展得更远，发明了汽车、远洋轮船、飞机，而这些又促进了贸易的发展。为了获得便利的沟通条件，在电话发明之后，迅速形成了通讯产业。为了扩大海外殖民地，军工产业得到快速发展，而这又促进了各种化合物、塑料、人造纤维等化工产业的大发展。

尤其是到了第三次产业革命，为了获得更加自动化的生活和工作环境，不断地推动着电子信息产业及其相关产业的发展。同时，在这一时期，随着技术的演变，产业主体的欲望被一一挖掘和展现。比如，对宇宙探索的欲望，对自身起源探索的欲望等，又促进了航空航天、生命科学、遗传基因等产业和行业的发展。

2. 参与性主体的非线性作用关系

对于参与性主体而言，虽然不是直接推动产业系统向前发展的主体，但是，他们对生活的需求和欲望是产业非线性发展的间接原因之一。很难想象，主体的欲望会按照某个规律进行演变，参与性主体的需求与欲望也并不是线性增长的，而是一种非线性的过程。所以，当主体的欲望不断膨胀时，他们对产业的发展就具有了更高的需求，如更快捷的生活方式，更舒适的生活环境，更高标准的生活体验等，这一切都需要更先进、更高级的产业系统为之支撑。

3. 外部性主体的非线性作用关系

对于外部性主体，由于他们会在某一特定的、不确定的事件上形成聚集，产生巨大的影响力，这种影响将直接导致产业的非线性发展。比如，推动产业向更加环保和低碳方向发展，或是阻止对城市系统有不良影响的重大项目实施。

有时候外部性主体也会单独行动。例如政府，由于受现存政绩观或知识局限的影响，会对产业的发展造成强烈的非线性作用，表现为不加筛选的、不加验证地盲目推进新技术，其结果往往是喜忧参半，对于产业的影响难以意料。

（二）产业发展对城市系统带来的非线性影响

由于产业系统与城市系统及其他子系统之间存在着千丝万缕的联系，产业系统的非线性发展将给城市系统及其他子系统带来非线性影响。

一般情况下，一个城市选择发展某种产业，需要为之匹配多种要素和条件。比如，资源、人口、土地等，产业系统对城市的非线性影响将通过这些环节发生作用，这主要体现为附加产业的选择和培育。比如城市确立了某一重点产业，那么城市需要为这一产业划定匹配的土地，并配套相应的基础设施和公共服务设施，需要引进相关的企业，企业则需要招工，而员工则可能需要携带家属，他们又要使用城市的各项配套设施和公共服务，城市则要不断扩建来持续满足这一日益增长的非线性需求。

在这一过程中，如果不能很好地处理城市必需产业和附加产业的关系，则会因为需求与欲望的无限制膨胀，最终导致附加产业的非理性发展。此时，就要坚持我们关于产业发展的态度和原则，要限制那些满足过度欲望的产业，特别警惕那些为了迎合贪婪而发展的产业，否则，当这些产业发展到了城市资源无法支撑的时候，外部性主体的应对举措会带来激烈的群体行动，甚至会产生巨大的变革成本。

专栏 4：首钢搬迁带来的影响

2005 年 6 月 30 日，首钢的功勋高炉——五号高炉停产拆迁，标志着中国最大的钢铁联合企业首钢系统搬迁的正式启动。首钢搬迁是随着城市系统环境的改变而做出的必然选择，是北京市产业发展战略性调整浓墨重彩的一笔，是这家具有 80 多年辉煌历史的企业的再生。首钢作为北京市城市系统的组成部分，其搬迁所带来的影响是非线性的，需要妥善安置首钢 6 万多富余职工，筹集高达 500 亿元的搬迁资金，保护新搬迁地的环境等。

搬迁对北京的综合影响在以后数年都将产生作用，在带来北京经济增速降低的同时，也为北京发展新的产业创造空间，石景山区为了接续产业发展，确立了区域新的发展定位——CRD，谋求不断改善区域的环境、设施、形象等。首钢搬迁是城市系统在局部实现的一次涅槃，是北京市巨大的重生能力的体现。

四、城市产业发展的要素流

主体间通过要素流进行相互作用，要素流激活了各个产业主体的主观能动性。如果没有要素流在各产业主体间的传递和互动，那么产业就会处于毫无生机的静止状态，非但不能有效发挥城市动力系统的作用，还会导致城市其他系统因缺乏动力而发展停滞。在明确了产业的主体及其合理诉求之后，就需要通过流的传递和互动来联系各主体。

（一）产业要素流及其特征

城市产业系统通过资源、资本、信息、技术和智慧等要素的投入，产出财富、服务、产品和观念，这是将产业系统封装起来后所表现出来的总体要素流。若对产业系统进行拆封，将形成围绕动力性主体的要素流、围绕参与性主体的要素流和围绕外部性主体的要素流，这些要素流因主体不同而表现出不同的特征。

1. 围绕动力性主体的要素流及其特征

在产业系统中，无论是活跃的动力性主体还是稳定的动力性主体，都是通过资本、信息、技术和智慧等要素的输入，与其他主体发生作用。作为产出，动力性主体为参与性主体提供就业机会、技能培训和薪酬福利等内容；动力性主体为外部性主体提供财税支持，从而增加社会财富保障，丰富公共服务内容，改善基础设施水平，进一步提升城市发展环境。

但由于动力性主体的活跃程度不同，要素流所表现出来的特征也有差异。

活跃的动力性主体对资本、信息、技术和智慧的需求具有非本地依赖性、非线性、创新性和突变性的特征，其对参与性主体和外部性主体的产出往往是难以预测的、不稳定的和不连续的。由这类主体所推动的产业在城市中主要表现为附加产业，是输入和产出两头在外，生产环节在内的外向性产业。

稳定的动力性主体所推动的产业在城市中往往表现为城市必需产业，必需产业的形成受到职业世袭的影响较大，与本地人的生活方式和文化传承等相关。因此，稳定的动力性主体作用于其他主体时形成的要素流相对稳定，具有可预测性、连续性和线性等特征。

2. 围绕参与性主体的要素流及其特征

参与性主体主要为动力性主体和外部性主体提供劳动和智慧，这是参与性主体的主要产出。而参与性主体的需求则较为复杂，既需要教育保障、就业保障和医疗保障等社会公共服务，还需要相应的物质生活保障。当这些基本需求得到满足后，又呈现出更强的欲望，如希望获得更高的收益、更完善的福利和更好的生活保障。

由此，以参与性主体为中心所形成的要素流，具有需求多样性和无限性，产出单一性和稳定性的特征。以大部分的就业群体为例，他们希望参与性主体为其提供更高的薪酬福利待遇、职业教育培训和日常工作环境，希望外部性主体为其提供更完善的公共服务保障、基础设施保障和未来生活预期。而他们大多不能主动的付出更多的时间精力来实现自我提升，仅将就业当作一种谋生手段，其产出稳定、单一、线性。

3. 围绕外部性主体的要素流及其特征

在产业系统的外部性主体中，以政府为例，为了稳定城市动力系统，政府可以为产业提供政策保障、资金保障和制度设计方面支持，促进动力性主体的积极性，影响参与性主体的就业取向。同时，为了城市的总体发展，也会通过制度设计来淘汰老旧产业，驱除对城市负面影响大的动力性主体，促进技术创新，增强参与性主体的职业技能提升意识。以媒体为例，注入的是全社会共同的价值观，以舆论监督和评价标准的形式影响产业系统，输出的是城市的形象定位和产业系统的持续健康运转。

（二）环境对要素流具有特殊影响

城市产业的发展必须要与其相应的产业环境相匹配，正所谓"栽下梧桐树，自有凤凰来"。一个城市要发展产业，必须先做好产业发展环境。好的城市产业环境，对于产业所需要的要素具有较强的吸引力，能够引导产业要素流向这个产业领域汇聚，进而实现产业发展。产业发展了，就能为城市提供更多的财政支撑。这种良性互动，使得产业与环境融为一体，互为促进。

产业对环境的反作用同样需要警惕。一些城市产业的无序发展带来了大量预先没有估量到的就业人口，这些人又对资源和能源产生了巨大的需求，从而需要更大的产业体量来满足，由此造成了城市负荷过重。由此可见，如果不顾城市自身的条件限制，承载过多的功能，必将导致城市系统运行不畅。由于产业系统与其他系统紧密相连，通过传导机制使城市的基础设施、会使城市的公共服务等不堪重负，引发城市病。

因此，环境是产业活动的客观基础，产业活动对环境具有反作用。认识到这一点，就需要我们努力追寻产业与环境的匹配性，不能因为欲望或贪婪而发展那些与环境不匹配的产业，否则，将对城市产业发展产生不良后果。

五、城市产业目标的多样性

不同的城市产业发展环境以及由此带来的产业主体行为方式差异，共同导致了城市产业定位的多样性。产业定位的多样性最终所表现出来的，是城市产业目标的多样性。

（一）城市环境决定了产业定位的多样性

城市环境是由城市在形成和发展过程中所决定的。从某种程度上，可以认为环境是一个城市的基因，其对城市有着长期的影响力，在与不同时代的技术进步和生产力发展相互融合之后，就演变成了当期特有的城市环境。

在产业定位时，一方面，可以利用现有资源条件和传统优势，着力发展先天优势；另一方面，为了使城市环境对某些特定产业要素具有吸引力，也可以在城市规划的指导下对部分环境进行有针对性的改变，增强环境对特定要素的亲和力。

环境引导资源向目标区域流动聚集，资源的流动必然会对某些特定的产业表现出较强的支撑能力，但由于各个城市资源禀赋不同、历史文化不同、聚集产业主体的能力不同、吸引要素流能力的强弱不同，使得城市呈现不同的人文环境、制度环境、生态环境和经济发展水平，这些因素导致了城市环境对不同要素具有差异化的吸引力。

城市在大区域中谋划自己的产业发展时，总是会利用自身的资源优势和聚集能力，形成区别其他城市的特色产业定位。基于这种产业发展与城市环境匹配的原理，形成了多样性的城市产业定位格局。

（二）产业定位的多样性表现出产业目标的多样性

在区域范围内，多数城市都在努力寻求具有自身特色的产业定位。因此，产业定位的多样性适应了城市间产业发展的分工与协作，各个城市在某一产业链上按照各自的比较优势发展自己的优势产业。一方面，这些产业为整个区域的产业发展输出源源不断的服务和产品，另一方面，由于持久专注于某一领域，极有可能带来运营模式或技术的革新，为产业的发展和升级起到强大的助推作用，进而保持产业的持久恒新，形成多样性的产业格局。

对单个城市而言，独特的产业定位为城市带来差异化的竞争优势。产业发展增加了城市经济总量，改善了城市的公共服务和基础设施建设，提高了城市人民的生活水平，丰富和传承了城市的文化基因。这些综合要素使城市形成了更加鲜明的特征和个性。

六、城市产业的特点标识

城市产业的特点标识是在城市系统中充分体现产业系统特性的一种引

导性机制，这种机制能够使产业主体之间、产业系统与城市其他系统之间形成基本的自适应状态。城市产业的特点标志主要表现为资源靶向性、动力传递性、利益平衡性和适度匹配性。

（一）资源靶向性

传统理论对于资源的认识通常有两种倾向：一是把资源的聚集认定为理性行为，即资源是为了获取最大效应，即理性寻租行为；二是把资源作为被动的物质，对于资源自身具有的能动性重视不够，对于人力资源、技术等创新资源与自然资源的差异认识不够。

资源靶向性是指除自然资源（N）以外，对于区域实现优势发展具有重要影响的其他资源要素，如资本（K）、人力资源（H）、技术资源（T）等要素自身具有的一种特性，这一特性使得这些资源对于某些特定区域环境具有更强的亲和力，从而导致该类资源主动流向这些区域，并在这些区域聚集，进而使区域获得集聚优势。①

资源靶向性是在自发状态下引导资源流动的重要机制，这种机制能够为动力系统提供最原始的资源输入，其主要表现为可到达性、定向流动、同质聚集、局部聚集、效益倾向等。

可到达性：资源流动必然要产生成本，资源通常在具有经济性的范围内流动，因此资源的流动必然受到信息、交通、运输等技术手段，以及区域政府行政行为的影响。因此，在不同的技术时代，资源的可到达范围也不同。在信息时代，由于信息的相对完全性，交通运输成本大幅度下降，从而使得资源由一地到达另外一地的可能性增加，而且流动成本的下降，使得资源流动特性更为突出。

定向流动：资源的流动不是散漫式的流动，而是具有较强的指向，因此，自然会形成各区域间资源的不均衡分布。

同质聚集：也可称为资源的从众性或模糊目标预期。主要表现为资源的流动并不是完全理性的，资源间具有某种影响力，资源会依据同质资源

---

① 刘春成：《京津冀产业聚合发展实现途径研究》，中国社会科学院工业经济研究所，2009 年。

在某一区域已经获得收益作为目标预期，首先选择向现存同质资源密度较大的区域流动。

局部聚集：即使在同一区域内，资源也不是均匀分布式，而是主要聚集在一个或几个重点的空间和领域之中，也可称之为资源的空间靶向、资源的领域靶向。

模糊效益倾向：同质资源已经获得的回报对于资源流向具有较强的引导作用，资源更容易流向同质资源已经获得较高回报的区域和领域，而这种对于目标区域的选择不是基于精确的定量分析，而是更多地基于模糊的定性判断。

专栏5：靶向性

靶向性（Targeting，Target，Targeted）是20世纪后期起在生物医药科学领域广泛应用的概念，已经被科学界充分接受。近年来，在运用基因技术治疗癌症等新的生物医药技术研究报告中，经常地用到这一概念。其原始含义是：针对病变组织的组织环境特点，利用某些物质与病变组织具有的特别亲和力，以这些物质作为药物载体，从而使药物可以较高浓度地集中在病变组织中，最大限度地发挥药物的治疗效用，同时减少对于正常组织的伤害。基于这种机理，治疗各种致命疾病新的药物被发现，并在医学临床应用中得到很好的验证。这些药物克服了以往治疗手段在杀死病变组织的同时，也伤害正常的组织的弱点，药物在病变组织的分布浓度远高于正常组织的分布浓度，从而可用较小的药量获得更好的治疗效果，将对正常组织的伤害降到最低。

靶向性药物表现出来的与特定组织的亲和力，与区域发展中人力资源、资金、技术等核心资源更容易在某些特定区域形成聚集的特点十分相似。类比靶向性药物，可以定义资源的靶向性。

（二）动力传递性

产业系统为城市的发展提供动力，这种动力通过系统之间的相互作用传递给城市系统以及城市规划、基础设施和公共服务等城市子系统。

城市产业发展为城市提供财政收入，以此作为动力系统的产出，用来改善城市基础设施条件，提升基本公共服务水平。由于这些系统多属于政府公共物品，如果没有财政的支撑或支撑较弱，政府难以提供较好的服务。此外，如果产业的动力性减弱或消失了，那么城市将出现大量失业人口，人们购买力下降，城市中心商圈凋敝。所以，当城市发生这些现象时，其根源在于产业系统出现问题。

城市间产业动力的持续性有强有弱。当产业动力的持续性非常弱的时候，城市的发展就可能会停滞或倒退，有的城市甚至会出现破产。此时就需要找到影响产业动力持续性的因素，通过资源靶向性特点激活产业资源要素，增强产业动力。

（三）利益平衡性

在城市产业发展过程中，需要维持动力性主体、参与性主体和外部性主体的利益平衡。没有主体诉求的聚合和平衡，就不会有主体聚集，不会有要素流的产生，产业也不会存在和发展。

利益平衡性体现的是城市产业在满足主体诉求及其要素流动的一个特点标识，凡是能够在城市健康发展的产业，一般都是在处理主体利益诉求上能够满足所需的产业。利益平衡性的特点标识让城市产业不断遵循着产业发展的规律，合理引导着要素的流动，引导着主体的聚集，并最终形成城市。

而那些没有遵循产业发展规律、不尊重相关主体利益诉求的产业，由于失去了产业主体间的平衡，中断了某些要素的流动，将面临很大问题。例如代表动力性主体的某些企业在一味追求自身利益最大化的时候，往往长期忽视代表参与性主体的工人的工作环境、薪酬待遇，使得动力性主体与参与性主体之间的利益诉求失去平衡，那么这部分参与性主体就会选择用脚投票的方式大规模撤离这一企业，由此带来的是产业系统的紊乱。

（四）适度匹配性

产业规模不能以大小论，而要以优劣论，以匹配性论。产业系统要与城市本身的规模、基础设施容量、公共服务能力以及城市其他子系统进行匹配，这就是所谓的适度匹配性。

产业要和城市的资源、环境条件相适应，一味地追求产业的大而全，单方面追求经济效益，最终都会出现问题。所以，城市产业的发展必须在可控的范围内，寻求一个弹性的解决方案。需要主要关注的是城市的发展上限。这与产业作为城市天花板的认识是一脉相承的。作为动力系统，人们当然希望其提供的动力越大越好，这样才能满足人们不断膨胀的需求和欲望。但城市是有承载极限的，城市当期所处的资源环境、科技水平和制度条件等多因素限制，决定了城市产业必须有上限。

七、城市产业系统的积木块和内部模型

（一）产业系统的积木块

1. 必需产业

必需产业是指以人为中心，能够满足本地人群不同层次、具有差异性需求的产业。必需产业的发展具有较强的路径依赖性，受当地历史文化、传统习俗和生活方式的影响很大，难以通过优势再造来进行发展，是一种

■老百姓休憩，旅行者驻足：成都街头林立的茶馆，成为融生活、文化和经济于一体的必需产业。

内生性的产业。其产业主体和产业要素主要来自于本地，要素流也一般局限在城市内部流动。但是有的必需产业在形成规模和品牌之后，实际上也逐渐转为附加产业。

一般地，必需产业所提供的产品和服务主要针对本地消费者，大致包括四个方面：第一，满足人们最基本的日常生活需求；第二，确保人们正常的社会交往；第三，实现人们最基本的服务需求；第四，保障人们最基本的安全需求。但是随着人们需求的增加和新技术的兴起，必需产业日益向专业化和集约化的方向发展。

必需产业发展呈现专业化发展趋势。必需产业主要涉及人们的日常生活需求，几乎不存在产业选择的问题，但由于人们在不同时期表现出的需求不同，也需要对居民需求进行分解和细分，必需产业由此向专业化方向发展。此外，必需产业多数属于服务业范畴，构建完善的服务体系，配置和打造专业化的服务队伍也尤为重要。通过提高服务者的文化素养和技能水平，把服务者的焦点聚集到满足消费者的需求上，为消费者提供高品质、高附加值的产品和服务，能够提升居民整体生活质量以及大城市必需产业的竞争力。

以餐饮业为例，最初的餐饮业主要功能是满足人们对食物的需求。伴随着物质财富的不断丰富以及社会生产规模的扩大，消费者对餐饮产品的选择要求逐渐增强，开始以质量和价格作为选择产品的基础，更加注重卫生、环境、服务、特色等需求，追求品牌店、特色店和名牌餐饮企业等。餐饮业日渐趋于多元化、细分化和个性化。近年来，由于食品安全问题不断涌现，人们开始追求绿色环保和营养健康的食品，餐饮业开始关注企业的整体素质，绿色餐饮油然而生，并成为未来餐饮业发展的趋势。

必需产业的集约化发展趋势。在运营管理上，从外延扩张式的、粗放式的发展方式转变为集约的、精细的、内涵式的发展。以完善的体制、科学的管理、高效的劳动生产率和资源能源利用率，通过产业聚集、企业集群和资源集约利用来优化产业的结构和效率。在产品与服务上，不再局限于只满足某一特定的需求，而是集多种功能于一体满足消费者多层次、多元化的需求，进而衍生出一些新业态。

以某树木博物馆为例，该博物馆的第一个功能就是展现树木的美丽和稀有性，在这里可以了解到树木不同的品质和特点，有一些树木甚至有上千年的历史，不朽的气息和"时间"的意识充满了博物馆的各个角落，帮助参观者们塑造最初生活特性的感知能力，如时间与空间等，树木的年轮让人们尊重自然和环境，使潜意识里对远古精神和地方特色的崇拜具体化；博物馆的第二个功能是一个小型的会议中心，这里装修典雅、环境优美，让与会者拥有平静的心情和敏捷的思维，无形中提高了工作效率和讨论效果；另外，博物馆还能够提供餐饮服务，这里的食物无论是口感、品质，还是外观都具备一流的水准。综合来看，该博物馆打破了传统博物馆单一的功能局限，已经发展成为一种集餐饮、会务、文化于一体的新兴产业。

2. 附加产业

附加产业主要是指能够给城市人群提供基本生活以外的生产和生活服务的产业。附加产业具有较强的外向性特征，依赖于外部的资源输入和市场条件，其产出不仅为本地消费者服务，还具有跨区域性的消费特征，覆盖范围广泛。

一个城市的竞争力主要来自于附加产业，但附加产业的缺失，并不会直接影响城市居民的正常生活。其发展具有可选择性，城市既可结合自身

■附加产业：背后是技术、资本和思想的强有力集成。

资源禀赋、科技实力、发展方向等相关影响因素，着力发展先天优势，选择适宜的附加产业。也可以通过优势再造，结合原有资源禀赋，打造适合某类产业发展的产业环境，引导要素有序流动，形成产业聚集。

附加产业发展具有灵活性，但必须有一定门槛。所谓的门槛，是指附加产业应该有利于维持本地的既有优势，符合资源节约、环境友好等城市总体发展要求。附加产业的产出应具有高附加值，符合城市对经济效益的合理追求，能够为城市创造大量的就业机会。

附加产业一般具有爆发性，发展周期通常较短。对于相关城市产业主体来说，发展附加产业更多的是要带来效益，所以城市附加产业需要不断的选择和升级。但附加产业的发展也会影响人、环境等要素，因此，在选择时也必须慎重。

附加产业的选择一般要放在区域或城市群的角度来考虑，这样可以更好的参与区域分工协作，更好的体现相对优势，容易形成特色，进而打造城市核心竞争力。

附加产业发展要具有互补发展思维。城市间要有合理的产业定位与产业分工，否则，不仅不能形成整合优势与聚集优势，反而可能导致城市群内、城市间的产业冲突，降低城市群的整体竞争力。城市群作为一个相互

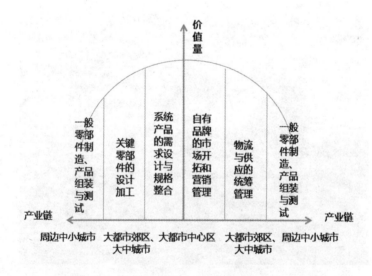

图 8-1 基于产业链分工的城市附加产业发展

关联、相互依存的复杂的大系统，其子系统之间由于资源环境、经济发展、生活水平的不同，存在一定的差异性。因此，城市群中各级城市的附加产业选择必须依据其资源禀赋和价值创造能力，充分考虑各产业对要素条件的不同偏好，将各产业配置在拥有其所需要素条件最优的城市中，促使城市专注于特定的附加产业，提供专业化的产品和服务，实现城市群内各级城市产业间的优势互补。

附加产业发展还要秉持优势发展策略。主要表现在城市的赋存优势、经济结构优势和政策体制优势等三个方面。赋存优势包括自然条件与自然资源赋存优势、人文资源赋存优势及生产要素赋存优势。经济结构优势包括产业结构、产品结构、市场供求结构、规模结构、技术结构、消费结构等方面的优势。政治体制优势则包括倾斜政策独享优势、国家政策体制的地区效应优势以及地区自主发展政策、体制优势。[1]

（二）产业系统的内部模型

发展产业与发展环境是相辅相成的。现实中，不管是产业的选择，还是产业的聚集，都是产业资源要素对城市环境选择的结果。通过城市环境的提升，为产业的要素流树立靶向性标识，可以实现城市产业主体的聚集。

优化城市产业发展环境，就要通过利用资源的靶向性特点，做好城市基础设施、公共服务、政策支撑等配套工作，增强资源对特定城市环境的亲和力，引导其主动向这些区域聚集，这就是城市产业内部模型的基本原理。

结合必需产业和附加产业的基本特点，城市产业系统的内部模型可分为路径依赖和优势再造两种模式。

1. 路径依赖模式

路径依赖模式的思路是："着力打造与发展先天优势"，以此来形成重点产业资源的聚集，进而吸引周边的资源。

---

① 张玉冰：《中国大陆沿海与台湾地区区域经济竞争力比较研究》，《台湾研究》，2007 年第 4 期。

（1）城市内部路径依赖发展机制

城市内部具有核心资源聚集基础的优势产业领域，由于具有较高的资源亲和力，同时政府会继续改善有利于这些重点领域发展的政策体系，从而使得核心资源在城市内部呈现出由非重点领域向重点领域流动的趋势，使核心资源的流入量不小于其流出量，从而使重点领域保持较高的核心资源聚集度，保持重点领域的相对优势。

在制定城市的内部产业发展战略时，应充分利用传统优势领域的资源聚集优势，在与城市发展定位和目标一致的情况下，应该通过政策体系促进环境改善，进一步提升在重点领域的资源聚集度，保持和扩大重点发展领域的优势。

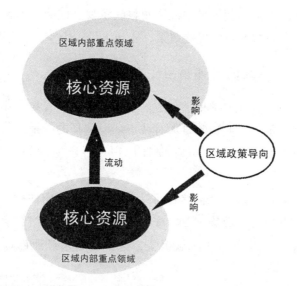

图 8-2　城市内部资源流动示意图

（2）城市间路径依赖发展机制

在具有核心资源聚集基础的优势地区，城市为了持续保持优势而不断强化积极产业政策的作用，降低消极产业政策的作用，使核心资源的流入量不小于其流出量，从而使本地区的核心资源能在具有优势的程度上保持动态稳定或持续增加，保持本地区对于其他竞争性区域在核心资源上的相对优势。

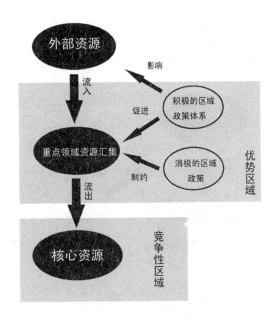

图 8 – 3　城市间路径依赖模式核心资源流动示意图

在传统的优势地区，在制定产业发展战略的时候，应该在了解上级区域发展规划的基础上，结合大区域对于本城市在大系统中的分工和定位，明确符合城市定位的传统优势领域；针对这些领域发展所依赖的核心资源的靶向性特点，通过完善积极城市产业政策，改善城市对于核心资源的亲和力，促进核心资源在本城市内持续聚集，实现保持和扩大优势的目标。

从某种程度上说，城市必需产业的发展更多选择的是路径依赖模式，即要充分重视城市必需产业的传承性，政府要出台各种优惠政策鼓励必需产业的传承，倡导"世家精神"。

2. 优势再造模式

优势再造模式的思路是：通过积极的城市发展政策，影响优质资源的流动，培育出过去自己并不具备或不擅长的优势，进而吸引外部资源聚集。

（1）城市内部优势再造发展机制

根据城市发展战略，在城市内部确定的新产业发展重点领域可能不具有既有的核心资源聚集优势，需要通过积极的产业政策体系，改善有利于实现核心资源的环境因素，形成核心资源从外部区域或者城市内部亲和力下降的传统重点领域向新培育的重点领域流动的趋势，且流入量远大于流出量，从而使新培育重点领域的核心资源能在一个较短的时期之内达到较高的聚集度，逐步形成相对优势。

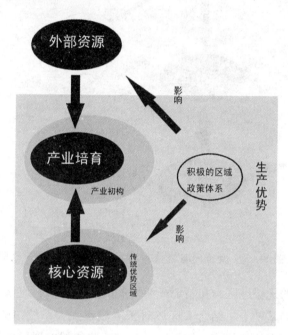

图 8-4　城市内部优势领域核心资源流动示意图

在制定城市的内部发展战略时，针对明确了的新经济增长点，应该给予政策上的充分重视，在引导核心资源向这些新的发展领域流动的过程中，一方面会吸引城市外部的资源流入到这些新的领域，另一方面也可能会导致区域内部处于衰退阶段的传统优势领域的加速衰落，这是新的优势领域发展过程中正常现象，也是城市培育新的发展优势所必须付出的代价。

（2）城市间优势再造发展机制

在不具有传统核心资源聚集优势的区域，城市为了获得发展的优势，必须制定有利于核心资源聚集的积极区域性政策体系，使核心资源的从传统的优势区域或者其他区域流入本城市，且流入量远大于流出量，从而使本城市的核心资源能在一个较短的时期之内达到较高的聚集度，逐步形成城市对于其他竞争性区域在核心资源上的相对优势。

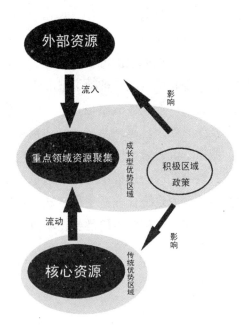

图 8-5 城市间优势再造模式核心资源流动示意图

在不具有传统优势的城市，在制定产业发展战略的时候，应了解上级区域发展规划的基础上，结合大区域对于本地区在大系统中的分工和定位，明确可以培育的发展领域。针对这些领域发展所依赖的核心资源的靶向性特点，通过完善积极的产业引导政策，改善对于核心资源的亲和力，促进核心资源向本地区聚集，逐步形成本地区对于其他竞争性区域在核心资源上的相对优势。

对于不具备传统优势的城市，附加产业的选择和发展一般采取优势再造模式，并且主要是通过影响产业主体中的活跃性动力主体的聚集，带来城市附加产业的爆发性发展。

无论是在具体城市内部，还是在城市间，资源的流动都表现出较强的靶向性特点，这使得城市在选择产业发展方向时，应首先考虑城市可能实现的资源聚集，以及这些资源对于城市环境的要求，并判断城市是否可能通过环境的优化，以促进核心资源在主导产业领域的聚集，从而使这些产业领域在与其他城市的竞争中处于优势地位。

综上所述，作为城市的动力系统，产业决定着城市的基本活力和发展高度。对于正处于以经济建设为中心的中国城市发展，作为外部性主体的政府，在产业发展中扮演着重要的角色。从早期的吸引外资，到近期比较活跃的产业转移；从早年风风火火的开发区建设，到近年经常被提及的产城融合和新城建设等，都直接或间接推动了城市产业的发展。

但同时，一些不良的产业发展战略也正在逐渐的绑架城市，正在催生越来越多的城市病发生。如今，越来越多的城市出现了天花板现象，土地稀缺、资源枯竭、城市下沉，城市变得越来越不安全了，城市的动力系统出现了严重的问题。政府在这一过程中无疑应该承担不可推卸的责任。因此，在如何促使城市的动力系统合理适当的运转，是政府作为产业发展主体之一必须要思考的问题，他需要做的是要在城市需求和发展欲望之间找到那个平衡点。

第三篇

中国城市化的大命运:
直面城市的苦与乐

第九章

中国城市化的艰辛与发展

中国城市化进程在相当长的一段时期内发展得非常缓慢。中华民族是在传统精耕细作的农业基础上孕育和发展起来的，城市化则是中国直至 20 世纪中后期才遇到的一个全新问题。城市化不仅意味着人们在哪里生活，更意味着人们将怎样生活。对于这两个问题，中国五千年的历史从未给出过经验和答案。

1949 年新中国成立以后，在探索工业化道路的过程中，对中国城市建设和城乡关系的思考，深深地影响了中国城市化的路径和进程。对中国城市化的认识经历了一个"工业化优先城市化"、"反城市化"、"小城镇化"和大中小城市协同发展的演变过程。可以说，60 多年的中国城市化历程，充满了对城市发展的纠结和徘徊，经历了一个否定之否定的过程。

改革开放之后，中国城市发展日新月异，充当了时代最重要的象征。儿童时期的乡土足迹和城市旧景大多早已成为记忆，取而代之的是现代化的摩天大楼、广场公园、立体交通设施、熙熙攘攘的人群……这种变化是空前的，在带来发展红利的同时，又引发了新的城市病问题。对于这一系列新的问题，我们同样需要寻找答案。

我们将努力还原出 1949 年以来中国城市化的进程，以城市化思想和路径的区别来进行时期划分，呈现中国城市发展经历过的曲折和反复①。中国城市发展的历史不仅仅是一面镜子，让我们借鉴经验与教训。更重要的是，当我们立足当下，面向未来，重新考量中国的城市化问题时，我们不得不站在历史留下的基石和足迹上，承接她遗留下来的一切，解决旧问题，建立新愿景。

一、中国城市发展历程

中华人民共和国成立的 1949 年，距世界第一次工业革命已经有近 200 年，距第二次工业革命也已有 80 年之久，以"工业化"带动"城市化"的社会变革在欧美国家已经取得不同程度的成功。但是，从新中国工业化带动城市化曲折前行的初期，到改革开放之后伴随经济高速增长的快速城市化脚步，直至城市化水平水涨船高的 21 世纪，中国城市化进程与西方渐进式的城市化不同，而是一个在曲折中反复、反复中前进的艰辛历程。

（一）1949 年至 50 年代末：工业化优先城市发展

1949 年："强调生产性城市的建设"②

建国初期，基于国家安全的考虑，建立工业体系的任务摆在了第一位。这一时期的城市发展，城市与农村之间的关系都是从属于"如何实现我国社会主义工业化"这一国家最优先的目标和利益。

在这一战略思想下，国家强调了社会主义城市不同于资本主义城市的发展模式，强调要建设生产性城市，认为"只有有形产品的生产才是真正的生产，而城市中的商业性活动等服务业是纯消费性的，从事商业买卖、文教卫生的人士不是生产阶级，因此主张要把中国许多古老落后的消费性城市变为新型社会主义工业生产性城市"。

1953 年，国家开始实施第一个五年计划，重点是苏联援建的 141 项重

---

① 岳清唐：《新中国成立以来我国城市化思想之演进》，中国社会科学文献出版社 2010 年版。

② 吕宗恕：《中国城市化 仓皇六十年》，《南方周末》，2011 年 10 月。

要工业项目。这些项目所在的城市自然也成为发展的重点，而对于大型工业项目不多的城市，不鼓励进行大量建设，只进行维修。1953 年 6 月在北京召开的第一次城市建设会议，为保证五年计划提供了制度性的保障："城市建设的速度必须由工业建设的速度来决定"。城市建设必须集中力量建设国家工业建设项目所在重点工业城市。

以建立"中国社会主义工业化初步基础"为目标的"一五计划"提前达到了计划目标：1953 年底，鞍山钢铁公司大型轧钢厂等三大工程建成投产。1956 年，中国第一个生产载重汽车的工厂——长春第一汽车制造厂生产出第一辆汽车；中国第一个飞机制造厂试制成功第一架喷气式飞机；中国第一个制造机床的工厂——沈阳第一机床厂建成投产；1957 年，武汉长江大桥建成，连接了长江南北的交通；社会总产值平均每年增长 11.3%，工农业产值平均每年增长 11.1%，其中，农业为 4.5%，工业为 19%；在工农业总产值中，工业总产值的比重由 1949 年的 30% 上升到 1957 年的 56.7%，经济结构发生了很大的变化。"一五计划"确实为中国工业化奠定了重要基础。

■"一五计划"时期的武钢项目，武汉因工业而兴。

由此，50 年代崛起了一批新兴工业城市，形成了新中国最早的城市的空间布局，尤其是中西部地区，如包头、兰州、西安、太原、郑州、株洲、成都、乌鲁木齐等。

1955 年："没有特殊原因，不建设大城市"

由于新中国最初几年在城市发展上"强调建设生产性城市，反对消费性城市"的思路，并没有明确反对建设大城市，也没有明确限制农村人口迁移到城市。城市建设的指导思路在 1955 年 9 月国家建委给中央的报告中有了新的变化："原则上以中小城镇及工业镇为主，并在可能的情况下建设中等城市。没有特殊原因，不建设大城市"。当然，国家依然有"要把大城市居民分散到农村去，建立许多小城市"的发展思路，这在当时的国际环境下，是符合战备考虑的。

同一时期下的"三线建设"也备受当时国际环境恶化的压力。1964 年 8 月，从积极备战的角度出发，国家建委召开一、二线搬迁会议，提出"城市大分散、小集中战略"，少数国防尖端项目要"靠山、分散、隐蔽"（简称山、散、洞）。通过"三线"建设，又在中西部地区形成了多座新兴工业城市，如攀枝花、十堰、六盘水等①。

总的来看，"建设生产性城市"和"不建设大城市"的思路，根本目的在于用农村剩余劳动力为工业化进行原始积累。在这种指导思想下，城市为农村提供工业产品，工业为农业提供机械化手段；农村为城市提供粮食蔬菜肉类等生活物资，农业为工业提供原材料和市场；城市领导乡村，工业领导农业，同时工业的发展和城市的发展又要以农村、农业的发展为基础。

后来的实践发现，由于工业的超前发展，农业发展相对滞后，城镇人口增加对粮食的需求量增速超过了农业产出扣除农村自用后的可供量，多次出现了城市粮食供应紧张状况，为后来制定"控制农村人口挤向城市"的限制政策埋下了伏笔。

（二）60 年代初至 70 年代末：反城市化发展

1960 年："三年不搞城市规划"

由于"一五计划"基本完成了社会主义工业化基础建设，同时还取得

---

① 言咏：《三线建设：新中国工业化建设的特殊标本》，《经济观察报》，2009 年 4 月 3 日。

了工业、农业以及人民生活水平不同程度的提高和改善，"计划经济"的思想路线被认为经过实践验证，适用于中国国情，国家准备着手下一个五年计划。同时，我国基本上完成了对农业、手工业和资本主义工商业的社会主义改造。

为了超英赶美，用"多快好省"的方式达到发达国家水平，从1957年底开始，中国在工业、农业和所有制等各方面进入了"大跃进"的局面。国家希望通过在农村人民公社兴办工业、教育、医院、学校等城市化基础设施，使广大的农民在农村就地过上相当于或还高于城市人的幸福生活，从根本上消除城乡差别。

"大跃进"直接催生了中国第一次反城市化进程，也是中国城市化曲折轨迹的开端。这段时期全民大炼钢铁，各地工业建设无序跟进，导致工业项目遍地开花。另外，不计成本的大量建设，造成城市数量骤减和城市人口骤增。在此状态下，1960年11月召开的第九次全国计划会议上宣布了"三年不搞城市规划"的决定。这是新中国"反城市化"运动的标志，体现为在1961—1963年间，全国城市总数合计减少25座。

■ "大跃进"时期的土法炼钢炉。

1966—1976年："我们也有两只手，不在城市里吃闲饭！"

面对我国既要迅速发展重工业的工业化战略要求，同时考虑80%的人口生活在农村这样一个现实，国家提出"在社会主义工业化过程中，随着农业机械化的发展，农业人口会减少。如果让减少下来的农业人口，都涌到城市里来，使城市人口过分膨胀，那就不好。从现在起，我们就要注意这个问题。要防止这一点，就要使农村的生活水平和城市的生活水平大致一样，或者还好一些"。

由此，国家的城市化思想路线发生了根本扭转：从之前主张随着国家工业化的快速发展有选择地建设城市，到现在主张农村中的富余劳动力有限置地，甚至停止进入城市，要就地通过农村工业化，进而实现跟城市一样的生活。

这是"文革"期间城市发展指导思路的出发点。国家以严格限制农民转变身份的《户口管理条例》等政策，抑制大量农民自发流向城市现象，甚至出现了中国有史以来最大规模的人口逆向迁移——从城市流向广大农村和边疆，大量城市青年"上山下乡"，而这时的城市建设几近停滞。

"我们也有两只手，不在城市里吃闲饭！"这句话出自甘肃会宁县50岁农民王秀兰之口，刊发在1967年的《甘肃日报》上，却引起了国家领导人的高度重视，并进一步成为鼓励青年上山下乡的宣传口号。

■ 知识青年上山下乡。

这一时期，人民公社成为城市化的主要载体，在城市有城市人民公社，在农村有农村人民公社。这一时期所尝试的"离土不离乡、务工又务农、农忙务农、农闲务工、工农结合、城乡结合"，使农民生活就地转化成市民生活。这一城乡一体化道路，不同于欧美国家建立在工业化发展基础上，引导人口集聚的传统城市化道路。

只是在当时提出这一道路相当超前，与当时的生产力发展水平和民众认识水平不符合。尽管在思想上追求公社工业化、城乡一体化、城乡均衡发展、消灭城乡差别。但种种政策却在实践上形成了城乡隔离，城乡差别不断扩大的局面，使中国农村、农业、农民的生存状况恶化，中国的城市化进程严重受挫，遗留下众多城乡发展的历史问题。

（三）80 年代初至 20 世纪末：城市发展的积极探索

1980 年："切实做好城市的整顿工作"

中国城市化进程在曲折与反复中彷徨了 10 年，城市建设"不进反退"。由于"文革"期间，中国城市规划方面的队伍全部解散，城市发展的工作处于停滞状态。直到 1978 年 3 月，国家才又开始重视城市规划。关于城市发展新的积极探索再次开始。国务院召开了第三次城市工作会议，批准了《关于加强城市建设工作的意见》，要求各地"切实做好城市的整顿工作"，即"控制大城市规模，多搞小城镇"。当时界定的大城市是指人口在 50 万以上的城市。

这次会议还规定，从 1979 年起，不含三大直辖市，在所有省会城市和城市人口在 50 万以上的大城市，以及对外接待和旧城改造任务大、环境污染严重的城市，试行每年从上年工商利润中提成 5%，作为城市维护和建设资金。这次会议还强调指出"要建设好城市，必须有科学的城市规划，并严格按照规划进行建设"，指出"市长的主要职责，是把城市规划、建设和管理好。"这预示着，以工业为中心的城市建设指导思想正在悄然扭转。

造镇，还是造城？

1978 年改革开放以后至 20 世纪末的中国城市化，是在国民经济高速增长条件下迅速推进的，城乡之间的壁垒逐渐松动并被打破。对于城市化，造镇还是造城，成为从当时延续到现在的一大争论。

自 1980 年《全国城市规划工作会议纪要》公布以来，整个八九十年代我国城市化发展的理论与实践问题，就主要围绕着"以哪种城市规模大小为取向"的城市化道路选择的辩论上，而大部分都是赞同限制大城市规模和大力发展小城镇的声音。

1983 年，著名社会学家费孝通的《小城镇，大问题》一文发表，引起重视。于是，小城镇为主的分散式发展道路成为理论界与决策层的主流思潮。伴随着改革开放初期乡镇企业的发展，全国小城镇遍地开花，小城镇得到了异乎寻常的发展。

大力发展小城镇道路的主要依据是：中国农村人口众多，现有大中城市基础设施无法承接将要从农业中转移出来的几亿剩余劳动力。而通过小城镇发展乡镇企业和商品经济，既可以容纳农村剩余人口，发展农村的第二、第三产业，提高农民的收入，也可以促进城乡交流，避免西方国家城市化过程中"大城市病"和农村凋敝同时发生。

直到 20 世纪末，发展小城镇仍然是国家对城市发展的主流意见。1998 年 10 月，十五届三中全会通过的《关于农业和农村工作若干重大问题的决定》中，中共中央第一次明确提出小城镇战略。2000 年 7 月，国务院发布《关于促进小城镇健康发展的若干意见》。《意见》指出，加快城镇化进程的时机和条件已经成熟，要不失时机实施城镇化战略。

另一方面，伴随着改革开放，沿海城市率先发展。1980 年，国家批准了在深圳、珠海、汕头、厦门设置经济特区；1984 年，国家决定开放从东北沿海到广东南海的 14 个沿海港口城市（大连、秦皇岛、天津、烟台、青岛、连云港、南通、上海、宁波、温州、福州、广州、湛江、北海）；1985 年，又把长江三角洲、珠江三角洲、闽南厦（门）漳（州）泉（州）三角地区，以及胶东半岛、辽东半岛开辟为经济开放区；1988 年，海南经济特区暨海南省成立。

1990 年生效的《城市规划法》规定，"国家实行严格控制大城市规模，合理发展中等城市和小城市的方针，促进生产力和人口的合理布局"。在同年 4 月 18 日，中央宣布浦东开发战略。虽然比深圳特区晚 10 年，当时这一政策仍然广受争议，因为浦东开发有悖于那一年实行的《城市规划法》，其中规定"国家实行严格控制大城市规模"。后来公开的解释是，这是一种不同于以往的、有内涵的开发。事实上，也是从浦东开发为起始，各地激进的城市化进程拉开大幕。

（四）21 世纪以来：城市发展的理性回归

从国务院《关于促进小城镇健康发展的若干意见》正式颁布以来，中国城市化道路选择依然是以小城镇为主导的老思路，而这一时期关于中国城市化的讨论空前繁荣，至于哪一条是最适合中国国情的城市化道路，需要我们进一步探讨。

2005 年："工业反哺农业、城市支持农村"

对于高速城市化中的中国，城乡差距已经是不可避免的矛盾。国家在从全局和战略的高度提出了新阶段解决"三农"问题的指导思想，为我国在新形势下形成"工业反哺农业、城市支持农村"的思路定下了基调。

党的十六届四中全会上提出了"两个趋向"的重要论断，即"在工业化初始阶段，农业支持工业、为工业提供积累是带有普遍性的趋向；但在工业化达到相当程度以后，工业反哺农业、城市支持农村，实现工业与农业、城市与农村协调发展，也是带有普遍性的趋向"。随后党的十六届五中全会明确提出要"建立以工促农、以城带乡的长效机制"。这对于统筹城乡发展，推进中国城市发展具有十分重大的意义。

人民日报社论称这一时期国家的城市发展思路，是基于对当时工农业发展现状的认识和国际经验的借鉴："总体上已到了以工促农、以城带乡的发展阶段"，有数据作为当时的主要论证：从工业化发展阶段来看，我国人均 GDP 已超过 1000 美元，农业与非农产业的产值结构大约为15∶85，农业与非农产业的就业结构大约为50∶50，城镇化水平为 40%；日本在战前处于以农养工阶段，上世纪 50 年代末 60 年代初开始转向工业反哺农业阶段；韩国在上世纪 60 年代中期以前还从农业部门抽取工业化资本，自60 年代末开始转向保护农业。

2007 年：区域圈、城市群发展热情高涨

进入 21 世纪初，地区间发展不平衡问题越发突出，呈现出东西部差距扩大、东北落后、中部塌陷等状况，这使得中央政府在考虑经济增长效率的同时，不得不考虑到区域经济发展的公平问题。2000 年 10 月编制"十五"规划时，城市化首次被提到国家发展战略的层面，提出促进地区协调发展，促进城乡共同进步。

1999 年 9 月，党的十五届四中全会正式提出西部大开发战略。2002年，党的十六大报告中首次将东北振兴问题提升到国家战略层面。2004 年3 月，政府工作报告首次明确提出促进中部地区崛起。2006 年，中部崛起的纲领性文件——《中共中央、国务院关于促进中部地区崛起的若干意见》正式出台。① 这标志着中国城市将注重更均衡、更协调、可持续性的发展。

在相继推出西部大开发、东北振兴和中部崛起国家战略后，中国城市化进入区域圈、城市群发展的时代。2007 年中共十七大报告重点强调了"以增强综合承载能力为重点，以特大城市为依托，形成辐射作用大的城市群，培育新的经济增长极"。

于是，全国各地的城（都）市带、经济圈等概念层出不穷。值得注意的是，城市群更强调从经济一体化到各个领域的全面一体化。直到今日，形成了环渤海、长三角、珠三角等三大都市圈以及十余个新兴城市群。目前，尽管许多地方争相向中央申请国家级区域规划，然而，区域间的合作还不尽如人意，反而导致许多大城市"摊大饼式"的发展，由此，城市群聚合发展这一新的议题开始广受热议。这在本篇最后两章将作详细分析。

表 9 - 1　国家级区域发展规划列表

序号	时间	名称
1	1979 年	深圳、珠海、厦门、汕头试办经济特区
2	1988 年 4 月 13 日	海南省经济特区
3	2005 年 6 月 21 日	《上海浦东新区进行综合配套改革试点》

---

① 苏新荣：《中国经济版图新局：注重东中西协调发展》，燕赵都市网，2009 年11 月 30 日。

续上表

序号	时间	名称
4	2006 年 6 月	《天津全国综合配套改革试验区》
5	2007 年 6 月 9 日	《成都—重庆全国统筹城乡综合配套改革试验区》
6	2007 年 12 月 14 日	《武汉—长株潭城市圈全国资源节约型和环境友好型社会建设综合配套改革试验区》
7	2008 年 2 月 21 日	《广西北部湾经济区发展规划》
8	2009 年 1 月 8 日	《珠江三角洲地区改革发展规划纲要（2008—2020）》
9	2009 年 5 月 4 日	《关于支持福建省加快建设海峡西岸经济区的若干意见》
10	2009 年 5 月 14 日	《海峡西岸经济区发展指导意见》
11	2009 年 5 月 26 日	《深圳综合配套改革试验总体方案》
12	2009 年 6 月 10 日	《江苏沿海地区发展规划》
13	2009 年 6 月 25 日	《关中—天水经济区发展规划》
14	2009 年 6 月 24 日	《横琴总体发展规划》
15	2009 年 7 月 1 日	《辽宁沿海经济带发展规划》
16	2009 年 8 月 30 日	《中国图们江区域合作开发规划纲要》
17	2009 年 9 月 23 日	《促进中部地区崛起规划》
18	2009 年 11 月	《中国图们江区域合作开发规划纲要——以长吉图为开发开放先导区》
19	2009 年 12 月 1 日	《黄河三角洲高效生态经济区发展规划》
20	2009 年 12 月 12 日	《鄱阳湖生态经济区规划》
21	2009 年 12 月 24 日	《甘肃省循环经济总体规划》
22	2009 年 12 月 31 日	《国务院关于推进海南国际旅游岛建设发展的若干意见》
21	2010 年 1 月 12 日	《皖江城市带承接产业转移示范区规划》
24	2010 年 4 月 6 日	《沈阳经济区国家新型工业化综合配套改革实验区》
25	2010 年 5 月	《长江三角洲地区区域规划》

序号	时间	名称
26	2010 年 5 月	《山东半岛蓝色经济区规划》
27	2010 年 8 月	《京津冀都市圈区域规划》
28	2010 年 12 月	《成渝经济区区域规划》
29	2010 年 12 月 13 日	《山西省国家资源型经济转型综合配套改革试验区》
30	2010 年 12 月 24 日	《大小兴安岭林区生态保护和经济转型规划》
31	2011 年 7 月 6 日	《新疆区域振兴规划》
33	2012 年 2 月 13 日	《贵州区域振兴规划》
34	2012 年 3 月 19 日	《陕甘宁革命老区振兴规划》
35	待上报	《浙江舟山群岛新区发展规划（征求意见稿）》
36	待批复	《云南区域振兴规划》
37	待批复	《中央苏区振兴规划》
38	编制中	《大中原经济区发展规划》

中国城市发展的曲折历程背后，是对"安全和发展"两大根本诉求的纠结。建国之初，在恶劣的国际环境下，国家安全的诉求摆在了第一位。对国家安全的考虑，压倒了国家发展的诉求，甚至压到了个人的安全和发展诉求。而后的"反城市化"、小城镇发展、区域圈和城市群发展都是对发展诉求的一种探索。走过历史，我们已经可以更清晰地看到城市应该围绕什么而发展，应该如何因时因势发展，应该坚持什么样的根本原则不动摇。这为当前探索新的中国城市发展之路提供了有效的借鉴。

二、城市化政策与现实的矛盾

回顾历史，中国的城市化进程曲折复杂。不过，城市改革的复杂性远远超出了人们的估计。中国城市应该如何发展？中国城市化应该走向何方？这已成为政府及理论界思考和争论的焦点。中国城市化道路的平稳前行，既缺少理论指导，也没有理想的借鉴典范，从一开始就注定了中国城市化理论和实践的摇摆。

（一）城市化的政策愿景：大城市的失落和小城镇的乌托邦

从大的发展阶段来看，1978 年改革开放是中国城市发展的重要"分水岭"：1978 年以前为城市化的徘徊起伏阶段，1978 年以后为城市化的迅速推进阶段。伴随着改革开放，对中国城市发展的探索也可以说是"摸着石头过河"。

1980 年全国城市规划工作会议补充了对中等城市的对策，把"控制大城市规模，合理发展中等城市，积极发展小城市"作为国家城市发展总方针；之后在 1983 年费孝通先生《小城镇，大问题》一文发表后，更是将"控制大城市规模，多搞小城镇"推向高潮；并直接体现在 1989 年《城市规划法》第一章第四条："国家实行严格控制大城市规模，合理发展中等城市和小城市的额方针，促进生产力和人口的合理布局。"对于我国的城市化发展道路的选择，近二三十年政策与舆论的倾向性意见是"控制大城市规模，积极发展小城镇"。对小城镇发展战略的选择，主要源于以下两个考虑：

西方城市曾经面临的交通拥堵、社会治安等大城市病对当时的中国造成了严重的"心理阴影"。在我国经济发展的过程中，随着农村产业结构的调整和农业科技的发展，大量的农村富余劳动力亟须转移，大量劳动力过度流向大城市使得大城市人口增长过快，而城市管理者却在城市建设和管理上缺乏足够的经验，导致城市发展跟不上快速增长的市民需求——就业、医疗、教育等等，引发了种种的社会问题，这一深刻的历史教训显然让政策制定者记忆犹新。

小城镇在中国传统经济结构中本来就是农村剩余产品的流通中心，但这种沿袭了千百年的小规模农产品交易在六七十年代，被当做"资本主义尾巴"给"割掉"了，完全计划经济体制取消了小城镇作为农产品、手工业产品与日用工业品集散地的功能，一切物资、产品、资金，包括人本身都成为计划的对象。因此这样的"经济基础动摇以后，小城镇作为人口的蓄水池也就干涸了。无以为业的人口是留蓄不住的，不能不向大城市和农村两面泄放，小城镇本身日见萧条冷落"。萧条的小城镇触动了国家敏感的神经。既然农民不满足于禁锢在农村，而大城市也难以有效吸纳蜂拥而至的外来人口，那么小城镇作为大城市与农村的缓冲地带就显得尤为重要。

正是政府对小城镇为主的城市化理论思想的认同和推行，"小城镇论"得以成为改革开放后 20 多年中国城市化主要理论指导，直到"十一五"期间（2006—2010 年），小城镇依然是中国城市化战略的核心。在长期"小城镇为主"的政策导向下，各级政府在小城镇建设上投入了大量的财力、物力和人力，城镇数量和规模大幅度提升。

但是，小城镇建设实际结果却不尽如人意，也出现很多问题。首先是小城镇的占地问题。小城镇由于人口密度低，人均占地面积要高于大中城市。如果要以小城镇为主解决 3 亿农民的城市化，中国的土地资源根本无法支撑。其次，是小城镇的持续发展能力问题。真正具有经济持续发展能力和较高公共服务水准的小城镇所占比重很低，大部分是各级政府投入巨资建设的"示范镇"和"样板村"。由于缺少自发的社会资源投入，小城镇建成之日起就面临产业资源匮乏、就业困难、社会服务薄弱和城市基础设施落后等一系列问题，而这些问题仅仅依靠有限的国家财力和资源根本无法解决。

小城镇的尴尬现象还在不断出现，部分原生于小城镇的企业，在形成一定规模后，因为受制于小城镇在经济发展水平、资源使用效率和公共服

■建国初期的小城镇与城市。

务供给能力上的天然弱势，会自然选择向大城市转移，比如，著名的汇源果汁在发展壮大后，就把企业总部和主要业务从培育其成长的山东沂源搬到北京。向往更美好生活的年轻人们从农村走向大城市、从小城镇走向大城市成为趋势。要实现如此庞大的城市化，小城镇为主的城市化道路从一开始就注定了要面对无法克服的困难和险阻。

（二）城市化的无奈现实：大城市的失控和小城镇的反思

改革开放 20 年之后，大城市逐步还清了公共设施"欠账"，补偿性发展大城市的做法开始发挥规模优势。与小城镇发展缓慢形成鲜明对比的是，在国家不断强调"控制大城市规模"并采取"暂住证"等一系列带有计划管理色彩的政策措施下，国内的大城市却依然显得生机勃勃。这是因为人们为获得更高的经济收入和更好的发展机遇，而用脚投票的结果。

截至 2010 年底，国内 200 万以上人口城市 25 座，100 万至 200 万人口的城市 37 座[①]，分别是 1978 年的 3.6 倍和 2 倍……而根据统计部门数据，北京、天津、上海三地 2010 年年末全市常住人口已经分别达到惊人的 1258 万、985 万和 1412 万，并且这三座城市实际上的常住人口要远远超过目前公布的数据。

中国飞速的城市化进程也带来了不少弊病：城市以"摊大饼"的方式盲目扩张，土地占用越来越多，房地产价格一路飙升；城市基础设施建设滞后，特别是城市环境、道路交通，基础设施的建设滞后，与快速增长的汽车数量和越来越严重的环境污染等形成鲜明对比；大城市高昂的生活成本和严格的户籍制度使农村劳动力无法真正融入城市生活，而大城市也无力为大量涌入的劳动力提供足够的社会保障和公共服务，由此产生了交通拥堵、环境污染、就医教育等诸多问题；农村富余劳动力无法在大城市安家立业，还衍生出留守儿童、空巢老人、土地闲置等若干问题，影响了社会稳定和经济发展……这些所谓的"大城市病"，一直成为政府及理论界反对中国城市化走大城市为主发展道路的理由。

---

① 　资料来源：《2010 年中华人民共和国全国分县市人口统计资料》。

■如同城市息肉的城中村。

　　然而追根溯源，一方面，中国大城市发展中出现的很多问题是因为城市管理者在城市的规划、建设和发展过程中的缺乏经验导致的，不应该简单地把"城市病"和大城市画等号；另一方面，城市是一个有机生命体，正如人体不存在绝对健康状态一样，重要的是头脑清醒，工作生活无碍。城市也是这样，只要保持经济活力、社会稳定，基础设施高效运转，就可视为"健康"的城市。

　　"城市病"是发展中出现的问题，可以通过法治、政策、前端控制或后期努力加以改善。如果仅仅为了避免"城市病"就转而鼓励发展小城镇，无异于因噎废食。与大城市相比，小城镇问题正好相反。虽然交通、治安问题没那么突出，但存在缺乏活力、投资吸引力不足、人才流失、生活水平较低等问题。人们能享受的各种生活内容与大城市相比，有较大差别。"严格控制大城市"非但不能使污染总量减少，"积极发展小城镇"还会导致污染总量增加，污染源分散化，治理更加困难，这些可谓之"小城镇病"。

　　怎样处理"大城市病"固然重要，而更重要的是避免耕地减少、污染分散化、基础设施低效率等"小城镇病"。事实上，大城市的综合效益更符合可持续发展的要求：第一，星罗棋布的小城镇对耕地的蚕食远大于特大城市；第二，与小城镇将污染源分散化相反，大城市污染物因集中而便于处理；第三，从城市化人口替代的关系上讲，1995 年大城市人均城市用地 80 平方米，小城镇 150 平方米，这意味着每增加 100 万大城市人口来替代 100 万小城镇人口，将少占 10 万亩耕地。而且，恰恰是因为大城市具有的规模经济，反而有利于更好的解决大规模就业、提高收入和公共服务均等化等问题，西方发达国家在大城市发展方面的实际经验也在证明这一点。

实践是检验真理的唯一标准。伴随大城市蓬勃发展的是政府及理论界对原有"小城镇为主发展道路"的反思和调整，越来越多的专家认为，小城镇化并不利于最大限度地激发并利用要素，发展大城市和城市群才是中国的不二选择。

2008 年 1 月实施的《城乡规划法》已不再有"控制大城市规模"的字眼。十七大也明确提出"走中国特色城镇化道路，按照统筹城乡、布局合理、节约土地、功能完善、以大带小的原则，促进大中小城市和小城镇协调发展"。之后，一系列区域发展规划、城市群发展规划的陆续出台也反映了政府决策的悄然变化。十二五规划纲要中也明确提出，要按照统筹规划、合理布局、完善功能、以大带小的原则，遵循城市发展客观规律，以大城市为依托，以中小城市为重点，逐步形成辐射作用大的城市群，促进大中小城市和小城镇协调发展。

如果把小城镇和大城市看作中国的城市化道路天平的两端，那么中国现在的选择无疑正在逐渐走向平衡，不再坚持向"小城镇主导论"一边倒，这种变化是值得欣慰的。然而，近 30 年对"小城镇"的固执和坚持显然不能在朝夕之间完全改变，现在理论和政策层，还存在和中国城市化大命运抗争的幻想。

三、中国城市化路在何方？

中国面临的问题是西方国家没有经历过的。中国城市化道路没有完美的选择，必须利弊相权，立足中国的现实国情来谈城市发展问题。中国的基本国情是将近 15 亿的庞大人口、可利用的土地有限、全面实现小康社会的发展目标。脱离这个起点，中国的城市化问题便无法解决。中国城市化要立足最基本的国情，把握最核心要素，重大体、顾大局，不仅仅要解决当代人的发展和民生问题，还必须为后人的可持续发展留下空间，这是认知中国城市化道路的出发点。面对中国城市化的三大刚性约束，政府和理论界必须抛弃自己的幻想，勇于面对中国城市化的必然命运。

（一）重新审视大城市的价值

中国的城市化是一个空前复杂的系统，以至于斯蒂格利茨将中国的城市化视为21世纪对世界影响最大的两件事之一。而在中国的种种现实约束下，中国小城镇在资源配置效率、人口承载能力、经济发展水平和公共服务供给能力上的低下，决定了以小城镇为主的城市化道路必然无法真正实现中国的城市化发展目标。

中国小城镇建设之所以困难重重，最主要的原因是"动力倒置"。在早期工业国家，小城镇是城市带或城市群的重要组成部分，小城镇从大城市的发展中寻求产业合作和发展动力。可是，在中国，大多小城镇散落于农村大地，更多是从农村地区集聚资源。中国小城镇对农村人口的吸收大多是通过乡镇企业来进行的，但是实际情况是，大多乡镇企业分散在农村内部而非建制镇。我们要明白的是，小城镇不是特定区域的独立王国，其发展的根基虽然在农村大地，但是离开了更广阔的经济社会环境，其竞争优势也会暗淡无光，仅仅着眼于小城镇辖区的发展，是没有出路的。

因而，对于小城镇的发展，必须要转换思路，不能采取"撒胡椒面"的方法，而应该重点关注县域城镇、城市群周边城镇的发展。要根据小城镇自身的区位和资源优势，推动小城镇从更广阔的空间寻求动力，积极主动地争取产业合作、融入中心城市区域，制定联结区域市场、辐射农村腹地、突出发展特色的发展战略，真正进入到"区域需求—城镇沟通—带动农村"的体系中来。通过实现大城市与小城镇的有效衔接，形成高效的城市系统，符合资源环境承载力的要求。

与小城镇相比，虽然大城市面临种种"大城市病"，但随着城市管理理念及手段的不断改进和完善，这些问题完全可以改善和控制在民众可以接受的程度之内。而城市的价值在于人的聚集，大城市的价值在于人口大量聚集。一方面，人的聚集可以产生不依赖自然资源的多样化的服务业，如专门满足各种需求的行业等。人口数量的增加能够逐步支撑起更多的行业，满足人们日益多元化的需求；另一方面，通过人与人之间的多层级互动，可以提高单位资源的利用效率。在大城市这个复杂的人类集聚体中，物质、能量和信息等结合在一起循环往复，往往体现出整体大于部分之和的效果。

事实上，即使是英国、法国、德国等追求"花园城市"的国家，城市化发展也始终离不开伦敦、巴黎和柏林等大城市的带动。这里有一个有趣的细节，各界著名的华裔环保人士中，76%居住在百万人口以上的大城市中，而不是小城镇和乡村中。

近年来，围绕在大城市周边的中小城市及小城镇开始逐渐发挥其对大城市的功能互补作用，为中小城市（城镇）的发展提供了新的机制。北京、上海、广州这样人口过千万的特大城市（或超大城市），和他们周边密集的小城镇，无疑将在城市化进程中扮演举足轻重的角色。

表9-2 我国著名环保人士相关信息

环保人士	社会身份	现居地	环保人士	社会身份	现居地
廖晓义	北京地球村环境文化中心创办人兼主任	北京	陈法庆	农民	杭州市余杭区仁和镇奉口村
董东欣	中山大学南方学院环保协会会长	广州	周兆祥	退休大学教师	香港
张正祥	农民	昆明市西山区富善村	汪永晨	"绿家园志愿者"民间环保组织创办人	北京
田桂荣	新乡市环保志愿者协会会长	新乡	吴创之	中科院广州能源研究所常务副所长	广州
马书钊	护鸟人	洛阳孟津	王显明	退休工人	上海
解焱	中科院动物所学科交叉研究促进中心主任	北京	哲夫	山西省作协副主席	太原
陈泽峰	丰泉环保集团董事长	福州	才嘎	青海可可西里国家级自然保护区管理局局长	可可西里
刘鉴强	双语环境新闻网站"中外对话"副总编辑	北京	徐大鹏	"自然之友"武汉小组负责人	武汉

环保人士	社会身份	现居地	环保人士	社会身份	现居地
梁从诫	环保组织自然之友会长	北京	陈义龙	武汉凯迪控股投资有限公司董事长	武汉
曲格平	全国人大环境与资源保护委员会主任委员	北京	章琦	策划专家	北京
许国栋	建工金源掌舵人	北京	谷成	山东绿色协会会长	大连
林英	福建省绿家园环境友好中心主任	福州	白春兰	宁夏白春兰沙产业开发公司董事长	宁夏沙边子村
吕春明	新浪论坛写手	泰安	李启文	乡村教师	鹤岗市萝北苇场
吴昌华	气候组织大中华区总裁	北京	袁克良	退休工人	太原慕云山
孙丽萍	哈尔滨绿大地环保科技开发有限公司董事长	哈尔滨	廖秀冬	香港环境运输及工务局局长	香港
王自新	北京鑫馨洁能废旧物品回收有限责任公司创办人	北京	舒勇	艺术家	深圳
霍岱珊	淮河卫士（环保NGO）会长	周口市沈丘县			

表9-3　国外著名环保人士相关信息

中文名	英文名	社会身份	现居地
阿尔·戈尔	Albert Arnold "Al" Gore, Jr.	第45任美国副总统	美国
拉尔夫·纳德	Ralph Nader	检察长、作家、演说家、政治活动家	美国
理查德·欧贝瑞	Richard O'Barry	动物训练家	美国
海蒂·潘妮迪亚	Hayden Panettiere	著名影星	美国
罗伯特·雷德福	Charles Robert Redford, Jr.	知名奥斯卡获奖导演、演员	美国
斯蒂芬·西格尔	Steven Seagal	动作片演员、监制、剧作家、导演、武打教练、歌手	美国
皮特·西格	Pete Seeger	著名民歌歌手	美国
盖瑞·施耐德	Gary Snyder	诗人、随笔作家、演说家	美国
希尔达·索利斯	Hilda Lucia Solis	第25任美国劳工部长	美国
奈杰尔·马文	Nigel Marven	演艺主持人	美国
马修·连恩	Matthew Lien	创作歌手	加拿大
卡罗琳·斯佩尔曼	Caroline Spelman	英国环境大臣	英国

注：名单根据互动百科"环保人士"词条名录

"大城市并不是一个孤立的系统，小城镇是对大城市的有效补充。大城市的发展需要周边地区的支撑和协调，而大城市作为区域的一个关键节点，更是与周边中小城市、小城镇乃至农村地区存在密切的联系。"[1] 孤立地发展大城市，无疑将在已有"农村—城市"二元结构的基础上再增加一层（"农村—中小城镇—大城市"），这显然也不是我们所需要的城市化。因此，只有将大城市融入区域发展之中，与周边中小城市、小城镇形成相互支撑、相互影响的网络结构，才能更好地发挥其价值与作用，这种以大城市及特大城市为核心的城市群，应是中国城市化的必然选择。在城市化的道路上，中国也应该必须集中精力去解决好大城市病。

（二）大城市传统发展路径的困局

中国城市化的实现道路绝不会一帆风顺，理念的保守、资源的贫乏、经验的不足，使得本就布满荆棘的中国城市化进程又增加一番坎坷。正如之前多次提到过的，"大城市病"无疑是大城市及特大城市发展过程中所必须面对的首要问题：众多的人口拥挤在空间有限的城市，住房紧张、交通紧张、就业压力大大增加；社会分化加剧，贫富悬殊扩大，在一些地方形成"城中村"，甚至出现社会治安的严重恶化……这虽然与城市人口的快速增长有关，但更多的是面对人口增长缺乏前瞻性判断、缺乏有效的应对之策所致，也是城市建设和管理不善所致。事实上，即使是目前看来对各类城市问题解决得较好的伦敦、纽约、东京等所谓的"世界城市"，在其发展过程中也一样经历过"大城市病"的种种"阵痛"。

另一个方面来说，城市是建立在一种自然环境下的人工环境，城市越大，对自然生态循环造成的压力就越大。以汽车尾气为例，正常的空气循环和环境自净可以处理一定量的废气，但是当城市排出的尾气远远超过城市环境的空气循环或者自净所能处理的总量时，平衡会被打破，也很难修复。又如水资源问题，垃圾处理问题等等在城市越来越大的发展趋势下，呈现出更严重的非线性发展。

---

① 张利庠、缪向华：《韩国日本经验对我国社会主义新农村建设的启示》，《生产力研究》，2006 年第 2 期。

（三）模式创新是破解困局的唯一出路

选择走大城市化道路不但需要解决"大城市病"，而且还要处理好城市群内部各城市之间的关系。相对小城镇和中小城镇而言，大城市已经是一个相当复杂的构成，而城市群无疑是在大城市基础上的一个更加复杂的系统。无论是跨省市的双核城市群，如京津冀城市群和成渝城市群，还是跨省市的单核城市群，如长三角城市群等，都要面对错综复杂的城市间、城乡间、区域间关系，破解一系列的难题：如何处理城市间的竞争，如何在区域内合理调配资源，如何发挥大城市对中小城市及小城镇的带动作用，如何实现城乡统筹……

中国传统的城乡二元结构、多年的政府管理模式、相互独立的基础设施系统、各自为政的区域管理体系、标准不一的公共服务系统，都不仅仅是编制和出台一个区域规划就能解决的问题，而需要发挥社会各界、城市管理者、上级政府部门甚至中央政府的智慧才有可能找到出路。

已经产生的种种"城市病"充分说明了当今模式下城市化的问题，要解决这些问题并找到一条适合中国城市化的路线需要创新来解决。这个创新既不是照搬西方经验，又不是拘泥于中国固有的城市发展惯性，而是站在实践的基础上，总结、反思、再总结、再反思来实现的。

首先，现状模式已经不能适应城市的健康发展。适应性造就复杂性，在如今的城市化过程中为了让城市可持续、健康的发展，必须对现如今造成城市问题的种种措施做调整。这提醒我们在城市化过程中，要尊重自然规律。对自然环境中的资源的过度采用，以及对自然环境的废水、废气、垃圾等排放，使得大城市周围布满了大大小小的垃圾厂，垃圾围城已成为现实，这就必须调整现状的垃圾排放模式，重视废物循环处理，减少垃圾排放。还要尊重全面发展。在如今的城市化中，基础设施这个本该最坚硬的系统却是很脆弱的。2011 年中国各地发生"大水淹城"现象，频繁暴露出基础设施弱化的问题。基础设施的建设速度跟不上城市发展的速度，直接导致了很多城市病的产生或者恶化。另外要更尊重长期性。中国现阶段建筑物的使用寿命约 30 年，不断拆除重建，加速了城市进度，但是忽略了长久性。这种不断拆除和重建创造的 GDP 仅仅是光鲜的数字，也是暂时的光芒，不但造成了资源的严重浪费，也向大自然排放了大量的垃圾。

其次，照搬其他国家的模式不适合中国，中国只能探索自己的出路。与世界上其他国家相比，由于中国城市化的基础条件不同，历史进程不同，面对的外部条件也不同，必将导致中国的城市化发展模式，与欧美等国家的发展模式不同。中国的城市化进程中必须进行理论创新，才能为大城市主导的城市群发展模式确定理论支撑。

西方城市发展理论的基础与中国现实有着巨大的差异。西方的人口少，人均国土面积较大、自然资源条件较好，所以，花园城市是他们通常的目标取向。中国在 2010 年底，400 万以上人口城市有 10 个，200万—400万人口城市 15 个，100 万—200 万人口城市 37 个①，显然与西方的国情不同。因此，在城市研究的基本标准方面更需要立足中国的特有国情，确定中国的城市规模划分标准，并以此作为理论研究、政策制定的基础。

最后，中国是世界上封建统治时间最长的国家，基于现代产业的城市化起步晚，对大城市的经营管理经验更是欠缺，在此过程中又结合了政治体制改革、工业化和信息化进程，其复杂程度和困难程度是其他国家难以比拟的。可以想象，实践过程中必然面对管理体制、业务机制、服务机制的全面变化，这种变化是从理念到实施的全面转变，是一场触及社会综合利益的深刻变革。

即使坚定了理论创新的决心，并按照理论指导去勇于实践，中国城市化道路仍将是一个复杂、反复的过程。以大城市为主导的城市群是人类至今为止建设的最复杂系统之一，中国复杂的社会、历史和文化环境，会使得这一过程的复杂性进一步成倍增加，这一过程将从达成理论认识的共识开始。我们期待看到，凭借中华民族强大的行动能力和韧性，理论蓝图将逐步变成美好现实，向世界证明，中国的城市发展解答了一个前所未有的难题。

---

① 资料来源：《2010 年中华人民共和国全国分县市人口统计资料》。

第十章

国情决定个性：多样的城市化道路

> 在城市化的进程中，是什么开启了城市化发展的大门？什么才是城市化发展的最要命的环节？如何实现规划的权威性和科学性？如何解决城市化过程中大量流动人口的就业和生活？怎么保障公共服务的公平性、公正性？贫民窟问题是否是发展中国家的"专利"？

很多国家已经经历了数十年、乃至上百年的漫漫城市化历史长河。像西方的英国、美国等发达国家，开始现代城市化历程已有上百年时间。其间，既有成功的典范，也不乏失败的教训。中国、印度和巴西等发展中国家在城市化中都经历了哪些困惑和问题？这都是这一章里想要探讨的问题。在本章中就让我们一起放眼全球，一起回顾和展望一下全球一些主要国家的城市化发展的历程，并好好利用这块"他山之石"，用以"攻玉"。

一、英国——第一个迈进城市化门槛的国家

当我们回顾世界城市化发展的时候，伦敦、伯明翰、利物浦等熟悉的名字又会重新活跃在我们眼前。英国，依靠在工业革命中获得的发展优势，曾经建立了人类历史上最为辉煌的日不落帝国。作为工业革命的发源

地，依靠技术进步和产业发展，18世纪的英国率先拉开了人类城市化进程的帷幕。因此，要分析城市化的起源和发展路径，我们首先要分析的就是英国的城市化发展之路。

（一）发展历程：外贸推动、工业革命作用突出

英国是工业革命以来世界上第一个迈进城市化门槛的国家①，对于其他国家的城市化具有历史借鉴意义。有趣的是，英国城市化是一个突变的过程；不是以封建城镇为依托，而是在一些村庄和工矿区发展起来的。

早在16、17世纪，英国就开始进入一个早期的、尚未成熟的原工业化时期。出现了400—500个工业村庄。工业村庄是介于村庄和城市之间的过渡形式。原工业化的劳动者是从事农业生产的农民，但又不是一般意义上的农民，他们在从事农业生产的同时又从事家庭工业。之所以发生城市手工业的衰退并向农村转移，有两个方面的原因，一是受削减劳动力成本的驱使，二是为避开城市行会的干预和限制。与传统手工业不同，家庭工业产品主要不是满足本地市场，而是主要为远距离的外地市场特别是海外市场提供产品。随着地理大发现和大西洋贸易圈的形成，海外市场需求不断增加成为原工业化的持续动力。它的发展促进了商业、运输业和服务业的发展。这些村庄主要分布在市场或港口区。在水源充沛、落差较大的河谷地区，出现纺织作坊，后发展为纺织基地，因为早期纺织机需要水力作为动力，此外还有矿产区，如伯明翰和谢菲尔德。

到了17—18世纪，英国城市化的主要动力因素是对外贸易。欧洲贸易经济中心由地中海转向大西洋，使得英国具有最为优越的地理位置，加之英国推行重商主义政策，鼓励发展航运事业。17—18世纪英国的对外扩张和海外殖民贸易活动进入一个待续发展时期，这一时期英国借助于对欧洲、美洲殖民地、西印度群岛、印度的贸易和掠夺，极大地促进了国内工商业的发展。而遍及全国的工业村庄，正是在工商业的发展中，互相促进，互相依存，形成了以乡村工商业为依托的中小城镇。这时期中小城镇

① 田娜：《英国城市化问题与政策述评》。http：//rurc. suda. edu. cn/ar. aspx? AID = 466。

大约已达到了 700 多个，这些小城镇的发展初期经历了一个极为缓慢的孕育生成阶段，但并不是一个自发的过程，恰恰需要某种外在因素给予影响和作用，以便使其能延续和发展下去。商业的发展正是这种外部因素。这些因素激发了中小城镇的活力，并使其具备了新的职能。

这一时期英国中小城镇向两个方面发展：第一，强化了手工加工业职能，以几项手工业发展为特色，同时又对四周乡村的初级产品进行加工，形成了以加工为中心的工业城镇，如拉文翰、蒂弗顿、曼菲尔德、哈利法克斯、威克菲尔特、曼彻斯特、波尔顿和伯明翰等。第二，另一些城镇强化了商业职能，表现为一些乡村工业村庄把本地的工业产品向外输出，另一方面又担负起为本乡村工业调进原材料的职能。同时发展了零售商业，并成为小城镇商业经营的主要形式，而且出现了各种专业市场。这一类属于商业小城镇。以利物浦发展为例，它由一个小山村发展成为一个仅次于伦敦和布里斯托尔的大商业港口城市，1709 年经常出入利物浦的船只已达1092 艘，货物 27210 吨，1750 年进出口吨位达到 65000 吨。

18 世纪 60、70 年代之后，生产力和生产的组织形式开始发生了重大变化，机器生产逐步取代手工劳动，工厂制逐渐排挤了手工工场和家庭作坊，蒸汽机代替风力和水力等自然力成为主要动力，由此拉开了工业革命的序幕。英国近代工业中心正是在原工业化地区，即"工业村庄"的基础上形成的。随着工厂用蒸汽代替水力成为主要动力，附近更大范围的农村工业开始向中心集中，形成新的工业中心。

许多中小城镇，按不同的类型发展成不同的城市，如曼彻斯特、索尔福德、博尔顿、普雪斯顿、斯托克波特、奥尔德等城市成为以棉纺织业为主的工业城市，斯洛普、任斯特、斯塔福德形成以采矿和冶金为主的工业城市，利兹、哈德斯、菲尔德是毛纺织业的城市①。

与工业革命和城市化同时发展的还有运输革命。这一时期英国的运输业极为繁荣：运河、汽船、公路、公汽、铁路等等把英国的内陆城市与沿海城市连成一片，大大促进了商品流通和人口流动，同时带动了许多相关

① 中外城市群发展及其对中原城市群的启示，中国城市发展网。http://www.chinacity.org.cn/csfz/fzzl/67582.html。

商贸服务业的发展，如建筑业、邮政通讯、商业服务、教育科技、文化娱乐和金融保险等等。由于新兴产业的出现，吸引了大批农村人口涌入城市，1850 年城市人口已占总人口的 50.2%①，英国从一个以农村为基础的乡村社会，转变为工业和商贸服务为基础的城市社会，基本实现了城市化。

圈地运动的促进作用

18 世纪初期至 19 世纪中期的"圈地运动"，加速了破产农民向城市转移，为产业革命提供了劳动力，客观上推进了城市化的发展。

英国资产阶级取得决定性胜利之后，城市工业进一步发展，城市人口急剧增加。因此，对农产品的需求日益增加。地主贵族生产肉类和商品粮以供应城市的需要，扩大投资，改善土地的生产能力，同时加速圈地。资产阶级也大力鼓励圈地。政府通过议会立法使圈地合法化。地主贵族依靠国家机器，强迫农民服从圈地法案。农民无力负担圈地费用，或因失去公有地使用权而无法维持生产和生活，被迫出卖土地。随着 1701 年条播机的发明，农业生产技术的革命掀开帷幕。18 和 19 世纪，英国议会通过 4763 件有关圈地的法案，共批准圈占 269 万公顷共耕地和公有地。1845 年以后，圈地运动已近尾声。1876 年，圈地运动才正式结束。

在圈地运动中，以农民的血肉和尸骨换来了农业资本主义的大发展。到 19 世纪末，约曼虽有 6 万多户，但作为一个阶级已经消失②。大部分破产农民流入城市，成为雇佣工人和产业后备军，为产业革命提供了廉价劳动力。这无疑加速了劳动力向城镇集中和大工业中心的形成。③

比比皆是的贫民窟

工业化时期由于大量农村人口进入城市，使得原有的基础设施和其他公共服务设施不堪重负，住房供应不足问题严重。仅伦敦万人聚居的贫民

---

① 纪晓岚：《英国城市化历史过程分析与启示》，《华东理工大学学报》，2004 年第 2 期。

② 英国对圈地运动的态度。http：//www.lsqn.cn/WorldHistory/sj/201005/248652.html。

③ 圈地运动。http：//www.zxxk.com/ArticleInfo.aspx？InfoID＝35459。

窟就有 20 个以上，这些贫民窟成为"霍乱国王的巢穴"。创造财富的工人，住在城市中最糟糕的地区和最简陋的房屋里，房子质量差，采光、通风及卫生条件都极恶劣。有的贫民住宅甚至 1/3 的空间都在地面 4—5 英尺之下的地下室里，通风不良，且异常潮湿。曼彻斯特市内有 2 万人住在地下室里，占工人数的 12%。在利物浦，每 6 人中有 1 人住在地窖里。[①] 可见，贫民窟并不是当代发展中国家的特色，只要不能处理好城市产业发展与基础设施、公共服务的关系，在城市化初期经济与就业都可能呈现高速增长的态势下，从而引发包括贫民窟在内的严重的城市病。

"雾都劫难"，人类环境保护史上的里程碑

1952 年 12 月 5 日，一场灾难降临了英国伦敦。地处泰晤士河河谷地带的伦敦城市上空处于高压中心，一连几日无风，风速表读数为零。大雾笼罩着伦敦城，又正值城市冬季大量燃煤，排放的煤烟粉尘在无风状态下蓄积不散，烟和湿气积聚在大气层中，致使城市上空连续四五天烟雾弥漫，能见度极低。在这种气候条件下，飞机被迫取消航班，汽车即便白天行驶也须打开车灯，行人走路都极为困难，只能沿着人行道摸索前行。由于大气中的污染物不断积蓄，不能扩散，许多人都感到呼吸困难，眼睛刺痛，流泪不止。伦敦医院由于呼吸道疾病患者剧增而一时爆满，伦敦城内到处都可以听到咳嗽声。仅仅 4 天时间，死亡人数达 4000 多人。这就是骇人听闻的"伦敦烟雾事件"。[②]。酿成伦敦烟雾事件的罪魁祸首是冬季取暖燃煤和工业排放的烟雾，逆温层现象是帮凶。伦敦工业燃料及居民冬季取暖使用煤炭，煤炭在燃烧时，会生成水、二氧化碳、一氧化碳、二氧化硫、二氧化氮和碳氢化合物等物质。这些物质排放到大气中后，会附着在飘尘上，凝聚在雾气上，进入人的呼吸系统后会诱发支气管炎、肺炎、心脏病。当时持续几天的"逆温"现象，加上不断排放的烟雾，使伦敦上空大气中烟尘浓度比平时高 10 倍，二氧化硫的浓度是以往的 6 倍，整个伦敦

---

① 李冈原：《英国城市病及其整治探析——兼谈英国城市化模式》，《杭州师范学院学报（社会科学版）》，2003 年第 11 期。

② 史志诚：《1952 年英国伦敦毒雾事件，毒理学史研究文集》，2006 年 9 月。

城犹如一个令人窒息的毒气室一样，[1] 由此引发数千人的死亡，成为当时震惊世界的事件。

▇浓雾中的伦敦滑铁卢桥，著名画家莫奈的油画作品，现收藏于俄罗斯冬宫博物馆。

　　迫于形势，英国的立法机构高度重视此次事件。他们经过 4 年的专门研究，终于在 1956 年颁布了世界上第一部治理大气法律——《空气清洁法》，禁止在首都地区燃用烟煤。政府开始大规模改造城市居民的传统炉灶，冬季采取集中供暖，在城市里设立无烟区，禁止烧煤，并加强了城市的绿化工作。1968 年、1974 年，英国政府又先后出台法案，要求工业企业建造高大的烟囱，加强疏散大气污染物，并规定工业燃料里的含硫上限。针对城市规模一天比一天扩大，工厂的数量不断增加造成的隐患，伦敦市内逐步改用煤气和电力，并把发电厂和重工业设施迁到郊区，使城市大气

---

　　① 　20 世纪环境警示录。http：//www. xmems. org. cn/cgi – bin/ut – topic – print. cgi？id = 16940。

污染程度降低了80%。① 英国政府制定了《环境法》，确保环保政策和措施的实施②。在伦敦，在公共场所乱扔废物被认为是一种犯罪行为，最高处以2500英镑的罚款；在公共场所严禁吸烟，违者最高罚款1000英镑。此外，卫生部门为居民发放特制的垃圾分类箱，组织卫生人员分片包干街道卫生。伦敦还积极增设公园和绿地，实现城区内不露泥土，市郊还建立了10多座卫星城，减少城市的拥挤现象……

经过多年的不懈努力，伦敦的环境完全变了样，拨开了烟雾重见了天日。现在，伦敦的太阳光比20世纪60年代增加了大约70%。泰晤士河的水变清了，绝迹一百年的游鱼回来了，河边重见垂钓人了。更令人欣慰的是，插枝难以成活的花卉很容易萌发，百花开得更加鲜香，绝迹多年的百余种小鸟都回来了。如今，伦敦市区公园星罗棋布，林木葱郁，绿草如茵，鸟语花香，伦敦再不是熏死人的"雾都"，成为一座无烟而洁净的城市了。③

其实，伦敦烟雾事件并非是1952年才第一次出现，早在1837年2月的一次事件中即有268人死亡，在历史上有据可查的重大事件也有12起，受害总人数接近万人。20世纪50年代末，英国政府采取了一些措施，使伦敦市的空气污染程度逐渐减轻，1965年以后再也未见新的烟雾事件出现。从中我们可以看出，只要加强法制建设，提高公众的环保意识，加强环保科学的研究，人为的城市灾害是完全可以避免的。④

（二）英国城市化发展特征

1. 城市化与工业化同步进行

英国工业革命从根本上动摇了传统的物质生产结构。这场工业革命在

---

① 二十世纪八大公害事件之一：伦敦烟雾事件。http：//www. chinaenvironment. com/view/viewnews. aspx？k＝19521205144709468。

② 黄安年：《环境保护运动和西方发达国家保护环境对策》，《当代世界五十年》，四川人民出版社1997年版。

③ 汪勤模：《1952年英国伦敦烟雾事件分析》，《气象知识》，2004年。

④ 伦敦烟雾事件的原因剖析与启示。http：//www. chinajz. gov. cn/system/2009/02/23/011033635. shtm。

城市中发生，因而城市被称为工业革命的摇篮，反过来，在城市发生的工业革命又极大地促进了城市的发展。工业化强化了地域分工，促使工业在地域上集中，并促进了商品交换，出现了一大批以工业和商业经济职能为主的新城市。所以，英国的工业化也就是城市化，两者互为因果、并行发展。工业革命开始后，由于资源布局的影响，英国经济中心由南向北转移，新的工业城市在北部和西部兴起，人口也发展了相应的流动。1801年，英国农业劳动力占总数的35%，农村人口也占35%，到1870年，农村人口仅占14.2%，城镇人口则增加到85.8%。①

2. 城市路网网络系统完善带动区域城市化发展

英国国土面积小，地理差别不大，河流和运河纵横，公路和铁路密如蛛网，方便的交通把全国大中小各类城市联结起来。② 城市发展的相对集中，形成城市密集性地区。由于各区域间不同的地理、历史、经济、文化和政治背景，呈现出有差异性，即区域城市化。农村人口的大转移，使城市由小变大，由少变多，促使新城市的诞生，导致城市群的出现。

3. 城市化中农业做出较大牺牲

从某种意义上来说，英国农村剩余劳动力的转移，是以牺牲农业为代价的，英国在人口城镇化过程中所需要的粮食和作为原料的农产品主要来自国外。18世纪60年代，英国生产的粮食可以满足本国需要，而且可以出口。但到了19世纪中期，英国的农业生产停滞不前，英国消费的粮食、肉类和农业原料越来越依靠从外国进口。1852—1859年，国内小麦消费量的26.5%是靠进口供应的③。1868—1875年间，进口供应的比重增至48%以上。1910年，粮食的自给率只有35.6%，棉花全部靠进口。英国以前是大量出口羊毛的国家，在1850—1854年间，平均每年进口羊毛达4322.08

---

① 从城市化的视角看民工潮。http：//2010jiuban. agri. gov. cm/jjps/t20030513_82361. htm。

② 18—19世纪法国城市发展缺陷及其对近代化的影响。http：//www. history kingdom. com/read－htm－tid－51888. html。

③ 楚静：《发达国家农村剩余劳动力转移模式及启示》，《湖北社会科学》，2008年2月。

万公斤，到 1870—1874 年间，更增至 13937.8 万公斤。其二，对于农村剩余人口，英国将其向殖民地转移，从而实现农村剩余劳动力转移。英国曾经是世界上最大的殖民主义国家，殖民地国家也就成了英国农村剩余劳动力的主要流入地。据统计，仅 19 世纪的 100 年中，爱尔兰向美洲的移民就达到 500 万人之多，以至于在美国的爱尔兰人比在爱尔兰的爱尔兰人还多。英国农村剩余劳动力在经历了资本积累初期的困苦后，其转移逐步转入正轨。特别是在 20 世纪初期后，农村剩余劳动力持续、缓慢地向工业、第三产业转移，到 1975 年农业人口在全部就业人口中的比重已经下降到了 2.7%，此后便保持在一个比较稳定的规模。[①]

4. 城市化部分启动资金源于殖民掠夺和对外贸易

通过大量的对外贸易、殖民霸权及侵略战争掠夺积累了大量资本，为城市化进程准备了大量的启动资金。例如，东印度公司在印度经常采用掠夺手段获得相当于商品价值 20 倍的暴利。从 1600—1708 年，该公司的股本增加了 50 倍。在 1757—1815 年间，英国仅从印度搜刮的财富就达 10 亿英镑。18 世纪 80 年代，利物浦每年从奴隶贸易中获得的纯利达 30 万英镑。

（三）发展启示

英国作为世界上最早进入城市化的国家，是在毫无经验可循、摸着石头过河的情况下进行的，英国城市化走的是"先发展，后治理"的路子，也深深地受到"城市病"问题的困扰，对于当今发展城市化的中国而言，无疑将提供诸多启迪。

1. 发展以大中城市为主导的城市化道路

英国近代工业化的发展历程，表现为大中城市急剧发展，而小城市的发展速度则相对缓慢。以伦敦为首的十大城市的发展速度一直远远超出其他中小城市，在 1851 年英国基本实现城市化时，十大城市的人口占全国总人口的 23%，这些大中城市在各自的领域内有巨大的辐射力和影响力，全

---

① 国外小城镇发展的经验及借鉴。http：//www. zxcsjs. org/hkzy – neirong. asp? id =1796。

面带动城市周边经济的发展，成为"集中型城市化"的典范。从现状看，十大城市的人口比重达到 31% 左右，较 1851 年略有提高。以首都伦敦为例，1801 年有 96 万人，1901 年达 634 万人，成为当时世界上最著名的大都会之一。

2. 政府的干预与调节对城市化具有重要作用

毫不夸张地说，英国自由放任的城市化发展模式使全社会各阶层都为此付出了极大的代价，1952 年发生的伦敦烟雾事件就是实证。为了补偿自由放任城市化模式带来的损失，英国不得不利用法律法规并推行"福利国家制度"，以弥补这种自由放任城市化模式所造成的一系列社会发展断裂。政府利用法律手段调节城市化。19 世纪中期以来，英国颁布了一系列法规，1824 年英国国会通过了自 1601 年起实行的《济贫法》的修正案，建立了为贫困无助者提供居住和工作的济贫制度。但济贫院的恶劣状况成为无家可归者的可怕归宿。1848 年和 1875 年两次通过《公共卫生法》才开始付诸实施。1866 年通过了《环境卫生法》。1909 年，英国通过了第一部涉及城市规划的法律《城市规划法》，标志着城市规划作为一项政府职能的开端。1947 年，英国颁布了《城乡规划法》，同一时期颁布的专项法包括 1945 年的《工业分布法》，1946 年的《新城法》，1949 年的《国家公署和乡村通道法》和 1952 年的《城镇发展法》，据统计，自 1909 年以来，英国先后颁布了 40 余部关于城市的法规条例。[1]

3. 城市化发展必须与环境"友好"相处

从英国伦敦烟雾事件的发展可以看出，城市化过程中必须要保障发展与环境的和谐，否则城市化过程中取得的成绩都将归于零。城市化所产生的资源环境问题，关键不在于城市化本身，而在于城市化的发展方式和当期的重点发展目标是否与资源环境相协调。因此在城市化过程中，要考虑如何在城市化和经济增长的同时，减少资源环境的损失，需要通过政策干预、经济和技术手段达到最优的资源开发价值、最优的污染控制水平，使城市化经济效益最大化的同时，资源与环境效益也最大化。中国各地城镇

---

① 纪晓岚：《英国城市化历史过程分析与启示》，《华东理工大学学报（社会科学版）》，2004 年第 2 期。

在发展过程中普遍存在重经济增长、轻资源环境保护，重眼前利益、轻长远利益，重局部发展、轻区域协调发展的问题，值得警醒。

二、德国——精英构想和准确实施的典范

德国是欧洲发达的资本主义国家。国土面积 35.7 万平方公里，人口 8211 万（2008 年），人口密度为 230 人/平方公里。2008 年 GDP 达到 3.8 万亿美元，城市化率超过 83%。德国现有耕地面积 1197 万公顷，约占其国土面积的 33.5%。森林覆盖率达 1/3，适合居住面积约占到 33%。

（一）发展历程：城市化与工业化同步、大中小城市均衡发展

德国城市的兴起与工业化几乎同步进行。19 世纪中期，工业革命开始之后，整个经济结构发生了变化，农业人口向工业、商业和服务性行业流动。大批劳动力从农村转移到城市，又加速了德国工业化和城市化发展进程。[①]

19 世纪上半叶，德国仍属于分裂状态，境内完全独立的 39 个邦国成立了"德意志同盟"，"德意志同盟"是各邦国之间的一个松弛的邦联组织，各邦仍享有完全独立的主权。此时德国的农村人口依然多于城市居民，农业产值在整个国民经济中占绝对的支配地位。尽管如此，农村多余劳动力，尤其东部农业区的人口逐渐向城市转移，城市的经济开始获得较快发展。有些大中城市已初具规模，例如柏林人口 17.2 万、汉堡 13 万、德累斯顿 6 万、科隆 5 万左右、布勒斯劳 6 万、莱比锡 4 万、慕尼黑 3 万[②]。它们都是德国城市化的基础，有一定的文化和商业设施，有比较发达的工场手工业。同期，德国的小城市也有发展，分布比较广，如巴门的人口已达 1.3 万、埃尔伯弗尔德 1 万、勒姆施艾德 0.7 万、哈根 0.2 万。

---

① 肖辉英：《德国的城市化，人口流动与经济发展》，《世界历史》，1997 年第 5 期。

② 叶齐茂：《德国可持续发展的城市化进程》，《城乡建设》，2010 年 7 月。

19世纪中期到1871年，德国东部一些城市人口增长已经超过农村人口增长的速度，大批农村劳动力转移到城市。德国工业革命以来，工业的发展首先集中在城市和原料产地，城市中的工业部门能够给农村流动人口提供工作岗位，为他们创造生存和发展的机遇。例如鲁尔、莱因地区的新兴工业区、萨克森和上西里西亚、柏林地区，曾经是手工业较为发达的地区，工业革命以来已明显地呈现出城市化的新面貌，成为工业、商业集中的地区。同时这些城市不断沿公路、铁路线向外扩展，城市面积不断扩大，人口也迅速增加。在一些较大的城市里，人口增加极快，如柏林在1850年人口已达41.9万、慕尼黑11万、科伦9.7万、布勒斯劳11.4万。城市人口不断增加，表明城市经济不断繁荣和发展。①

第一次国家实现统一

1871年德国实现了统一，城市化水平得以迅速提高。1871年，在普鲁士王国的基础上建立的德意志帝国，使德国第一次形成了民族国家。国家统一对于城市发展具有较大的推动力。城市化率由1871年的36.1%增加到1910年的60%，期间城市人口增加了1.6倍，由1871年的1482万人增加到1910年的3896万人，而同期的农村人口则减少了26.6万人，短短的几十年间，德国实现了由农村社会向城市社会的转变。②

为了加强对外来农村人口的管理，很多城市根据生产发展的需要，划分为工厂区、住宅区、商业区等。商业区大多位于城内区，或工业较集中的地区，这些城市逐渐发展成综合性大都市。德国城市化可谓进入了鼎盛时期。工业城市从农村获得大批劳动力，进一步促进了工业发展，与此同时，一些手工业、商业、服务性行业为主的城市人口也不断增加。

产业兴城

以资本与技术密集型为主导产业的城市呈现出快速增长的趋势，尤其是煤、钢与机器制造业等重工业城市人口增长速度最快。对1871—1910年德国37个城市的统计发现，威斯特伐利亚矿业城市盖尔森基兴

---

① 沃尔夫冈·措恩：《德国经济和社会史手册》，斯图加特1976年，第11页。

② 陈丙欣：《德国政府在城市化快速推进过程中的作用》。http://news.sina.com.cn/c/2006 - 10 - 10/063510193965s.shtm/。

的人口增加了 10 倍，基尔的城市人口增长了 5.5 倍、普劳恩与杜塞尔多夫城市人口增加了 5 倍、多特蒙德、萨尔布吕肯、纽伦堡等城市则增加了 4 倍。① 人口增长最快的城市中有四个煤和重工业中心：盖尔森基兴、埃森、多特蒙德和萨尔布吕肯。可以看出，19 世纪末期由于工业化的迅速推进与产业结构的升级，德国工业结构由以从轻工业为主向以重工业为主的转变。产业结构升级不仅延长了产业链，而且增强了产业的联动能力，以重工业主导产业带动了其辅助产业与服务产业发展，城市聚集人口的能力也在增强。

■严谨的工业区布局与生态化的居住区相得益彰，德国式的城市化道路巧妙地平衡着"安全与利益"。

---

① 徐继承：《"分散与集中"——德国帝国时期城市化发展及启示》，《社会科学论坛》，2010 年第 12 期。

表格 10 – 1 德国 1871—1910 年城市人口占全国人口比重（百分比）

城市等级	城市人口占全国人口比重（1871 年）	城市人口占全国人口比重（1910 年）
10 万人以上	4.8	21.3
1 万人—10 万人	7.7	13.4
2 千人—1 万人	23.6	25.4
2 千人以下	63.9	39.6

二战以后，德国作为战败国，被分成联邦德国、民主德国 2 个国家。联邦德国国民经济进入"高速发展"时期，城市化水平也得以飞速的发展，政府特别注重城镇的整体规划，其中很重要的表现是使城市中心区的职能更加适应新形势的需要。德国城市中心职能的变化，促使城市总面积扩大，原来住在中心区的居民纷纷迁居到其他区域，包括城市郊区和新兴的卫星城。

民主德国作为社会主义阵营，在城市化过程中，在住房建设、社会保障上成绩显著。从 1971 年起，将住房建设作为社会福利纲领的核心，每年投入 10% 的国民收入改善居住条件。到 1988 年，已改建、新建住房 280 多万套，改善 1000 多万居民的居住条件。民主德国居民还享受免费教育与医疗保健，幼儿和儿童入托率居世界之首，每千人拥有医生数占世界第 12 位，病床数占世界第 11 位。民主德国耐用消费品的普及率也很高。1988 年，平均每百户家庭拥有小汽车 54.7 辆、电冰箱 160 台、洗衣机 107 台、电视机 125 台，在同期苏联东欧国家中居于最高水平。

战后两德统一后的行动

90 年代，两德统一后，通过"合作、整合、景观识别和区域行动"的发展战略，有效地保障了生态环境建设和土地开发问题。1990 年，两德统一，德国首都移至柏林，使其面临巨大的土地开发压力，为了维持农业、林业用地和环境保护用地，帮助远郊区开发新的服务经济，解决生态环境保护和地方增长之间的矛盾。自 1990 年以来，柏林市一直与勃兰登堡州一起，以"合作、整合、景观识别和区域行动"的发展战略，在柏林市周边以"区域自然公园"的名义投资保留和正在建设一个总面积达 2866 平方公里的远郊区，其中 60 万人相对集中在 138 个聚落中居住和工作。尽管从财政收入上讲，德国都市区的郊区有富有穷，但是，郊区社区日常市政运行费用的 50% 是按照都市区内部人均分担税收的方式得到的，这样，至少可以在郊区乡村地区维系一个最基本的市政运行水平，不会因为社区贫穷，从居民那里征收不到足够的房地产税费，而导致市政运行低于整个区域最基本的水平。[①]

（二）德国城市化发展特征

综合德国城市化发展的历史看，德国的城市化基本上是中小城镇为代表的紧凑型城市化模式。这种模式的主要特征有：

1. 城市化的发展速度较快，城市化的水平较高

与英、法、美相比，德国工业革命起步较晚，但是它实现城市化所用的时间与英国相近，少于法国和美国，这说明城市化发展的速度快。到 1996 年，德国城市化水平已达 87%。在发达国家看来，德国城市化水平比较高。至今，德国是当代发达的市场经济国家，德国的非农就业人口高达 96%。例如，法兰克福经济区的农业人口仅为万分之四，实现了高度城市化，该经济区为德国的 12 大经济区之一。区内有各类行政小区（近似于中国的乡镇）1408 个，6—12 万人左右的大小城市 50 多个。[②]

2. 中小城市多，且分布较均匀，形成中小城市网络

与欧洲各国相比，德国的独特之处在于，它的中小城市遍布全德各地，各类城市相对协调发展，布局较为合理。大城市人口发展很快，但小城市也不落后。到 20 世纪初，各类型城市在德国土地上纷纷崛起，奠定了德国今日城市布局、经济发展、社会结构的大框架。德国的近距离人口流动人数多、流动范围广、流向分散。这种人口流动的特点也说明德国小城

---

① 借鉴德国经验思考城镇化进程。http：//www. chinacity. org. cn/csfz/fzzl/75644. html。

② 邱娟：《德国城市化动力机制与整合机制分析及其对中国的启示》。http：//rurc. suda. edu. cn/ar. aspx？AID = 667。

镇的特点：分布广、布局合理、经济发展协调均衡。德国的中小城市多，分布比较均匀，人口过于集中的大城市少。虽然德国也出现了一些大城市，但是无畸形发展现象。城乡之间，地区之间，经济、社会、环境之间实现了协调发展①。

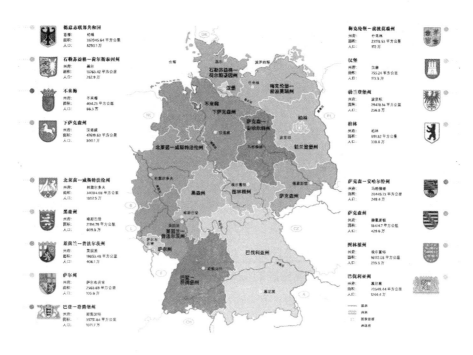

图 10-2　德国城市及人口分布

3. 城市之间注重均衡和协调发展

这主要体现在德国城市的均衡发展观及其政策措施。德国在联邦宪法中规定，追求全德国城市的平衡发展和共同富裕。因此在城乡建设和区域规划的政策上，有两项最高宗旨：一是在全境内形成平等的生活环境，减小各地区的差异；二是追求可持续发展，使后代有生存和发展的机会。东德并入西德以后，德国为使全区域生活水准的平等，设立了团结税，每年有5000亿欧元对原东德地区投资，修建高速公路等大量基础设施，缩小东

---

① 孟祥林：《城市化进程研究》，北京师范大学博士学位论文，2006年5月。

西部的差距。①

（三）发展启示

素来以严谨著称的德国人，他们在城市化过程中对我们有哪些启示呢？

1. 注重秩序，严格进行城市规划，强调不同城市功能分区

德国一贯注重城市规划，根据这一阶段的特点，1900 年颁布德意志国家规划法；1937 年颁布《帝国居民点法》；1937 年制订《德意志城市新形象法》；1977 年修订、颁布《建设法典》等等。此外，德国的城市规划还有一个特征是强调城市的功能分区，居住、工作、商业购物等等不同的功能被完全的隔离开来，在城市不同的区域，形成各自不同的中心，学校和教育中心，购物中心、管理中心，大规模的工业、企业区都分别割据了城市外围的空地。可见，在城市化的发展过程中，要注重规划的作用，尤其是国家层次对城市发展的高一级的管理②，前瞻性、科学性和系统性的规划是促进城市化发展的必要条件。

2. 打造方便快捷、完善先进的城市基础设施

德国凭借雄厚的经济实力，在城市规划的指导下，城市政府将财力的主要部分用于城市公共设施建设和维修，城市的基础设施配套完善，城市功能得到较好发挥。一是文化、体育、卫生等公共设施配备充足。一般城市都具有规模不等、档次不等、数量较多的图书馆、歌剧院、体育馆和游泳池，尤其是建设大中小学校以及各类职业学校、培训学校成为地方政府最主要的职能之一。因此，德国的教育发达，大学城众多成为德国的一个特点，也成为德国人口素质提升的一个基础性保障。二是供热、电力、供水、污水处理等基础设施能力强大。德国的城市基础设施的配套能力强，覆盖面广，可以说是城乡一体化配套，没有"短缺性可能"的配套。三是

---

① 邱娟：《德国城市化动力机制与整合机制分析及其对中国的启示》。http：//rurc. suda. edu. cn/ar. aspx？AID = 667。

② 吴唯佳：《德国城市规划核心法的发展、框架与组织》，《国外城市规划》，2000 年第 1 期。

城市交通覆盖所有城镇。空中运输、高速公路、高速铁路使城市间的"距离"缩短，畅通无阻；市内的地铁、有轨电车、公交车、私家车数量众多，竞相奔流。一般城市的市内交通均覆盖所有城乡。并且公交车线路密、班次多、整点整时、快捷方便。尤其是公交线路延伸至城市的所有社区、城镇，犹如血脉将活力注满城市，使得城乡一体、城乡联动成为现实。①

3. 注重大中小城市间、城乡间的协调发展

大、中、小城市之间，城乡之间，地区之间，经济、社会、环境协调发展。城市的发展与资源配置、产业结构的变化紧密相连。在德国既没有过度拥挤、高楼林立的市中心，也没有破旧不堪的农村地区。德国的城乡布局相对合理，城市化进程中大中小城市并行发展，大城市为龙头，但不显得过分突出，而有活力的城镇遍地开花，遍布全国各地。发达的区域交通、通讯，良好的供电、供水等基础设施为城市均衡发展创造了条件。无论是大城市还是在几千人口的小镇，各项市政设施的水平基本一样，几无差异。加之方便的购物餐饮等生活配套条件，接近大自然的生活环境，使大城市和小城镇各自拥有无法比拟的优越性，② 人们的选择更加体现生活本质和个人价值实现。

4. 处处体现出"以人为本，和谐发展"的理念

为了促进农民进城就业，国家重视加强农民教育。德国的农民教育形式一般分为两种，一种是通过正规大学或大专院校培养农业专门人才，另一种是通过职业培训和进修达到国家对农业从业人员的资格要求。成人教育主要包括农学、家庭经济学、普通教育、社会政策以及文化方面的课程。实施农业社会化保障制度是另外一项重要的工作，德国在1989年出台提前退休制度，该制度鼓励中老年农民提前放弃农业，把农田交给年轻的农民，以改善就业人员的结构，增加农民收入。从事农业的中老年人及其

---

① 华志明：《德国城市规划建设工作探析》。http：//ccyb. chinacity. org. cn/csu/22129. htm/。

② 张锦华： 《德国城市化的发展经验与启示》。http：//zzb. huizhou. qov. cn/view. shtml? method = viewArticle&id =76c8CA5513ID44BB8577ED3708B4D51F。

在农场劳动的家庭成员失业的，可以得到赔偿金。1995 年 1 月，政府开始
对农业社会保障制度进行改革，重点是为农民设立独立的社会保障体系以
及在原东德地区实行农民退休养老金制度，使农民老年保险金有了可靠的
保障①。第三方面是加大农业基础设施建设投入。德国政府通过财政直接
投资的方式支持农用基础设施建设。主要以补贴和贷款方式对农民实施的
水利、道路、土地整治等农村基本建设工程给予资助，并且对基础设施进
行分类，按不同类型给予不同的补贴额。

三、法国——充满人文的现代城市先行者

法国是西欧面积最大的国家，面积为 55.16 万平方公里，人口为 6380
万人（2008 年）。2004 年，法国城市化率为 77%。2009 年国内生产总值
为 2.7 万亿美元，位居世界第五；人均 GDP 达到 42747 美元。首都大巴黎
区人口约占到总人口的 20%。法国人数超过 20 万的 11 个城市人口占到全
国的 10%。全国 930 个 1 万人以上的城市人口占到全国人口的 50%。作为
一个单一制的中央集权型国家，法国早在 1884 年便正式确立市镇建制。法
国的市镇不同于其他国家，按照法国的体制，一个只有 50 个人口的
"commune" 也叫 "市"，也设一个经公民直选产生的市议会（Conseil mu-
nicipal），由市议会选举出来的行政长官也叫 "市长（maire）"，与法国最
大的有 200 多万人口的巴黎市的 "市长" 用的是同一个名称和叫法。法国
的市镇数量已达 36,000 多个，比原欧盟 15 国市镇数量的总和还要多。但
有 2 万个市镇的人口不足 2000。由于许多市镇人口太少，法国中央政府曾
在 20 世纪 70 年代通过一项法案，允许市镇之间进行合并，但是市镇之间
合并意愿普遍较差，只有 500 个市镇愿意合并。② 从人口分布上看，人口
规模在 500—1000 人之间的比例占到了 43.22%，10000 人以上的市镇人口
大约占到一半。

---

① 叶裕民：《世界城市化进程及其特征》，红旗文稿，2004 年第 8 期。
② 郁建兴、金蕾：《法国地方治理体系中的中央与市镇关系》，《马克思主义和现
实》，2005 年第 6 期。

表格 10 - 2　法国不同规模市镇人口及占比（2007 年）

市镇规模	市镇数量	同类规模市镇人口总数	占全国总人口比例（%）
50 人以下	936 个	32212 人	0.05%
50 人至 499 人	19428 个	4554370 人	7.16%
500 人至 9999 人	15388 个	27485411 人	43.22%
10000 人及以上	930 个	31529009 人	49.57%
总计	36682 个	63601002 人	100%

（一）发展历程：大中城市为主，政府作用突出

法国在实现现代化之前和中国一样，是个小农经济占主导地位的国家，但法国成功实现了工农业和城市化的同步发展。

19 世纪中期，在英国的带动和影响下，法国开启了工业化和城市化的步伐。交通改善和经济发展带动了法国城市化。1800 年法国城市人口比重仅 10%，1880 年上升到了 35%，[①] 1830 到 1850 年间，铁路长度增长了3046 公里；建成以巴黎为中心的国家公路 2.17 万公里，省公路 2.48 万公里，地方公路 43.4 万公里；1835—1848 年共开凿运河 2000 公里；到 1848年，法国已经拥有 5 个 10 万以上居民的城市。

扩建首都巴黎

在城市化的过程中，巴黎面貌的改变是最典型的。法兰西第二帝国建立时，巴黎约有 120 万人，住房拥挤，道路狭窄，照明、卫生条件很差，公共设施不足。1859 年，拿破仑三世任命塞纳大省省长、巴黎警察局局长乔治·欧仁·奥斯曼男爵负责巴黎的大规模城市改造。奥斯曼拆除了巴黎的外城墙，建设环城路，在旧城区开辟出许多笔直的林荫大道，并建设了众多新古典主义风格的广场、公园、住宅区、医院、火车站、图书馆、学

---

① 沈志强：《农业现代化和工业化：法国城市化双重动力解读》。http：//rurc. suda. edu. cn/ar. aspx？AID = 459。

校，以及公共喷泉和街心雕塑，还利用巴黎地下纵横交错的旧石矿建造了城市给排水系统。史称"奥斯曼计划"这项扩建工程历时17年之久，耗资25亿法郎，使巴黎面积扩大了1倍。巴黎这座历经沧桑的千年古城陡然变成雄伟庄重、整洁美丽的世界旅游名城，人口增加70万。"奥斯曼计划"推动了全国的城市化发展，几乎所有城市的面貌在这一时期都起了重大变化。例如里尔市新建房屋增加1.9倍，圣太田增加2.1倍，图尔增加2.7倍。然而，城市的发展并未给所有的人都带来福音，原来住在巴黎市中心的穷人因付不起新建住房的房租，只得去城市边缘栖身，穷人富人同住一幢楼房的现象不复存在，两者界线更为鲜明，巴黎明显地分成了富人区和穷人区。不过，这种穷富让人群的空间隔离也为后来的城市骚乱带来了隐患。

■将历史与现代糅合，将人文注入城市空间，法式浪漫的城市化道路激发出城市的灵魂与气质。

政府注重公路、铁路等基础设施建设

1868年政府给予农村道路建设1亿法郎津贴，此后大部分中部南部的农村交通才开始畅通。1852至1856年全国修建3600公里铁路线，1870年总线长达1.75万公里，几乎所有铁路的主干线都修建于第二帝国时期。交

通成为经济发展的火车头，并打破了封闭的地区界限，统一的国内市场形成，法国在第二帝国时期完成了第一次工业革命。

19 世纪中期在工业化的强大推动下，法国的城市化进程加速发展，法国的城市化进程进一步深入，到 20 世纪 20 年代，城市化水平达到 50% 左右。工业迅速发展也加大了城市的吸引力，于是从 19 世纪中期起，大量人口流入城市。在 1830—1850 年每年约有 4—5 万人离开农村，1856—1866 年每年平均达 13 万人。

20 世纪 20 年代以后，法国经济重建的速度很快，1931 年工业产值占国民生产总值的 56%，基本上实现了工业化，农业也在 1925 年恢复到了战前水平。工业高速发展使法国城市急需劳动力，而农业机械化和专业化使农业就业人口缩减了 14%，大批农村人口离乡入城。城市人口在全国总人口中所占的比例不断上升，1921 年为 46.4%，1926 年为 49.1%，这样到了 1931 年，法国人口格局发生转折性变化：城市人口首次超过农村人口，达到总人口的 51.2%，农业人口减至不到全国人口的半数。这是法国城市化的程度提高的标志之一。

完善保险和就业服务

在城市化过程中，自由的劳动力市场服务于劳动力供需双方，而对劳工的社会保护政策，包括养老保险、医疗保险、失业保险和培训计划等满足了城市化的需要。其中，失业保险政策对劳动力转移提供了十分重要的生活保障。法国在 1958 年推出失业保险计划，提供失业保险金，和就业援助机构一起帮助失业的人尽快找到工作。失业保险有两部分组成，一部分由雇主和雇员共同缴纳保险费，另一部分由政府出资。此外，在 1950 年推出的最低工资政策也给雇员提供了有效的生活保障。

推动教育改革

1959 年，政府促进教育改革，推动更大范围内的义务教育，并提供职业教育。此次改革决定，将义务教育年限由 6—14 岁延长到 6—16 岁。在全国范围内实行新的十年义务教育制度。在义务教育期限内，所有中小学一律实行免费教育。此次改革还加强了职业技术教育在整个教育系统中的地位，学生在义务教育后三年里，应接受一定的职业教育，以此提高人们的职业能力。

建立卫星城

从 70 年代起，法国政府的城市发展政策有所改变，发展重点由地区中心城市转向中小城市，政府制订了"城市发展规划"，并决定在巴黎、里昂、里尔、马赛和卢旺等中心城市周围建立卫星城。为此，政府确定了300 项基建项目，着重加强交通和通信基础设施，以改善城市环境和生活质量。为使计划顺利进行，政府还专门设立了"城市整治基金"、"城郊整治常设机构"等。新兴城市大多位于农村地区和风景游览区，其次则位于铁路干线和中心城市外围地区。发展新城市、中小城市和卫星城，不仅能够遏制以巴黎为代表的中心城市的膨胀发展，而且也促进了农村地区经济的繁荣和人口的稳定。大城市成为多中心的城市复合体，缓解了城市中心地区的压力和负担。一是颁布调整工业布局的措施。鼓励巴黎和北部工业区企业迁入落后地区或就地办厂，国家提供补偿和优惠，同时禁止巴黎等大城市建立占地 500 平方米以上的工厂；二是大力发展落后地区原有企业。兴建基础设施，加强对外交流；三是调整城市布局。在巴黎等大城市周围建设新型城市，引导人口外迁。1954—1962 年巴黎等大城市有 300 万人迁到其他地区，1968—1975 年又有 450 万人迁移。1968—1975 年巴黎人口减少 11%，里昂人口减少 14%，其他一些大城市人口也有所减少。中小城市和小城镇得到发展，城市结构和布局趋于合理。

推动城市间协调发展

90 年代，法国政府在巴黎以外的地区推行市镇联合体制，加强省一级政府的作用，以解决地区发展分散、缺乏协调与合作的问题，推动城市间的协调发展。法国行政区划分为大区、省和市镇。法国行政区划中的大区、省、专区和市镇，在职能分工和预算分配上，从根本上来说不是权力上的下级关系。从财政上来说，中央政府财政预算直接分到市镇。市镇的会计直接来自中央政府财政部或由财政部认可指派的会计服务，每个市镇的财政预算在中央财政部都有自己的名册。每个行政区划级别的分工不重叠。他们的权限不一，拥有自己的财政预算。在重要基础设施的改造方面，虽然省一级政府对区和市镇没有管理权，但可以通过财政和行政权力辅助市镇联合体的基础设施建设。大城市郊区低密度住宅的蔓延一直是法国城市面临的主要问题之一。该问题导致大城市郊区的扩张，造成土地浪费。为了加强国土规划和空间组织，政府在90年代末出台了相关法令，强化城镇之间的合作，通过重组促进区域的社会融合①。

规划与文化活动相结合

进入21世纪以来，法国的城市规划与城市文化活动相结合，即增加了城市的活力，又宣传了城市政策。新世纪以来，法国城市政府纷纷热衷于举办各种各样的城市文化活动，这些活动又往往与城市规划紧密结合。从简单的规划公示展览到举办"巴黎不眠夜"、"文化遗产日"、"塞纳河夏日沙滩"等市民活动，一方面吸引广大市民参与到城市活动中来，增加城市活力；另一方面也可以广泛听取民众的意见。对于政府而言，更主要的目的则是通过这些活动，潜移默化地宣传城市政策。比如巴黎的"塞纳河

■由快速车道转变形成的塞纳河夏日沙滩。

夏日沙滩"就是利用夏天假期，关闭塞纳河右岸的快速道路，改妆成海边沙滩的景象，吸引游人。巴黎市民在经历了一个愉快的"沙滩之旅"后，

---

① 仇保兴：《法国城市规划与可持续发展的分析与借鉴》，《国外城市规划》，2006年第3期。

自然对车水马龙的快速道路反感倍增，转而支持市政府消减机动车交通量的规划目标。

（二）法国城市化发展特征

作为传统的农业国，法国城市化的历程有其独特性。表现在以下几点：

1. 历史形成的市中心和近郊构成了城市主体

19 世纪工业革命时期建设起来的工厂、火车站、仓库集中在市中心；古代的防御性的城墙多被拆毁，在原址上建成了城市大道。老城地区只占目前城市区域的很小的一部分，在其居住的人口只相当于城市区域总人口数量的 10%。这些地段目前集中着一些行政机构、服务设施、第三产业、剧院、歌剧院以及电影院等一些娱乐场所。在此居住的人口密度相对较高，其所属社会阶层也多种多样。法国城市的市中心往往是设施齐全和充满活力的闹市区。但是流动人口居多，给其带来了不少城市问题，如缺少自然空间、污染严重、多噪音、行车难等。

2. 大中城市发展较快

法国城市的发展，几乎完全局限于大城市内部的扩张，所增加的城市人口中有 80% 集中于人口在 4 万以上的大中城市中。1789 年前后，人口在 4 万以上的法国城市就有 12 个，其中巴黎 52.4 万，里昂 13.9 万，波尔多 8.3 万，马塞 7.6 万。[1] 这些城市的分布并不平均，且它们大都是传统的政治中心、军事要地或重要港口，其人口增长与完全意义上的近代城市化运动尚不能画等号。到现在，这些城市的人口均实现大幅增长，如巴黎 2009 年人口超过 220 万，马赛人口 2008 年达到 162 万，里昂人口超过 120 万等等。相比之下，小城镇的发展在法国则相当迟缓。

3. 城市化模式独特，政府发挥重大作用

这种模式的特点是，当人口向城市集中还未发生明显的"城市病"之前，政府便开始干预，通过颁布法令、制定优惠政策等宏观调控手段，引

---

① 沈志强：《农业现代化和工业化：法国城市化双重动力解读》。http://rurc. suda. edu. cn/ar. aspx？AID＝459。

导人们向不同等级的城市和集镇定居。政府通过法规指引，以达到人口在各级城市、集镇和乡村之间均衡分布的目的。

（三）发展启示

法国在实现现代化之前，中国一样是个小农经济占主导地位的国家，但法国成功实现了工农业和城市化的同步发展。法国城市化的历程和经验有哪些值得借鉴的地方呢？

1. 注重产业布局，促进城市间的协调性

二战后法国城市化向落后地区推进，分散大城市人口，发展中小城市，城市布局比较合理。如法国在 70 年代实施的一系列措施和法规。这对于城市化发展的启示是，要注意结合产业布局和城市定位，适当分散特大城市人口，避免大城市"摊大饼"式的扩张、并以城市群的发展，促进城市间的协调合作。

2. 重视教育作用，带动城市化发展

早在 1867 年，法国的全国儿童平均就学率为 69.1%，1879 年为 73.6%，如此的普及教育，大大地消除了文盲。[①] 普及教育在农村不仅仅是教会识字，而且还传播了城市的思想和文明。农民子弟在学校学会标准法语，方言的地位下降；农民还学会了新的生活方式和礼节，养成新的卫生习惯和交际方式；更多地使人们加深了对城市的了解，并增添了他们对城市的向往。19 世纪 80 年代，法国颁布了义务教育法，此法在农村推行的作用和影响都非常之大。法律规定，凡有 20 名以上学龄儿童的村庄，就开设一所公立学校，由此，即使是在偏僻的地区，农家子弟也可以进入学校接受教育。二战以后，政府促进教育改革，推动更大范围内的义务教育，并提供职业教育。

3. 农业现代化与工业化相互制约、相互促进

作为一个以小农经济为主体的农业大国，法国农业的缓慢发展不利于工业的迅速成长，但工业的发展同时也促进了农业的机械化进程的加快，也吸

---

① 詹娜：《19 世纪法国城市发展对农村的影响》，《理论周刊》，2009 年第 2 期。

引了大批农民到城市里来，为城市的发展做出了贡献，可以说法国的农业现代化与工业化是在相互制约、相互促进的状态下发展并实现的。

四、美国——资源丰富的理想城市探索者

美国国土面积982万平方公里，2009年人口达到3.07亿，城市化率达到77%（2008年），人均GDP达到4.64万美元（2009年），人口密度为每平方公里32人。

美国共有51个州，3043个县（郡），35153个市、镇。其中，300万以上人口的城市有13个，20万到100万人口的城市有78个，10万到20万人口的城市有131个，3万到10万人口的城市878个，几千到3万人口的小城市（镇）达34000多个。① 总体来看，50个100万以上人口的大都会区人口总计1.59亿，约占到美国人口总数的53%。

表格10-3　美国主要大都市区人口

排名	城市	市区人口2008年	都会区排名2008年	都会区人口
1	纽约市	836.4万	1	1881.9万
2	洛杉矶	383.4万	2	1295.9万
3	芝加哥	285.3万	3	950.6万
4	休斯敦	224.2万	6	554.0万
5	菲尼克斯	156.8万	12	404.0万
6	费城	144.8万	5	582.7万
7	圣安东尼奥	135.1万	28	194.2万
8	达拉斯	127.99万	4	294.1万
9	圣迭哥	127.93万	17	600.4万
10	圣何塞	94.8万	31	178.7万

① 国家发改委产业发展研究所：《美国、巴西城市化和小城镇发展的经验及启示》，《中国农村经济》，2004年第1期。

（一）发展历程：多元化道路，跳跃性与渐进性并存

美国是城市化程度较高国家，早在19世纪初美国便开始了从农村社会向城市社会的转变，是世界上少数快速而又广泛地完成城市化的国家之一。从一个纯粹的农业和农村社会，发展到一个拥有巨大的城市网络体系的现代化国家，大约只用了一个世纪的时间。

美国在1776年建国前的100多年，一直是英属殖民地，其城市形态的最早出现于1609年的欧洲移民。由于地缘因素以及自然资源优势，早期城市主要是港口型城市，多集中于美国东海岸，如纽约（1625年）、波士顿（1630年）、查尔斯顿（1680年）和费城（1682年）等城市。总体来说尽管在这一阶段，城市化还未真正开始，但殖民地时期美国东海岸城市的迅速发展，为后期大规模的城市化进程奠定了坚定的基础①。

1830年到1920年间，在工业化的推动下，乡村人口、工商业以及各种机构向各个城市聚集。工业化促使城市手工作坊转变为工厂，城市由原来的商品集散地转变为工业生产集中地，非农人口逐渐向城市集中并最终超过农业人口，这是初步的城市化过程。

"西部大开发"带动下的芝加哥市成立和发展。芝加哥是19世纪美国最具代表性的城市。芝加哥是当时美国中西部地区的主要城市和农产品集散地。1830年到1850年，由于美国不断加强对西部的开发，地处中部的芝加哥尽享区位优势，在大规模运河开凿和铁路建设的推动下，成为中西部最重要的交通枢纽，便捷的水陆运输极大地刺激了工商业的发展。随后迅速发展成为美国经济的第二中心。可以说，铁路交通联动美国中西部和东北部，是促使芝加哥兴起的主要原因。城市的繁荣吸引了众多外来者到此定居，其中包括大量的农村人口和新外国移民。1870年到1900年间，芝加哥的人口从29.9万猛增到170万。当地的制造业和零售业成为中西部经济的主宰力量，并在一定程度上决定了美国的经济发展状态。

---

① 王春艳：《美国城市化的历史、特征及启示》，《城市问题》，2007年第6期。

基本实现城市化

1920 年是美国历史上划时代的年份，这一年全美总人口突破 1 亿，达到 1.067 亿。其中，城市人口达到 5416 万，超过全国总人口的一半，达到 51.2%，美国基本实现了城市化。①

在 1920—1970 年间，美国的城市化发展又表现出以下特点：一是郊区化现象的逐步出现；二是超级大都市区与都市带的出现；三是几乎整个美国大陆都有大都市圈出现。城市的这种空间发展趋势是由交通所发展推动的，包括汽车普及与州际高速公路的建设。汽车的普及缩短了传统概念中的时空距离，时间、距离等因素在人们就业、居住、购物、娱乐等生产生活中的影响程度下降，人们在选择居住区位时不再过多地考虑距离问题。汽车拥有量的剧增使得郊区简陋的交通设施捉襟见肘，迫使郊区开始着手兴修公路、加紧拓宽车道。在运输业的带动下，郊区的房产业、工商服务业的发展水平不断提升。由于城市提供可用厂房的能力有限，抑制了工厂发展，而郊区充足的土地、低廉的地价和税收以及逐步完善的交通设施则吸引了不少厂商。郊区商业也开始发展，出现了连锁商店、mall 等销售业态及社区银行、连锁旅馆、办公楼等配套服务设施②。

CBD 的诞生

曼哈顿 CBD 的诞生和发展是 20 世纪纽约发展比较典型的案例。二次世界大战后，纽约逐渐成为世界经济中心。为了满足经济发展的需求，曼哈顿 CBD 开始建设。至 20 世纪 60 年代末，为解决曼哈顿 CBD 因产业不平衡而产生的矛盾，纽约市政府对格林威治街和第五大街采取了一些调控手段，通过加强纽约商务贸易中心功能，改善投资环境，在引导其平衡健康发展的同时，不断增强其吸引力。首先，在 CBD 的西部建了许多办公楼、住宅楼及展览中心等，且修建了穿过市中心区的地铁。随后，政府又颁布了曼哈顿南部规划，在岛南端建成了宽阔的环形高速公路，世界贸易

---

① 赵怡本：《美国城市规划考察的启示》。http：//www. ndghj. com/News/Show Info. aspx？NewsID = 264。

② 孙群郎：《20 世纪 70 年代美国的"逆城市化"现象及其实质》，《世界历史》，2005 年第 1 期。

中心、1.5万套公寓及办公楼。为缓解市中心的交通压力，规划机构加强了交通运输网的建设，如把地铁和其他铁路交通的出入口与新建办公机构相连接，同时把人行道和商店设置在地下，并与地铁出入口直接相连。20世纪70年代中期，曼哈顿CBD正式形成，逐步成为了纽约城市现代化的象征与标志，最终成为纽约的功能核心。

表格10-4 美国都市区数量和人口

年代	都市区数量	美国总人口（百万）	都市区人口（百万）	占总人口比例（%）
1940	138	131.7	67.1	51.0%
1960	222	178.5	116.6	65.3%
1990	335	248.7	192.9	77.5%

到20世纪70年代早期，美国大都市区的人口增长一直较快的这种状况发生变化，大都市区人口增长放慢，有些大都市区的人口甚至出现下降。与此同时，许多小城镇和乡村地区的人口几十年来首次增长。此间，人口迁移发生逆转，从20世纪50年代和60年代的向大都市区域迁移转变为向非大城市区域迁移。1970年以来，美国最大的30个中心城市中，仅有11个城市人口有所增长，巴尔迪摩和波士顿等中心城市在都市地区人口增长的情况下城市人口还有所减少。1977—1997年间美国39个人口最稠密的大都市地区中，中心城市人口增长不到100万，而郊区增长则高达3000万。①

在这个时期，城市化的发展表现在：随着核心城市的人口不断向中小城市和小城镇迁移，这些中小城市和小城镇作为卫星城市迅速发展起来，城市化水平不断提高，随着城市规模的不断扩大以及交通通讯等条件的迅速改进，城市与城市之间、城市与外围农村之间的界限变得模糊，独立的城市空间形态被都市圈所取代。然后，当城市化发展到一定程度后，大城

---

① 王军：《国际典型城市化模式与我国的比较及其启示》，《江苏城市规划》，2009年第4期。

市由于工业和人口的集中而带来一系列城市病，如住房短缺、交通堵塞、环境恶化、资源紧张等问题逐步显现，在此背景下，美国开始以都市圈作为区域经济发展模式，有意识、有目的地分解核心城市的功能，通过区域规划和城市规划培育起一些都市圈，从而使之利于区域经济的一体化发展。

老工业城市的复兴

二战后，美国产业结构出现新的变化，服务业的比重日益增加，而传统制造业在国民经济中的份额逐步降低。这一变化必然造成传统制造业集中的东北部以及中西部城市的衰退，形成所谓的"冰雪带"。美国各级政府采取各种措施复兴这些老工业城市，如利用高新技术复活重要的制造业；通过开展基础设施建设振兴衰退的老城区；通过发展高新技术产业改变老工业城市的单一工业布局等。得益于这些措施，在 20 世纪 90 年代中后期，处于"冰雪带"的老工业城市开始重新崛起。发展老工业城市，通过产业结构调整，促进老工业城市转型、重生，是美国城市化发展的一个重要启示。

洛杉矶城市无序蔓延带来的恶果

洛杉矶是美国西海岸最大的城市，其城市结构包括一个中心大城市和围绕其四周的数十个小城镇。这种城市布局郊区化的特点，曾对美国许多城市产生影响，并一度成为城市发展的主流方式。洛杉矶这种呈发散状、低密度的城市布局，是以四通八达的高速公路网的建立和私人汽车高度普及为基础的。洛杉矶从上世纪 20 年代开始进入发展期，尤其是第二次世界大战结束后，大量退伍军人选择在洛杉矶及周边地区居住，加速了城市规模的高速膨胀，而当时汽车的工业化生产和高速公路网的建设，使城市松散布局成为可能。然而城市没有节制地向外辐射，发展造成了土地资源的浪费，私人汽车的高度普及需要配套大量停车场。同时，数量众多的居民私人汽车，造成了上下班高峰时间的交通拥堵和能源的浪费。由于城市规划中强调工作区和居住区的分离，中产阶级追求郊区城镇适宜居住的生活环境，使人们每天有相当多的时间花费在上下班路上的汽车里，不仅消耗更多能源，也带来了更多的空气污染。与此同时，城市中心区出现空心化现象，诸如居民数量和素质下降，配套设施无法得到及时更新，商业、教育、文化娱乐集聚区难以发挥其应有效用，城市功能逐渐弱化，市中心几乎成为贫民窟的代名词。与纽约、芝加哥等大城市不同，洛杉矶除了在范围很小的中心金融区有少量高层建筑外，其他地区的建筑以低层为主，居民住宅大多是一家一户的单层或双层房屋，很少有集中居住的高层公寓，因此造成了土地资源的严重浪费。由此可见在城市规划过程中，首先必须要高度重视城市规划工作，在此基础上充分强调城市的功能性，保持城市居住适宜密度，同时大力发展和完善公共交通体系，实现整个社会的可持续发展。①

■资源富国式的美国城市化道路。

（二）美国城市化发展特征

美国的城市化模式是在美国特定历史条件下形成的。随着经济发展及交通与新技术革命，人口、制造业、传统服务业等从城市中心向外扩散，城市化转向郊区化，再到当前的大都市区发展，其城市化主要模式可概括

① 曹卫国：《美国反思城市无序蔓延强调发挥城市功能》。http：//www. zbgh. gov. cn／newsmsl. asp？id＝1515。

为以下五点：

1. 城市化发展道路多元化

由于美国幅员辽阔，且不同地区进入城市化的进程不同，所处的发展阶段、发展模式不同，因此其发展的前景也各不相同。一是城市化路径不同。以东部、中西部和西部为例，首先是机器化大工业影响下的东北部和中西部，在市场机制的作用下，形成了以综合性城市与专业性城市相结合、大中小城市相结合，相互依存、同步发展的城市体系。与中西部各级城镇均匀发展不同，西部在小城镇兴起的同时，大城市发展更为迅速一些，个别城市在很短的时间内就完成了从小城镇到中心城市的转变。西部城市化走的是点状的城市化道路，这些迅速形成的大城市对城市化有着巨大的推动作用。二是城市化水平不同。在城市化过程中，美国不同地区的城市水平差距也很大。1860 年，美国全国城市人口占总人口的比重为19.8%，而南部仅为 7.2%①。到 1900 年，南部这一比例才上升到 15.2%，远低于当时的全国平均水平。在 1880—1890 年美国城市化飞速发展的这十年当中，全国 1 万以上人口的城市增加了 126 个，只有 10 个在南部。进入20 世纪后，全国 1 万人口以上的城市已经发展到 400 个，属于南部的只有57 个，2.5 万到 50 万之间的中等以上城市，全国 82 个，南部只有 5 个。显而易见，南部的城市化水平远远落后于东北部和中西部，区域城市化的不平衡发展也决定了它们不可能遵循相同的城市化发展路径②。

2. 跳跃性与渐进性并存

美国没有悠久的历史，当欧洲国家已进入资本主义发展阶段时，它还是英国的海外殖民地，领土范围仅限于大西洋沿岸。独立战争后，其领土逐步扩展到太平洋沿岸。东北、中西以及南部地区，因地理位置优越经历了传统的农业社会发展阶段，而美国独立后逐步取得的西部领土，当时只有印第安人居住。正是这种独特的历史，决定了美国西部地区的城市化，不像东部地区那样，走传统的农业垦殖先行，而后工业化和城市化的循序

---

① 王春艳：《美国城市化的历史、特征及启示》，《城市问题》，2007 年第 6 期。

② 宋金平、李香芹：《美国的城市化历程及对我国的启示》，《城市问题》，2006年第 1 期。

渐进式道路，而是超越农业发展阶段的跳跃性城市化进程。首先，西部开发之初，矿业开采先行，矿业营地便成为城镇的雏形。这里是投资者、工人和商人的集中地，随之为采矿服务的各类配套行业也应运而生。为维护治安，各类管理机构也相继产生，营地呈现了城市文明的初级阶段。不可否认，大部分采矿营地随着矿源枯竭而逐步消失，只有少数日后发展为固定的城镇。然而，在此过程中，城市文明并未随之而去，反而在人口的流动当中得以繁衍和升华，为以后城市的大规模发展打下了良好的基础。从这种意义上讲，美国城市化不仅与工业化同步，还与西部开发同步。正是由于这种跨越农业社会的跳跃性特征，使美国西部城市化不用背负历史包袱，其发展之迅速，很快超越东部成为全国城市化水平最高的地区。①

3. 城市化进程注重将"以人为本"理念融入规划

"以人为本"是当今社会一切活动的出发点。城市是人创造的，也是为人而建造的。在美国城市化发展的历程中，政府在塑造城市公共空间环境时，考虑满足人们的生理、心理、行为、审美、文化等需求，达到安全、舒适、愉悦的目的，注重宜人的尺度，增强空间的亲切感和认同感；考虑空间形态的多样化，满足不同阶层、年龄、职业、爱好和文化背景的人群需求与活动规律；强调参与性，环境设施不仅具有观赏性，更创造了条件让人们参与活动。同时考虑无障碍设计，为老年人和残疾人提供便利的条件。

4. 要素流动性以及人口分布呈现均衡性

美国城市化另一典型特征是生产要素在全国范围内自由流动，尤其是人口的流动最为明显。人口的自由迁移，一方面是因为美国人天生好动和勇于冒险的性格，但更重要的是铁路网、公路网的建设以及汽车的普及。在城市化的不同阶段，人口迁移方向也有所不同。在集中城市化阶段，人口主要从农村迁向城市；而在郊区化阶段，人口又从大都市区内的市区迁向郊区。从人口区际迁移的角度讲，在美国城市化过程中，人口主要从东北部和南部地区迁向中北部和西部。美国100多年来的人口迁移使得人口在地区分布上趋于均衡，西部和东北部的人口比例各在20%左右，而南部

---

① 王春艳：《美国城市化的历史、特征及启示》，《城市问题》，2007年第6期。

和中北部的人口比例各在30%左右。这从另一个侧面也说明了美国工业以及城市的地理分布由工业化初期的不均衡性，在内战后逐步走向均衡。人口自由流动促进了美国的城市化，人口区际迁移过程与美国区域发展以及城市化由发散走向集聚过程刚好一致。①

5. 产业结构的动态调整为城市化提供持久动力

在200多年的历史发展中，美国走过了工厂手工业时代、制造业时代和信息产业化时代。其经济中心从东部向西部、南部依次推进，区域经济由不均衡走向相对均衡。不断优化的产业结构为美国城市化提供了持久动力，一个产业带衰落了，另一个产业带随之兴起。其中棉纺织业、钢铁业、汽车业、飞机制造工业化是美国城市化的重要推动力。城市作为社会经济活动的主要空间组织承载平台，其发展阶段与工业化的发展阶段相互对应。美国的城市化主要是19世纪工业革命的产物，而其郊区化则是20世纪交通、通讯发展和后工业革命的结果，郊区化是城市功能和城市建成环境在空间上的延伸和继续②。

（三）发展启示

以美国为代表的城市化道路，对城市化发展的启示主要有：

1. 充分发挥大都市区的作用

美国的城市化过程中，大都市区扮演了重要的角色，以大纽约区、五大湖区和大洛杉矶区为代表的三大都市区的GDP占全美份额的76%，这是美国多年推行大都市区经济的结果。③ 可见，在城市化的发展过程中，城市之间形成合理分工、竞争有序的产业体系和公共设施体系，有利于发挥出大都市区经济的龙头引领作用。

2. 基础设施建设推动大都市区形成和郊区化发展

高速公路建设、郊区基础设施投资的高速增长等因素，促进了美国大都市区的形成和郊区化的发展。二战后，随着家庭汽车的普及和居民可支

① 黄柯可：《人口流动与美国城市化》，《世界历史》，1996年第6期。
② 高强：《日本美国城市化模式比较》，《经济纵横》，2002年第3期。
③ 王春艳：《美国城市化的历史、特征及启示》，《城市问题》，2007年第6期。

配收入的增长，郊外的田园生活模式逐渐由富有阶层向中产阶层延伸并随之普及。1956 年至 1970 年代早期，美国 4.3 万英里的州际高速公路、快速路以及大量的环路成为都市蔓延的关键。① 此外，郊区大量边缘城市的出现顺应并助长了城市蔓延式发展的态势。现在五分之四的美国人生活在 273 个大都市地区内（每个大都市地区拥有一个至少 5 万人的中心城市）。与之相对应的是，乡村地区尤其是大都市边缘地带人口的绝对数量和相对数量都呈现出快速增长的趋势。

3. 高水平的农业发展为城市化提供了必要条件

美国农业一直发展较快，为城市化供应粮食并提供生产原料。首先，从人均的粮食量来看，1860 年美国人均粮食为 800 公斤，1870 年接近 1000 公斤，到 1920 年，耕地面积从 67 万平方公里增加到 160 万平方公里，增长了 2.4 倍，人均粮食增长到 1000 公斤以上。1920 年以后，由于使用土地集约化利用，人均粮食进一步增长，到达 1200 公斤左右，可见，美国工业化和城镇化所需要粮食完全建立在本国农业的基础上。② 其次，农业生产率迅速提高，为大批农业劳动力向城镇转移创造了条件。1860 年实现了以畜力为动力的半机械化，1910 年全面使用机械代替畜力机械，1950 年后农业实现了高度机械化。再次，农业为城镇化提供了大量资金积累。美国城镇化初期资本积累主要有两个来源，一是农业，二是利用外国资本。美国农业从一开始就以欧洲城市为市场，19 世纪由于商业、关税政策及交通发展进一步刺激了农产品出口，1860 年棉花出口量为 89347 万公斤，1853 年至 1863 年谷物出口的平均价值为 51200 万美元，美国作为世界农产品出口大国的地位始终没有动摇。

4. 政府制定法规等手段推进城市化

在制定规划方面，除联邦政府制定总体规划以外，各地政府均制定了本地区的中长期发展规划，并制定相应法律以保证规划的有效实施。在此

---

① 王军：《国际典型城市化横式与我国的比较及其启示》。http：//www. chinaci-ty. org. cn/cstz/fzzl/59718. html

② 王振波、宋顺峰：《美国城市发展的经验教训与中国城市发展取向之管见》，《现代财经（天津财经大学学报）》，2010 年第 3 期。

后的具体实施阶段政府还给予一定的资金支持。在建国以后，美国大力吸收外来人口，政府采取各种政策吸引移民，鼓励移民融入美国社会，甚至推行"同化"政策，以弥补城市化进程中产业发展所需要的劳动力不足。大量的移民对美国的城市化起着重要的作用。相对于其他国家地区而言，美国政府对本国的城市化干预相对较少，一般都是起辅助作用。而它的这种城市化递进发展也是根据工业化的发展逐步进行的，政府更多的措施在于加快城市化的传递，促使整个区域的平衡发展。

五、巴西——无为而治的上帝幼子

巴西位于南美洲，国土面积为851.49万平方公里，位居世界第五位。2009年，人口1.86亿，位居世界第五位。2009年GDP为15740.39亿美元，2009年的人均GDP达到8220美元。巴西共分26个州和1个联邦区，1999年，全国共有5509个市。其中，100万人口以上的城市共有12个，15万到100万人口的城市有79个，15万人口以下的城市有5428个，占城市总数的98.6%。

在851万平方公里土地中，除去亚马逊雨林412万平方公里的面积，适合人类居住面积约450万平方公里，所占比例为52%。

巴西拥有约1.86亿人口，在大西洋沿岸人口分布比较稠密，内陆地区则较为分散，其中，东南地区是巴西人口最为密集的地区。根据IBGE2004年数据显示该地区人口约有7800多万，相当于巴西人口总数的42%，该地区拥有巴西三个人口最多的州——圣保罗、米纳斯吉拉斯、里约。在圣保罗和里约的交界地带形成了以圣保罗、里约为核心的商业地带，该地区聚集了约23%的巴西人口，成为该国人口密度最大的地区。

（一）发展历程：移民促进、迁都带动，城市化进程较快

16世纪30年代，巴西沦为葡萄牙殖民地。由于巴西殖民地经济是建立在出口农业的基础上，巴西最早的城市所承担的职能主要是商品集散，城市不仅要临近农作物产区，还要便于与港口联系。同时，城市还要兼顾

保卫海岸安全的军事功能。因此，葡萄牙殖民者占领巴西后所建立的首批城市多位于沿海地区，如巴西最早的首都萨尔瓦多（1549 年）、里约热内卢（1565 年）等，整个 17 世纪建立的 40 多座城市也全部位于从南到北的沿海地区。

但是在 18 世纪时，随着巴西经济发展方向的转变，城市化进程有了新的特征。米纳斯吉拉斯等地区贵金属的发现，诱使大批采金者和黑奴涌入内地矿区，内地城镇从此诞生并开始发展。

19 世纪初期，葡萄牙王室定都里约热内卢，开始了巴西城市化过程的新阶段。原来的城市规模不断扩大，新的城市不断涌现。这首先促使里约热内卢的人口急剧增加，城市基础设施和文化建设迅速发展。由于城市建设的需要，大批的技术人才进入城市。除此之外，葡萄牙王室实行的巴西港口对友好国家开放的政策，以及 1822 年巴西政治上的独立，都极大地促进了城市的发展。

19 世纪中叶之后，咖啡经济的繁荣和铁路的修建，使巴西城市化得到了强有力的推动和强大的物资支撑。19 世纪中叶，咖啡业成为巴西国民经济的重要产业，种植范围不断扩展，里约热内卢州的巴拉伊河谷一带取得重大发展。优越的种植生产条件和旺盛的国外市场需求，使咖啡经济取得空前的发展，促进了城市和港口、铁路的建设，铁路沿线相继出现一些新的城镇。如 1832—1896 年间兴起的阿拉拉夸镇、里贝朗普雷图镇和包鲁镇等。这一时期，城市化表现为传统城市的扩展及其贸易与政治作用的加强①。

19 世纪后期，大规模欧洲移民的迁入促进了巴西城市化的推进。1888 年，巴西废除了奴隶制，先前的奴隶成为了自由人进入城市，大批欧洲的移民也进入巴西，两方面共同促进了巴西的城市化进程，城市体量不断扩大。巴西自 1819 年开始引进欧洲移民，1870—1880 年间形成移民进入巴西的高潮，这期间大约有 400 万外国移民定居巴西。大部分移民到咖啡产区务农，小部分留在城市务工、经商和从事其他工作。里约热内卢、圣保

---

① 李瑞林、李正升：《巴西城市化模式的分析及启示》，《城市问题》，2006 年第 4 期。

罗、桑托斯和阿雷格里港等城市的发展就是在移民的推动下形成的。这些城市中移民一般占全城人口的 30%—50%，他们控制了零售业和一些工业，并推动了面向地方市场的消费品生产。

总的来说，20 世纪之前巴西的城市化是没有工业化的传统城市扩展。从 16 世纪初葡萄牙殖民者到达巴西之日起，在近 300 年的殖民统治期间，巴西一直是葡萄牙宗主国的初级产品和原料的生产地和供应地。城市依然承担传统的职能：初级工业活动中心、商业、政府机构。

20 世纪 30 年代，巴西工业化的开始促进了中心城市的发展。1930 年瓦加斯革命结束了"牛奶加咖啡"的农业寡头统治，开始了工业化进程，巴西全面实施进口替代发展战略。但直到 20 世纪 50 年代前半期，巴西经济仍以初级产品和原料为主。50 年代后半期，巴西工业化进程加快，注重重工业和耐用消费品工业的发展。在替代进口发展战略的指导下，1967—1974 年经济年均增长速度达到 10.1%，创造了"巴西奇迹"，并初步建立起了较为完整的工业体系。在工业化的带动下，城市化飞速发展，新城市不断产生，圣保罗和里约热内卢等大中心城市的集聚效应和规模效应开始起作用。[1]

除此之外，其他区域的产业也迅速发展，从而为先前殖民时期的沿海城市带来了现代化和增长。20 世纪 50 年代到 70 年代的 30 年间，城市化飞速发展，形成了一定的城市规模体系。1950 年时，巴西总人口的 36.2% 居住在城市，1960 年时上升到 44.7%。1970 年人口普查结果表明，城市人口所占比重第一次超过农村达到 54%。1950 年到 1960 年，城市人口则从 1880 万激增至 3150 万；城市中心在 1950 年时则有 1887 座，1960 年时则有 2763 座。值得指出的是，这种快速城市化并不仅仅是来自于农业腹地扩展所关联的小城镇激增。尽管 1950 年，人口小于 2 万的中心占了城市系统的 95% 左右，到 1960 年时占到 94%，但是，城市系统中大中心的增长也很显著。1950—1960 年间，人口大于 2 万的城市从 96 座上升到 172 座，所占份额从 5.1% 上升到 6.2%。其中，1960 年，31 座城市的人口超过 10 万，其中有 6 座人口超过 50 万，两座人口达到 100 万以上。在中西部地

---

① 李瑞林、李正升：《巴西城市化模式的分析及启示》，《城市问题》，2006 年第 4 期。

区，作为城市战略的一部分，基础设施的建设和 1960 年时巴西利亚成为新的首都，对于内地城市化起到了积极的推动作用。

60 年代巴西迁都

巴西幅员辽阔，经济形态比较复杂。东南部和南部地区经济较为发达，东北部和西北部地区经济发展长期远低于全国的平均水平。地区经济发展失衡导致巴西地区经济布局和产业结构不合理以及贫富差距拉大。为了改变这一状况，自上世纪 50 年代以来，巴西政府首先在落后的中西部和北部地区兴建大中城市，通过城市化来促进落后地区的工业化水平。1960 年，巴西政府将首都从里约热内卢迁至巴西利亚，斥巨资在中部高原上建造了一座现代化都市。新首都巴西利亚的建立，推动了中西部地区的开发。

在北部地区，巴西政府设置了马瑙斯自由贸易区，提供各种优惠政策，以吸引国内外投资，从而使马瑙斯成为巴西最重要的贸易集散地，并带动了整个亚马逊地区的开发。此外，巴西成立了亚马逊经济开发计划管理局和东北部开发管理局等机构，专门负责对落后地区的开发。同时，巴西还成立了东北银行，从财政上对落后地区给予扶持。在基础设施建设方面，巴西政府也尽量向西北部地区倾斜。经过几十年的经营，巴西已建立了以巴西利亚和马瑙斯为中心的交通网络，使边远地区的交通状况大为改

■直逼海湾的巴西利亚。

观。迁都后，巴西以首都为基地，探索出一条在西部草原上科技兴农的新出路，不仅改变了南北发展不平衡的现象，也促进了全国经济的迅速发展。

到了 20 世纪 80 年代后，巴西城市化表现为，人口急剧向城市，特别是少数几个大城市和特大城市集中。1980 年圣保罗人口达到 1250 万，占全国总人口的 10.3%；1990 年增至 1842 万，占总人口的 12.2%。2001 年，圣保罗市以 1829 万人口，成为仅次于东京的世界第二大城市，里约热内卢 1076 万位居第 10 位。城市数量不断增多，相当数量的城市人口规模增大。1990 年巴西拥有 15 万人口的城市大约有 60 个，其中拥有 100 万人口的城市有 13 个，50 万—100 万人口的城市有 11 个，20 万—50 万人口的城市有 31 个。

总之，在 20 世纪后，巴西城市化的主要动因是工业化，工业化的发展带动了城市化的步伐，工业化与城市化互相影响，互相促进。在这一时期，城市不再是传统城市的延伸，而是工业生产的中心，重要的新的经济增长点。而在此过程中，形成的"贫民窟"问题，则是巴西城市化过程中难以启齿的"伤痛"①。

突出的贫民窟问题

贫民窟问题最早产生于 20 世纪初，最初是从农村涌入城市的贫民和没有住房的穷人，通过占用共有土地或私人土地的方式逐渐建立和发展起来的。到 1987 年，巴西全国约有 2500 万人居住在贫民窟。1991 年，贫民窟有 3188 个，2000 年增加到 3905 个，分布遍及巴西所有的大城市，现在已发展到一些中等城市。

巴西在城市化过程中形成大量贫民窟的主要原因是什么呢？原因之一，土地占有严重不平衡，大量无地农民流入城市。巴西是世界上土地集中率名列前茅的国家。据巴西地理统计局的统计，1996 年占农户 1% 的农村土地所有者，拥有土地面积占农村土地总面积的 45%。全国大部分良田掌握在大庄园主手里，其规模大的可以达到十几万公顷。国家重视出口农

---

① 袁东振：《混乱与无序：拉美城市化的教训》，《科学决策》，2005 年第 6 期。

业，鼓励农业产业技术发展和大规模机械化生产，但对农业的优惠政策补贴大都落在大中型农业企业手中，大量的农村中小农户和无地农民，却难以获得政府的政策支持依靠土地和农业就业满足生计，面对城市相对完善的公共服务和生活条件，向城市流动是当然的选择。原因之二，急剧膨胀的城市人口与就业容量脱节，大量进城农村人口失业，居无定所。由于大批农民缺乏现代知识和城市就业技能，很难在现代工业部门中找到工作。并且，由于巴西依赖于特定产业资源和高新技术的产业结构，使得现代产业部门对于低教育程度、低技术技能劳动力的吸纳能力严重不足，城市经济发展所创造的就业岗位供不应求，失业率居高不下也就是自然的了。高失业率导致了城市贫困人口的增加。第三，城市土地资源的相对富裕，城市规划控制松散，建房用地管理不严，贫民窟形成成本低。在城市化之初，巴西的城市土地资源比较富裕，进入城市的农民和城市贫民在一些边缘的公共地区可以低成本地进行建设，但这种建设并不违反国家法律。最初，这种规模并不是很大，甚至在建筑之间还可以保持比较宽敞的公共空间，但是，随着到来人群的迅速扩张，以及第二代人的出生，这种情况就变得越来越恶化了。虽然公共服务在不断加强，教育的普及程度在提高，但是人口的大量增加使工作更加难以获得。在巴西城市贫民窟的居住人口中，有80%收入在最低工资标准以下，他们很难在城市获得理想的建房用地和住房，又不能退回农村。于是，简陋的房屋在不断的加高，房屋之间越来越拥挤，人口增衍生出了与之相适应的各种低廉的服务业和非法的交易。比如，为适应其住房需要，贫民窟的房地产商及非法交易的黑市也发展起来。第四，公共政策不够完善，政府对于贫民窟的管理一直很松懈。贫民窟内的人在税收方面基本无力承担缴税的义务，由于政府采用的是福利型价格体系，因此在水、电灯生活开支方面，穷人负担很低，因此在贫民窟中的基本生活门槛很低，这也是大量无地农民进入城市贫民窟的原因。这一点，从巴西政府搬迁贫民窟的众多案例中就可以发现。如巴西的税收体制是根据各州工资标准确定税收，按税收贡献向各地返回，使地区间的基础设施和公共服务水平差距也在拉大，穷人在贫民窟中反而容易实现基本的生活目标①。

表格 10 – 5　巴西按人口规模的城市等级

	1950 年	1960 年	1970 年	1980 年
总计	1887	2763	3952	3991
2 万人以下	1791	2591	3649	3495
2 万—10 万	85	141	245	401
10 万—50 万	8	25	49	81
50 万—100 万	1	4	5	7
100 万以上	2	2	4	7

（二）巴西城市化发展特征

巴西城市化的特点是大城市化，迁移人口主要集中在大都市。2003年，巴西城市化水平高达 83%。全国 51% 的人口住居在 10 万以上人口的城市中，其中 9 个大都市占全国人口的 29%。

1. 城市数量多，集聚度高

1999 年，巴西全国共有 5500 多个市。其中，100 万人口以上的城市共有 14 个，占城市总数 0.3%，但集聚人口占总人口近 50%；15 万到 100 万人口的城市有 79 个，其余的为 15 万人口以下的城市，占城市总数的 98.6%。②

大量小城市的出现，是在城市化快速发展过程中，围绕大中城市周围逐步形成的，这是巴西城市体系完善的重要举措，也是缓解大城市压力的内在需要。如从圣保罗、里约热内卢到贝洛奥里特的大都会区已经基本成型。在它的周围聚集了大批中小城镇，人口约占巴西城市人口的 20%。

城市带的形成和大量卫星城的兴起，不仅有效地解决了传统上靠无限

---

① 李瑞林、王春艳：《巴西城市化的问题及其对中国的启示》，《延边大学学报（社科版）》，2006 年第 2 期。

② 李瑞林、李正升：《巴西城市化模式的分析及启示》，《城市问题》，2006 年第 4 期。

扩张中心城市管辖范围来实现城市规模扩张所带来的缺陷，在抑制了大城市规模过于膨胀的同时，也有利于大中小城市在空间和产业布局上相互依存和配套，形成了功能互补的城镇体系。

2. 中小城市发挥重要作用

目前，巴西的城市化虽然仍以人口向大中城市集聚为主，但由于"城市病"的出现，以及贫富差距的不断拉大，巴西也开始出现"逆城市化"的现象。城市的扩容和人口的膨胀，给大城市带来了日益恶化的交通、环境、社会和住房问题。为了减缓大量人口和经济活动流向大城市的压力，巴西采取了积极地调整措施。一是加强了卫星城镇的发展。如在圣保罗老市区 50—80 公里半径范围内建设了 8 个环境优美、交通便利的卫星城，引导人口流向这些中小城市。目前，这些卫星城的人口大约占圣保罗市总人口的 10% 左右。卫星城的建设已经成为巴西各个大城市缓解人口压力和化解经济、社会环境问题的重要手段。二是加强了对农村发展的投入。国家设立协调发展委员会，通过建立基金会，鼓励中小企业在小城镇及农村的发展。一方面带动了农村及小城镇的发展，另一方面也缓解了大城市的压力。经过历时 15 年的调整，中小城市已经呈现较好的发展势头。

3. 城市主导产业突出

尽管巴西城市的规模大小不一，但不同城市的主导产业突出、特色鲜明。如圣保罗是南美洲最大的工业和商业城市，而其卫星城镇则以水产业和旅游业为主导产业；伊瓜苏市则以旅游业闻名，人口只有 20 多万，主要产业为旅游业及配套服务业和农业，巴阿边界的瀑布群和伊泰普水电站每年吸引世界各地上千万的观光游客。佛兰卡则是以"鞋城"闻名，形成集聚生产，大大提高了当地农牧业的附加值。这些不同类型的城市，不仅在历史文化和城市显现上各不相同，在产业发展方面也各具特色。

4. 城市化进程过快

巴西的城市化进程过快，出现了过度城市化问题。所谓过度城市化，又称超城市化，是指城市化水平超过了本国的工业化水平和相应的经济发展阶段。巴西的过度城市化从其城市化的初始阶段即已产生，在 1950—1980 年的 30 年间，巴西等拉美国家的城市化水平从 40% 提高到 64%，比发达国家少用了 20 年。但在同样的城市化水平增幅内，发达国家的 GDP 增加了 2.5 倍，而巴西等拉美国家只增加了 60%。[①] 这表明，巴西的城市化进程与经济发展水平严重脱节。过度城市化给巴西带来了一系列问题，也在一定程度上阻碍了巴西经济社会的发展。

（三）发展启示

从巴西城市化案例可以看出，尽管从城市化率指标上，巴西已经属于高度城市化率国家，但是贫民窟问题非常严重，成为全球城市化发展的负面典型，通过对巴西的分析，有如下的启示：

1. 合理把握城市化进度

要准确理解城镇化的内涵，合理把握好城市化进度，使城市化的速度与经济社会发展的实际水平相协调。就城市化水平而言，巴西同经济发达国家之间的差距已经很小，已属于高度城市化国家，但就工业化水平和整个社会经济的发展水平而言，巴西是无法与这些国家相比拟的。这说明，巴西城市化相对于工业化和整个社会经济发展水平而言是过度的。城市化的过度发展和城市人口的过度集中，已使巴西染上了以城市人文、生态环境恶化为特征的"城市病"。为了促进城市化的健康发展，必须认识到，城市化是一个社会经济结构转型的重大过程，不仅表现为农村人口转化为城市人口的过程，同时也是城市功能不断发展完善的过程，任何国家城市化都不能急于求成。

2. 大力推进城市化的同时要注重城乡统筹发展

在快速推进城市化的过程中要注重城乡统筹发展。巴西在城市化过程中片面强调了城市的扩张而忽略了农村的发展，导致了城乡之间的巨大差距，形成明显的二元经济结构。从国际上看，城市化水平高的国家农业一般也较为发达（如美国）。农业部门生产率的提高是城市化顺利进行的基础。因此，在城市化的进程中，应该吸取巴西城市化的经验教训，通过改善农业生产条件和农村生活水平，提高农民的收入和社会福利水平，消除

---

① 李瑞林、李正升：《巴西城市化模式的分析及启示》，《城市问题》，2006 年第 4 期。

城乡经济机会的不平等现象，实现城乡协调和可持续发展。

3. 城市建设应注重低收入群众和外来务工人员利益

要调整城市建设的思路，在城镇规划、住房建设、公共服务、社区管理中，关注城镇低收入群众和进城就业的普通劳动力。巴西的情况表明，农村人口进城，除了就业之外，最大的问题是安居。由于长期忽略农村流入城市就业、寻找生活出路人口的居住问题，这些人除露宿风餐外，迫于无奈，在城市边沿占用公有土地和山头，自行搭建简陋住房，形成一片片与政府公共管理和当地社区分离的贫民窟，与之相关的社会问题越积越多。待到一个时期，政府改换政策，想要资助这些低收入人群，改善社会治理，除去种种犯罪毒瘤，已是积重难返。可见，在城市化进程中，要高度重视进城农民的生活质量保障，对于一些长期拖家带口在城镇就业生活的低收入群体，城市应当对他们的居住问题有制度性的安排，防止那种贫民窟及众多社会问题的发生。这就需要从现在起就在城市规划、住房建设、公共服务、社区管理上关注城镇低收入群众和进城就业的普通劳动力。城市政府应把在城市有固定工作和住所的进城农民视同常住人口对待，应把外来人口对住房、就学、医疗等设施的需求纳入城市建设规划，让一部分外来人口逐步融入城市，这样有利于城市各种服务业的发展，也有利于城市社会的和谐。

六、日本——勤勉严谨的城市系统

亚洲人口众多、经济不发达，其中有 6 个国家人口在 1 亿人以上（中国、印度、印尼、巴基斯坦、孟加拉、日本），这 6 个国家的总人口占了全亚洲的 4/5，其城市人口也占全亚洲的 2/3。1985 年时，全世界约有40% 的人口居住在城市里，而亚洲仅有 26% 的人口居住在城市化地区，说明亚洲的城市化水平仍低，处在发展的初期。

但近半个世纪以来，亚洲经济快速发展，其城市化进程也在加快，有一个突出的特点，就是形成了多个特大型都市圈，根据联合国人口统计分析（1996），目前全世界已有 28 个最大的城市群和大都市圈，在亚洲就有

17 个。本章选择日本、韩国两个东亚近邻，作为描述对象。

日本是亚洲的唯一的发达国家。国土面积 37.78 万平方公里，人口 1.27 亿，2010 年实现 GDP 5.47 万亿美元，人均 GDP 4.28 万美元。人口密度为每平方公里 337 人。首都东京，也是全球最大的都市圈之一。东京都特别区的人口约有 860 万人，是人口密度高度集中的大城市之一。以东京都为中心，包括神奈川县、埼玉县、千叶县的首都圈人口约 3300 万人。2006 年，日本拥有城市数量 778 座，城市面积占到国土面积的 48.2%。

表格 10-6　1920—1995 年日本城市发展情况

年度	城市数	增加数	城市人口（千人）	城市人口比重（%）
1920	83		10097	18
1925	101	18	12897	21.6
1930	109	8	15444	24
1940	168	41	27578	37.7
1945	206	38	20022	27.8
1950	248	42	31203	37.5
1955	491	243	50288	56.3
1965	561	5	66919	65
1970	579	18	74853	72.2
1975	644	65	84967	75.9
1980	647	3	89187	76.2
1985	652	5	92889	76.7
1990	656	4	95644	77.4
1995	665	9	98009	78.1

（一）发展历程：工业带动发展迅速，形成大都市圈

日本的城市化起源于明治维新时期（1868—1912 年），并且与工业化相伴而平行发展。明治维新给日本经济发展带来新的活力，工业急速发

展，从19世纪后期纺织工业的崛起，到战后重工业的迅速发展，逐步形成了著名的太平洋沿岸的工业地带，同时带来了人口向这些地区的聚集，城市化迅速发展。

表格10-7　日本历年来城市化率

时　期	城市化水平（%）
1900 年	15%
1925 年	20%
1945 年	38%
1950 年	50%
1965 年	67%
1970 年	71%
1980 年	76%
1989 年	77%
1998 年	79%
2000 年	80%
2005 年	86.3%

自1868年"明治维新"开始，日本着手政治经济体制变革，向西方国家看齐，进行工业化发展和扩张。至1900年，轻工业部门如纺织业迅速发展，其在整个工业产值中所占的份额已近85%。从20世纪开始，以钢铁工业为代表的重工业开始扩张。第一次世界大战期间，日本工业产值增长了3倍，并快速完成了工业资本积累。至此，日本工业的产出水平开始超过农业产出。日本工业的持续增长使之对工人需求的增加。在1920—1930年的10年间，超过半数的日本就业者到第二、第三产业就业，有近25%的人口居住在城市①。

加强交通基础设施建设

早在1870年，日本就在英国人指导下，开始修筑横滨通往东京的铁

---

① 李辉、刘春艳：《日本与韩国城市化及发展模式分析》，《现代日本经济》，2008年第4期。

路，于 1872 年完成建设并投入运营。此后，日本就开始自己设计和建造全国的铁路网，铁路日渐成为运输的主力军。到 20 世纪初，从东京到其他主要城市的铁路线已全部开通，从而为工业发展与城市向外扩展打下了基础。① 1903 年，有轨电车在东京出现后很快取代了马车，成为日常主要交通工具。

1930 年到 1945 年间，日本的新兴工业，如汽车制造业，在政府的鼓励和扶持下开始成长起来，船舶制造业等重工业持续快速增长，化学工业与电机工业也保持持续增长的局面。工业的持续增长使日本城市人口不断增加。至 1940 年，城市人口所占比重已达 38%。

二战遏制了日本城市人口的增长趋势，大量人口从城市逃亡至农村以躲避轰炸。到 1945 年底，城市人口出现明显的下降，但在战后重建激活了日本经济，再次引发大量日本国民移居城市以寻求工作，城市人口开始恢复性上升。

二战后，日本政府及美军当局开始实施重建日本及恢复经济的计划，到 1950 年，几乎 50% 的人口居住在城市区域，标志着日本已进入城市化国家行列。

从 1955 年到 1973 年，日本经济已实现翻三番。这一时期，日本经济保持两位数的增长，同时，向城市区域的移民也大幅度地增长。在 1960—1964 年的移民高峰时期，超过 300 万人口从农村、集镇和小城市进入东京—大阪—名古屋大都市区。至 1970 年，日本的城市人口占总人口的比重已超过 70%，这标志着日本已成为城市人口占支配地位的国家之一②。

重视公共教育

在城市化高度发展阶段，日本高度重视教育。1947 年日本进行教育改革，实行 9 年义务教育；1950 年义务教育完全普及；1965 年初中毕业升入高中的比例达到 69.6%。此外，在二战以后，日本就十分重视职业技能教育。职业技能教育在中央由文部省管理，在地方由县教育委员会负责管

---

① 李志、许传忠：《日本城市交通现代化与城市发展的关系》，《国外城市规划》，2003 年第 2 期。

② 郑宇：《战后日本城市化过程与主要特征》，《世界地理研究》，2008 年第 2 期。

理。学校的职业技能教育主要在初中和高中阶段进行。[①]

加强城市环境整治

二战后，各地区先后制定了不少防治公害的条例。政府方面在 1956 年水俣病发生后，于 1958 年公布了《公共用水域水质保护法》和《工厂排水限制法》，1962 年制定《煤烟限制法》，1967 年出台《公害对策基本法》，自此，日本在防治公害走上法制化轨道。1970 年石油危机爆发后，日本在减少有害废气排出量的汽车研制上下了很大工夫，自 1970 年代中期，大气污染情况有所缓和。1972 年颁布《自然环境保全法》，1993 年《环境基本法》颁布，以这两个法律和其他法律为依据，日本政府就城市环境保护问题又制定了一系列对策和法律，如汽车排气方面的限制规定、《再生资源利用促进法》、湖泊、海域的各项环境基准和内海环境保护方面的法律等。与此相适应，地方各都市也根据各自的具体情况制定了各种环境保护方面的条例。以上种种环境对策虽然不能说已经解决城市环境问题，但是对环境保护活动的开展均有积极的推动作用。[②]

人口向大都市区域外转移

1970 年以来，日本城市人口达到饱和状态，并在大都市区域外的更大范围内实现人口城市化。自 1970 年代中期，趋于城市的移民总量迅速下降。大都市人口保持在相对稳定的水平上。一些人群开始从他们定居的大都市中迁出，搬迁至一些地方性的中心城市，还有的开始迁至小城市镇，致使一些小城市镇出现人口上升的现象。而大阪、名古屋等大都市区人口在这一时期一直处于负增长态势，东京则在 1993 年开始出现首次人口负增长。这表明日本已进入高度发达的城市化阶段。

（二）日本城市化发展特征

日本根据自身人多地少、资源匮乏的现实条件，选择了高度集中城市

---

① 陈成文、邓婷：《美、英、日三国的就业援助模式》，《中国党政干部论坛》，2009 年第 4 期。

② 张莉：《日本城市化进程中城市问题的治理》。http：//www. china‒up. com：8080/internatianal/messaqe/showmessaqe. asp? id = 1230

化战略，以求在城市化过程中更加集约地使用土地及其他自然资源。日本城市化发展过程中，主要表现在以下四点：

1. 集中化的大都市圈是主要空间特征

日本是世界上人口密度很高的国家之一，人口密度达 335 人/平方公里，远远高于中国的人口密度（133 人/平方公里，1998）。日本岛国独特的地理位置决定了其城市化的基本模式，即以某一个大城市为人口聚集的中心，周围发展卫星城，再向外辐射与扩展。在这一战略导引下，日本形成了东京、大阪、名古屋三大都市中心。大城市主要集中在从太平洋东北向西南延伸的一侧，以东京为中心的日本东海道大都市带，从东京经横滨、名古屋、大阪、神户、长崎，形成城市连绵区，面积约 10 万平方公里，占全国总面积的 20%，人口 7000 万，占全国总人口的 61%。可见，城市圈带的形成和发展对日本城市化进程起到了至关重要的作用。到 1985 年，三大都市圈国土面积只占全国的 31.7%，却集中了全国 63.3% 的人口和 68.5% 的国民生产总值①。

■狭小的国土空间，造就了日本城市集中化和立体化的适应性。

---

① 日本三大经济圈数据：中国经济体制改革研究会日韩都市圈考察团，日本都市圈启示录，《中国改革》，2005 年第 2 期。

2. 注重建立和发展城市体系

日本在城市化进程中，不仅注重发展大城市和特大城市，而且还积极发展中小城市。尽管日本的大都市在其城市化过程中起着举足轻重的作用，但地方小都市也发挥着其特有的综合功能。日本的地方小都市主要包括遍布全国各地的人口在 3 万至 10 万人的小市镇。这些小都市都是具备完整三次产业结构的综合经济体。在其形成及发展过程中，政府、企业及当地民众都十分重视发挥其综合功能，包括经济功能、生态功能及社会功能。另外，还将传统风俗与现代化生活相互融合，大力发展城乡交流及旅游农业。政府在规划中还明确划分了市区、郊区、农区、工业区及休闲区，使一、二、三次产业密切结合，实现经济、社会和文化的协调发展。①

3. 在发展大都市区同时，有计划地实现城乡一体化

日本城市和农村之间的地域空间不是相互分割的，而是作为一个大的整体接受中央政府和地方政府统一规划管理，并可以根据实际情况的变化，进行统一调整。所以，日本各城市的城市建设计划就包括城乡两大主体的统规统建。此外，城市功能的设置不再限定于城市内，而是把周围农村地带也包括在内，呈放射型扩散。城市里的商业和娱乐业的设置空间和建设规模是严格按照辐射圈范围的大小合理调整建设的。

4. 注重市场选择基础上的政府参与

日本虽然是市场经济国家，但整个城市化过程都是按照政府的意图进行的。从国土及区域规划、产业发展规划的制定，一直到规划的贯彻执行，都可见到政府不同程度的参与。一方面，政府对国土的开发利用进行全面规划，以提高土地资源的利用效率和合理安排产业布局，保障城市化的有序、高效进行。日本政府自二战结束后就开始了大规模的国土整治工作。首先设置了专门负责国土整治的机构——国土厅，1950 年制定了被称为"国土开发宪法"的《国土综合开发法》，后来又先后四次制定并修编了"全国综合开发计划"。其次，政府为工业发展提供有力的政策支持，进而推动城市化的进程。二战后日本经济的快速发展主要是依赖于以高新

---

① 李林杰、申波：《日本城市化发展的经验借鉴与启示》，《日本问题研究》，2007 年第 3 期。

技术为基础的工业现代化。在上世纪80年代以前，日本的高新技术主要是以"引进和模仿"为主的，日本政府对几乎所有的高新技术进口都实行减、免税制度。在高新技术的产业化过程中，从用地、配套设施建设直至生产、销售等整个过程也都给予种种政策支持和帮助，以促进工业现代化的发展进而推动城市化的进程。此外，为保证城市化进程顺利进行，日本政府还制定了众多的相关法律，以确保专门针对城市化进程而制定的国土开发计划的顺利实施。"全国综合开发计划"只是一个引导城市化进程的一个大体框架，为保证它的顺利实施，日本政府又根据各地的特殊条件，分别制定了《北海道开发法》、《东北开发促进法》、《九州地方开发促进法》、《四国地方开发促进法》等一系列法规。①

（三）发展启示

日本作为亚洲唯一的发达国家，国土面积狭小，资源匮乏，人口密度极高，日本城市化发展的成功经验，为城市化发展提供了有益的与启示：

1. 加强政府对城市化进程的引导和制度建设

日本的城市化道路主要由市场主导，城市功能定位、城市主导产业选择等都主要由市场决定，政府的作用主要体现在规划指导和立法保障等方面。日本在城市化过程中，政府十分重视发展规划，在完善的规划体系基础上实现各项城市建设。法规体系的健全和完善是日本城市化过程的重要保障。日本在一百多年的城市化过程中，陆续制订了《新事业创造促进法》、《市民农园建设法》、《促进建设优美田园住宅的法律》、《国土利用计划法》、《农地法》、《农振法》、《城市计划法》等一百多部相关法律法规。这些法律法规的制订，为城市化过程中的一系列相关问题的解决提供了法律保障。

2. 广泛征求意见、吸收多元化主体参与规划

规划草案发布的次数越来越多，征求意见的对象也越来越广泛。其中"五全综"和"六全综"除了征求地方政府、学者、国民各界意见外，还

---

① 李林杰、申波：《日本城市化发展的经验借鉴与启示》，《日本问题研究》，2007年第3期。

征求了中国、韩国、马来西亚等国的意见，充分体现了日本放眼全球、实现亚洲交通通讯一体化的战略目标。并且，日本的每次国土规划都开展了全面的规划中期报告和实施效果评估报告，这也为实时掌握规划实施效果提供了保障。

3. 规划目标紧跟时代特征

在经历了近 60 年的国土开发之后，日本已经进入后工业化时代和后城市化时代，其国土产业布局已经基本形成，规划目标已经随着时代背景的改变而发生了很大的变化。目前日本新的国土规划目标已经不再是大规模的开发，而是由开发转型为维持和管理，从谋求产业发展、宜居生活，到谋求如何将有限的国土资源可持续发展；从谋求"一极一轴"、"一极四轴"格局，到谋求广域地方圈自立协作发展的国土结构。同时，随着泡沫经济的崩溃和金融危机的爆发，日本国家经济经历十年衰退，国家没有大量资金来继续主导大规模的国土开发，其开发主体也从国家主导、地方主导，变成了多样化的主体参与国土开发，提出要依靠"新型行政主体"。总之，日本的第六次国土规划已经变成提高规划质量和强化规划实施并重的规划模式。①

七、韩国——在传统与现实中平衡

韩国位于东北亚，国土面积 9.96 万平方公里，2009 年人口突破 5000 万。韩国地狭人稠，自然资源严重短缺，工业用原料和主要的金属矿藏品几乎全部依靠进口。

韩国城市化速度之快是世界上绝无仅有的，同时韩国经济也得到飞速发展，创造了产业发展增速在 30 年间持续保持在 10% 的增长奇迹，一跃成为经济发展最快和高城市化水平的国家之一。

---

① 姜雅：《日本的最新国土规划——国土形成规划》，《国土资源情报》，2010 年第 3 期。

（一）发展历程：注重规划和政府主导

从 1910 年日本占领朝鲜半岛开始，韩国经历了长达 35 年的殖民统治。到 20 世纪 40 年代中期，城市人口比例（包括现在的朝鲜）由 3.3% 上升到 11.6%。

二战结束以后，由于战争引致的移民，韩国的城市人口开始增长。从 1945 年日本投降开始，大批二战期间流亡到中国、日本的韩国人回到韩国。随后，朝鲜战争所产生的大批难民从朝鲜半岛中部迁往南部，这些人在城市周围从事生产劳动并定居下来。到 1960 年，韩国城市化水平达到 28.3%。这两个时期的人口城市化水平的提高是建立在殖民政策变化和战争结束难民迁移的基础上，都属于非正常发展时期。

经济发展战略带动城市化发展

1960 年是韩国城市化发展的关键节点，韩国由此进入了经济高速增长的 30 年，城市化率也不断提高，并实现了城市化。为了克服资源短缺的缺陷采取了非常措施——据点发展战略，即资源和资本的不均衡分配战略，不均衡分配适用于一切部门和空间。就部门而言，政府的大部分可用资源集中投入于出口主导型的重化工业部门，而把那些不能提高投资收益的部门排在优先投资部门之外。在政策的引领下，韩国城市化率从 1960 年的 28.3% 发展到 1985 年的 74%。伴随着快速工业化过程，韩国人口城市化水平迅速提高。韩国城市数量不断增加，城市规模不断扩大，而农村人口迁入则是城市人口增加的重要来源。早期阶段人口主要迁向首尔等传统大城市，后来由于巨大的交通运输优势，毗邻日本东南沿海地区的釜山、蔚山等地迅速成长为新的集聚中心，成为城市人口增长最快的地区。直到现在，以首尔为中心的京畿道地区和东南沿海的庆尚南北两道地区仍是最主要的两大城市集聚区域。当时首尔的人口在 60 年代末不足 300 万，而 1988 年已增至 1000 万，一跃成为世界性的大城市之一。到 2000 年，韩国的城市化水平达到 82%。基本形成了城市化①。

---

① 王剑：《韩国人口城市化发展模式研究》，《城市问题》，1996 年第 6 期。

加强国土规划，促进人口分散发展

为遏制首都人口过度集中，实现经济社会均衡发展，韩国早在70年代初即制定了"建设卫星城市，积极分散人口"的方针。当时制订了第一个国土综合开发计划（1972年—1981年）：在首尔周边地区建设10座卫星城市，改善周边地区的城市基础设施。80年代初韩国又制订了第二个国土综合开发计划（1982年—1991年），在继续推进卫星城计划的同时，进一步加强地方据点城市基础设施的建设，积极引导人口逐渐向地方分散。

注重中小学教育

韩国自1968年废止小学升初中考试制度，1974年实行"平准化教育"，高中通过推荐、书面材料、区域配置等方式招收学生。韩国中小学教育特点是，一是注重创意教育，即重视培养"会思考、会学习、会实践"的"三会"学生。二是没有全面实行在日本有争议的"学区教育"和"宽余教育"。三是积极发展"特目高"，即发展特色、特性化为目的举办的高中。

加强"新村"运动，改善农村生活环境

20世纪70年代，韩国展开"新村"运动。新村运动初期，政府把工作重点放在改善生活条件上。中后期，政府加大了对农村卫生医疗、社会保障、农村教育、农业技术培训和信息提供等一系列农村公共服务的供给，从而大大改变了韩国农村的面貌。主要体现在：第一，改善了农村生活环境，提高了农民生活质量。在环境改善方面，大力修建卫生的供水系统、改造排污系统。在住房改善方面，实施房屋维修和村庄重建。在公共建设方面，扩张农村电网、通讯网，加大对农村的信息输入。这些实践取得了不小的成果。第二，改善了农业基础设施，增加了农民农业收入。70年代初期的韩国许多农村不通公路，甚至没有水泥路的现象严重。随着"新村"建设的推动，到1979年，韩国的农村道路建设超过当初目标，达到61201公里。第三，加强了农民教育培训，提高了农民整体素质。大力发展农民职业教育和培训是新村运动的重中之重，进而达到推广和应用新技术的目标。韩国"新村运动"通过建立村民会馆、培养新村领袖和成立

各种村民组织等方式，充分提高全国村民的思想意识和参与能力①。

不断完善中的城市基础设施

在韩国高水平的交通、通信基础设施大多分布在大城市及其周边的新城市，韩国中小城市的基础设施则水准较低。大城市中心城区与新城市占据着大多数高水平的基础设施资源，使得大量的人口涌向这些城市，而老城区及中小城市得不到有利的发展。

（二）韩国城市化发展特征

韩国城市化发展道路中，经历时间较短，其主要特点有：

1. 国家工业化推动了快速城市化

韩国工业的迅速增长始于 20 世纪 60 年代初，在韩国工业化过程中，轻工业和重工业优先发展程度在不同时期有所不同。自 1962 年开始认真着手发展国家经济以来，韩国制定并遵循了符合本国国情的出口导向型发展战略。20 世纪 60 年代起，迅速的国家工业化过程使韩国城市数量不断增加，城市规模不断扩大，城市人口数量直线上升。到 1992 年，占国土面积 0.6% 的首尔已经容纳了全国人口总数的 1/4 以上，被韩国人称为"首尔共和国"。

2. 农业发展政策推动了城市化进程

直到 20 世纪 50 年代，韩国传统农业经济仍然占据主体地位。随着工业化的全面展开，农业便成为工业化资金积累的重要源泉。在 50 年代初期韩国制定的谷物管理制度的核心内容是：与进口美国农产品的政策措施相配合，以行政力量推行农产品低价政策。这些政策的实施在韩国经济追赶初期的工业化进程中发挥了重要作用。60 年代中期，韩国国际收支状况明显恶化，因而在 1969 年韩国政府制定了"二重谷物价格制"，价格低廉的农产品供给，不断改善了城市生活条件，也促使农村人口大规模向城市迁移。

3. 产业结构转变加快了人口向城市聚集

韩国在经济高速增长过程中，产业结构发生了根本性变化，由此而引

---

① 宋蓓：《国外城市化发展路径评述》，《国外社会科学》，2007 年第 2 期。

发的产业布局的变化推动了城市化进程。在工业化进程中，韩国进行了四次大的产业结构调整：即 1953—1961 年以恢复经济和发展消费品进口替代工业为中心的第一次产业结构调整；1962—1971 年以实施轻纺工业出口导向战略为中心的第二次产业结构调整，出口导向型的工业化首先促成了首尔和釜山两个大城市的高速发展；20 世纪 70 年代推行以重化工业战略为中心的第三次产业结构调整；80 年代以实现技术立国和经济稳定增长战略为中心的第四次产业结构调整。随着四次产业结构的调整，韩国完成了从农业国向工业国、由轻工业向重工业、由劳动密集型产业向知识和技术密集型产业的转变。

（三）发展启示

韩国用了 40 多年的时间，从一个贫穷落后的农业国家发展成一个富裕先进的现代化城市化率国家。韩国的城市化过程，既有经验，也有教训，我们认为至少有以下三个方面值得思考。

1. 构建中心城市是加快城市化的关键

韩国在城市化进程中采取了"据点战略"，即资源和资本的非均衡分配战略，尽管这一策略带来了如大城市急剧膨胀、城市交通拥挤等多方面的负面影响，但也充分发挥了大城市的规模经济效益，并利用中心大城市的聚集作用和扩散作用加快了经济发展，推动了城市化进程。21 世纪是城市经济发展的世纪，随着区域经济的发展，中心城市的作用日趋显著，特别是处于经济起飞阶段的后发地区更是如此。构建具有高度聚集和辐射功能的中心大城市，可以发挥单个城市所不能起到的系统功能的作用。中心城市往往体现出先导性增长的特征，并成为带动整个区域发展的增长极。从韩国城市化的实践看，大城市特别是中心城市在推进城市化进程中往往起着主导作用。中心城市在资本聚集、人口聚集、规模效应、辐射带动效应及经济快速持续增长等方面都起到了难以估量的作用，从而实现了中心城市率先实现城市化、进而带动全局整体实现城市化的这样一个双赢的结局。

2. 加紧完善老城区和中小城市基础设施

韩国高水平的交通、通信基础设施大多分布在大城市及其周边的新城市，中小城市的基础设施则水准较低。大城市中心城区与新城市占据着大多数高水平的基础设施资源，使得大量的人口涌向这些城市，而老城区及中小城市得不到有利的发展。可见在城市化进程中，应加紧完善老城区和中小城市的基础设施，发挥老城区和中小城市的承载力。[①]

3. 适当加强政府政策引导和行政的干预

如前所述，韩国是市场经济型国家，但政府在经济活动中的作用始终左右着发展的时空结构，区域经济开发和规划很大程度上是受行政计划控制的。因此，在城市化进程中，在坚持有地方特色和市场经济的基础上，

■在局促的国土面积下，韩国仍然审慎地以大尺度保留不同时代的精华。

---

① 吴伟、许美婷、俞慰刚：《韩国城市化道路的分析与思考》。http：//www. copycheck. com. cn/compare？ purl＝http：//rurc. suda. edu. cn/ar. aspx？ AID＝458

在城市规划方面、基础设计建设方面等，有必要提倡适当加强政府政策引导和行政干预，加强一盘棋的思想，以便更有效的推进城市化的发展。

八、印度——命运多舛的城市化进程

印度是世界四大文明古国之一，位于南亚次大陆，面积298万平方公里，居世界第七位，人口11.66亿（2009年），仅次于中国。人口密度为391人/平方公里（2009年）。GDP为1.23万亿美元（2009年），人均1066美元。

印度是一个人口众多的农业国家，目前，70%以上的人口仍生活在乡村，是世界上城市化水平较低的国家之一，到2008年，印度城市化水平仅仅为30%（1951年为17.3%），城市化步伐也比较缓慢。

（一）发展历程：步履缓慢，动力不足且存在制度阻碍

从18世纪下半叶开始，印度逐渐沦为英国的殖民地。独立之前印度的工业水平很低，完全成了英国18世纪贸易保护政策和19世纪自由贸易政策的牺牲品。传统工业被廉价的西方产品挤垮，现代民族工业发展缓慢，仅局限于孟买的一些棉纺织厂，以及加尔各答的黄麻厂等，甚至连火柴、肥皂等日常用品都需要进口。工业对于城市化地推动作用极小，印度城市化进展相当缓慢。城市化水平长期徘徊在10%左右，而且城市化的基本动力来源于商业交易活动而非工业。20世纪前50年，印度城市人口的平均增长率还不足1%。

1947年印度独立，掀开了城市化发展的新篇章。随着现代工业体系的逐步建立和完善，交通设施的普及，城市化作为工业化的产物，城市无论数量还是规模都扩大了。印度的城市化率在2008年达到30%。在过去50年中，印度城市化的平均速度为0.2%，许多新兴城镇也相继诞生，如行政中心、钢铁城、矿业城镇、卫星城市等。

表 10 - 8　印度历年来城市人口占比

普查年份	城镇数量	人口（百万）	城市人口占比
1901	1888	25.8	10.8
1911	1875	25.9	10.3
1921	2012	28.1	11.2
1931	2145	33.5	12
1941	2329	44.2	13.8
1951	2924	62.4	17.3
1961	2462	78.9	18
1971	2643	109.1	19.9
1981	3425	156.2	23.7
1991	4689	217.2	25.7
2001	5161	285.4	27.8

　　20 世纪 90 年代以来，服务业发展迅速，占 GDP 比重逐年上升。印度已成为全球软件、金融等服务业重要出口国。全球化滋养了印度，而印度在信息产业上的作为又在反哺全球化。在此过程中，印度的城市建设速度加快。[①]

印度的"新农村建设"

　　近年来，印度每年都新增数以万计的进城农民。由此，城市享受了廉价劳动力所带来的人口红利，但随后却要经历因为农村人口大量涌入而形成的成长烦恼。由于印度农民可以自由迁徙，而印度政府无权限制农民进城，只能通过其他的路径来为"进城热"降温。2010 年 5 月，印度农村发展部宣布，将以政府和私营企业合作的新模式，为农村提供城市化的生活和市政设施。如此，可以增加农村吸引力，留住农村人口，为城市减压，

————————

　　① 印度将建"新农村"减轻农村人口进城压力。http://www.foshan.net/html/2010/05/20/20100520112199612_ 2. shtml。

即"新农村"建设。

打造"新农村"分三个层次，即在各邦、中央政府和服务提供商之间签署协议，实施年限为 13 年。人口总计达到 3 万到 4 万人的数个相邻村庄将组成一个"集团"。私营企业将为这个村庄"集团"开发城市化的市政设施和基础设施，并进行长达 10 年的维护。这一计划将在 10 个地方先进行试点，由政府和私营企业以合作方式进行开发。根据试点的结果，印度政府将在 2012 年前决定是否扩大该计划实施的规模。中标的私营企业将为试点的村庄提供自来水、污水排放和处理、固体垃圾管理、街道照明、电讯等基础设施等。此外，企业还可建设诸如观光、仓库、农业服务中心等盈利性设施。①

（二）印度城市化发展特征

印度城市化发展道路中，经历时间较短，其主要特点有：

1. 城市化速度极其缓慢

城市形态在印度首先出现大约是 1791—1921 年前后，直到 1931 年，印度的城市化水平一直较低。自 1931 年起，交通条件的持续改善促进了制造业和服务业的快速发展，城市化进程加速。1941 年和 1951 年城市人口比重快速上升，主要是因为印度分裂后大量难民涌入城市，导致城市人口大幅度净增长。1961 年统计上对城市定义的重新修订，使城市人口比重有所下降。从 1970 年至 1980 年的 10 年间，城市化进程速度较快，但到了1980 年至 1993 年，城市化速度放慢，年增长率仅为 0.3%。印度城市化的步伐虽然缓慢，但从来没有出现过大的起伏。它的城市化年增长率高的时候从没有超过 2%，而低的时候也从未到过负值。这与印度经济低速增长的表现正好相一致。

2. 城市化过程较为被动

印度城市化的动力主要不是工业化和城市的"拉力"，而是农村状况恶化所导致的对乡村人口的"推力"，城市化过程比较被动。较低的经济

---

① 印度将建"新农村"减轻农村人口进城压力。http：//www.foshan.net/html/2010/05/20/20100520112199612_2.shtml。

发展水平难以对城市化水平的提高形成支撑，印度虽然在"二五"和"三五"时期制定了工业化纲要，计划重点发展重工业和基础工业，然而这些工业能够提供的就业岗位非常有限。它们的增长并没有带动吸收农村劳动力向城镇转移，也就是说，工业化促进城市化的作用是很小的。同时，72%的人口以及95%的面积以上的广阔农村又处于极度贫困之中。大部分耕地（77%）仍然采用中世纪甚至是原始耕作技术，85%的农业耕地仍是单一作物，能够出售农产品的耕地面积不超过10%。大部分土地仍靠天吃饭，单产量仍是世界上最低国家之一。农村的贫困推动着乡村人口流向城镇，但进城的农民由于受资金、技术与信息的限制，绝大多数只能在城市非正规部门就业。印度国民经济中服务业产值所占份额要高出工业20个百分点，服务业从业人员比例也比工业高7.4%。由于受到劳动力自身素质以及资本规模的限制，服务业中有相当部分还停留在传统产业阶段。因此，传统产业即非正规经济部门就业比例高一直是印度城市经济的一个特点。1991年开始经济自由化进程之后，印度公有部门的就业机会减少，有

■千辛万苦挤进城市的乡村人提供着城市人的必需产品和服务，却不被认为是城市的必需群体。

组织的私人部门就业增长缓慢。[1]

与此同时，城市人口的增长速度较快，新增加的城市人口只能越来越多地在非正规部门就业。在过去的十年中，印度城市非正规部门就业比例一直保持在60%左右。印度的城市增长在很大程度上可以归结为农村状况的恶化"推动"人口流向城市，而不是城市的发展优势"拉动"乡村人口移居城市。

3. 城市体系发育不良

大城市人口过度膨胀，中小城市发展乏力。印度城市化呈现出了大城市人口集中度提高的趋势。1960年印度百万人口以上城市中居住的城市人口占全部城市人口的比例为37%，1990年达到37.78%，2005年为40.47%。而生活在1万人口以下小城市的人口比例从27%下降到了11%[2]。

4. "贫民窟"问题严重

印度全国城市的贫民窟人口，在2001年度人口普查时为7526万人，但到2011年底，城市贫民窟人口将近1亿人，这甚至超过了德国的人口总数。到2011年底，印度首都新德里的贫民窟人口约316万人，比2001年增加85万人，而金融中心孟买所在的马哈拉施特拉邦的贫民窟人口达到1815万人左右，位居全国各邦之首。印度的土地和住房制度与政策，是导致贫民窟长期存在的重要原因。在印度法律里，保障人的迁徙权和居住权，比保障公、私土地产权具有更优先的地位。例如，孟买的房租控制法限制房租提高，印度的法律甚至还规定，一旦房客在一处住房住满一年，则他就有优先权购买这处住房；即使不购买，他只要交房租，就可以无限期居住。这导致私人出租房屋和建造出租房屋的积极性降低。这种情况下，虽然孟买政府计划为贫民窟的人口提供住房，但现在的建设速度尚赶不上贫民窟人口的增长速度。

---

[1] 刘小雪：《中国与印度的城市化比较》。http://www.ailong.com/pages/article/23/21.htm。

[2] 皮埃尔·雅克：《城市改变发展轨迹（看地球2010）》，社会科学文献出版社2010年版。

表10－9　2001年印度百万人口以上城市总人口、贫民窟人口及比例

城　市	总人口（万人）	贫民窟人口（万人）	贫民窟人口占总人口比例（％）
百万人口以上城市总计	7081.39	1656.55	23.4
孟买	1191.44	582.35	48.9
德里	981.74	185.47	18.9
加尔各答	458.05	149.08	32.5
班加罗尔	429.22	34.52	8.0
金奈	421.63	74.79	17.7

5. 种姓隔阂阻碍城市化进程

印度城市化进程的缓慢，还有一个主要原因是由种姓制度带来的。印度教中的种姓制度在印度社会中根深蒂固。种姓制度把人分为四个等级：第一等种姓为婆罗门（掌管文化和知识的祭司阶层），第二等种姓为刹帝利（掌管政权和武装），第三等种姓为吠舍（从事商业贸易），第四等种姓为首陀罗（从事艰苦劳动和为他人服务）。在首陀罗之下，还有大量没有等级的印度人，被称为"贱民"，印度现在的贱民数大概有2.4亿之多。目前，印度只有2%—4%的人口是婆罗门，他们占据着全国大多数的工作岗位，而占总人口25%的贱民却只有不到1%的工作岗位，并且大部分的低种姓人口都生活在农村，从事着繁重的体力劳动。可以说，印度社会被人为地分成各个阶层，并且很难互相融合，其城市化进程从根基上来说就被人为地排斥。少数高种姓的印度人在城市中拥有着不菲的收入和体面的社会地位，他们拒绝低种姓的印度人与自己生活在同一阶层的社会中，共同分享印度经济发展带来的优越物质生活。

（三）发展启示

印度的城市化道路发展较为缓慢，受到了工业发展滞后于城市发展，传统的种姓制度约束，农村发展严重落后等等因素影响，同时伴生出了"贫民窟"现象，大量农民向城市涌入，造成了严重的城市病现象，这对

于我们认识城市化，选择城市化道路有以下几点启示：

1. 正确选择城市化道路，发挥政府作用

印度一直以民主自由的国家为荣，对于人民自主流动的权利不仅没有限制、而且还受到法律的保护。印度的城市化基本上是处于一种自由放任的状态，印度政府的影响十分有限。城乡人口自由流动的结果就是大城市的无限膨胀，而中小城市发展缓慢。现在印度有三分之一的城市人口集中在全国23个百万人口的城市里。另一方面由于城市人口中大部分在非正规经济部门就业，收入微薄，使本来就稀疏的市政管理因缺少资金来源而更加难以为继。印度的许多大城市包括德里、孟买、加尔各答和马德拉斯都患上了严重的"城市病"——拥挤的人潮、堵塞的交通、短缺的水电供应，以及成片的贫民窟。①

必须正确认识和发展城市化道路，并大力发挥政府作用，这是印度城市化发展给我们的最大启示。印度城市化发展极其缓慢，主要是政府对于城市化道路缺乏必要的认识，对于是否发展城市，如何发展城市没有明确的思路和措施，导致了城市发展的放任自流和出现了一系列问题。印度多任政府一直忽略城市化进程，而是坚持印度国父甘地当初的理想，即实现乡村生活和农业经济。这导致超过60%以上的印度人口都生活在乡村地区。印度仍在讨论城市化是积极还是消极的，以及未来取决于乡村还是城市。由于城市化建设几十年来一直不被重视，印度数十年来一直缺少针对城市的规划和投资，而更加着力于农村经济和稳定农民。直到1992年印度才设立了城市规划部，与此同时大部分的城市却在没有规划的情况下迅速膨胀。面对爆炸性增长的城市功能需求，政府却无法利用公共资源发展城市基础设施和提供公共服务。

2. 产业结构与劳动力结构相匹配，产业升级与满足就业需求并重

加快产业结构调整，促进就业问题，解决是发展中国家城市化发展的关键因素。印度作为世界上人口第二大国，就业压力很大，有约4.7亿的劳动人口，但是仅有3500万人被正式的经济体雇用，即印度人所说的

①　李昌龙：《中印制造业发展比较研究》，《江淮论坛》，2003年第6期。

"有组织的部门"。城市就业机会增加缓慢，已经成为印度城市化最突出的一个"瓶颈"。尽管一般说来一个国家 GDP 的高速增长可以促进就业增长，但二者相互促进是有条件的，那就是提高就业的 GDP 弹性系数。而就业的弹性系数又与产业结构有密切的关系。就业问题的解决必须是经济增长和经济结构向有利于扩大就业的方向共同作用的结果。而印度恰恰在这两个方面都走了弯路。在独立以来的五十余年里印度在通讯、工业、教育等等方面已经产生出部分现代化的状态。但工业的增长率同东亚邻国相比仍很低。根据 2002 年一项统计数字，印度的 IT 和外包产业，吸纳了 320 万从业人员，印度制造业仅吸纳 620 万劳动力。绿色革命的成果仅限于一些地区、某些作物和一部分农户，失业和就业不足问题十分严重，农村已经存在大量的剩余劳动力，城市却无力吸纳。

3. 拆除阻碍要素流动的制度、文化障碍

印度国内种族、宗教、社会等级结构纷繁复杂。不同的政治团体在不同的地区有比较固定的势力范围。不少带动效应较强的商业投资活动，有时会遭到地方政治势力本能的反对，阻碍本地生产发展和城市发展。

加快适应经济发展的人力资源体系，促进社会经济发展。印度的教育体系虽然培养了一定数量的精英型人才，但是对国家的总体人力资本水平提高的贡献比较有限。印度政府将大量的资金投入为中产阶级准备的英语教学的大学。印度的世界一流的理工学院培养出的工科毕业生，既为西方发达国家输送了人才，也带动了印度自身少数高技术产业的发展。这些精英作为印度经济改革的受益者，成为印度社会的新兴中产阶级，享受着现代化带给他们的一切好处。但是印度的初等教育的投入严重不足，基础教育薄弱，印度 2006 年的成人识字率只有 61% 左右。[①] 相比于亚洲其他后发国家，印度的成人识字率是最低的。这种人力资本状况，使得流入城市的人口，甚至包括城市原有人口，许多只能在非正规部门从事简单的劳动，不能满足制造业和服务业对大量熟练劳动力的要求。

---

① 沈有禄、谯欣怡：《印度基础教育发展的困境与出路》，《外国中小学教育》，2009 年第 5 期。

第十一章

中国城市化的情境构想

城市，在这个特定的时代，不是一个孤立的话题，而是一个事关全局的核心话题。中国的全面复兴已经是可以触摸的现实，而伴随着这一进程的，无疑是人类历史上规模最大的一次城市化浪潮。中国的城市化涉及人口、土地、环境、基础设施、公共服务、产业发展等各个方面，本身的历史遗留问题较多，面临着人口规模、资源瓶颈和小康发展目标三大刚性约束，是世界上任何一个国家不曾应对过的问题。

很多著名学者已经把城市化看做中国现代化的必由之路，认为这是本世纪中国最大的变化，不少论者更形象地称 21 世纪为中国的"城市世纪"。《2010 年中国发展报告》预测，到 2030 年，将有 65% 的中国人居住在城市；而到 2050 年，将有 75% 的中国人居住在城市。对此，国家"十二五"规划纲要提出，要按照统筹规划、合理布局、完善功能、以大带小的原则，遵循城市发展客观规律，以大城市为依托，以中小城市为重点，逐步形成辐射作用大的城市群，促进大中小城市和小城镇协调发展。

在满怀对于中国城市化的憧憬时，在沉浸于中国城市化巨大成果的喜悦时，我们需要冷静，需要理性，需要把握住"安全与发展"之间的平衡。我们相信中国城市化是史无前例的伟大历程，我们同样也谨慎地将中国城市化发展的刚性约束和伴随的一系列软性问题置于案头，只有坚守住城市发展的安全底线，才有条件挥洒我们对城市发展的满腔热情。

一、中国城市化面临的三大刚性约束

自改革开放以来，中国城市化进程速度之快、规模之大，在人类历史上绝无仅有。2011年，中国城市化率首次超过50%。按国际通行标准，一旦城市化率超过50%便意味着全面进入城市化时代。大规模、快速的城市化必然带来社会、经济的巨大变革，并对环境、资源产生巨大冲击。

与世界其他国家相比，中国的城市化过程将面对三大刚性约束：分别是人口、资源和发展。人口和资源是被动性约束，发展是主动性约束。形象地说，人口和资源逼迫人口向城市高度聚集，而发展则要求聚集得舒适且富足。

可以这样来理解，"左倾"城市化是忽视资源而片面追求人的满足，"右倾"城市化则是忽视人的感受而片面追求资源集约。由于我们同时受到这两方面的制约，所以必须以人口和资源为左右边界，寻求城市化的合理道路，而由于发展目标的刚性，这一道路又必须是不断上升的。因此人口、资源和发展这三大刚性约束对于中国选择何种城市化道路，以及未来中国城市将向何处去，均起着至关重要的作用。

（一）刚性约束之一：巨量的潜在城市人口

人是城市的主体，城市人口规模是决定城市发展的首要约束性因素。中国是世界上人口最多的发展中国家，人口问题是中国在21世纪面临的主要问题之一，是中国经济社会发展的关键性制约因素。正如古语所说"成也萧何、败也萧何"。"人口红利"① 既可以在经济起飞阶段帮助中国形成强大的比较优势，也会在经济规模达到一定水平后，随着生活质量的提

---

① 所谓"人口红利"指的是在一个时期内生育率迅速下降，少儿与老年抚养负担均相对较轻，总人口中劳动适龄人口比重上升，从而在老年人口比例达到较高水平之前，形成一个劳动力资源相对比较丰富，对经济发展十分有利的黄金时期。

高，对经济和社会保障形成强大压力。

因此，统筹解决人口问题始终是中国实现经济发展、社会进步和可持续发展面临的重大而紧迫的战略任务。

20 世纪 70 年代以来，中国政府坚持不懈地在全国范围推行计划生育政策。经过数十年的努力，中国有效控制了人口的过快增长，把生育水平降到了更替水平以下，实现了人口再生产类型由高出生率、低死亡率、高自然增长率向低出生率、低死亡率、低自然增长率的历史性转变。

由于人口基数过大，在未来相当长的时间内，中国将一直是世界上人口最多的国家。根据国家统计局相关数据，截至 2010 年，中国人口总数（不包括港澳台地区）已达 13.39 亿人，约为全球人口总数的 19.7%，比全球第二大人口大国印度多 1.3 亿人。而从目前人口增长趋势来看，中国人口总量高峰将出现在本世纪 30 年代，将达 15 亿人左右。按照 65% 的城镇化率目标，届时也将有 9.75 亿人生活在城镇地区。剔除城市人口的自然增长，从 2010 年到 2030 年的 20 年时间里，中国面临着完成至少 3 亿左右的农村人口迁入城市的任务，而这一数字相当于 2010 年欧元区国家的人口总和①。

中国要实现 3 亿人口的城市化，世界史上尚无先例。城市人口急剧增长，无疑将对城市承载力造成巨大的压力。仅以水资源为例，按 2010 年中国城市年人均生活用水 37.8 吨的标准测算，预计到 2030 年，3 亿新增城市人口的年耗水将达到 113.5 亿吨，相当于②个太湖的总容量。而不容忽视的事实是，目前中国近 2/3 的城市已经存在不同程度的缺水问题，其中约 200 个城市严重缺水③。由于经济和社会的粗放发展，城市中资源浪费的现象也普遍存在，水资源循环利用不足，城市水资源管理体系提升缓慢，到 2010 年全国还没有一个城市建成较完善的中水利用系统。

庞大的城市人口规模可以为城市产业发展提供充足的人力资源，这些

---

① 资料来源：百度百科、欧元区。http://baike.baidu.com/view/531776.htm。

② 资料来源：《中国城市统计年鉴 2011》。

③ 中国近 400 个城市缺水约 200 城市严重缺水。http://news.163.com/10/0329/20/62VHC99R000146BD.html。

新增城市人口显然对经济发展和消费增长有着积极的作用。但大量增加的城市人口也带来了劳动力就业、子女教育、医疗卫生、社会保障等城市管理和公共服务压力，这些压力还包括大量城市基础设施的投资与建设任务，特别是使数亿人改变生活方式的艰巨任务。

这种情况决定了中国城市化的最终完成必将是一个长期的历史过程。在此过程中，不仅要提供足够容纳这些新增城市人口的城市基础设施和住房等空间载体，还要为他们提供充足的就业机会和合理的收入水平，提供均衡的公共服务，使他们全面融入城市的生活，从而提升城市品质和居民的总体生活水平，这是保证城市健康发展的一个根本性问题。

（二）刚性约束之二：有限城市的可扩展土地

城市建设是一个改造土地、利用土地的过程。土地是重要的社会资产和农业中的主要生产资料，可以不断为人类提供产品和活动场所。同时，土地也是城市经济活动的载体，是能够产生巨大财富和增值的经济资产。从空间上来说，城市化是土地资源在城乡之间重新分配的过程①。随着城

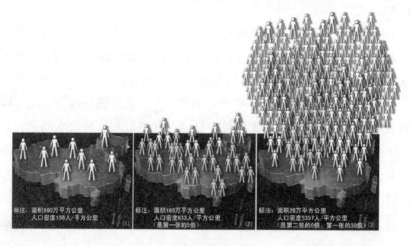

图 11-1　不同土地面积下中国人口的生存状况。

---

①　宗毅：《我国城市土地集约利用的理论分析与评价研究》，天津大学博士学位论文，2005 年。

市化的推进，城市承载的人口越来越多，城市容纳的产业结构越来越复杂，城市的功能也越来越完备，这些都导致了城市对发展空间的要求，于是便有了城市土地规模日益扩大的结果。

中国土地资源的基本国情是"一多三少"，即土地总量多，但人均耕地少、优质耕地少、耕地后备资源少。2010 年末，全国实有耕地 18.26 亿亩，人均耕地仅为世界人均水平的 40%[①]。根据相关测算，目前国内可用于工业化、城市化开发的面积尚有 28 万平方公里。但是，为了保障国家的领土和粮食安全，根据《全国土地利用总体规划纲要（2006—2020）》，中国必须严守 18 亿亩耕地红线。到 2020 年，中国城乡建设用地规模必须控制在 26.65 万平方公里以内。再剔除其中不适合城市建设和居民居住的城镇工矿用地，未来 20 年可用于城乡建设用地规模仅为 16 万平方公里。这一基本国情决定了中国必须采用城镇人口密度较高的方式来实现城市化，尽力避免盲目扩大城市的占地规模。美国式占地数量大、人口密度小的城镇化方式，在中国只会带来巨大的土地矛盾。

就土地资源的约束来看，中国的城市化只有集约利用土地一条出路。然而现实情况伴随着种种问题：1949 年以来中国的产业政策长期表现为重工业、轻农业；重生产、轻生活；重加工、轻基础设施。20 世纪 80 年代以后，中国城市面积扩张的随意性大，缺乏必要的约束力，城市向郊区"摊大饼"式地扩张，使大量优质农田和菜地被吞噬。加之城市土地管理机制不完善，土地市场不健全，致使城市土地闲置严重[②]。这种发展模式造成城市建成区面积的快速增加，土地利用水平下降。尽管相关部门已经注意到我国在城市化进程中提高土地利用水平的重要性，但情况依然没有改观，城市用地结构与布局不合理，城市建成区占地面积的增长速度高于人口的增长速度，而且这种现象有进一步加剧的趋势。

---

① 中国如何走出土地困境。http：//www.360doc.com/content/10/0702/11/1694310_ 36418956. shtml。

② 汪德军：《中国城市化进程中的土地利用效率研究》，辽宁大学博士学位论文，2008 年。

■城市垂直生长是人口急剧增长与土地刚性约束下的无奈选择。

(三) 刚性约束之三：全面的小康发展目标

小康社会的目标发端于邓小平对在 20 世纪末实现四个现代化这一宏伟目标的现实思考。他说："我们的目标，第一步是到 2000 年建立一个小康社会。"中共十六大进一步确立了全面建设小康社会的目标，描绘了 21 世纪头 20 年中国现代化建设的宏伟蓝图，提出要在本世纪头 20 年，集中精力，全面建设惠及十几亿人口的更高水平的小康社会，使经济更加发展、民主更加健全、科技更加进步、文化更加繁荣、社会更加和谐、人民生活更加殷实。

显然，全面建设小康社会的目标，对国内经济发展和公共服务水平提出了更高的要求。以经济为例，按照 2020 年人均国内生产总值超过 3000 美元（按 2000 年可比价）这一基本经济指标①计算，到 2020 年中国 GDP 至少将达到 9.53 万亿美元（现价，按 4％ 的年金率折算）。而在此过程中，城市经济必然承担了国内经济引擎的重任。2010 年全国 GDP40.12 万亿元

---

① 资料来源：国家统计局《我国农村全面小康标准研究》。

中，地级城市（市辖区）地区生产总值占全国 GDP 的 61.3%，约为 24.60 万亿元，假设比例保持不变，到 2020 年全国城市经济总量必须超过 5.91 万亿美元，至少需要比 2010 年翻一番，城市所面临的经济压力可想而知。

城市化进程中对公共服务的需求，同样使城市的管理者面临巨大压力。社会服务、公共管理、就业收入、教育医疗等民生需求，会随着社会发展和经济进步而快速增长。依靠简单的扩大生产规模来增加支撑民生需求，对于资源的消耗将难以想象，因此，影响全面建设小康社会成败的关键在于，如何提升城市的经济发展水平和公共服务能力。在资源支撑限度内，需要能够实现小康目标的城市化发展途径，既能够创造更多的就业、满足人们的全面发展目标，也能够为后人留下足以支撑持续发展的资源和环境。

实现小康社会，人的发展是核心，城市化是手段，经济是基础，公共服务是保障。经济、政治、科教、文化和社会等各方面发展的最终落脚点是个人的全面发展。同时，没有快速的城市化，也不会实现全面小康社会。如果 60% 的人口还住在乡村，其生产方式必然落后，其收入和生活水平很难达到全面小康。

世界多数国家城市经济发展的经验证明，城乡收入差距缩小的有效途径之一正是城市化。然而，人的全面发展、城市化的快速推进，都与城市经济和公共服务的发展密不可分。因为没有较为发达的经济和完善的公共服务体系，就业、医疗、教育等一系列需求无法得到保障，人的全面发展便无从谈起，城市也无法为聚居在城市中的人们提供有效的服务，严重的城市病随之产生，造成贫富差异加剧、市民抱怨，甚至社会分裂。由此城市化进程将被极大地制约，实现小康社会的目标也就无从谈起了。

二、中国城市化情境要素假设

城市化既是人口聚集的过程，也是地域功能改变的过程，它在时间和空间上的发展变化是人口变动直接或间接作用的结果，而作为城市化发展要素之一土地资源，在此过程中产生了巨大影响。

人口的流动和转移，改变了不同地域上的人口分布，同时，对原有用地需求和用地格局产生影响，使得土地利用方式发生相应的变化，如非城市用地不断地转变为城市用地，农耕用地转为商业用地等，直接造成城市建成区面积不断地扩大的"摊大饼"局面。

可以说，对城市化影响最直接的客观因素就是人口和与城市直接相关的自然资源（如土地、水、电等），其他诸如城市经济、社会文明、城市管理、城乡统筹等因素都是由人口和土地这两个核心因素衍生而来。一块可建设的用地，政府建或不建，它就在那里；如何建和建成如何，它也在那里，并不以人的意志为转移。

但回顾中国城市化60年，主体的主观意志有时是凌驾于客观的、刚性的约束之上的，这些就是法律或是政策的身影，如土地规划政策、人口政策、经济政策，甚至是外交政策。这些人为的机制决定了城市发展实践过程中所付出的"组织成本"代价的大小，这也是影响城市化进程的一个极为重要的人为因素，上一章对建国以来城市发展思想的梳理便说明了"组织成本"的代价有时候会有多沉重。

因此，如果要充分认识城市复杂系统、对中国城市化未来发展情境进行建构，首先要对人口规模、自然资源和城市发展实践中的"组织成本"进行假设。

（一）人口规模要素假设

改革开放以来，在经济快速发展的推动下，中国的城市化进程突飞猛进，也相应带来了城市人口的直线上升。

1978年，中国设市城市为192个，城镇人口为1.72亿人，城市化水平为17.92%。2005年，中国设市城市进一步增加到676个，其中直辖市4个，副省级城市15个，地级市283个，县级市374个，全国城镇人口5.62亿，城镇化水平进一步上升至43%。

而根据《2011年中国统计年鉴》和《2011年中国城市统计年鉴》中的数据，2010年中国总人口13.41亿人，城镇化率49.95%，城镇人口约为6.70亿人，其中地级及以上城市（市辖区）人口总计3.89亿人，县级市、地级及以上城市下辖镇（乡）等中小城镇人口约为 2.81 亿人。

未来 10 年，即到 2020 年前后，是中国经济社会发展的关键时期，在这一时期中国将全面实现小康社会，中国人口将保持稳步增长，城市化水平也将大幅提升。根据《人口发展"十一五"和 2020 年规划》，到 2020年中国大陆地区总人口将达到 14.5 亿人。而根据《全国土地利用规划纲要（2006—2020 年）》、中科院《中国城市化进程及资源环境保障报告》等，预计 2020 年全国的城镇化水平（不包含港澳台地区，下同）将达到 55% 左右。若按照较大数据基础，到 2030 年中国总人口预计达到 15 亿，城市化水平预计达到 75%。

由此得到中国城市化的人口约束的上下限：到 2020 年，全国城镇人口下限是 8 亿人，上限是 11.25 亿。

（二）自然资源要素假设

城市必然要附着在可建设用地上，城市化水平的提升也伴随着城市用地规模和用地性质的改变。

根据《2011 年中国城市统计年鉴》数据，截至 2010 年，中国设市城市 657 座，其中地级及以上城市 387 座，县级城市 370 座；全国地级及以上城市市辖区行政区域面积达到 62.86 万平方公里，其中建设用地面积 3.14 万平方公里，比 1994 年增长了 62.69%。

为了切实落实"十分珍惜、合理利用土地和切实保护耕地"的基本国策，国家制定和出台了《全国土地利用总体规划纲要（2006—2020 年）》。根据此规划纲要，到 2020 年，中国城乡建设用地规模必须控制在 26.65 万平方公里之内，其中不适合城市建设和居民居住的城镇工矿用地约为 10.65 万平方公里。

由此得到中国城市化的土地约束：到 2020 年，全国城镇建设用地规模的上限是 26.65 万平方公里，下限是 16 万平方公里。

（三）组织成本要素假设

我们已经认识到对城市化影响最直接的客观因素就是人口和与城市直

接相关的自然资源（如土地、水、电等），其他诸如城市经济、社会文明、城市管理和城乡统筹等因素都是由人口和土地这两个核心因素衍生而来。但即使如此，由客观因素衍生而来的这类属城市治理的因素，又在中国城市化60年的历程中反复重现。

我们知道城市这个复杂系统的重要主体是人，无论城市基础设施系统、公共服务系统、产业系统或是规划系统都默认人这一主体，而构成单一或是整体系统的个体或群体，都受不同主观意志的影响。因此与复杂系统主体、主体的非线性发展、要素流、目标多样性、特点标识这些较为客观、现实存在的特点相比，内部模型是最终的，同时又是"无形"的系统设置，在大多数情况下，恰恰是一种以人的意志所影响最为深刻的因素。

由于这是以刚性的人口与土地对城市化情景进行推算，组织成本默认为与当期一致，暂不考虑各种体制、政策、创新带来的变化。

三、中国城市化情境设计

（一）中国现行的城市结构体系

中国现行的城市分类和管理体制，具有明显的计划经济烙印。这种冲突的制度安排，与高度集权的资源配置模式相适应，同时有很强的中央集权和地方割据博弈的特点。

目前，国内地级及以上城市按行政级别可分为直辖市、副省级城市、地级市，按照城市名称和行政级别结合又可以分为直辖市、计划单列市、副省级省会城市、地级省会城市、地级市和县级市。

其中，由于计划单列市和部分副省级省会城市属于副省级城市，部分地级省会城市和一般地级城市属于地市级，这种行政级别和城市规模的交叉错位，事实上反映了中央与地方在利益与责任博弈中的实际情况，但难以支撑科学的城市分析。其中，计划单列城市这一独特存在，加上部分地市级省会城市在城市规模、人口、经济等方面也远远超过普通地级市的平均水平，使得按行政级别划分的方法并不完全适合国内城市结构现状。

因此，为了便于说明问题，使得城市类型减少交叉，在本书中我们对中国城市进行了更贴近实际情况的分类，我们把地级及以上城市分为五类：直辖市、计划单列市、省会城市、地级市（不包括省会城市）和以县级市为代表的小城镇。这种分类是基于现行中国城市结构的实际情况，是我们对中国城市化情境设计和分析的分类基础。

1. 直辖市

直辖市是由中央政府（国务院）直接管辖的市，其行政地位相当于省级。直辖市主要领导人的级别相当于国家级领导，高于一般省级正职。目前，中国共有 4 个直辖市，分别是北京、上海、天津和重庆，它们的市委书记都是政治局委员。按照统计数据，这 4 座直辖市都是人口超过 1000 万的超大型城市，其中重庆市全市人口甚至超过 3000 万，不过重庆市的城市人口比重较低。如果考虑到流动人口的因素，这 4 个城市的人口规模还要大得多。

表 11-1　2010 年中国直辖市情况

2010 年	人口（万人）		面积（平方公里）		
	全市人口	市辖区人口	全市面积	市辖区面积	市辖区城市建设用地面积
北京	1257.80	1187.11	16411	12187	1386
天津	984.85	807.02	11760	7399	687
上海	1412.32	1343.37	6340	5155	2429
重庆	3303.45	1542.77	82829	26041	855
合计	6958.42	4880.27	117340	50782	5357

注：（1）数据来自《2011 中国城市统计年鉴》，下同；（2）市辖区为城市的组成部分，是一种行政单位类别，具有人口密度大、居民以城镇人口为主或占有很大比例，以及文化、经济和贸易发达等特点，本研究中假设其即为城市的市区。

2010 年，国内直辖市市辖区人口总计超过 4800 万人，约占国内人口总数的 3.64%，占全国地市级及以上城市市辖区人口总数的 12.56%；市辖区面积总和约为 5 万平方公里，占全国地级及以上城市市辖区面积总和

的 8.08%；市辖区人口密度达到 961 人/平方公里，人均建设用地面积 110
平方米。

2. 计划单列城市

计划单列市出现在 20 世纪 80 年代，目的是让一些大城市在中国国家
计划中实行单列，享有省一级的经济管理权限，而不是省一级行政级别。
设立计划单列市之初，并未对行政级别做明确解释，但实际上都是按照副
省级配备干部。计划单列市为中华人民共和国行政区名之一，到 1993 年国
内共设立计划单列市 14 个，但之后国务院决定撤销省会城市的计划单列因
而减少到目前的 5 个，分别是大连（辽宁省）、青岛（山东省）、宁波（浙
江省）、厦门（福建省）、深圳（广东省）。

表 11 - 2   2010 年中国计划单列市情况

2010 年	人口（万人）		面积（平方公里）		
	全市人口	市辖区人口	全市面积	市辖区面积	市辖区城市建设用地面积
大连	586.44	304.26	12574	2568	406
青岛	763.64	275.50	10978	1405	281
厦门	180.21	180.21	1573	1573	230
深圳	259.87	259.87	1992	1992	817
宁波	574.08	223.35	9816	2462	307
合计	2364.24	1243.19	36933	10000	2041

2010 年，国内计划单列市市辖区人口约为 1200 万人，约占国内人口
总数的 0.93%，占全国地级及以上城市市辖区人口总数的 3.2%；市辖区
面积总和约为 1 万平方公里，占全国地级及以上城市市辖区面积总和的
1.59%；市辖区人口密度达到 1243 人/平方公里，人均建设用地面积
164.2 平方米。

3. 省会城市

省会城市是各省及省级自治区的首府城市，是该省政治、经济和人口

中心。通常省会城市在行政级别上属于地级市，领导通常会高配为副省级。目前国内大陆地区共有省会城市 27 座。

表 11-3　2010 年中国省会城市情况

省会城市	人口（万人）		面积（km²）		
	全市人口	市辖区人口	全市面积	市辖区面积	市辖区城市建设用地面积
沈阳	719.60	515.42	12980	3471	412
石家庄	989.16	243.87	15848	213	207
济南	604.08	348.02	8177	3257	347
南京	632.42	548.37	6587	4733	647
杭州	689.12	434.82	16596	3068	374
福州	645.90	188.59	13066	1043	235
广州	806.14	664.29	7434	3843	895
南宁	707.37	270.74	22112	6479	215
海口	160.43	160.43	2305	2305	98
太原	365.50	285.01	6963	1460	219
合肥	494.95	215.58	7047	839	326
郑州	963.00	510.00	7446	1010	316
武汉	836.73	520.65	8494	2718	829
长沙	652.40	241.73	11816	959	272
南昌	502.25	212.00	7402	617	202
长春	758.89	362.75	20604	4789	388
哈尔滨	992.02	471.79	53068	7086	359
呼和浩特	229.56	120.56	17224	2054	166
乌鲁木齐	243.03	233.58	13788	9527	343

续上表

省会城市	人口（万人）		面积（km²）		
	全市人口	市辖区人口	全市面积	市辖区面积	市辖区城市建设用地面积
兰州	323.54	210.36	13086	1632	180
银川	158.80	94.86	9025	2311	121
西宁	220.87	101.37	7655	360	67
西安	782.73	562.65	10108	3582	277
成都	1149.07	535.15	12132	2129	442
贵阳	337.16	222.03	8034	2403	169
昆明	583.99	260.24	21015	4105	414
拉萨	47.72	18.64	29052	554	59
合计	15596.43	8553.5	369064	76547	8579

2010 年，国内大陆地区 27 个省会城市市辖区人口约为 8500 万人，约占国内人口总数的 6.4%，占全国地级（含）以上城市市辖区人口总数的 22.01%；市辖区面积总和约为 7.7 万平方公里，占全国地级（含）以上城市市辖区面积总和的 12.25%；市辖区人口密度达到 1117 人/平方公里，人均城市建设用地面积 100.3 平方米。

4. 地级城市

地级市为省辖市的一种，接受省、自治区政府的直接领导和管辖。地级市是地级行政单位，行政区划级别相当于地区、自治州、盟级别的市。目前国内大陆地区共有地级市 268 个，省会城市之外共有地级市 251 个。2010 年，这 251 座地级市市辖区共有人口 2.42 亿人，市辖区面积 52.1 万平方公里，占全国地级（含）以上城市市辖区人口和面积的 62.27%，占全国地级（含）以上城市市辖区面积总和的 82.92%，市辖区人口密度为 464 人/平方公里，市辖区人均城市建设用地面积 63.58 平方米。

表11-4　2010年中国部分地级城市情况

省会城市	人口（万人）		面积（km²）		
	全市人口	市辖区人口	全市面积	市辖区面积	市辖区城市建设用地面积
铁岭 - 辽宁	305. 15	44. 59	12980	659	44
常州 - 江苏	360. 80	227. 75	4372	1862	153
滨州 - 山东	377. 92	63. 61	9600	1041	176
莆田 - 福建	323. 54	215. 45	4119	2284	59
嘉兴 - 浙江	341. 60	83. 75	3915	968	85
惠州 - 广东	337. 28	133. 88	11343	2694	203
承德 - 河北	372. 96	58. 33	39548	760	55
百色 - 广西	405. 62	35. 26	36022	3718	31
长治 - 山西	331. 54	72. 71	13896	334	53
蚌埠 - 安徽	362. 23	92. 55	5941	602	104
抚州 - 江西	403. 96	114. 56	18820	2122	57
荆门 - 湖北	300. 40	68. 52	12404	2171	50
焦作 - 河南	368. 02	84. 05	4071	424	90
株洲 - 湖南	390. 27	80. 71	11247	535	99
通辽 - 内蒙	318. 70	76. 70	59535	2821	66
宝鸡 - 陕西	381. 09	142. 80	18131	3574	113
乐山 - 四川	353. 35	115. 18	12826	2514	52
天水 - 甘肃	366. 73	129. 77	14359	5861	42
合计	6401. 16	1840. 17	293129	34944	1532

注：国内地级市差异比较大，此表中选取的均为全市人口超过300万的城市

5. 以县级市为代表的小城镇

在国内，小城镇主要包括县级市及各乡镇等县级行政单位。一般由地级行政单位代管，部分也由省、自治区、直辖市直接管理。目前，国内小城镇的人口规模约2.48亿人，人均城乡建设用地面积约为403.36平方米。我们选取了22个县级城市进行数据比较，这些县级城市的人口

规模大都在 50 万左右。按照我们选取的部分县级城市测算，市辖区人口密度为 174 人/平方公里。

表 11 - 5　2010 年中国部分县级城市情况

城市	全市人口（万人）	全市面积（km²）	建成区面积（km²）
晋州 - 河北	53.8	619	16
原平 - 山西	48.7	2571	9.6
扎兰屯 - 内蒙古	42.9	16800	20
兴城 - 辽宁	55.1	2116.4	26.4
磐石 - 吉林	54	3867	13
安达 - 黑龙江	51.6	3586	26
仪征 - 江苏	56.5	902.2	38
建德 - 浙江	51	2364	8.8
福鼎 - 福建	58.1	1526	16.5
贵溪 - 江西	7.2	180	14
招远 - 山东	57.1	1432.3	28
卫辉 - 河南	51.1	858.9	27
宜城 - 湖北	57.1	2115	8.4
洪江 - 湖南	43.6	2174	4.7
乐昌 - 广东	53	2421	20
宜州 - 广西	66.1	3869	12.1
文昌 - 海南	58.3	2485	14.8
绵竹 - 四川	51.3	1246	14
清镇 - 贵州	51.3	1495.3	51.6
楚雄 - 云南	51	4482	36
兴平 - 陕西	59.8	507	18
库尔勒 - 新疆	52.6	7267.3	64.7
合计	1131.2	64884.4	

注：国内县级市差异较大，此表中选取的均为全市人口接近或超过 50 万的城市

6. 各类城市的人口构成与空间规模

从前面的数据分析可以看出，在城市平均人口密度方面，无论是以全市还是市辖区为基础测算，直辖市、计划单列市和省会城市的城市平均人口密度均远大于其余地级市，更远大于县级城市的人口密度。这表明以直辖市、计划单列市和省会城市为代表的大城市和超大城市在土地的集约利用方面具有更强的承载能力和更高的利用效率。

表 11 - 6　2010 年中国各类城市人口密度

城市类型	人口密度（人/km^2）	
	全市	市辖区
直辖市	593	961
计划单列市	640	1243
省会城市	423	1117
地级市（不含省会城市）	218	464
地级以上城市平均	265	618
县级市	174	—

注：由于重庆市人口密度相对较低，使得直辖市人口密度整体水平要低于计划单列市和省会城市，如果仅算北京、天津和上海三市，直辖市全市和市辖区人口密度分别达到 766 人/km^2、837 人/km^2、2228 人/km^2 和 974 人/km^2、1091 人/km^2、2606 人/km^2。

7. 各类别基本城市公共服务和管理水平

城市的基本公共服务和公共管理水平是衡量城市化水平的重要指标。为保证城市运行，需要满足社会公众的公共需求，加强城市公共设施建设，发展教育、科技、文化、卫生、体育等公共事业，为社会公众的生存和发展，为公众参与社会经济、政治、文化活动等提供保障。

城市化程度的提高，带来大量人口和产业在城市集聚，这对城市基本公共服务和公共管理的规模和水平提出了更高的要求。一方面，要进行大规模的水、电、气、热等城市公共基础设施和交通基础设施的投资建设；另一方面，需要兴建学校、医院、剧院等设施，为公众提供足够的教育、医疗和文化等公共产品。

而伴随着人口规模的提高，为保证城市人口生活环境的改善，生活品质的提升，城市公共服务和公共管理的规模逐步演变成一个复杂的系统，并在其原始的功能基础上衍生出新的内容，也激活了新的产业业态。

表 11 - 7　2010 年中国各类型城市市辖区建设用地及公共服务需求水平

	·供地	供水		供电		医疗卫生		教育		文化	
	人均城市建设用地面积（平方米/人）	平均单个城市居民生活用水总量（亿吨·年）	人均居民生活用水量（吨/人·年）	平均单个城市生活消费用电（亿千瓦时·年）	人均城镇生活消费用电（千瓦时/人·年）	平均单个城市病床数（万张）	万人病床数（张/万人）	平均单个城市中学专任教师数（万人）	万人中学专任教师数（人/万人）	平均单个城市图书馆图书总藏量（千万册、件）	万人公共图书馆图书总藏量（千册、件/万人）
直辖市	110	5.54	45.42	111.07	910.38	7.23	59.30	4.51	36.98	3.35	27.44
计划单列市	164.2	1.87	75.21	37.63	1513.36	1.71	68.74	1.25	50.46	0.9	036.23
省会城市	100.3	1.86	56.65	29.33	893.62	2.44	74.44	1.27	38.72	0.56	17.08
地级市	63.58	0.27	27.73	5.12	522.74	0.51	52.50	0.41	42.99	0.06	6.00
地级以上城市整体平均	80.7	0.51	37.82	9.27	684.55	0.79	58.69	0.56	41.54	0.16	12.09
县级城市	403.36	—	—	—	—	0.19	29.04	0.3	38.41		

在表 11 - 7 中，我们对于不同类型城市的公共服务设施进行了比较。从比较数据可以看出，以直辖市、计划单列市和省会城市为代表的特大城市和大城市不仅在单个城市所拥有的公共设施总量上具有明显的优势，在人均平均拥有量上，也反映出类似的特征。其中，直辖市所拥有的公共服务设施总量明显高于其他城市，而计划单列市人均公共服务设施总量最高。

（二）中国城市化情境假设

中国大中小城市的划分是根据管理工作的需要，按市区（不包括市辖县）的非农业人口总数多少对城市规模进行划分。目前，中国统计工作中将城市分为以下几组：

（1）100 万人口以上为特大城市；

（2）50 万—100 万人口为大城市；

（3）20 万—50 万人口为中等城市；

（4）20 万人口以下的城市为小城市。

表 11 - 8　国内城市按人口规模分布情况

城市人口规模	1949 年	1978 年	2010 年
城市合计	132	193	656
200 万人口以上	3	10	45
100 万—200 万	7	19	149
50 万—100 万	6	35	275
20 万—50 万	32	80	150
20 万以下	84	49	37

注：（1）数据来源于《2011 中国城市统计年鉴》；（2）人口规模的划分以城市市区总人口为标准；（3）因数据缺失，不含拉萨市。

从 1978 年到 2010 年，中国城市化进程加速发展，大量农村人口涌入城市，中国城市在总量迅速增加的同时，催生了一大批大城市和特大城市。如表 11 - 8 所示，2010 年国内 50 万以上人口的大城市和特大城市已达到 469 座，其中特大城市 194 座，分别比 1978 年增加了 405 和 183 座。

大城市和特大城市数量的大幅度增加，使得现有城市划分标准已经不能真实反映中国城市的梯次分布，也不能适应当前中国城市化建设的创新需要。因此，笔者尝试提出新的划分标准：

（1）特大城市：城市市辖区人口规模 1000 万以上；

（2）大城市：城市市辖区人口规模 500 万—1000 万；

（3）中等城市：城市市辖区人口规模 150 万—500 万；

（4）小城市：城市市辖区人口规模 50 万—150 万；

（5）小城镇：城市市辖区人口规模 50 万以下。

根据以上划分标准，参照城市化的不同观点，假设到 2020 年，国内各类型城市数量保持不变，而且国内各类型城市人均公共服务需求水平保持不变，针对不同城市化路径设计六类情境，分别如下所示。

情境一：小城镇主导型，即地级及以上城市人口在现有规模的基础上保持自然增长，新增长的城镇人口主要聚集于各小城镇；

情境二：路径依赖型，即各类型城市市辖区人口比重与 2008 年保持一致；

情境三：特大城市为主型，即人口更多地向以直辖市为代表特大城市集中，平均单个直辖市市辖区人口达到2200万人，其余类型城市相互间人口比重不变；

情境四：大中城市为主型，即人口更多地向以计划单列市和省会城市为代表的大中城市集中，平均单个计划单列市和省会城市市辖区人口达到500万人，其余类型城市相互间人口比重不变；

情境五：小城市为主型，即人口更多地向地级市集中，平均单个地级市市辖区人口达到150万人，其余类型城市相互间人口比重不变；

情境六：复合情境——特大＋大中型，即人口更多地向以直辖市、计划单列市和省会城市为代表的特大城市和大中城市集中，平均单个直辖市市辖区人口达到1800万人，单个计划单列市和省会城市市辖区人口达到500万人。

（三）中国城市化路径选择的影响因素

城市化是一个系统工程，需要考虑的影响因素很多。对于不同的国家和发展阶段，影响因素的构成和不同因素作用程度也会发生变化。城市化不仅仅只是居民从农村搬进了城市，还涉及资源、环境、公共服务等多个方面。中国城市化的特殊困难在于15亿人口的城市化和有限的土地资源，这是其他国家未曾面对过的。因此，发达国家城市化实践经验不能照搬。

我们已经分析了中国城市化必须面对的刚性约束。城市的发展不仅要考虑当代的社会经济发展，更要考虑国土资源的刚性约束、人口最高承载能力和全体人对小康生活的共同追求。因此，在这种资源约束型的国家实现如此宏大的城市化变革，并且为了在资源有限的情况下保证城市化的质量和城市居民的生活质量，我们认为，中国的城市化建设必须要重点考虑的影响因素是：城市规模（占地）、资源支撑（土地、水、能源等）、基础设施（电力、燃气、供热等基础设施）、公共服务（教育、医疗、文化等）、生活品质（商业购物等）等若干因素，我们在进行中国城市化路径选择时的应该针对这些影响因素来制定相应的评价标准。

表 11-9　中国城市化路径选择需要关注的影响因素

因素类型	具体内容	评价指标
城市规模	土地	建设用地
资源支撑	供水	城市供水 居民生活供水
	供电	城市供电 居民生活用电
公共服务	医疗卫生	病床数
	教育	中学教师人数
	文化	图书馆馆藏书
生活品质	商业购物	限额以上批发零售企业数

四、中国城市化情境分析

（一）小城镇主导型城市化情境

按照情境一，未来中小城镇将成为中国城镇人口的主要承载对象。根据人口约束条件，2020 年国内城镇人口规模 8 亿人，按照目前地级及以上城市（市辖区）人口规模和《人口发展"十一五"和 2020 年规划》计算得出的全国平均人口增长率，到 2020 年地级及以上城市（市辖区）人口规模将达到 4.06 亿人，而其余的 3.94 亿人将都集中于县级市等中小城镇之中。

按 2008 年中小城镇人均建设用地面积 582.3 平方米计算，2020 年全国小城镇建设用地面积需 22.94 万平方公里，远远超过 16 万平方公里的 2020 年全国城乡建设用地约束。由此可见，若采取大力发展小城镇的城市化道路，土地资源将不能满足国内的城市化发展需求。

（二）路径依赖型城市化情境

从本情境开始，以及后面的四种情境，采取的是以地级及以上城市为主的发展道路，因此其约束条件与小城镇情境有所不同，在此做统一说明，具体如下所述：

人口约束：按地市级及以上城市（市辖区）人口占全国城镇人口62%预计，2020年中国地市级及以上城市（市辖区）人口将达到4.94亿人。

建设用地约束：根据《2009年中国城市统计年鉴》和《全国土地利用规划纲要（2006—2020年)》，2008年国内地级及以上城市（市辖区）建设用地总面积占国内城乡建设用地面积的18%。然而，随着城市化进程的加快，城市建设用地面积比重也将有所增加。因此，按国内地级及以上城市（市辖区）建设用地总面积占国内城乡建设用地面积的25%预计，到2020年，国内地级及以上城市（市辖区）建设用地总面积将达到4万平方公里。

假设条件：（1）假设到2020年，国内地级及以上城市结构体系与2008年保持一致，即各级别城市总量保持不变；（2）各级别城市的人均建设用地规模和公共服务需求水平与2008年保持一致。

按照路径依赖型的城市化情境，到2020年，中国城市体系中各级别城市人口比重保持一致。

表 11 - 10　情境二下全国各级城市人口构成假设

城市类型	人口比重	人口总数（万人）
直辖市	12.78%	6314.74
计划单列市	3.18%	1571.09
省会城市	21.63%	10683.83
其余地级市	62.41%	30830.67
合计	100%	49400

根据表11-7中全国各类型城市市辖区建设用地及公共服务需求水平，在情境二的状况下，全国地级及以上城市用地规模和各类公共服务供给水平如表11-11所示。

表 11 - 11　　情境二下 2020 年中国城市化所需建设用地规模及公共服务需求规模

城市类型	供水, 亿吨	居民生活供水, 亿吨	供电, 亿千瓦时	城镇居民用电, 亿千瓦时	病床数, 万张	中学教师人数, 万人	图书馆馆藏书, 千万册、件	限额以上批发零售企业数, 万个	建设用地, 万 Km²
直辖市整体	8.15	26.32	3573.66	506.7	33.82	23.35	16.16	1.95	0.67
计划单列市整体	39.28	13.05	1647.37	212.79	9.95	8.99	4.23	0.68	0.24
省会城市整体	14.5	57.12	5223.00	816.78	71.25	41.71	16.52	1.94	1.01
其余地级市整体	29.8	93.15	12946.88	1193.63	145.95	128.29	18.45	2.46	2.09
合计	56.38	189.64	23390.92	2729.89	260.98	202.34	55.36	7.03	4.01

（三）特大城市主导型城市化情境

2010 年，国内直辖市的市辖区平均人口规模约为 1200 万人。按照情境三，到 2020 年，直辖市市辖区平均人口规模达到 2200 万人，其余类型城市相互间人口比重不变。该情境下，各级别城市人口规模如表 11 - 12 所示。

表 11 - 12　　情境三下全国各级城市人口构成假设

城市类型	人口比重	人口总数, 万人	单个城市平均人口规模, 万人
直辖市	17.81%	8800	2200
计划单列市	3.00%	1480.47	296.09
省会城市	20.38%	10067.57	387.21
其余地级市	58.81%	29052.29	116.68
合计	100%	49400	—

需要特别说明的是，情境三下单个直辖市平均人口规模从 2010 年的 1200 万增长到 2020 年的 2200 万，似乎增长速度过快。但是，现有统计部门的统计数据存在较大的统计偏差，如根据《2011 中国城市统计年鉴》北京、天津、上海三个直辖市 2010 年年末总人口分别是 1257.80 万、984.85 万和 1412.32 万，但事实上根据其他公开资料显示，北京、天津、上海三地 2010 年年末全市常住人口已经分别达到 1961 万、1300 万和 2220 万人，远远超过统计部门发布的数值，而直辖市的市辖区人口规模也同样被低

估。因此，2010 年单个直辖市平均人口实际规模约在 1800 万人左右，到 2020 年增长到 2200 万人的年均增长率约为 2%，而 2009 年北京市常住人口比 2008 年增长 3.5%，表明到 2020 年直辖市平均人口规模达到 2200 万人完全可能实现。

根据表 11 - 7 中全国各类型城市市辖区建设用地及公共服务需求水平，在情境三的状况下，全国地级及以上城市用地规模和各类公共服务供给水平如表 11 - 13 所示。

表 11 - 13 情境三下 2020 年中国城市化所需建设用地规模及公共服务需求规模

城市类型	供水，亿吨	居民生活供水，亿吨	供电，亿千瓦时	城镇居民用电，亿千瓦时	病床数，万张	中学教师人数，万人	图书馆馆藏书，千万册、件	限额以上批发零售企业数，万个	建 设 用地，万 Km²
直辖市整体	113.52	36.68	4980.13	706.11	47.13	32.54	22.52	2.72	0.93
计划单列市整体	37.02	12.3	1552.35	200.52	9.38	8.47	3.97	0.64	0.23
省会城市整体	136.65	53.82	4921.73	769.67	67.14	39.31	15.57	1.83	0.95
其余地级市整体	202.54	63.3	8798.6	811.18	99.19	87.18	12.54	1.67	1.42
合计	489.73	166.1	20252.82	2487.48	222.84	167.5	54.61	6.86	3.53

（四）大中城市主导型情境

2010 年，国内计划单列市和省会城市的市辖区人口平均人口规模分别为 249 万人和 328 万人。按照情境四，到 2020 年，计划单列市和省会城市市辖区人口平均规模将达到 500 万人，其余类型城市相互间人口比重不变。该情境下，各级别城市人口规模如表 11 - 14 所示。

表 11 - 14　情境四下全国各级城市人口构成假设

城市类型	人口比重	人口总数，万人	单个城市平均人口规模，万人
直辖市	11.67%	5763.07	1440.77
计划单列市	5.06%	2500	500
省会城市	26.32%	13000	500
其余地级市	56.96%	28137.26	113
合计	100%	49400	—

根据表11－7中全国各类型城市市辖区建设用地及公共服务需求水平，在情境四的状况下，全国地级及以上城市用地规模和各类公共服务供给水平如表11－15所示。

表11－15 情境四下2020年中国城市化所需建设用地规模及公共服务需求规模

城市类型	供水，亿吨	居民生活供水，亿吨	供电，亿千瓦时	城镇居民用电，亿千瓦时	病床数，万张	中学教师人数，万人	图书馆馆藏书，千万册、件	限额以上批发零售企业数，万个	建设用地，万Km²
直辖市整体	74.34	24.02	3261.46	462.43	30.87	21.31	14.75	1.78	0.61
计划单列市整体	62.51	20.77	2621.39	338.6	15.84	14.3	6.73	1.09	0.39
省会城市整体	176.46	69.5	6355.31	993.85	86.7	50.75	20.1	2.58	1.23
其余地级市整体	272	85.01	11815.83	1089.35	133.2	117.08	16.84	2.25	1.9
合计	585.3	199.3	24053.98	2884.23	266.61	203.45	58.42	7.47	4.13

（五）小城市主导城市化情境

2010年，国内地级市平均人口规模约为96万人。按照情境五，到2020年，地级市平均市辖区人口达到150万人，其余类型城市相互间人口比重不变。该情境下，各级别城市人口规模如表11－16所示。

表11－16 情境五下全国各级城市人口构成假设

城市类型	人口比重	人口总数，万人	单个城市平均人口规模，万人
直辖市	8.30%	4097.80	1024.45
计划单列市	2.06%	1019.52	203.90
省会城市	14.03%	6933.01	266.65
其余地级市	75.61%	37350	150
合计	100%	49400	－

需要注意的是，在大量人口向以地级市为代表的中小城市迁移过程中，不可避免地将会导致特大城市和大中城市人口增长速度下降，甚至总规模下降，而这也是表11－16中直辖市、计划单列市和省会城市平均单个

城市人口规模低于现状的原因。

根据表 11-7 中全国各类型城市市辖区建设用地及公共服务需求水平，在情境五的状况下，全国地级及以上城市用地规模和各类公共服务供给水平如表 11-17 所示。

表 11-17　情境五下 2020 年中国城市化所需建设用地规模及公共服务需求规模

城市类型	供水，亿吨	居民生活供水，亿吨	供电，亿千瓦时	城镇居民用电，亿千瓦时	病床数，万张	中学教师人数，万人	图书馆馆藏书，千万册、件	限额以上批发零售企业数，万个	建设用地，万 Km²
直辖市整体	52.86	17.08	2319.04	328.81	21.95	15.15	10.49	1.26	0.43
计划单列市整体	25.49	8.47	1069.02	138.08	6.46	5.83	2.75	0.45	0.16
省会城市整体	94.11	37.06	3389.34	530.03	46.24	27.07	10.72	1.26	0.65
其余地级市整体	361.06	112.84	15684.58	1446.03	176.81	155.42	22.35	2.98	2.53
合计	533.51	175.46	22461.98	2442.95	251.46	203.47	46.31	5.95	3.77

（六）大（特大）中城市主导型城市化情境

按照情境六，到 2020 年，直辖市市辖区平均人口规模为 1800 万，计划单列市和省会城市市辖区平均人口规模 500 万人。该情境下，各级别城市人口规模如表 11-18 所示。

表 11-18　情境六下全国各级城市人口构成假设

城市类型	人口比重	人口总数，万人	单个城市平均人口规模，万人
直辖市	14.57%	7200	1800
计划单列市	5.06%	2500	500
省会城市	26.32%	13000	500
其余地级市	54.05%	26700.33	107.23
合计	100%	49400	—

根据表 11-7 中全国各类型城市市辖区建设用地及公共服务需求水平，在情境六的状况下，全国地级及以上城市用地规模和各类公共服务供给水平如表 11-19 所示。

表 11 - 19　情境六下 2020 年中国城市化所需建设用地规模及公共服务需求规模

城市类型	供水，亿吨	居民生活供水，亿吨	供电，亿千瓦时	城镇居民用电，亿千瓦时	病床数，万张	中学教师人数，万人	图书馆馆藏书，千万册、件	限额以上批发零售企业数，万个	建设用地，万 Km²
直辖市整体	103.2	33.35	4527.39	641.92	42.85	29.58	20.47	2.47	0.84
计划单列市整体	63.76	21.19	2673.81	345.37	16.16	14.59	6.87	1.11	0.39
省会城市整体	158.81	62.55	5719.78	894.47	78.03	45.68	18.09	2.12	1.1
其余地级市整体	265.36	82.93	11527.39	1062.75	129.95	114.22	16.43	2.19	1.86
合计	591.12	200.02	24448.34	2944.52	266.98	204.07	61.86	7.89	4.20

表 11 - 20　情境二 - 六下 2020 年国内城市化所需资源和公共服务需求规模比较

城市类型	建设用地，万 K ㎡	供水，亿吨	居民生活供水，亿吨	供电，亿千瓦时	城镇居民用电，亿千瓦时	病床数，万张	中学教师人数，万人	图书馆馆藏书，千万册	限额以上批发零售企业数，万个
情景二	4.01	56.38	189.64	23390.92	2729.89	260.98	202.34	55.36	7.03
情景三	3.53	489.73	166.1	20252.82	2487.48	222.84	167.50	54.61	6.86
情景四	4.13	585.3	199.3	24053.98	2884.23	266.61	203.45	58.42	7.47
情景五	3.77	533.51	175.46	22461.98	2442.95	251.46	203.47	46.31	5.95
情景六	4.20	591.12	200.02	24448.34	2944.52	266.98	204.07	61.86	7.89

五、出路：大城市主导的城市群发展战略

当然，中国城市化的发展模式还可以有多种情境构造，以上仅仅列举了其中最具代表意义的六种，希望通过这六种情境的数据分析和对比，得出一些有价值的信息和结论，为中国城市化发展的路径选择提供一定的参考和依据。

（一）发展城市群是注定选择

通过对中国城市化道路可能的六种情境进行资源测算和对比分析，结果如表 11 - 20 所示，在人口总量保持一定的情况下，只有特大城市主导型城市化情境和小城市主导型城市化情境符合假设条件下的刚性约束。

对比这两种情境，不难发现，特大城市主导型情境，即人口更多地向以直辖市为代表特大城市集中的发展模式，在城市化进程中所需的资源和

公共服务供给总量最少，更有利于对资源和环境的保护、公共资源的集约利用和公共服务效率的提高。

但是，特大城市主导型的发展路径并不排斥中小城市，而是要与中小城市联动发展。虽然以直辖市为代表的特大城市，对于加速中国城市化起着至关重要的作用，但特大城市并不能独立存在，必须要有周边若干大中城市和众多小城市作支撑。这也是为什么在现有每一种情境中，都是将资源和人口在特大城市、大城市、中小城市之间相互协调、配置，而不是简单的假定只发展特大城市或其他某一级城市的原因。

我们设定的六种假设情境都是建立在适宜工业化、城市化开发的 180 万平方公里国土空间之上，而在这 180 万平方公里的之外的 780 万平方公里的国土面积之上，同样也存在大量的人口、众多的城镇，而这部分人口和城镇并不包括在假设之中。虽然并未做严格的数据分析，但不难理解这些区域显然无法走以特大城市及大城市为核心的城市群发展之路，而西方的"花园城市"或以中小城市、小城镇为主的区域统筹发展模式，反而更加适合这些区域的城市化发展。

因此，我们认为采取以特大城市及大城市为核心的城市群发展模式，是适合中国城市发展刚性约束下的最佳路径。同时，这一主流路径并不排斥在广大不宜工业化和城市化开发区域走松散型发展的辅助道路。只有这两条道路"因时、因势、因地"制宜，才能真正使中国城市发展在坚守住安全底线的前提下，谋求城市居民更大的发展利益和幸福感。

（二）城市群的核心是聚合发展

根据结论导出的"大城市群主导的中国城市化道路"，我们又该如何以系统的认知方法去指导和应用于城市实践中呢？当今城市群已成为区域经济竞争的基本单元和区域竞争力的核心，也是参与国际分工、统筹城乡发展的有效途径。既然城市群在区域发展中显得如此的重要，我们不禁要问城市群——这个城市家族的神奇"魔力"究竟何在？如何才能最大限度的发挥城市之间的碰撞迸发出的巨大能量？

"城市群"是城市发展高级阶段出现的形式，也被称为"城市区域化"

或"区域城市化"，是在特定的区域范围内云集相当数量的不同性质、类型和等级规模的城市，以一个或两个特大城市为中心，依托一定的自然环境和交通条件，城市之间的内在联系不断加强，共同构成一个相对完整的城市"集合体"。而"大（特大）城市群"的核心价值即在于它"聚合发展"效应。

聚合发展的定义和设想在经济学上未见正式提出，使用这一概念灵感来自物理学上的热核聚变反应，核聚变指的是轻核结合成质量较大的核的过程。在热核聚变反应时若干小的、分散的小粒子通过聚合而形成更大的、更加紧密的新核，并释放出多余的电子形成大量能量。核聚变的过程如示意图所示：

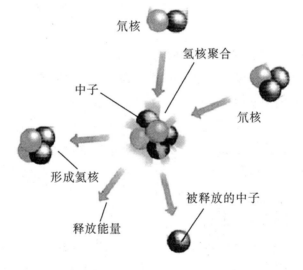

图 11 - 2　核聚变效应示意图

核聚变时会放出巨大的能量。聚变反应的发生需要轻核之间的距离在11—15 米，但是原子核都带正电因而存在排斥力，使得聚变反应发生比较困难。聚变发生，两个核必须以极快的速度靠近，并发生反应，释放巨大能量。

那么，城市群的聚合发展是指零散的、规模不等的、联系机制弱的城市"分子"，通过内在聚合发展作用机制结合在一起，产生城市基础设施、公共服务和产业聚集"化学反应",进而形成巨大经济效益和社会效益的"能量释放",实现多个城市在一定区域空间内的聚合发展模式,获得"1+1>2"的放大效应。通过聚合发展,若干地理空间上相邻、发展阶段不同的城市,在某种特定的情况下,形成功能衔接合理,资源配套利用的共同发展模式。是通过充分发挥各自城市原有的优势,互相提供对方独立发展时难以获得资源,大大提高单个城市和城市群总体发展水平的一种优势发展模式。

(三) 城市群聚合发展的驱动机制

城市群聚合发展不是一蹴而就的,而是受到内生的市场力量和外生的政府行为的双重作用,是一个系统秩序逐渐形成、整体发展能力不断增强的演进过程。

1. 企业跨区扩张机制:微观主体的区域分工

城市群聚合发展中的企业跨区扩张机制,是指企业在自己原所在地区(原驻地)以外的地域寻求扩张和发展机会的区位选择行为和企业战略行为。企业的跨区域扩张并不是企业完全迁移到另一地区,而主要表现为跨区域的网络化成长模式,即在进入地(迁入地)成立子公司或将企业活动的一部分,如企业的总部、企业的生产基地或研发机构等从企业原驻地迁移到其他区域,其他活动仍保留在原驻地,并在原驻地和迁入地的企业生产经营活动间保持紧密的联系。

企业的各种经济和非经济活动在不同区域之间的联系变得密切,可以加快区域之间的资金、人才、技术等资源的流动和合理配置,有助于发挥不同区域的优势,在实现各区域经济增长的同时促进区域经济协调发展。经济学理论和历史事实证明,完善的市场机制是实现区域经济协调发展的基础,微观主体调控是实现区域经济协调发展的保障,两种调节机制相互影响、相互作用,共同促进区域经济的协调发展。作为对区域市场机制的一种补充,微观机制促进区域聚合发展的作用主要体现在:突破区域行政壁垒,促进要素和产品的跨区域流动;降低区域分工的交易成本,从而促进区域经济联系;增加区域共同利益,推动地方政府间的合作。

　　对于跨区域发展的企业而言，企业内的分工就是区域分工，跨地区企业分工成为区域间分工的重要组成部分。区域间的经济整合与协调主要通过企业在进入地的网络化扩张和关联产业网络的构建来完成。

　　在此过程中，区域的主导产业和主导产业中的大型企业在区域经济活动协调中处于核心和支配地位。企业在进入地的成长和扩张将吸收周边区域要素向进入地流动、集聚，在整个区域范围内重新配置资源，对进入地经济的发展产生极化效应。具体来说，是以区域内中心城市的主导产业为基点，通过一个或几个大型核心企业的主导作用，借助专业分工与合作，带动产业上下游企业的发展，形成联系紧密、协调一致的产业链和产业群，从而达到产业集聚效应和规模效应。

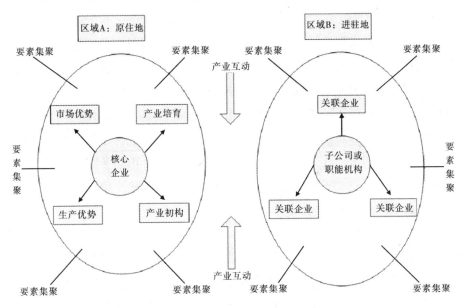

图 11-3　企业跨区域扩张机制

2. 市场机制：资源在区际范围的合理配置

　　市场机制是实现市场运行的机制，具体是指市场机制内的供求、价格、竞争等要素之间互相联系及作用的机理。作为一个有机整体，市场机制主要由供求机制、价格机制和竞争机制等构成。市场机制运行具有自身特点，具体表现在以下三方面：第一，市场机制是市场供求、价格、竞争三大要素互相结合、互相制约的循环运动过程；第二，市场机制运转循环的原动力是市场活动参与者的经济利益；第三，市场机制是一种开放型的受多因素影响和制约的社会经济机制。

市场机制对区域经济发展的作用，本质上是依靠市场机制来实现资源的分配和组合，即通过供求机制、价格机制和竞争机制相互联系、相互作用来实现的，也就是通过市场价格信号的变动引起资源的自由转移来配置资源：价格信号反映了供求关系，是供求机制作用的结果，通过价格机制的变动来启动竞争机制，而竞争关系的展开开启资源的配置过程，反过来又调节供求关系，最终结果是使资源在区域之间进行合理配置，并对区域经济发展产生影响。

根据现代经济理论，市场一体化对区域聚合发展具有重要影响，其关键意义在于：一是形成的区域经济发展格局有利于经济持续快速增长；二是允许区域发展差距的存在并将差距控制在社会可容忍范围之内的同时，逐步缩小不同地区居民所享受的福利水平差距；三是在充分发挥区域比较优势的基础上，形成合理的区际产业分工格局；四是地区之间的互动有助于人与自然的和谐。具体而言，在一体化的市场中，市场参与主体大都地理相近、优势互补、利益相关，它们共同构建起来的统一市场具有集聚效应、协调效应和互补效应。

（1）集聚效应

统一市场是在各地方市场融合基础上形成的，为生产要素的配置和各市场主体的联合提供了更广阔和灵活的空间。市场一体化通过吸取众家之长，把分散、粗放、局部的潜力变为整体、集约、综合的优势，从而获得集聚效应。

（2）协调效应

各市场主体的利益在统一市场内是共享的，风险是共担的，从而使外部竞争变为内部协调与统一，为竞争而支出的费用会大大降低，避免了本区域内各个弱势市场间的过度竞争，提高了其生存能力。同时，统一市场内各组成部分间互通有无，又降低了交易费用，提高了各市场交易主体的经济利益。

（3）互补效应

在统一市场内，可以充分利用各市场组成部分的区位、资金、自然资源和人力资本等的空间差异，通过互利协作、合理分工达到优势互补的效果。通过互惠互换、调剂余缺而减少库存，避免重复建设，以互补效应促进一体化市场内经济的快速发展。

鉴于市场一体化对区域聚合发展的重要性，为了充分有效地利用区域内的资源，更好发挥本区域内各要素的比较优势，必须在区域内取消一切限制和壁垒，促进商品和要素区域内更充分地流动。

3. 政府间协同管理机制：上级统筹、同级协调

政府是不同城市在聚合发展中的重要利益协调、力量统筹主体。本书将政府在城市群聚合发展中的作用机制称为"政府间协同管理机制"，是指在区域社会经济发展国际化、市场化、信息化、法制化条件下，加强政府间协调作用，协调制定市场运作的统一法规、标准、制度和运行方式，共同探索和制定政府间协作的新机制和新模式，实行区域调控模式的转换。

一个理想的政府协同管理机制的建立，应包括平等互信的政治对话机制、互惠互利的利益调节机制、及时高效的问题磋商机制和合理有效的权力调控机制。政府区际协调机制的设计有两种可选择的类型：一是制度化的协调机制，即通过集体谈判缔结条约或协议，组成一个紧密的组织来进行区域合作；二是非制度化的协调机制，即采取集体磋商形式，组成松散的组织形式。具体包括：构建区域经济协调发展的协商机构；制定区域经济发展规划；颁布区域经济协调发展政策；建立共同的融资平台和合理的税收模式等。

政府区际协调机制能够有效避免大区域内成员之间利益争夺而导致的整体区域规模不经济，从而达到整个区域利益最大化。值得注意的是，这种政府区际之间的协调机制必须是在上级统筹的前提下，实现同级之间的协调，任何以行政级别一级压一级的区际协调机制，终究是以牺牲一方的利益为代价，是"零和博弈"而非"双赢"，偏离了城市群聚合发展的终极目标。

京津冀的发展就是一个突出的典型。为了支援首都建设，新中国成立以来至今，环京津地区的资源几乎都是优先供应北京，北京却并无相应的补偿机制，在这种不平等下，北京发展越来越快，而周边包括天津在内的地区，却变得"营养不良"。因此，北京转变发展方式是破解"城市病"的根本出路，北京不能再像过去"摊大饼式"发展，而要大力发展城市群，以适应市场规律的调控机制来谋求与周边区域的合作共赢，最终找到良性发展的"北京模式"。京津冀地区能共同繁荣的前提则是打破多年来"政治使命"式的资源分配，以平等的权利和义务为前提来开展合作，充分调动其他地区的经济发展积极性。

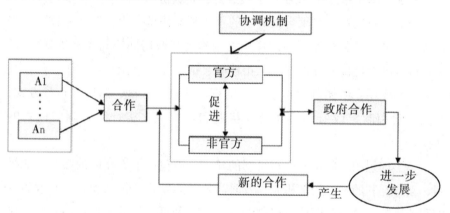

图 11 - 4 城市群政府区际协调机制过程模型

政府协调机制的作用是动态的、循环的，它是随着城市群政府合作发展的过程不断深入而发生作用，并在城市群政府协调过程模型中不断完善。在模型中，由 A1 到 An 的城市构成城市群，并由其中任意两个以上城市形成合作意愿，通过协调机制的作用实现政府之间的合作。由合作的进一步深入，产生了新的合作意愿，并通过协调机制进一步促进政府间合作向前发展。

根据协调主体不同，政府协调机制的运作方式可分为官方的、非官方的两种，通过两种运作方式的有效配合、相互促进，共同推进城市群政府合作协调机制模型的有效运行。官方的协调方式通过建立分层次协调机构以及官员互访制度来实现，而非官方的协调方式则主要依靠非政府组织的作用。

中国走以大城市主导的城市群发展战略的关键，在于城市群的聚合发展效应的发挥。在下两个章节中，我们将就政府在城市群聚合发展中的行为模式作进一步的分析，并针对问题提出实践建议，以求理论分析能指向实践应用，知行合一。

第十二章

中国城市化进程中的政府行为

> 城市群聚合发展是城市化进程的重要方向。城市作为一个个单独的复杂系统，在组成更为复杂的整体系统时，便形成了城市群。在城市群这一更高层次的系统中，我们把单个城市作为一个积木块"封装"起来，暂时"忽略"或"搁置"其内部细节，而把注意力集中放在研究积木块之间的相互作用和规律上，关注城市群内部的聚合发展机制。其中，政府行为及其主导的制度设计尤为重要。制度设计得好，若干个城市可以互促互利，形成更好的城市群，制度设计得不好，城市间会互相掣肘，城市群则会陷入杂乱无章的境地。

在中国城市化进程的反复探索过程中，城市群聚合发展被提出并逐渐得到重视。2007 年左右，政府和学界经常提到的是"十大城市群"，而 2012 年最新发布的《中国城市群发展报告》认为，目前中国正在形成 23 个城市群，短短 5 年间，中国的城市群发展已突飞猛进。

"十一五"规划中提出了城市群发展的要求，从国家战略的高度确定了城市群聚合发展的方向。"十二五"规划建议中进一步提出"遵循城市发展客观规律，以大城市为依托，以中小城市为重点，逐步形成辐射作用大的城市群，促进大中小城市和小城镇的协调发展"，这是对城市化道路认识的本质变化，大城市在城市化进程中的基础性作用首次得到了官方的公开认可。

城市群聚合发展是城市化进程的重要方向。城市作为一个个单独的复杂系统，在组成更为复杂的整体系统时，便形成了城市群。在城市群这一更高层次的系统中，我们把单个城市作为一个积木块"封装"起来，暂时"忽略"或"搁置"其内部细节，而把注意力集中放在研究积木块之间的相互作用和规律上，关注城市群内部的聚合发展机制。城市群的聚合发展也不是简单的加总，而是"1＋1＞2"的非线性放大效果，甚至会产生乘数效应。

城市群的聚合发展并不会自然而然地形成，正如积木块不会自觉地拼接起来形成图案一样，内部模型就是这些城市有效衔接的互动关系。其中，政府行为及其主导的制度设计尤为重要。制度设计得好，若干个城市可以互促互利，形成更好的城市群，制度设计得不好，城市间会互相制肘，城市群则会陷入杂乱无章的境地。

因此，我们需要找到合适的"内部模型"，引导城市群中各种"流"的交互作用，推动利益主体对最小交易成本的追求，保障空间集聚效应的发挥。本章将从剖析城市群聚合发展中的利益主体入手，构建政府协同管理模式，并提出城市群聚合发展过程中的政府行为所应秉持的立场、态度和原则，以期发挥政府在城市化进程中应有的作用。

一、城市群聚合发展的主体导向分析

我们已经认识到，城市群聚合发展不是一蹴而就的，而是受到内生的市场力量和外生的政府行为的双重作用，是一个系统秩序逐渐形成、整体发展能力不断增强的演进过程。内生的市场力量发源于单个城市的资源支撑有限性，以及城市之间的激烈竞争。在城市群发展初期，这种竞争往往表现为发展的无序和整体效率的损失，但另一方面，竞争引发或加强了城市之间的要素流动，促成了各个城市主动或被动的开放。企业作为市场最重要的主体，为追求区位收益，会在城市之间构建区域发展网络，进行跨区域发展，从而推动城市之间开展局部的合作，推动城市间资源的整合。

外生的政府行为是在市场机制的促使下，城市群中各城市政府自发进行一些制度设计，对伴生的无效竞争和损害城市群整体发展利益的事情进行约束，制定相关区域政策，达成相关行动上的共识。然而，城市地方政府之间的合作，不可能全面解决城市群发展所存在的全局性和战略性问题，于是，由城市群的上级政府甚至是国家来干预城市群发展就有了必要。这个动态过程以实现多个复杂城市系统的聚合发展为目的，涉及多个利益参与主体，基本包括政府、企业、非政府组织、居民等。

（一）政府：现实的理性经济人

对政府这一主体的清晰认识是我们理解政府行为的根本前提。新古典经济学认为个人都是自利的，但政府却是公众利益的代表，其责任是保持社会公正。依据这种理论，政府应当是中立的裁判，不应干预任何市场活动，更不能谋取自身利益。但是，政府是由个人组成的，政治家同样会追求个人利益，他们的个人利益就是政治目标、政绩和职位升迁。在给定的条件下，他们会选择最有利于自己的方案，并由此出发去判断和审视信息，寻找机会。政府中个人的人性弱点决定了政府同样也会有短期行为和投机倾向。基于此，新制度经济学家放弃了政府的非经济假设，而将政府看作具有自利动机的"经济人"①。

制度经济学派的代表人物曼瑟·奥尔森（Mancur Olson）提出了集体行动（collective action）的逻辑，他认为在一个报酬递增，存在规模经济的世界里，空间越广、时间越长，创造的剩余价值就越多。而政府的本质是"经营空间的企业"，利用行政边界为其服务定价。那么，在区域发展中的政府也成了市场上众多参与者中的一员，无论其动机还是行为，同其他的企业相比，政府并无本质上的不同，它不过是一种通过空间提供服务并收费的企业。② 这种"空间越广、时间越长则获利越多"的"盈利模

---

① Mancur Olson. Dictatorship, Democracy and Development, American Political Science Review，1993.

② 赵燕菁：《政府的市场角色》，中国宏观经济信息网，2005 年 10 月 17 日。

式"决定了政府某些时候的角色看上去像涂上了一抹"中立"和"公正"的色彩。而不同的政治制度并不能改变政府角色的本质，只是为克服时间对交易可信性的限制，降低由于信用在时间维度上短缺而导致的交易成本。换句话说，即使是民主制度也并非是纯粹的道德进步的产物，而是规模经济在时间维度扩张时，为降低交易成本所进行的制度创新。

理解了政府主体的本质，我们能更好地理解地方政府在城市群聚合发展中的非合作行为。在以经济建设为中心的大战略下，以 GDP 增长为核心指标的考核方式，使地方政府必须最大限度地满足来自于上层的目标需求，从而使各级地方政府事实上存在着一种竞赛关系。一些地方政府不仅不遗余力简单地追求 GDP 的增长，甚至在一定程度上直接扮演了市场主体的角色。此外，1994 年分税制改革形成的财税体制，事实上造成了中央与地方财权与事权的不对称，财权向上集中，事权向下移动，这在很大程度上加剧了基层政府的财政困难，使地方政府不得不千方百计地寻找财源。因而，在中国城市群聚合发展的过程中，城市间首先直接面对是竞争，而不是合作。

（二）企业：利润最大化的追逐者

企业发展的目标就是利润最大化。在市场竞争中，顾客通过选择买或不买产品和服务来实现企业的优胜劣汰，引导资源向利润高的部门流动。企业的发展有着从集聚到辐射的动态变化：发展之初，企业功能较为单一，更多体现着集聚性和复合性管理功能；随着企业的壮大，不同的功能分离，为寻找各个功能所需要的最适合发展条件，促成了企业的跨区经营。城市基于优势而发展，资源的流动具有靶向性，企业的跨区经营则是在政策、劳动力、技术、生态环境等投资环境分析之后决定其区位指向。而大量企业共同的区位指向，决定了城镇的兴起、发展、城镇之间联系的程度以及城市群的聚合发展进程。

在现实的城市群聚合发展进程中，政府有时候为了最大限度地吸引企业，争相以优惠条件招商引资，以违背市场经济规律的方式人为地影响企业跨区经营的区位选择，最终使各个城市不得不走入抢商夺资的"囚徒困境"中，在同质化竞争的路上越陷越深，导致城市群集体利益的损失。因此，企业作为利润最大化的追逐者，在实现自身个体利润最大化的短期时间内，并不一定能带来整个行业和企业长远利益的最大化。

（三）居民：为了更多安全与利益

追溯城市的起源和发展，人类为了更多的安全和利益来到城市。2010年上海世博会的主题——"城市，让生活更美好（Better City, Better Life）"道出了城市发展的终极梦想。路易斯·芒福德说过："城市是一种特殊的构造，这种构造致密而紧凑，专门用来流传人类文明的成果。"西方诸多文字中的"文明"一词，都源自拉丁文的"Civitas"，意为"城市"，这并非偶然。联合国人居组织1996年发布的《伊斯坦布尔宣言》强调："我们的城市必须成为人类能够过上有尊严的、健康、安全、幸福和充满希望的美满生活的地方。"毋庸置疑，城市应该以人为本，但我们往往愿意追求光鲜的数字，太少细腻地关怀着城市里生活着的千差万别的人，以及它们最真实的生活需求。城市群的发展不是为了政府的政绩更好看，而是为了生活在城市群中的居民得到更多的安全保障，更大的发展空间，无论是物质上还是精神上更接近人类所追求的生活梦想。

所以说，惠民利民是城市群聚合发展的根本归宿。作为民意基础的根本来源，民众的强烈需求也是实现城市群一体化的基础动力。

（四）非政府组织：社会自组织实践者

在20世纪后期，民众发现市场和政府都不能有效地解决他们面临的问题。政府权威在市场机制下逐渐弱化之后，非政府组织作为一种社会创新的组织形式出现在历史舞台上，填补了政府与私营企业之间的那块制度空间，成为社会自组织系统的重要组成部分。

众所周知，市场失灵时，我们需要政府干预。而政府在公共产品的提供中也可能失灵。政府的运作效率以及可能发生的寻租行为，都可能影响公共产品提供的有效性。政府在做公共事务决策时往往偏向于有影响力的社会阶层，而弱势群体对公共决策的影响力较小，其利益诉求往往得不到关注，而这些人的利益又是最需要保护的，如在中国城市化进程中出现的农民工、下岗职工等城市人群。另外，政府提供和监督某些服务的成本过高，政府的强制行为也难以调动公众的积极性。市场和政府在提供公共服务相继失灵后，西方社会开始探寻第三种解决方式——通过志愿提供公益。通过志愿精神来号召公众参与其中，最大限度地动员社会资源来提供社会服务。在提供公共服务这点上，非政府不但不会动摇政府的权威反而可以为政府分忧，增加公众可以享受到的社会福利，使发展更具有"包容性"。

在城市群聚合发展中，非政府组织的超地区性和包容性，恰恰与地方政府的局限性形成了鲜明对比，最终有助于实现跨区域和多区域的整合。首先，非政府组织在很大程度上已经成为特定公众利益的代言人，特别是她们注意表达城市边缘群体的利益，容易了解到公众的需求和意愿，进而为公众提供资源和服务。其次，对公众利益的表达，使得非政府组织受到越来越多民众的支持，再加上非政府组织善于沟通，因而它能够有效地动员社会力量和社会资源，参与到城市群的建设中，帮助政府解决社会管理中的一些薄弱环节，缓解各利益群体间的矛盾，特别是在危机应对中发挥着大量的救助服务功能，涉及危机前线中的危机处理、危机后重建和秩序恢复中的各个方面，这一点在汶川地震中表现得很突出。对于那些参与到有关城市群决策过程中的非政府组织，它们一方面使意愿得到了表达，另一方面也在一定程度上对城市群的决策执行实施过程起到了监督作用。

专栏：城市群发展中的非政府组织

纽约区域规划委员会①——以美国为例，美国城市群都很重视区域规划，尤以大纽约为代表。纽约大都市区是美国人口最多的城市化区域，纽约城市圈的规划和建设几乎贯穿了整个 20 世纪，这其中非官方的机构——纽约区域规划委员会发挥了重要的作用。纽约区域规划委员会（Regional

---

① 徐双敏、陈洁：《非政府组织在城市圈建设中的作用研究——以纽约城市圈建设为例》，《长江论坛》，2010 年第 3 期。

Plan Association of New York，简称 RPA）是一个非政府组织，它的主要职责是调整（adjustment）和协调（coordination）政府各个部门之间、政府与公众之间的各种关系和不同意见，对城市有序增长和发展进行管理，是政府的顾问和研究机构。协会在 1929 年发表了第一份地区规划，精辟地指出了交通网络和公共空间作为地区发展关键杠杆的作用，从而为纽约大都市区之后几十年的发展打下了基础；1968 年发表的第二份地区规划成功确定了新的目标，即重建纽约大都市区公共交通系统和重建及巩固地区中心，从而更好地为公共交通、保护自然资源、建立高密度的城市化地区等到目标创造条件；1996 年发表的第三份地区规划，针对大都市区内严重的财政问题提出了应对之策。"9·11"恐怖袭击发生后，区域规划协会参与了曼哈顿区的重建工作。

作为专业中介组织，协会提出的都是协作式规划，其目的是把各个关键利益的代表聚集在一起，政府机构只是其中的一方。这种模式既不需要合并地方政府，也不需要将其权力大量分割出来，却能从特别管区的运用、由大都市区承担的战略规划以及大都市区整体的市场推广中，获得网络合理化和规模经济效益。

在参与城市群聚合发展的这四大类主体中，政府和企业分别扮演了宏观和微观、外在和内在、行政与市场的驱动力量。而居民作为城市群发展的普遍参与者和承受者，任何关乎生存与发展的城市变化都将给居民带来冲击，居民也会依据这种新的冲击作出相应的行为反馈，从而反过来影响城市群发展进程。非政府组织的力量非常微妙，它介入企业和政府之间，又广泛地联系各个层次，各种利益代表的居民群体，是推进城市群发展的最灵活的调节力量。在中国现有的治理体制下，非政府组织的建立和运营离不开政府的规范，也将会是政府有力的助手。因此，城市群的聚合发展背后，需要构建一个在认识到各主体利益的前提下，各参与主体之间权、责、利相对应的协调机制，实现多赢发展的格局，才能使各主体的行为从竞争转向主动合作。

二、城市群聚合发展的协同管理模式

城市群聚合发展的协同管理模式，是将政府、企业、居民和非政府组织等四大类主体的利益进行合理整合，组织集体行动的"内部模型"，它决定了城市间要素流的方向和程度，形成了主体非线性的聚集，最终将促进城市群的聚合发展。协调管理模式的本质是形成得力的、具有可操作性的跨城市行为主体。这一行为主体可以以市场机构为主导、以政府为主导或是以非政府组织为主导，这几大类主体的不同组合，则形成了城市群聚合发展协调管理模式的多样性。

（一）自发合作型协同管理模式

自发合作型模式是指城市间合作较大程度上处于自发的合作意愿，并经过长期的信息交流，最终形成制度化的合作模式。其中，非政府组织的角色十分关键。非政府组织往往是特定群体在共同意愿下自发形成的组织，由私营部门、社会精英、弱势群体、普通民众甚至政府部门等多种主体参与其中，并不断互动。

日本关西地区城市群正是运用了这种创新模式。日本关西地区位于日本中心，由滋贺、京都、大阪等九个城市组成的城市群构成，是日本国内、国际工业运输与通讯的重要基地。1946 年，关西城市区建立了关西经济联合会，成员包括关西地区约 850 家主要公司和团体（如大学和有关的研究机构），它的主要职责与特点在于：一是讨论关西经济区内的经济、行政等重大城市建设的统一方针，协调各方。二是地位的中立性，不从属政府行政机关，便于反映城市非行政机构和其他民间机构的利益要求，是一种非营利、非政府的组织。三是加强与日本国内城区以及国外的友好交往，吸收优良先进的行政管理建设经验。并且通过关西经济联合会，对政府吸收引进国外先进的行政建设经验形成一定的监督，避免这些新颖的管理经验流于形式。通过关西经济联合会，日本关西地区各城市形成了良好的发展共识和产业协作。我国长江三角洲城市经济协调会也是这一模式的有益尝试。

（二）职能交叉型协同管理模式

职能交叉型协调管理模式是指城市群并不存在一个统一的、整体性的协调管理主体，而是以问题为导向，不同政府职能交叉形成各种专门性的协调管理机构，来解决城市群发展中的特点问题。

世界上最大的城市密集区的纽约大都市区，是一种松散、单一组织的大都市区管理模式。它所展现的是一种松散的城市行政主体，以专门问题性的协调组织运行为主的管理模式。该区域并没有形成统一、具有权威的大都市区政府，而是各种共同建立的专门机构去处理区域问题，如在港务运输、区域规划以及给排水、垃圾处理等方面建立了专门的协调组织。在我国，江苏为促进苏南苏北的联动发展，采取"飞地"模式建立工业园区，就是以产业发展为导向的职能交叉型协调管理模式。如江阴经济开发区靖江园区，由江阴和靖江两市地方政府筹划组成管委会，省政府赋予园区项目审批、土地利用等多项优惠政策，这在江苏省沿江开发的城市合作过程中起到了很好的示范作用。

（三）政府一体化协同管理模式

中国政府与地方政府由于管辖范围和权责大小的不同，具有不同的利益诉求，因此，产生了央地政府行为之间的博弈，这对于理解城市群聚合发展中地方政府应该做什么，哪些需要牵动中央政府来做等问题十分重要。

我国城市群之间的合作不是单纯的跨行政区发展关系，也不是单纯的政府与企业、民间组织、社区等利益集团之间关系的调整，而是不同层级政府之间的交叉合作。这要求城市群发展要充分利用多元治理主体的各自优势，将行政区横向间合作制度化、常规化，并吸引企业、非政府组织的参与，形成网状合作平台。借助这一平台，在一定程度上实现各城市跨区域的产业政策、基础设施等的一体规划，以及促进区域内的人才、资本、技术交流，破除城市间隐性的聚合壁垒。这一平台将会打破了区域间和级别上的传统政府构架，形成一个高于各城市政府，与城市群发展规模相匹配的一体化行政机构。

美国东北海岸的华盛顿大都市区，于 1957 年形成了统一正规的组织——华盛顿大都市区委员会，包括 18 名成员政府的统一正规组织。该组织职能众多，从交通规划到环境保护，解决了许多公众关注的区域问题，并在迈阿密城市地区形成了双层制大都市区管理模式，即区域内非城市地区的所有服务均由大都市政府提供，而 27 个自治市的公民接受他们所在市和大都市的双层服务。

三、协同管理模式下的政府行为范式

在不同的协同管理模式中，政府始终是作为一个重要的协调主体参与城市群发展。制度设计和政策体系是政府行为的有形载体，是市场机制的必要补充和平衡手段，其提出与发展有着深刻的政治、经济、技术和社会背景，并呈现出局限性、整体性、动态性和主观性等非线性特征。这些非线性特征映射的正是政府行为的复杂性。政府在城市群聚合发展中要面对诸多天平式的权衡，带着下面这十个问题，[1] 我们来探讨政府行为应有的准则和空间。

一问：怎样协调当前与长远的关系？

二问：怎样协调局部与整体的关系？

三问：怎样协调绝对与相对的关系？

四问：怎样协调重点与全面的关系？

五问：怎样协调政府与市场的关系？

六问：怎样协调合作与竞争的关系？

七问：怎样协调集聚与扩散的关系？

八问：怎样协调补偿与约束的关系？

九问：怎样协调效率与公平的关系？

---

[1]　彭真怀：《十问区域协调发展下的政府行为》，《第一财经日报》，2008 年 12 月 24 日。

十问：怎样协调发展与增长的关系？

（一）因时因势，相机抉择

尽管我们将政府从理想化的中立与公正假设中抽身出来，也并不意味着认定政府就此将走向极端趋利，取代市场的"奴役之路"。在现代市场经济中，政府必须"有所为亦有所不为"。在这一点，无论东方还是西方，争论的各方都明白，政府完全撒手不管或政府全面干预都是难以行得通的。所以说到底，还是一个"度"的问题。

在谋求更长时间维度下和规模经济效益的本质诉求下，政府往往会根据不同的时期和形势来采取不同的决策，否则政府难以及时的趋利避害，实现其最终诉求。所谓"制无美恶，期于适时，变无迟速，要在当可"①。"相机抉择"成为政府行为的永恒主题。政府必须在生存与发展的动态趋向中相机抉择，在安全与利益的动态追逐中相机抉择，在短期和长远的动态演进中相机抉择。这个"相机抉择"本质上就是一种平衡，并且这种平衡点是动态的，需要因时而动，因势而为。

市场失灵已经是一种普遍认知，因此才有了对政府角色的期盼。但要注意的是，政府行为也存在"失灵"，干预时机和力度的不恰当就常常导致"失灵"。实践中，政府往往只记得"抉择"，而忘记抉择前的"相机"。因为任何政府行为的对错都不是绝对的，而是取决于这种行为是不是有了正确的"相机"。政策作为政府行为的主要形式，都只能对一定时期有效，而不可能永远有效，如不及时调整，则往往事与愿违，甚至产生极坏的社会效果。比如，中国产业政策经常变成了寻租政策，政府官员利用产业政策分配资金，企业家想办法跟政府搞好关系获得政府的补贴。这样的产业政策到最后往往难以成功实现培育壮大产业的目标，因为它不是鼓励企业家怎么理解市场规律，而是鼓励企业家根据政府的偏好来决定投资。

还有一些政策付出的成本代价远远超过其获得的收益，如地方领导干

---

① 严复：《宪法大义》，1906 年。

部异地任职制度，就在一定程度上冲击了城市发展的智慧系统。作为异地任职的外乡人，他们和这座城市没有历史的、血缘的和文化的联系，缺乏发自内心的故乡情感，这座城市只是他们工作履历中的一笔，因此，往往导致异地官员为追求政绩，将城市的历史和文化用推土机扫荡得干干净净。西方国家过去的两个世纪中，不同的时期，政府的介入程度总是像钟摆一样在连续一体的两极之间反复摇摆，折射出来的恰恰是政府在生存与发展、安全与利益、短期与长远中的相机抉择。唯一的问题是，抉择的最佳时机往往稍瞬即逝，历史总是留下滞后的遗憾。

在区域发展的现实中，政府往往在其角色、立场和原则上倾向于走向天平的两端。更重要的是，由于中央政府和地方政府往往在角色、立场和原则上不相一致，而造成政府行为在目的和方式上的错位和混乱，反而伤害了政府行为的可信度，诱发了地方和公众的短视预期和投机行为。城市群聚合发展的驱动力在宏观与微观层面相互牵引，当发展利益大于聚合成本时，将促使各个城市更加倾向于"抱团发展"。因此，当我们了解了政府主体的本质角色和政府行为的立场原则后，我们更应该从衡量发展利益和阻碍成本入手来思考城市群聚合发展的内在诉求，以合理的政府行为来"穿针引线"，将各分散的"积木块"织成美丽的图案。

（二）有所为，有所不为

"政府应该做什么"这样的问题或许构成了政治哲学中人们反复讨论的最古老话题。重商主义时期，政府运用的主要工具是管制，当时政府预算非常小，政府生产则几乎不存在。福利国家时期，所依靠的主要是政府通过较高的税收来提供商品和服务，以及向社会弱势群体进行资源的再分配。在西方社会过去250年中，政府的行为原则伴随着各种经济思潮和意识形态的涨落而变化。现在，关于政府经济角色的争论似乎并没有过去的几十年那么激烈，而是体现出一种实用主义的倾向，越来越多的人对政府行为达成了这样的共识：有些事是政府应该做的，而有些事则不是，但即使在"自由放任"的经济时期，政府也不是无所作为的。

政府行为与市场行为最本质的区别在于，政府是以命令为基础的，它们能强制人们遵从，而市场则是以自愿为基础。政府行为的强制性本质决定了政府行为必须受到约束，只能介入到那些十分"刚性"的事务中，否则政府行为的越位将挤压和扭曲市场行为发挥的空间。正如斯蒂格利茨所言，政府的"特殊责任"是建立市场有效运作所需的制度设施。这种制度设施包括法律和政策，规范了行政范围下各主体的行为模式。此外，市场失灵的一个重要原因是信息不对称，因此，政府要提供信息服务，这点很重要。

日本的"经济企划厅"，地位类似于中国的发改委，但该部门的工作主要是进行研究，研究世界经济产业发展格局的变化，研究新的市场机遇，包括技术的机遇，每年把这些信息传递给大的公司企业，找他们一起来讨论、交流，然后由他们自己做决策，政府至多是提供少量贴息贷款之类的优惠政策。企业的决定由企业自己来做，政府则通过自己的部门进行研究，搜集信息，免费提供给所在地区的所有企业，这样可以降低每个企业搜集信息的成本，这是政府应该提供的公共服务。

简而言之，政府应该变得越来越像一个促进者而不是一个生产者，越来越专注于观察动态平衡点，应时应势地调节生存与发展、安全与利益、近期与远期之间的平衡。政府应该从硬性系统膨胀的需求根源来入手，对软性的系统发力。当人类发展的欲望对城市生存安全提出挑战时，政府不是不择手段地拔高城市安全底线或压制城市安全的保障，而应当竭尽全力压制人类的发展欲望，使利益支配下的软性需求能与硬性的供给相匹配，而不是失衡。

鉴于此，政府行为的类型应限定在以下几种：

引导行为。制定整体规划是政府引导城市群合理发展的一项重要职能，也是建设、管理城市的基本依据。地方政府应依据国家主体功能区的要求和城市群聚合发展的要求，依据地区的资源禀赋、地理位置、人口状况、经济社会发展程度等因素，因时因地制宜，科学探索不同的发展模式，而不是不顾实际、千篇一律地大搞形象、面子工程。

规范行为。地方政府应针对城市群聚合发展进程中，可能出现的弱势群体利益受到侵害、资源利用不集约、城镇环境遭受破坏等社会问题，运用法律、行政等手段进行干预，协调各群体、各部门之间的冲突，调动各方面的积极性，保证经济、社会、资源、环境、居民的和谐发展。

问责行为。政府作为裁判，更多地应该以"问答"而非"指挥"的方式，来纠正区域发展中的偏差。既要对下级政府、政府部门和政府官员的一切公务行为及其后果都必须和能够追究责任，又要对各类市场主体的行为进行提问和评判，及时规范。这种问责要贯穿建设项目的始终。

由于政府行为必须始终遵循"相机抉择"的永恒主题，因此没有哪个政府行为能包办所有时期的所有事情，也就是说，任何政府行为都只具有一段时期内的时效性。在城市群聚合发展的动态过程中，三种政府行为也必须因时因势。例如，在城市群发展之初，政府的引导行为很重要。但当城市群发展深入到合作的微观领域时，政府的引导行为就有可能误导企业的市场化判断，此时规范及问责行为就尤其重要。

（三）德治为本，法治为标

在我国，城市群中各城市的发展关系是一种博弈。良好的合作能够带来规模效益，是一种正和博弈，参与合作的各个城市都可以从中获得绝对的收益，因此从经济理论上来说，应促进城市间的合作。但事实上，在GDP考核下的政治竞赛却是一场零和博弈，参与人只关心自己与竞争者的相对利益，只有当合作的结果不改变参与人的相对利益差距时（对两个竞争对手而言）或都可以提高其相对利益获得时（对多个竞争对手而言），合作才可以实现，因此，不同城市选择竞争而非合作就成为地方政府的"理性选择"。

在现有体制下，各城市政府应摒弃短期的利益得失，共谋长远的聚合发展效应，既需要倡导大局为重的家国情怀，又必须依赖不能触碰的硬性规制，来保障各城市政府行为符合集体的要求。从更高的层次来讲，这涉及德治与法治的辩论。"徒善不足以为政，徒法不足以自行"（《孟子·离娄上》），法律是外在的"他律"约束，惩恶扬善，用于治标；道德是内在的"自律"措施，劝善抑恶，用于治本。法律的作用表现为将恶行"禁于已然之后"，道德的作用表现为将恶行"禁于将然之前"。家国情怀，便是对城市群中各个地方政府道德层面的要求，靠地方政府"自觉"来驱动合作行为。

　　由于多个城市具有各自独立的政治行政体系，必将造成各城市决策目标难以聚合，而且行动中容易出现不受约束的"本位主义"行为，缺乏相应的监督和惩罚机制，自觉行为往往是不可靠的。因此，需要形成法律上的制约力量：一是将规划形成法规。形成具有法律依据和权威性的城市群政府战略和政策的目标体系，避免因为领导人的更换导致战略改向和政策晃动；二是把政府间的合作态度和行为纳入政府主要官员的考核体系，并且形成硬性的制度规则。建立适应一体化需要和符合国家制度要求相结合的政府官员评价体系，在政治和经济收益的驱动下，可以有效地规范城市群政府的合作行为。三是建立不履行契约的惩罚机制。对政府主要官员的评价并不能完全规范政府的行为，因此需要建立涉及各个城市宏观政策、财政转移支付、部门官员考核、项目利益分配和合作成本分摊等政策功能于一体的政府合作行为监督和惩罚机制。

第十三章

知行合一：实践城市群聚合发展

> 从各子系统在城市发展中的角色和功能来看，基础设施的一体化是城市群聚合发展的物质基础，产业发展的一体化是城市群聚合发展的核心机制，而要素自由流动、公共服务均衡供给以及环境资源的有效保护则既是推动城市群有效聚合的催化剂，也是最终的归宿，将为城市群的所有居民带来最终的福祉。

在实践城市群聚合发展的努力中，政策的导向作用十分关键。制定政策是政府行为的落脚点，也是政府意图的重要表现形式。政策释放出信号，如同"标识"，影响着政策指向者的行为选择，引导着要素流的流动方向和程度，以实现政府的既定目的。当一系列的政策贯穿着同一个"标识"或包含多个"标识"时，这些标识会系统地形成规范和引导个人、企业、政府以及非政府组织行为的内部模型，促使各方力量汇聚成城市群聚合发展的实践力量。

政策往往为解决问题而制定。本章将从梳理我国城市群发展中存在的问题入手来把握聚合发展的政策诉求。这些问题与城市系统拆封后的各子系统有着深刻的对应关系，因此，将针对规划、基础设施、产业、公共服务等子系统的根本功能和系统特征，提出支撑城市群聚合发展的若干实践建议。我们认为，城市规划系统、产业系统、基础设施系统、公共服务系统等四个子系统在城市间的协同性和一体化是城市群聚合发展的基石，只有在此基础上，才可能谋求更广泛、更全面的城市群一体化发展。

一、当前中国城市群聚合发展中的问题

城市群生产要素的聚合是城市群聚合发展的重要内涵。各种生产要素的集聚、组合是社会生产得以顺利实现的必要前提。跨区域发展合作是一种扬长避短、发挥各自优势的开放型系统，生产要素在区域间的流动和合理配置是区域各城市实现共赢的基础条件。

要素的动态聚合是多方面力量相互作用和相互配合的结果，那么，区域政策实施也需要建立在多种主体与手段相互协作的基础上。只有当目标一致的各项区域政策相互衔接和配合并形成完善的区域政策体系时，才能切实发挥区域政策调控区域经济社会发展的预期效果。但是，由于我国城市群发展起步晚，一开始缺乏明确的认识和有效的引导，导致了一系列的现实问题。

（一）过犹不及：城市群基础设施重复建设

高效的区域基础设施系统是实现城市群内各种生产要素空间流动的必要保障，也是企业降低其生产成本和交易成本的重要条件。然而，城市群中各个地方政府都只是从完善自身功能配套、提升自身竞争优势的角度来规划、建设基础设施，缺乏成本分担与利益分配相协调的共建共享机制，客观上造成了基础设施的供给过度和重复建设。

这一点在重大基础设施建设上表现得尤为突出。譬如，珠三角在很小的地域范围内建设了 5 个机场，最近的仅相距 27 公里，最远的也仅有 110 多公里。港口方面，目前有广州黄埔港、深圳盐田港、珠海高栏港、中山港、南沙港等多个港口，既造成了巨额投资浪费，又使设施"吃不饱"，经营困难。而且，重大基础设施的分布往往会对要素流动产生重要的影响，极化效应大于辐射效应，弱化城市群的聚合趋势。因此，基础设施领域的重复建设不仅会带来资源浪费，而且也干扰了城市群空间结构的合理发育和完善。

（二）囚徒困境：城市群产业同质化竞争严重

产业发展直接决定着城市的利益，产业同质化竞争一直以来是城市群聚合发展过程中不得不克服的囚徒困境。中国的市场经济脱胎于计划经济，地方政府依然有着强大的制定地方发展战略的职责，以及干预地方产业发展的权力。城市群内部各城市往往依赖于优惠政策来招商引资，忽视产业发展特色，同质化竞争越来越激烈。城市群的产业无法在区域内得到较好的配套，实现产业链联动，从而使整个城市群的效益低下。

例如，在提出创意经济后，长三角城市群内共建设了 11 个国家级动漫基地。在京津冀都市圈内，北京和天津两地均以电子信息和汽车制造等为主导产业，但相互关联较小，竞争大于合作。而在珠三角城市群内，大部分中心城市专业化部门，都集中在通讯和电子器材、电气机械及器材、化学制品和仪器仪表等加工制造业领域。如此产业同构必然加剧了招商大战，使城市群产业互补提升的要求无法真正实现，产业链分工和错位发展成为空谈。

（三）柔性壁垒：要素流动的交易成本偏高

在城市群空间演变的背后，广泛存在密切的经济、政治、文化、社会等多维联系，这些联系又是通过人流、物流、资金流、信息流和技术流等城市流的空间流动得以实现，是城市群功能匹配的现实载体和表现形式。城市间要素交易成本的高低是对要素流动的通达性和便捷性的反馈，这一方面依托于有形的载体，如上文所说的基础设施，另一方面却更受制于软性的制度规范。

当前，虽然城市间商品流通市场的壁垒已经逐步弱化，但劳动力、土地、资金、技术、产权等要素市场的壁垒还未完全消除，比如异地就业、异地贷款、异地票据结算、异地产权交易等，致使城市群经济的交易成本依然偏高，制约了内部经济整合和有序发展。有新闻报道称，尽管长三角的城市群一体化水平已经较高，但是上海的企业在江苏等地一些城市仍然遭遇到许多以检测为名行地方保护之实的事情，尤其是有的地方不仅不打击那些假冒上海名牌产品的行为，反而保护甚至纵容发展这种假冒经济。同样，在江苏免检的产品在进入周边其他城市时，还要再从上到下"跑一趟"获得免检资格，这让许多企业吃不消，纷纷表示"时间成本、入市成本太大了"。

（四）不可或缺：公共服务供给与需求失衡

城市群聚合发展时，公共服务的供给对象呈现出更多的跨区域特点，公共服务的供给也具有更大的正外部性效应。然而，在现有财政体制下，各地方政府都不愿意为来自于其他城市的流动人口，提供与本地居民同等的公共服务。于是以户籍为限，设置各种壁垒，最终导致基本公共服务的供给数量和质量难以满足城市群中频繁流动居民的需求。

而且，城市群的聚合发展伴随着快速的城市化进程，公共服务的城乡二元结构问题也日渐突出。外来流动人口大量涌入，城市人口快速膨胀，城市公共资源及公共服务设施与人口规模不匹配，突出表现在社会保障差别覆盖、标准不一等问题上。此外，城市越发展，农村越衰落，城乡间的心理落差越大，使公共服务供需失衡的问题变得更加复杂，往往带来严重的社会稳定问题。受收入水平所限，农村来的劳动力聚居在最廉价的社区，居住条件较差，形成城乡结合部和城中村。比如，珠江三角洲多数城镇设市时间不长，多在几年前才撤县改市、撤乡改镇。原来城市边缘一些村落逐渐成为城中村，成为城市"脏乱差"的重灾区。

（五）安全危机：资源和环境底线受到挑战

城市群在快速发展的同时，也成为资源环境问题高度集中的地区，并可能在短期内集中爆发；生态环境持续恶化，严重威胁到区域甚至国家的生态安全。资源供需矛盾，已经成为制约城市群聚合发展的瓶颈。在城市间的产业竞跑中，各城市争相加快产业发展，加大了对土地、能源的需求，经常出现了所谓"地荒"、"电荒"等问题。工业排放也不断加剧了环境污染和生态问题，特别是水资源污染严重，使得原本就存在的"水荒"问题日益严峻。

然而，城市群是各城市在地区上相互联系、相互组合而形成的结构整体。一个城市的资源环境问题，可能在另一个城市呈现出负面影响。因此，城市群资源环境问题的解决不得不充分重视城市群空间结构的整体性特征。一方面，经济较发达地区为寻求更多资源而不得不污染环境大肆发展产业；另一方面，资源保护地无利可得，守着青山绿水穷困潦倒，反而承担了更多的环境污染治理、房屋塌陷治理等责任。

在长江三角洲地区，除钱塘江等江河源头、水库及太湖的部分水域，水质为 II 类水和 III 类水。其他内河和水网地区的河道、湖泊水质均为 IV 类水和 V 类水，出现了严重的水质性缺水现象。并且，该城市群目前的人均耕地面积已经低于联合国粮农组织规定的最低警戒线。特别是在小城镇，新建的开发区和乡镇企业由于缺少规划而占用了大量的土地，使得耕地面积迅速减少。[①]

（六）线性思维：城市群行政边界形成断裂

计划经济形成的"路径依赖"和惯性思维，使各城市更注重自身的局部利益。政府在行政边界进行投资开发的意愿不高，认为边界地带投资"费力不讨好"，导致城市交界地带容易出现"两不管"现象。城市群的发展具有非线性特征，因此边界区经济发展滞后，对城市群聚合发展实际造成了隐性的外部负效应，使区域内难以连绵成带，必然影响城市群的发展。比如，在珠三角城市群内部，深圳市政道路在最边远的街道均已形成网络，并朝外形成诸多断头路。同样，惠州的淡澳地区，东莞的长安、凤岗地区，其与深圳相邻的镇村朝向深圳亦形成大量断头路，道路网络被行政界线阻隔，直接阻碍了区域的融合发展。

城市群发展中存在的这些问题，难以依靠单个城市之力来解决。基础设施的合理建设、产业发展的有效分工、要素的自由流动、公共服务的均

---

① 洪银兴、刘志彪：《长江三角洲地区经济发展的模式和机制》，清华大学出版社 2003 年 4 月版。

衡供给、环境资源的有效保护，都需要以城市群为整体对象的政府来管理和协调，而这非各城市地方政府所能轻易解决，往往需要借助于中央政府的统筹和协调，不同层次的政策体系的构建也就成为了必要。

为了解当前城市群聚合发展的政策体系现状，我们搜集了政府文件、新闻报道，梳理出在推进城市群聚合发展进程中最常用15种的政策措施，由专家组对这15种政策措施分别进行相互独立的评分，评价每种政策对于城市群聚合发展的重要程度。评价结果显示（见图13-1）：关系到城市群中微观主体自由和福利的政策最为重要，因为无论是宏观的体制构架、还是中观的促进机制，最终都是作用于微观个体，追求交易成本最小化或个人利益最大化的过程。

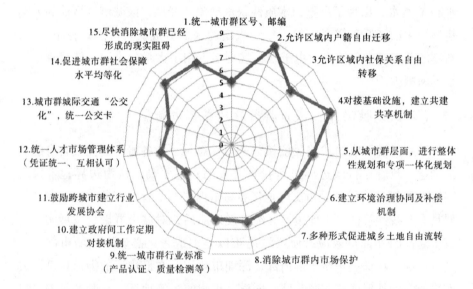

图13-1　城市群聚合发展政策的重要程度评价雷达图

结合这个评价结果，并从各子系统在城市发展中的角色和功能来看，我们认为，基础设施的一体化是城市群聚合发展的物质基础，产业发展的一体化是城市群聚合发展的核心机制，而要素自由流动、公共服务均衡供给以及环境资源的有效保护则既是推动城市群有效聚合的催化剂，也是最终的归宿，将为城市群的所有居民带来最终的福祉。

二、支撑城市群聚合发展的若干实践建议

基于对城市系统的认知和拆封，我们认为城市群的聚合发展首先体现在规划系统、基础设施系统、产业系统和公共服务系统的一体化上。而资源、能源的保护和利用，是对城市群发展安全底线的坚守，没有安全底线的城市群聚合发展，只能带来城市群灾难。

上一章我们指出，"相机抉择"是政府行为的永恒主题，它本质上是在寻找平衡，并且这种平衡点是动态的，需要因时而动，因势而为。而政府行为的强制性本质决定了政府行为必须受到约束，只能介入到那些十分"刚性"的事务中，否则政府行为的越位，将挤压和扭曲市场行为发挥的空间。这要求各地政府要尽快向"有限政府"转变，对一些不利于城市群聚合发展的权力和利益必须放弃；要求各地政府在外地资源面前不能只顾索取而不思奉献。因此，在探讨城市群聚合发展的规划、基础设施、产业、公共服务及资源环境等方面的政策建议时，我们力求从最根本的刚性事务出发，适当地发挥好政府的作用，做到有所为，有所不为。同时，我们也认为政策往往是针对一个时期的一种形势制定的，具有一定的滞后性，其合理性也是在一定的时间内相对而言。我们不能要求一个政策就能一劳永逸地解决问题，而是在现实的约束条件下循序渐进地提出改进。

（一）以城市群为整体对象，整合城市的智慧系统

规划是城市的智慧系统，但在城市群系统中，智慧需要经过再次集思广益，整合创新，形成以城市群为整体对象的最高智慧。在城市群中，每个城市单独制定的发展战略和城市总体规划普遍采取的是竞争导向，较少甚至没有考虑与其他城市发展的协调，不可避免地就形成了城市之间在发展战略、总体规划方面的脱节，竞争性对抗或者简单地模仿，而没有把城市群整体发展这个全局性因素，纳入到各自的战略决策和规划之中。因此城市群聚合发展首先要实现的就是智慧系统的一致性，即一体化规划。

不谋全局者，不足以谋一域。狭隘的本位主义不仅妨碍整体利益，最

终也会损害局部利益。在当前的财税体制下，由于事权与财权不匹配，权力与责任不一致，直接引发各地都追求自身利益最大化。中央的很多政策在地方利益的挤压下变形走样，成为不可承受之重、不可放纵之害，也亟需对区域发展采取更强有力的、更高层次的统筹和协调。全国主体功能区规划便是国家统筹区域发展的尝试。

1. 成立国家级规划领导小组，破解地方博弈的囚徒困境

在中国现实的国家管理体制情况下，区域协调发展应遵循一条化繁为简的"铁律"：低级层次要服从高级层次的区域发展目标；各区域要服从国家目标。当局部与整体发生矛盾的时候，局部必须服从整体。这意味着，超大城市和城市群的发展规划，需要由具有超越城市群以上的更高级权威机构，承担规划制定协调和规划实施落实的任务，由国务院甚至中央领导作为最终协调者。如京津冀城市群的聚合发展不能仅局限于三省市自身，必须上升至国家战略层面，制定整合的规划体系。通过用地空间统一布局，合理布局新建企业，减少企业和基础设施的重复建设。

我们认为，在国家层面，可以参照中央财经领导小组的机制，组建具有很强宏观协调能力的国家城市规划领导小组，实现国家大局层面的城市群的系统规划和实施监督。在地方层面，城市的行政首长应主要负责规划的制定和协调，避免将完整的城市规划系统机械地分割，减少因分割所造成协调层级下降、部门之间妥协、条块接口错位等人为缺陷。对此，我们作出初步设想。

首先，吸纳各部委首脑成立国家城市规划领导小组，提高国家领导小组的执行力。许多重大规划涉及领域较广，需要不同部门之间的通力配合，有必要由各有关部门共同组建专门的领导机构，使之能够在地方博弈困境中做出上层决策。高于部长级的国家领导人参与是国家规划领导小组执行力度与协调力度的保证，能突破规划制订的"条块"问题，加速重大规划的编制及实施进程。

对于战略意义特别重大的规划项目，由国家高层领导人直接参与，并将一定的时间放在其领导的重大规划专项上，既提高了国家领导小组的执行力，又能确保规划编制与实施的顺畅。正如副总统戈尔在美国 NII 计划

的实施中发挥的不可或缺的关键作用一样，显示了国家对城市规划发展的高度重视，无疑将给全国的城市规划工作提供了导向和激励。

其次，建立多方参与的顾问委员会，保障规划—建设—运营一体化安排的实现。完整的"规划—建设—运营"链条结构设计能有效保障规划编制、城市建设及系统运营的一致性和系统性。为了保障系统实现，在规划编制组织结构中，有必要建立一个多方参与的顾问委员会，包括受规划影响的代表性土地部门、人口管理部门、城市管理部门、规划部门、商业部门、学术机构、非政府组织以及普通市民等。委员会成员要征求广大市民的意见，以保证领导机构能听到所有相关人员的意见。在重大规划的组织实施过程中，顾问委员会可为规划的编制和实施提供有益的建议。

这种国家层级下的管理模式有诸多优点，如高层的集权保证了城市群建设的高效性和政策实施的一致性，以及行政区内个体城市之间的协调合作，但是也存在灵活性问题。国家机构统一管理的架构相对庞大，对于城市群内外部的变化难以灵活应对，这种规划架构在区域的微观社会经济变化活跃的时期，政策可能出现迟滞的现象。

国外对城市群的政府架构作出了一些有益的尝试，如区域与城市的二元管治模式，根据权利分配可以分为区域政府起主导作用的二元层级型模式和地方政府起主导作用的调解型二元模式。这些模式也有自身的优缺点：如层级型模式效率虽然高，依然容易出现两层级政府间的矛盾；而调解型二元模式中，区域政府机构主要职能是协调地方城市个体之间的合作，但是效率较低，有时也难以确保区域政策的实施。另外，某些城市群体系仅根据需要，设置特定功能的协调组织，优点在于其灵活性及适应性较强，但是在中国政府构架下的跨行政单元组织很难确保政策的实施。

专栏 1：美国双城大都市区的一体规划

为了解决发展中的区域协调矛盾和问题，美国进行了多方面的探索。在协调区域性矛盾时仅靠单一城市政府的力量是无法解决一些问题的，有的大都市区在城市政府之上探索建立了具有较高权威性的区域政府。在这方面，美国"双城大都市区议会"和"波特兰大都市区政府"是成功的范例。双城大都市区是指位于明尼苏达东部两城市圣保罗和明尼阿波利斯及其附近连绵成片的城镇密集区，共存在 372 个独立的地方政府单元，包括 7 个县、138 个市、50 个镇、149 个学府区、6 个都市组织、22 个特殊法院。大都市区议会，1967 年由州立法院授权成立，能够以规划者的身份有针对性地处理一系列大都市区内单个政府不能够解决的实际问题，收到一定的效果，但到了后来，身份从"规划者"向"领导者"倾斜，同时由于其议员是推举产生而不是选举产生的，其地位和影响力逐渐下降。

2. 实现城市群"多规合一"，促进子系统间的功能联动

"多规合一"是编制规划最科学的方法和路径，也是未来城市规划编制应该遵循的一个重要原则，有利于从源头上解决矛盾，使各项规划真正落地，实现以规划引领城市发展的目标。"多规合一"不是简单地把多个规划合并成一个规划，而是使多个规划整合互通，充分正视城市的系统性特征，使城市规划、基础设施、公共服务和产业发展相得益彰。

传统的城市规划编制过程中，各地区、各部门在制定规划时各自为政、难以衔接的问题普遍存在，各个规划系统之间和规划层面之间"各吹各的号，各唱各的调"，造成规划内部结构低层次功能和地区特色资源的巨大浪费。在同一个政府主体下的单个城市规划尚且如此，更何况多个政府主体下的城市群规划，因此"多规合一"的理念对于城市群一体化规划来说尤为重要。城市群的聚合发展不限于单一方面的发展，而是涵盖产业发展、基础设施、公共服务等多个方面，要加强统筹力度，确保规划编制"一盘棋"，实现国民经济规划、城市规划、产业规划、土地规划、人口规划、基础设施专项规划以及环保规划等各专业规划"多规合一"。

在城市群"多规合一"的过程中，城市群规划首先要考虑城市群作为一个整体的经济社会发展战略。城市群规划是区域性规划与城市总体规划的结合。因此，在规划过程中要坚持系统性原则，既要考虑一般城市规划所包含的主要内容，也要考虑如何使城市之间及城市与其腹地之间的系统结构合理化和系统整体效能的最大化。我们认为，要实现以中心城市为经

济主导的城市群发展目标，在规划时就要明确占主导地位的中心城市、其他城市以及城市群腹地在城市群系统中各自的定位、分工及发展方向。中心城市以其极强的辐射能力影响并带动城市群中其他城市的发展，其他城市则各有分工，完善整个城市群的产业发展体系。此外，城市群的规划要将重点放在需要跨区域解决的重大问题上，放在统筹城乡发展上。通过规划明确区域发展目标，各城市的功能定位和分工，城市群的空间结构和开发方向，规划公路、快速轨道、港口、机场和信息网络等基础设施，避免重复建设，对生态建设和环境治理进行统筹安排。

专栏2：荷兰兰斯塔德城市群（Randstad）

由荷兰最大的4个城市：海牙、阿姆斯特丹、鹿特丹和乌特勒支组成以及周边城镇和腹地构成。4个中心城市功能定位明确，海牙作为荷兰政治中心，阿姆斯特丹凭借其历史积累的经贸优势成为经济金融中心，而鹿特作为的欧洲第一大港口则确立了其物流与工业的职能。周边小城镇则依托4个中心城市发展。荷兰政府严格保护由4个主要城市所围绕的农地，控制城市侵占农地，形成一片农业保留地区，成为区域内环境宜人的"绿心"（the Green Heart）。当城市群内城市出现长久性的竞争，如鹿特丹与阿姆斯特丹在文化领域的竞争，相关机构通过协调与合作将竞争外部化，制订目标来加强荷兰在文化艺术领域的国际地位，从而实现城镇群协调良性的发展。

3. 提高规划的长远性和公众性，减少规划实施的社会成本

世界上具有代表性的城市群在其规划和设计之初，就已经考虑到城市群在一个世纪甚至更长远的时间内可能出现的发展趋势。对于城市群和各城市的发展来说，推翻制定好的的规划，重新设计和实施的社会成本是巨大的，因此，我们要力求在规划时以长远的眼光看待城市群的发展。

然而在现实中，规划朝令夕改，"换一任领导就换一套思路"现象非常普遍，不仅劳民伤财，也让老百姓叫苦不迭。尽管从法律层面上，有关规划建设的立法也强调不能随意更改规划，并对实施违反规划的行为进行

问责，但收效不大。我们认为在规划编制过程既要对专业规划机构有较高的职业道德要求，又要充分发挥市民的参与作用。

首先，中国的城市群规划大多依托专业中介机构来进行，而目前一部分专业规划机构在规划中缺乏中立的立场，沦为领导意志甚至开发商的工具，往往提交出误导区域发展的规划成果。规划是一个涉及城市发展各个方面，影响到每一个城市人生活的预见性安排，因此，专业规划机构的态度、立场和原则往往显得比他们的专业技术更为重要。这些机构必须具有很高的职业道德和对社会的责任感，从感情上亲近城市居民，真正从感知城市出发，理性地探寻城市发展的真正规律，怀揣着于国于家的理想情怀，最终呈现在规划的专业技术和图纸成果上。这要求专业规划师必须注重城市群发展的长远性和前瞻性，避免出于迎合本届政府领导而制定好大喜功或缺乏前瞻性的规划。同时，规划师要考虑到规划灵活性，以"反规划"的理念，在城市发展前景和条件不确定时，以绿地或景观空间布局为方式为将来发展预留用地，以便在遇到新的机遇和挑战时，可以适时适宜做出调整，避免"推倒重来"。

其次，人是城市最重要的主体，城市发展的终极目标则是让市民生活更幸福，所以说，市民的参与对于规划编制和实施监督非常重要。我们始终认为规划是一个组织"集体行动"的过程，那么在规划编制过程中能够及时听取城市居民的诉求，了解他们的心理和行为方式，便能够使规划获得更广泛的认同，从而有效地引导市民对规划产生积极的行为反馈，从微观层面促进规划效果的实现。

我们认为，市民在规划编制的事前和事中参与，要比规划成果公示后的事后参与更为重要。规划师在开始考虑城市发展之初就要主动地亲近城市居民，以人文关怀的方式去了解居民的工作和生活状态，关心居民个人的福祉。换种方式说，规划编制中必须有深入的民情调查和社会学分析，必须有经济、社会、地理、人文、历史、自然等多学科专业人的参与，全方位地解读城市发展的现状和真实规律，而不是"想当然"与"拍脑袋"。

（二）以共建共享为原则，有效构建城市群支撑系统

城市群拥有由高速公路、高速铁路、航道、通讯干线、运输管道、电力输送网和给排水管网体系所组成的区域性基础设施网络。基础设施的系统性要求各类基础设施互相协调形成一个有机整体，只有共享才能促进共建，也只有在"共建共享"的原则下才能实现城市群内"交通同网、能源同体、信息同享、生态同建、环境同治"。

1. 坚持一体化建设管理，实现基础设施的集约利用

基础设施一体化是区域经济发展的先行条件，它要求把城市群内的基础设施（交通设施、通信设施、文化体育设施等）进行统一规划、协调管理和有效调配，以达到城市群基础设施系统的整体优化。通过基础设施一体化，可以有效地实现城市群基础设施的有效供给和合理利用，避免基础设施的空间分布不均衡，避免中心城市内的重复建设、铺张浪费问题，也避免辐射城镇和腹地被孤立于基础设施网之外，从而有效地节约建设资金和土地空间资源，实现区域内部社会利益和经济利益的最大化。

我们认为，当前基础设施在管理和建设上均采取了地方化管理的方式，导致区域资源的开发利用和服务、经营与管理、建设相矛盾的情况，迫切需要建立区域管理机构和设立区域管理基金，使区域资源从规划、建设，到管理、经营都采取区域管理、区域共建共享、多城市参与决策的模式，以保障区域资源的有效利用和合理开发。

基础设施一体化除了要建立不同行政主体之间良好的协调机制外，也要促进不同基础设施之间规划、管理的一体化，分别从起点上规范建设行为，从终点上保障设施功能的实现。规划一体化即由区域基础设施协调机制牵头组织编制，建议各项基础设施的专项规划要保证各专业部门都能参与，保持规划的综合性和统一性。管理一体化则是要破除城市基础设施多头管理的局面，逐步实现综合化。按照精简、统一、效能和决策、执行、监督相协调的要求，以"同一管理对象的同一事项交由一个部门管理，同一性质的不同事项交由一个机构协调处理"为原则，理顺分工，推进政府机构改革，实现机构职责的科学化、规范化和法定化。

■城市之间基础设施共建共享。

2. 创新利益共享机制，理顺城市间权责利关系

西方经济学中特别重视"价格"这一概念，因为价格是市场经济的晴雨表，也是宏观调控的重要手段。在城市群中，不同城市因同一事物上价格的差异对资源流向有明显的导流作用。城市群的聚合发展，不是某一中心城市"一枝独秀"，而是多个城市的"百花齐放"，因此，基础设施收费标准的统一，有助于消除城市间要素自由流动的藩篱。统一污水处理费、垃圾处理费和排污费标准，统一管网设施建设费收取标准，统一居民与非居民燃气用气价格、统一公共交通票价等都是在创造"同城化"的环境。

价费标准同城化最热烈的呼声，来自于对通信区号统一的要求。在国内，已先后有多个地方通过统一区号，取消区内长途费、漫游费，实行统一资费，成功迈出了通信一体化的步伐。2001年5月起，海南全省区号统一为0898；2006年9月，西安、咸阳区号统一为029；2009年6月，长沙、株洲、湘潭三市区号统一为0731。[①] 区号统一工程中，通信资费的下降是最引人注目的部分。升位并网后，通信的长途资费体系变为一个大本地网的资费体系，固话长途费、移动电话长途费、漫游费全部取消，城市间互拨按本地网内拨打方式。区号统一看似简单，但它具有重要的经济意义和精神意义。首先单纯从经济学的意义上来说，区号统一能让城市群的居民每年节省大量的电话费，而且给全国乃至全世界其他地区带来便利和实惠。其次，作为一个新型城市群的共用信息平台，能从精神层面打通城市群内部在心理上的分野，使城市间能够实现信息共享，精神互补。

通过对比多个城市的基础设施共建共享政策，我们认为《长株潭城市群两型社会建设综合配套改革试验区基础设施共建共享及体制机制改革专项方案》，是中国目前在这个领域值得学习的样本。方案明确提出，各地基础设施共建共享是以利益机制为纽带，构建互惠互利、互助互赢的共建共享机制，形成持续稳定的共建共享关系。

方案对不同类型的基础设施采取不同的利益共享处理方式。具体来说，在具有收费机制的区际性经营性和准经营性基础设施领域，创造条件，积极推进经营主体一体化，以市场一体化经营机制推进共建共享。经营性项目建立合理的财税分成机制；准经营性项目建立合理的财政补贴分摊机制，促使经营主体获得行业平均利润率。而在不具有收费机制的区际性非经营性基础设施领域和其他难以市场化经营的领域，积极探索"分建、共享、分管"和"共建、共享、共管"相结合的多元化机制。在大型科学仪器、数字资源、教育设施、医疗设备、文化体育设施等资源性基础设施领域，积极打破地域、行业和单位界限，建立规划统筹化、建设一体化、资源社会化的建设和使用制度，并建立投资者受益、使用者付费和管理者获补偿的利益共享机制。

[①] 刘文忠：《统一电话区号，强化"同城效应"》，《济南日报》，2009年11月。

（三）以比较优势为导向，多核驱动城市群动力系统

现实中"发展确实是按照主导部门带动其他部门增长，由一个行业引发另一个行业增长的方式进行的"，现代区域经济增长的实质是产业部门的成长和推进过程。在生产力发展的低水平阶段，不同区域所具有的不同的传统资源结构决定着区域发展的过程；到了现代社会，传统资源对于现代区域的发展只构成一种基础性的依托，真正的导向在于现代资源的不断形成并占据主导。

基于此，我们认为，城市群的产业发展，是以满足各个城市生存生活必需的独立产业系统与优势互补交叉的产物，而正是后者的不断演进和调整，在很大程度上担负起城市群产业聚合发展的任务。因而，要素的流动和产业协同成为两个关键问题。

1. 统一要素市场体系，实现要素的无障碍流动

城市群的形成过程是其内部不同规模、不同等级城市产业特色形成的过程，各城市根据自身的基础和特色，承担不同的职能分工，从而使得城市群具有区域综合职能和产业协作优势。在产业发展上，企业是推进城市群分工协作的主导力量。企业跨区域发展通过企业内部的联系网络增强了城市群内各城市之间的联系，而这种联系往往是稳定的和紧密的。企业跨区域发展，往往表现为企业内部的管理、研发、生产、营销等环节在不同城市的布局，企业内部的生产链在不同城市的分布，成为城市之间分工与合作的一种重要形式。而且，一个企业的跨区域发展，还会带来相关企业的跨区域联系和相关要素的跨区域流动，进一步增强城市之间的联系与分工。

统一的要素市场是推进城市群这种产业动态变化的重要前提。劳动力、资本、信息和技术等要素具有按照收益最大化原则而选择流动方向的内在动力。要素能够自由流动就会对城市发展产生"用脚投票"的效果，迫使各个城市不断的改善发展环境，增强吸引要素的总体能力，更将进一步诱导各个城市根据自身发展的条件，理性地选择所要引入的要素，促进发展特色的形成。因此，城市间产业的互动发展，首先要致力于建立一体

化的要素市场体系，加快发展区域性的资本、技术、信息、人才、产权交易、中介服务等市场，形成统一的市场准入政策、统一的市场执法标准和统一的市场法制环境，特别是要在产品质检上，统一标准，尽量扩大相互承认范围；加速构建统一的区域金融市场和金融服务网络，发挥金融核心扩散效应，加速区域间金融一体化。①

专栏3：日本东京大都市圈

东京大都市圈包括东京都、神奈川、千叶、崎玉、群马、栃木、茨城等县。中心城市东京依托发达的都市型工业和生产性服务业，发挥着政治、行政的国际、国内中枢职能，金融、信息中枢职能以及科教文化的中枢职能。拥有海港及空港优势的神奈川地区和千叶地区，成为东京大都市圈中工业和物流产业集聚地。横滨港、成田机场，则使得这两个地区的国际交流、国际物流及临港产业，不仅在东京大都市圈而且在日本均占有重要地位。位于东部的多摩地区发挥高科技产业、研究开发机构和大学较为集中的优势，承担着研发和科研的职能。位于东北部的崎玉地区是东京中心区部分政府职能的转移，承担着政府机构、居住、生活和商务职能。位于北部的茨城南部区域，成为以筑波科学城为主体的大学和研究机构集聚之地。②

2. 建立产业协同机制，形成以商招商的良性循环

在城市群内，由于各个城市的产业发展基础和条件存在差异，理论上每个城市都应该发展有自己特色的产业，但是，在现实中城市之间抛开自身的发展基础和条件，竞相发展眼前有利可图的产业的现象十分普遍。这种现象虽然在一定程度上以竞争的方式，可以在短期内促成城市群某些产业领域快速发展，然而这是以大量重复建设、资源浪费、产业生命周期缩短、整体发展效率损失为代价的，有损城市群的整体利益和长远发展。

这种情况下，政府或非政府的中间组织来弥补市场在调控上的不足就

---

① 于国安：《城市群一体化的发展及趋势》，《学习时报》，2010年12月。
② 申兵：《城市群产业结构及空间分布的特点》，《中国经济时报》，2007年3月。

十分必要。一方面，可以根据产业特性和区位指向，将城市的发展条件、产业基础进行匹配，科学地引导城市产业发展方向，真正形成有生命力的产业特色；另一方面，要鼓励企业跨区域投资，按照产业链的模式，合理引导城市之间建立产业联系。当城市群中各个城市基于产业部门分工和空间分工的互补成为一个整体，并且按照产业链分工获得自己所处价值链环节的利益时，城市间"荣辱与共"的利益共同体便形成了，并会自觉强化，最终实现城市群协同利益的最大化。

我们认为，产业发展协同机制应贯穿于产业发展的始终。具体来说，一是要依据城市群产业一体化布置或规划，建立起域内产业比较优势投资发展机制，创建区域产业集群发展项目库，应用现代信息技术实现区域项目互联互通，引导项目投向最具比较优势的领域，彻底改变各自谋划、重复投资的做法。二是要尽快建立对外开放互动平台。实现产业招商项目的系统整合，从单个城市的开放招商，向联合开放招商转变，定期举办区域产业集群招商洽谈会，编印产业协调的产业招商资料。三是理顺地区间利益分配关系。加大推动各城市间企业改革的沟通衔接，将改革项目与企业发展、生产要素聚集结合起来。通过税费来重新调节兼并重组后的利益分配，使企业被兼并重组后仍留一部分税收在当地，以此消除跨地区跨所有制兼并重组障碍，减轻企业重组成本，推动区域内各城市之间的企业重组并购，使域内资源在整体改革平台上顺畅流动，实现产业资源向优势企业、产业、区域集中。四是构建有利于区域经济整合的体制和运行协调机制。鼓励发展各种非政府的横向协调机构，设置着力于开展城市间横向经济合作的机构，如区域性行业协会和企业联合会等，减少经济活动的摩擦，降低交易成本。

（四）以服务均等化为目标，平衡城市群的生存与发展

基本公共服务均等化，是指政府应最大可能的满足每一位市民的基本公共服务方面的物质需求。然而，目前基本公共服务非均等化现象在我国仍然普遍存在。基础教育方面，教育资源配置不均衡，城乡教育发展水平差距非常明显；公共卫生方面，虽然公共卫生服务体系已经初步建立，覆

盖范围也不断扩大，但城乡居民公共卫生资源配置仍具有不合理性，分布差异较大；社会保障方面，政策支持力度不断加大，但社会保障投入仍然不足，城乡社会保障存在明显差距。

这种差距不仅存在于城乡之间，城市群中各个城市之间公共服务的不均等现象也非常普遍。城市群中，占主导地位的大城市通常由于经济社会发展水平较高、居于政治文化中心等原因而比其他城市拥有更为完善的公共服务体系。这种不均等将会使城市群的极化效应明显大于辐射效应，最终呈现出"一城独大"的局面，而不是城市群的共生发展。因此，在城市群发展过程中，政府需要平衡好生存与发展这两大根本诉求，实现包容性发展。

1. 打破城乡户籍隔阂，以发展贡献匹配社会福利

实现公共服务均等化的最根本的原则，是要改变当前城乡二元分割的现实，统筹城乡基本公共服务一体化的服务体系。最关键的努力在于弱化户籍制度的附加功能，逐步取消城乡户籍这种人为造成的差异，改变城市接纳外来人口却不为其提供必要公共服务的不公平做法。

由于户籍制度改革不单单是个人身份制度的改革，而且是附加在户籍之上的诸如医疗保障、失业救济、教育均衡等方面利益格局的重新分割，户籍改革之所以举步维艰，根源在于它涉及利益的再分配。年轻人进城而把父母和孩子留在农村老家的情况，虽然改善了城市的人口结构，但农村人口结构发生了扭曲，并不利于农村地区的长远发展。而通过政策等鼓励农民向其所在省市的地级市和省会城市集中，调整城市户籍落户政策和门槛，根据其在城市中的工作记录或纳税记录，来确定人口落户及公共服务享受权利的门槛，能够使外来人口能够真正享受到城市发展的成果。

进一步来说，政府要逐步自觉地放弃用户籍制度管理社会事务的做法，如取消公务员报考、企业招工、学生入学对户籍的要求。我们认为，在户籍政策改革的起步阶段，可以考虑先撇开户籍制度，曲线改革，使公共服务的获得水平均等化，使得社保水平逐渐提高，从有和无到高和低的逐渐缩小差距，实质上将户籍与公共服务水平之间关系弱化。此外，还可以根据发展贡献与福利享受相匹配的原则，在城市工作多年，缴纳税收的

外来人口一样可以享受到与本地居民同等的社会保障，逐渐使得城市发展的成果分配均等化，为户籍政策的进一步改革提供良好的铺垫。

专栏 4：长株潭户籍一体化

在城市群聚合发展的进程中，长株潭城市群走在了户籍管理制度改革的前沿。据湖南省公安厅称，为大力促进长株潭城市群发展，省公安厅已出台有关户籍管理制度改革措施，进一步调整三市户口迁移政策、简化办事手续。此次改革有三项主要内容：一是统一长株潭三市的购房落户条件。根据以拥有合法固定住所为基本落户条件的原则，今后，凡在长株潭三市（包括农村和城市地区）通过合法购买、受赠、继承、自建等途径获得住房所有权，并实际居住的市民，可将本人及配偶、父母、未成年子女的户口迁入，不受住房面积大小、居住期限等条件限制。二是放宽长株潭三市之间户口迁移条件。三是简化相关办事手续。通过建设、完善省级户籍业务平台，逐步实现长株潭三市网上户口迁移和"一站式"审核登记制度，以简化审批环节，缩短办理时限。同时，常住户口所在地属三市市区的人员，在三市市区范围跨区暂住的，不必办理暂住证。

2. 完善转移支付制度，实现城市群的包容性发展

自分税制改革以来，政府对经济欠发达地区的支持，主要是中央政府对地方政府、上级政府对下级政府的纵向财政转移支付。现实中这种单一的纵向的转移支付并没有做到制度规范，加剧了地区间财政支付的差距，进而导致公共教育、基础设施、医疗卫生、社会保障、生态环境保护等基本公共服务供给区域间的不均等。因此，一体化初步可能带来的地区差距扩大是难以避免的挑战之一。解决这个问题，不能靠市场的自发作用，而是要靠各级政府的有效干预。

中央财政转移支付，主要解决国家级贫困地区的公共服务均等化和人民生活问题。我们认为，对各地区不够国家级贫困线要求的地区，就需要各地区建立地方性财政转移支付制度来解决，即以纵向转移支付模式为主的同时，探索建立横向转移支付制度。在城市群层面要进一步明确各级政府提供基本公共服务的事权和责任，按事权决定财权来进行财政划分，并

根据地方的财力情况实行纵横向相结合的财政转移支付体制，确保有足够的财政能力达到均等化的公共服务要求。

（五）以生存和安全为底线，统筹城市群资源环境问题

在城市群发展过程中，各级政府和企业对交通设施、给水、供电、供热、供气等具有明显经济效益的基础设施热情高涨，很容易造成重复建设；而对资源环境等经济效益较弱，社会效益明显的社会事业热情却不高，往往导致供给的缺失或不足。然而，如果喝的是受污染的水，呼吸的是受污染的空气，吃的是受污染的食品，这种增长没有意义。每一代人应为下一代人留下生存和发展空间，对资源进行吃肥丢瘦、采厚弃薄、挖浅甩深、采大弃小的掠夺式开发，是不可持续的。① 我们认为，安全底线容不得讨价还价，建议政府一方面要强化资源开发补偿机制，建立健全反映市场供求关系、资源稀缺程度、环境损害成本的资源价格形成机制；另一方面要严格实施硬性的规范和问责，对任何突破安全底线的行为严惩不贷。

1. 完善生态环境补偿机制，以发展反哺环保事业

针对区域性生态保护和环境污染防治领域，生态环境补偿机制是一项具有经济激励作用与"污染者付费"原则并存、基于"受益者付费和破坏者付费"原则的环境经济政策，是环境管理的一种经济手段。由于以经济手段解决非经济问题，目前的生态环境补偿机制还存在一些操作性的难题，比如生态补偿标准难以确定、补偿对象难以划定、受益对象难以确定等。

针对不同的情况，考虑采取多样化的补偿方式：一是对于受益主体不明确的，由政府出资建立生态补偿基金进行补偿。二是对于受益主体比较明确的，按照生态有价的理念，可以由受益地区向生态保护地区进行市场化、协商式的补偿，比如可以从水、电、气、旅游等相关收入中拿出一定的比例补偿生态功能区。三是推进以对口支援为主的横向生态环境补偿机

---

① 彭真怀：《十问区域协调发展下的政府行为》，《第一财经日报》，2008 年 12 月 24 日。

制，支持发达地区帮助落后地区开展生态环境建设。四是探索建立区域合作发展基金，由区域合作组织成员联合出资，用于引导区域重大基础设施建设补助、生态治理、区域信息平台建设等公共服务领域。鼓励建立以区域合作组织、企业、各类中介组织等多主体参与的区域治理模式。①

2. 协同管理公共事务，共同坚持城市群的发展底线

当前我国区域协调发展中存在的许多问题都具体表现为跨行政区的区域公共问题，如区域环境保护、人口管理、流域治理、公共安全、区际法律冲突、公共自然资源开发和利用等等。这些问题仅仅依靠单一的行政区组织已无法有效地解决。从发展趋势看，行政区和区域公共管理组织将成为行政区域内外公共事务治理的双元形态。可以考虑在现有区域合作组织的基础上，完善区域合作的政策协调、利益协调、争议解决、广泛参与机制。对于一些重要的跨行政区的区域合作组织，应赋予其具有一定的行政管理职能，如规划权、监督权、资金分配权等，保证区域合作组织能够发挥真正的协调作用。

目前，城市群已经采取的一些具体措施包括：组建城市群政府合作组织，形成组织章程并设置相应的组织机构，如秘书处、政策研究处等。将合作组织的功能，定位在负责城市群政府合作的整体规划、监督各种政府间合作协议的签署及执行上，并赋予其相应的财政权和处罚权；建立城市群政府自觉组织的各种合作机构，如建立各种人才联合分会、旅游联合分会，定期举行会务，加强彼此协调，以便解决合作中存在的问题；在城市群内建立官员定期或不定期的互访制度，全面负责城市群各级政府官员互访活动的安排，以提高互访的频率和政府沟通协调的水平；根据城市群教育资源的优势，建立以高校为依托的专家同盟，组织各种研讨会、合作论坛，为城市群政府合作的协调机制献计献策等。

---

① 汪阳红、袁米：《"十二五"时期促进我国区域协调发展的重点任务和政策建议》，《区域与城市经济》，2010 年第 11 期。

本书主要参考文献

英文文献

A Quimby, B Hills, C Baguley, J Fletcher.

A. Bretagnolle. From Theory to Modelling: Urban Systems as Complex System. European Journal of Geography. 2006 (335)

Andrea Colantonio, T Dixon. Sustainability and Urban Regeneration: Best Practices from European Cities New York and Oxford: Wiley – Blackwell. 2010

Anne Bretagnolle et al. From theory to modeling: urbanization system as complex system, the 13th European Colloquium on Theoretical and Quantitative Geography. Lucca (Italy), 2003

B. Derudder. Introduction: Mapping Changes in Urban Systems. Urban Studies. 2010, 47 (9)

Ben Derudder, Michael Timberlake, Frank Witlox. Introduction: Mapping Changes in Urban Systems. Urban Studies. 2010, August

Birenbaum, A, & Sagarin. E. Norms and human behavior. New York: Praeger. 1976

Dana Coelho, Matthias Ruth. Seeking a Unified Urban Systems Theory. WIT Transactions on Ecology and the Environment. 2006, (93)

Danielle C. Ompad. Urbanicity, Urbanization, and the Urban Environment. Springer. 2007

David A. Smith. Conceptualising and Mapping the Structure of the World

System 's City System. Urban Studies, vol. 32. 1995

Davide Ponzini, Ugo Rossi. Becoming a Creative City: The Entrepreneurial Mayor, Network Politics and the Promise of an Urban Renaissance. Urban Studies. 2010, May

Edward Glaeser. Triumph of the City——How Our Greatest Invention Makes Us Richer, Smarter, Greener, Healthier, and Happier. Penguin Press HC. 2011

Fran Tonkiss, Jamie Keddie. The market and the plan: Housing, urban renewal and socio – economic change in London. City, Culture and Society, Volume 1. 2010

Fran Tonkiss. Searching for the just city: debates in urban theory and practice. Local Government Studies, vol. 36（4）. 2010

Fran Tonkiss. Spatial causes, social effects: A response to Soja. City, Culture and Society, Volume 1. 2011

Fran Tonkiss. Urban poverty and gender in advanced economies: the persistence of feminised disadvantage. The International Handbook of Gender and Poverty: concepts, research, policy. 2010

Global Report on Human Settlements 2007 – Enhancing Urban Safety and Security. United Nations Human Settlements Programme（UN – Habitat）. 2007

Henderson G, Akin J, Zhiming L, Jin S, Ma H, Ge K. Equity and Utilization of Health services : Report of an Eight Province Survey in China. Social Science and Medicine, vol. 39（5）. 1994

Isin, Engin F, Bryan Turner. Handbook of Citizenship Studies. SAGE Publications. 2002

John H. Holland. Hidden Order: How Adaptation Builds Complexity. Basic Books. 1995

Kant Patel, Mark E. Rushefsky. Health Care Politics and Policy in American. M. E. Sharpe Inc. 2006

Kenneth L. Kraemer. Automated Information Systems and Urban Decision Making. Urban Systems, vol. 3. 1979

M Weber. Anticritical Last Word on The Spirit of Capitalism. American Journal of Sociology, vol. 83 (5) . 1978

M. Stoper. Why Michael Stoper, Does a City Grow? Specialisation, Human Capital or Institutions? Urban Studies. 2010, 47 (10)

Mancur Olson. Dictatorship, Democracy and Development, American Political Science Review, 1993

MC Kenzie , R. The Metropolitan Community. New York: Mc Graw – Hill. 1933

Michael A. McAdams. Complexity Theory and Urban Planning. Urbana: Urban Affairs and Public Policy. 2008

Michael Batty. Cities and Complexity: Understanding Cities with Cellular Automata, Agent – Based Models, and Fractals. The MIT Press. 2007

Michael Batty. Generating Cities from the Bottom – Up: Using Complexity Theory for Effective Design. Cluster Blog. 2009. http: //www. cluster. eu/generating – cities – from – the – bottom – upcreare – la – citta – dal – basso – in – alto/

Michael Storper. Why Does a City Grow? Specialisation, Human Capital or Institutions? Urban Studies. 2010, September

Omrpcl, Danellec, Galea, Sovdro, Vlahov, David. Urbanicity, Urbanization and the Erwiroment. Springer, 2007

Philipp Rode, Alan Berube. Global Metro Monitor. London School of Economics and Political Science and Metropolitan Policy Program. 2010

Ricky Burdett, Adam Kaasa. Governing Change: The Metropolitan Revolution in Latin America. Architectural Design, vol. 81. 2011

Ricky Burdett, Adam Kaasa. New Geographies, Issue 3. Harvard University Press. 2011

Ricky Burdett, Deyan Sudjic. The Endless City. Phaidon Press Inc. 2008

Ricky Burdett, Philipp Rode, Andrea Colantonio. Transforming Urban Economies: Best Practices and Policy Lessons from Cities in the EU and Asia.

London School of Economics and Political Science. 2011

Roberta Comunian. Rethinking the Creative City: The Role of Complexity, Networks and Interactions in the Urban Creative Economy. Urban Studies. 2011, May

Rode, Philipp. Towards a Green Economy. United Nations Environment Programme. 2011

Suzi Hall, Ayona Datta. The Translocal Street: Shop Signs and Local Multiculture along the Walworth Road, South London. City, Culture and Society, vol. 1. 2010

Suzi Hall, Cecilia Dinardi, Melissa Fernandez. Writing Cities. Harvard Graduate School of Design and Harvard Law School. 2010

T. H Marshall. Class, Citizenship and Social Development. University of Chicago Press. 1964

Theodore R. Understanding Health Care Reform. Yale University Press. 2006

Totile. G. Bresey. The New system Economies on Employment Theory. Auckland University Press. 1997

Urban? Safety? Management: Guidelines? for? Developing? Countries. TRL Limited. 2005

Weich et al. Measuring the built environment : Validity of a site survey instrument for use in urban settings. Health & place. 2001

Y. Bar – Yam. The Dynamics of Complex Systems. Westview Press. 2003

Yasheng Huang. Capitalism with Chinese Characteristics: Entrepreneurship and the State. Cambridge University Press. 2008

中文文献:

L. 贝塔兰菲, 秋同、袁嘉新译:《一般系统论》, 社会科学文献出版社 1987 年版。

R·E·帕克，E·N·伯吉斯：《城市社会学，芝加哥学派城市研究文集》，华夏出版社 1987 年版。

阿马蒂亚·森，任赜、于真译：《以自由看待发展》，中国人民大学出版社 2002 年版。

埃莉诺·奥斯特罗姆：《公共服务的制度建构》，生活·读书·新知三联书店 2000 年版。

埃米尔·涂尔干，渠东译：《社会分工论》，生活·读书·新知三联书店 2005 年版。

鲍世行：《钱学森论山水城市》，中国建筑工业出版社 2010 年版。

《北京市"十二五"时期社会公共服务发展规划》，北京市人民政府网站，2011 年。

《北京市"十二五"时期重大基础设施发展规划》，北京市人民政府网站，2011 年。

贝尔，高铦译：《后工业社会的来临》，商务印书馆 1984 年版。

陈成文、邓婷：《美、英、日三国的就业援助模式》，《中国党政干部论坛》，2009 年第 4 期。

陈季冰：《最聪明的官员也做不到的事》，《同舟共进》，2011 第 2 期。

陈建军、黄洁：《集聚视角下中国的产业、城市和区域》，《浙江大学学报》，2008 年第 7 期。

陈柳钦：《基于产业视角的城市功能研究》，《北京市经济管理干部学院学报》，2008 年第 12 期。

陈彦光、罗静：《城市化水平与城市化速度的关系探讨——中国城市化速度和城市化水平饱和值的初步推断》，《地理研究》，2006 年第 6 期。

陈彦光：《自组织与自组织城市》，《城市规划》，2003 年第 10 期。

陈勇、袁洪：《从城市化转变看世界城市化》，《国土经济》，2002 年第 7 期。

陈云峰：《主要发达国家城市化发展经验及其对我国的启示》，吉林大学学位论文，2004 年。

成思危：《中国社会保障体系的改革与完善》，民主与建设出版社 2002

年版。

迟福林：《第二次改革》，中国经济出版社 2010 年版。

楚静：《发达国家农村剩余劳动力转移模式及启示》，《湖北社会科学》，2008 年 2 月。

崔功豪：《中国城市规划观念六大变革——30 年中国城市规划的回顾》，《上海城市规划》，2008 年第 6 期。

戴维·波普诺，李强译：《社会学》，中国人民大学出版社 2007 年版。

丹尼尔·贝尔，高铦等译：《后工业社会的来临：对社会预测的一项探索》，新华出版社 1997 年版。

邓杭：《北京今日或再现去年中秋之堵，地铁运营延半小时》，《京华时报》，2011 年 12 月 23 日。

邓淑莲：《中国基础设施的公共政策》，上海财经大学出版社 2003 年版。

邓聿文：《中国城市化其实是被城市化的过程》，每日经济新闻，2012 年 2 月 13 日。

狄骥，郑戈译：《公法的变迁》，中国法制出版社 2010 年版。

段汉明：《城市系统：复杂性与适应性的探索》，《西北大学学报》，2003 年第 5 期。

段汉明：《城市学基础》，陕西科学技术出版社 2000 年版。

段小梅：《城市规划与“城市病”探讨》，《城市开发》，2001 年第 4 期。

樊杰：《我国主体功能区划的科学基础》，《地理学报》，vol. 62，no. 4，2007 年。

冯文炯：《莫斯科地区到 2010 年的总体发展规划》，《国外城市规划》，1991 年第 1 期。

弗里德利希·冯·哈耶克，冯克利译：《科学的反革命》2003 年。

弗里德利希·冯·哈耶克，王明毅、冯兴元译：《通往奴役之路》，中国社会科学出版社 1997 年版。

高德步：《英国工业革命时期的“城市病”及其初步治理》，《学术研究》，2001 年第 1 期。

高平、蔡玉梅：《中国土地利用规划模式选择初探》，中国土地勘测规划院，2011 年。

高强：《日本美国城市化模式比较》，《经济纵横》，2002 年第 3 期。

高世明：《关于新中国城市规划历史研究的探讨》，《建筑师》，2003 年第 1 期。

管维：《我国城镇医疗保险制度改革问题研究》，天津财经大学学位论文，2009 年。

国家发改委产业发展研究所：《美国、巴西城市化和小城镇发展的经验及启示》，《中国农村经济》，2004 年第 1 期。

郭素君：《由深圳规划委员会思索我国规划决策体制变革》，《城市规划》，2009 年第 3 期。

国务院办公厅：《关于加强和改进城乡规划工作的通知》，2000 年 3 月 13 日。

《国务院关于加强国民经济和社会发展规划编制工作的若干意见》，国发（2005）33 号。

《国务院关于印发全国主体功能区规划的通知》，国发（2010）46 号。

韩昊英、赖世刚、吴次芳：《中国当代城市规划的战略观》，《浙江大学学报》，2009 年第 11 期。

韩振华、殷跃建、丁珊：《开发区主导产业与房地产业发展关系分析》，《合作经济与科技》，2009 年第 3 期。

何兵：《大海航行靠什么》，新浪评论，2012 年 2 月 22 日。

何明俊：《关于城市化进化的一般理论》，《城市问题》，1993 年第 1 期。

赫克曼：《什么样的福利制度才算好》，《上海证券报》，2007 年 1 月 29 日。

［比］亨利·皮雷纳，陈国梁译：《中世纪的城市》，商务印书馆 2006 年版。

洪城：《领导干部城市规划知识读本》，同济大学出版社 2002 年版。

洪银兴、刘志彪：《长江三角洲地区经济发展的模式和机制》，清华大学出版社 2003 年 4 月版。

侯惠勤、辛向阳、易定宏：《中国城市基本公共服务力评价（2010—2011）》，社会科学文献出版社 2011 年版。

胡鞍钢、杨韵新：《就业模式转变：从正规化到非正规化——我国城镇非正规就业状况分析》，《管理世界》，2001 年第 2 期。

胡小明：《智慧城市的思维逻辑》，《电子政务》，2011 年第 6 期。

华淑华：《世界城市化的历史进程与一般规律》，《黑龙江史志》，2009 年第 10 期。

黄安年：《环境保护运动和西方发达国家保护环境对策》，《当代世界五十年》，四川人民出版社 1997 年版。

黄柯可：《人口流动与美国城市化》，《世界历史》，1996 年第 6 期。

约翰·H·霍兰：《隐秩序：适应性造就复杂性》，上海科技教育出版社 2000 年版。

纪成旺：《让规划发挥更大的作用——加拿大安大略省土地利用规划制度及启示》，《中国土地》，2011 年第 5 期。

纪晓岚：《英国城市化历史过程分析与启示》，《华东理工大学学报》，2004 年第 2 期。

简·雅各布斯，金衡山译：《美国大城市的死与生》，译林出版社 2005 年版。

江曼琦：《西方城市系统研究的历史与新进展》，《学习与实践》，2007 年第 2 期。

姜峰、罗静：《城市化过程中的逆城市化回归研究》，《理论导刊》，2005 年第 4 期，第 31 页。

姜井水：《社会系统论》，上海学林图书发行部，2004 年。

姜雅：《日本的最新国土规划——国土形成规划》，《国土资源情报》，2010 年第 3 期。

蒋时节：《基础设施投资与城市化进程的关系研究》，重庆大学学位论文，2005 年。

焦丽芳：《中国老龄化过程中的城市养老模式研究》，四川省社会科学院研究生学院学位论文。

金婧、芳野原：《从日本社会人口老龄化看日本社会医疗保险体系和老年保险制度的完善》，《昆明医学院学报》，2006 年第 6 期。

［美］卡尔·A·魏特夫，徐式谷译：《东方专制主义：对王权力量的比较研究》，中国社会科学出版社 1989 年版。

李昌龙：《中印制造业发展比较研究》，《江淮论坛》，2003 年第 6 期。

李冈原：《英国城市病及其整治探析——兼谈英国城市化模式》，《杭州师范学院学报》，2003 年第 11 期。

李海婴、董岚：《我国城市基础设施的问题和对策》，《武汉理工大学学报》，2004 年第 8 期。

李辉、刘春艳：《日本与韩国城市化及发展模式分析》，《现代日本经济》，2008 年第 4 期。

李嘉岩：《我国城市化发展的历史、现状与未来》，《当代中国史研究》，2003 年第 5 期。

李林杰、申波：《日本城市化发展的经验借鉴与启示》，《日本问题研究》，2007 年第 3 期。

李强：《从邻里单位到新城市主义社区——美国社区规划模式变迁探究》，《世界建筑》，2006 年第 7 期。

李瑞林、李正升：《巴西城市化模式的分析及启示》，《城市问题》，2006 年第 4 期。

李瑞林、王春艳：《巴西城市化的问题及其对中国的启示》，《延边大学学报（社科版）》，2006 年第 2 期。

李善同、刘志彪、李金华、原毅军：《十二五时期中国经济社会发展的若干关键问题政策研究》，科学出版社 2011 年版。

李涛：《基于系统论的城市（区域）发展咨询模式研究》，《中国工程咨询》，2010 年第 1 期。

李翔：《完善我国公共就业服务制度的研究》，厦门大学学位论文，2007 年。

李向亚：《中国城镇就业保障问题研究》，浙江大学学位论文，2003年。

李晓江：《重视城市发展的多样性和复杂性》，《城市规划》，2000年第1期。

李志、许传忠：《日本城市交通现代化与城市发展的关系》，《国外城市规划》，2003年第2期。

梁鸿：《中国农村现阶段社区保障的经济学分析》，百家出版社2000年版。

梁玉田：《试论基础设施规划对城市发展的影响》，《城市建设理论研究》，2011年第22期。

梁云、邵蓉：《国外医疗保险模式的比较及对我国的启示》，《上海医药》，2007年。

林家彬：《建立有效的区际协调机制》，《经济参考报》，2003年12月3日。

林正秋：《略论南宋杭州繁荣发达的商业》，《杭州商学院学报》，1981年第3期。

刘春成：《京津冀产业聚合发展实现途径研究》，中国社会科学院工业经济研究所，2009年。

刘福燕：《浅谈城乡规划管理存在问题及对策》，《城市建设理论研究（电子版）》，2011年第24期。

刘湖北：《基于城市经营理念：地方政府在城市规划管理中的作用和职责》，"非洲法语国家州县长班"讲座，2011年6月10日。

刘文忠：《统一电话区号，强化"同城效应"》，《济南日报》，2009年11月。

刘希：《二元经济中我国的城市就业问题研究》，陕西师范大学学位论文，2008年。

刘新北：《纽约中央公园的创建、管理和利用及其影响研究（1851－1876）》，华东师范大学，2009年。

刘燕生：《社会保障的起源、发展和道路选择》，法律出版社2001

年版。

[美] 刘易斯·芒福德:《城市发展史:起源、演变和前景》,建筑工业出版社 2005 年版。

刘振国:《城市发展四题》,《北京日报》,2011 年 12 月 5 日。

罗松江:《城市基础设施建设的管理模式》,《商业经济》,2004 年第 2 期。

吕宗恕:《中国城市化 仓皇六十年》,《南方周末》,2011 年 10 月。

马克·戈特迪纳、雷·哈奇森,黄怡译:《新城市社会学》,上海译文出版社 2011 年版。

马克斯·韦伯,洪天富译:《儒教与道教》,江苏人民出版社 1993 年版。

马克斯·韦伯,康乐、简惠美译:《韦伯作品集Ⅲ:支配社会学》,广西师范大学出版社 2004 年版。

马克斯·韦伯,康乐、简惠美译:《韦伯作品集 VI:非正当性的支配——城市的类型学》,广西师范大学出版社 2005 年版第 238 页。

马克斯·韦伯,康乐等译:《韦伯作品集Ⅱ:经济与历史·支配的类型》,广西师范大学出版社 2004 年版。

马克斯·韦伯,阎克文译:《新教伦理与资本主义精神》,上海人民出版社 2010 年版。

《马丘比丘宪章》,国际建筑协会,1977 年。

[美] 迈克尔·丁·贝希,邢锡范译:《达尔文的黑匣子:生化理论对进化论的挑战》,中央编译出版社 2006 年 8 月版。

曼瑟尔·奥尔森:《集体行动的逻辑》,上海人民出版社 1995 年版。

毛晔:《大型基础设施的可持续性研究》,东南大学学位论文,2005 年。

梅雪芹:《世纪英国的环境问题》,《辽宁师范大学学报》,2001 年第 3 期。

孟广林:《英国封建王权论稿》,人民出版社 2002 年 3 月版。

孟祥林:《城市化进程研究》,北京师范大学博士学位论文,2006 年

5 月。

苗东升：《系统科学精要》，中国人民大学出版社 2010 年版。

尼格尔·泰勒，李白玉、陈贞译：《1945 年后西方城市规划理论的流变》，中国建筑工业出版社 2006 年版。

聂晓雨：《从考古发现看洛阳东周王城的城市布局》，《中原文物》，2010 年第 3 期，第 54 页。

欧丰霞：《浅析"以房养老"模式》，《江海纵横》，2008 年第 1 期。

[英]欧阳莹之，田宝国、周亚、樊英译：《复杂系统理论基础》，上海科技教育出版社 2002 年版。

潘胜强、马超群、肖伟：《城市基础设施建设的宏观效应与绩效评价》，《系统工程》，2006 年第 12 期。

庞拥军：《城市基础设施建设评价研究》，天津大学学位论文，2008 年。

彭真怀：《十问区域协调发展下的政府行为》，《第一财经日报》，2008 年 12 月 24 日。

皮埃尔·雅克：《城市改变发展轨迹》，社会科学文献出版社 2010 年版。

仇保兴：《19 世纪以来西方城市规划理论演变的六次转折》，《规划师》，2003 年第 11 期。

仇保兴：《法国城市规划与可持续发展的分析与借鉴》，《国外城市规划》，2006 年第 3 期。

仇保兴：《复杂科学与城市规划变革》，《城市规划》，2009 年第 4 期，第 4 页。

仇保兴：《集群结构与我国城镇化的协调发展》，《城市规划》，2003 年第 6 期。

仇保兴：《论五个统筹与城镇体系规划》，《城市规划》，2004 年第 1 期。

祁祺、袁靖宇、侯莹：《产业聚集的源动力分析》，《特区经济》，2010 年第 10 期。

齐美尔，涯鸿、宇声译：《桥与门：齐美尔随笔集》，上海三联出版社1989 年版。

钱学森：《创建系统学：钱学森系统科学思想文库》，上海交通大学出版社 2007 年版。

钱学森：《论系统工程：钱学森系统科学思想文库》，上海交通大学出版社 2007 年版。

钱志新：《大智慧城市新战略》，《人民网》，2011 年 7 月 21 日。

乔歆羽：《经济转型期的中国城市就业问题研究》，黑龙江大学学位论文，2007 年。

秦菲菲：《"逆城市化"还是"伪城市化"》，《上海证券报》，2010 年 12 月。

邱清遐：《1998 年以来中国城市化加速发展的政策研究》，《现代商业》，2007 年第 23 期。

邱兴：《城市新移民子女教育：从概念到行动》，《教育导刊》，2006 年第 12 期。

联合国环境署：《全球环境展望》，2002 年。

任启平、任建兰：《人地关系地域系统要素流研究》，《山东师范大学学报》，2006 年第 21 期第 3 页。

日本三大经济圈数据：中国经济体制改革研究会日韩都市圈考察团，日本都市圈启示录，《中国改革》，2005 年第 2 期。

汝信、陆学艺、李培林：《2012 年中国社会形势分析与预测》，社会科学文献出版社 2012 年 1 月版。

桑东升：《城市规划管理的理论方法及实践》，《现代城市研究》，2000 年第 5 期。

邵景安、刘秀华：《城市病及大城市发展对策》，《湖南农业大学学报》，2002 年第 9 期。

申兵：《城市群产业结构及空间分布的特点》，《中国经济时报》，2007 年 3 月。

《深圳市国土规划 2020——人地和谐的城市发展之路》，深圳市规划与国土资源局深圳市城市规划设计研究院，2003年。

沈琴琴、张艳华：《中国劳动力市场多重分割的制度经济学分析》，《西安交通大学学报》，2010年第3期。

沈有禄、谯欣怡：《印度基础教育发展的困境与出路》，《外国中小学教育》，2009年第5期。

施源、周丽亚：《现有制度框架下规划决策体制的渐进变革之路》，《城市规划学刊》，2005年第1期。

石国亮、张超、徐子梁：《国外公共服务理论与实践》，中国言实出版社2011年版。

世界银行：《2004年世界发展报告：让服务惠及穷人》，中国财政经济出版社2004年版。

世界银行：《2009年世界发展报告》，清华大学出版社2009年版。

世界银行东亚和太平洋地区减贫与经济管理局：《中国：深化事业单位改革，改善公共服务提供》，中信出版社2005年版。

《世行：中国百万人口城市将超过80 警惕"伪城市化"》，中国新闻网，2011年11月24日。

宋蓓：《国外城市化发展路径评述》，《国外社会科学》，2007年第2期。

史志诚：《1952年英国伦敦毒雾事件，毒理学史研究文集》，2006年9月。

宋金平、李香芹：《美国的城市化历程及对我国的启示》，《城市问题》，2006年第1期。

苏腾、曹珊：《英国城乡规划法的历史演变》，《北京规划建设》，2008年第2期。

苏新荣：《中国经济版图新局：注重东中西协调发展》，燕赵都市网，2009年11月30日。

孙峻：《城市化进程及其环境影响》，《资源与人居环境》，2004年第5期。

孙磊：《大学生就业保障体系研究》，山东经济学院学位论文，

2001 年。

孙立平：《政府财富再分配扩大贫富差距》，经济观察网，2011 年 10 月 10 日。

孙群郎：《20 世纪 70 年代美国的"逆城市化"现象及实质》，《世界历史》，2005 年第 1 期。

唐建新、杨军：《基础设施与经济发展：理论与政策》，武汉大学出版社 2003 年版。

田华、扈宁：《城市规划决策与公众参与》，《青岛理工大学学报》，2009 年第 5 期。

田莉：《探究最优城市规模的"斯芬克司之谜"》，《城市规划学》，2009 年第 2 期，第 67—68 页。

汪德军：《中国城市化进程中的土地利用效率研究》，辽宁大学博士学位论文，2008 年。

汪勤模：《1952 年英国伦敦烟雾事件分析》，《气象知识》，2004 年。

汪洋：《总结经验、开拓创新，不断改进规划工作》，《宏观经济研究》，2002 年第 3 期。

汪阳红、袁米：《"十二五"时期促进我国区域协调发展的重点任务和政策建议》，《区域与城市经济》，2010 年第 11 期。

王春艳：《美国城市化的历史、特征及启示》，《城市问题》，2007 年第 6 期。

王红涛、童玉芬：《北京市未来劳动力供需状况的政策模拟与分析》，《西北人口》，2009 年第 5 期。

王欢：《全民医保目标下医疗保障制度底线公平研究》，华中科技大学学位论文，2009 年。

王缉慈：《关于我国区域研究中的若干新概念的讨论》，《北京大学学报》，1998 年第 6 期。

王剑：《韩国人口城市化发展模式研究》，《城市问题》，1996 年第 6 期。

王建民：《城市管理学》，上海人民出版社 1987 年版。

王静敏：《当代中国失业保险问题研究》，东北师范大学学位论文，2008 年。

王军：《城记》，生活·读书·新知三联书店 2003 年版。

王军：《国际典型城市化模式与我国的比较及其启示》，《江苏城市规划》，2009 年第 4 期。

王俊鸣：《"锈带"区重放光彩，美老工业基地在调整中振兴》，《科技日报》，2003 年 12 月 10 日。

王立校、靳秉强：《现代城市基础设施管理体系初探》，《经济论坛》，2008 年第 15 期第 46 页。

王路：《城市基础设施建设合理比例关系探析》，《城市规划》，2000 年第 5 期。

王向东、刘卫东：《土地利用规划：由概念和本质属性谈起》，国土资源情报学习贯彻中央领导讲话精神专辑，2011 年。

王小章：《中古城市与近代公民权的起源：韦伯城市社会学的遗产》，《社会学研究》，2007 年第 3 期第 104 页。

王新文：《城市化发展的代表性理论综述》，《济南市社会主义学院学报》，2002 年第 1 期。

王义高、柳思维：《长株潭一体化城市群模式选择的经济学逻辑与应用分析》，《文史博览》，2009 年第 9 期。

王郁：《城市规划管理的司法监督——基于美英日三国的制度比较》，《国际城市规划》，2009 年第 4 期。

王张伟、王琛、程银侠：《浅析城市化发展进程中的三种发展模式——逆城市化、超前城市化、滞后城市化》，《陕西建筑》，2010 年第 11 期。

王振波、宋顺峰：《美国城市发展的经验教训与中国城市发展取向之管见》，《现代财经》，2010 年第 3 期。

乌日图：《医疗保障制度国际比较研究及政策选择》，中国社会科学院学位论文，2003 年。

邬丽萍、柯颖：《集聚经济三维框架：全球化背景下城市群形成与发展的战略选择》，《经济问题探索》，2010 年第 7 期。

吴良镛：《面对城市规划的第三个春天的冷静思考》，《城市规划》，2002 年第 2 期。

吴良镛：《中国城市发展的科学问题，城市管理与城市建设研讨会上的讲话》，2005 年。

武力：《1978—2000 年中国城市化进程研究》，《中国经济史研究》，2002 年第 3 期。

吴唯佳：《德国城市规划核心法的发展、框架与组织》，《国外城市规划》，2000 年第 1 期。

沃尔夫岗·措恩：《德国经济和社会史手册》，斯图加特 1976 年第 11 页。

夏惠明：《试论"政府主导"推进老龄化社会养老服务新模式"居家养老"》，《经济丛刊》，2007 年第 6 期。

肖辉英：《德国的城市化，人口流动与经济发展》，《世界历史》，1997 年第 5 期。

晓颜的博客：《基于城市竞争与政府理论的规划管理权限分析》，2008 年 6 月 16 日，http：//blog. sina. com. cn/wenbibuhao

谢守红、汪明峰：《信息时代的城市空间组织演变》，《山西大学学报》，2005 年 1 月。

熊丹：《我国农民进城就业保障问题研究》，武汉科技大学学位论文，2008 年。

徐滨：《英国 17—18 世纪的福利救济立法及其社会经济价值》，《天津师范大学学报》，2001 年第 1 期。

徐继承：《"分散与集中"——德国帝国时期城市化发展及启示》，《社会科学论坛》，2010 年第 12 期。

徐双敏、陈洁：《非政府组织在城市圈建设中的作用研究——以纽约城市圈建设为例》，《长江论坛》，2010 年第 3 期。

许正中：《社会医疗保险：制度选择与管理模式》，社会科学文献出版社 2002 年版。

严复：《宪法大义》，1906 年。

言咏：《三线建设：新中国工业化建设的特殊标本》，《经济观察报》，2009 年 4 月 3 日。

颜泽贤、范冬萍、张华夏：《系统科学导论》，人民出版社 2006 年版。

杨滨章：《哥本哈根"手指规划"产生的背景与内容》，《城市规划》，2009 年第 8 期。

杨大伟：《城市复杂性渊源、流变和发展》，西北大学学位论文，2007 年。

杨军生：《新发展观的兴起》，《学习时报》，2004 年 3 月。

杨利军、周素红：《城市规划信息管理的研究与实践进展》，《规划师》，2006 年第 2 期。

杨琼、周军：《"城市病"所引发的思考》，《环境与规划》，2004 年第 2 期。

杨小凯：《百年中国经济史笔记：从晚清到 2002》，John Wiley & Sons，2000

杨绪盟：《中国：当心"拉美陷阱"!》，《书摘》，2011 年 4 月 1 日。

姚士谋：《中国城市群》，中国科学技术大学出版社 1992 年版。

姚裕群：《走向市场的中国就业》，中国人民大学出版社 2005 年版。

叶扩：《"钟摆式移民"揭示伪城市化进程》，中国特色城镇化研究中心，2010 年。

叶齐茂：《德国可持续发展的城市化进程》，《城乡建设》，2010 年 7 月。

叶维钧：《城市基础设施的性质、作用和发展目标》，《城市规划》，1984 年第 1 期。

叶裕民、李彦军、倪稞：《京津冀都市圈人口流动与跨区域统筹城乡发展》，《中国人口科学》，2008 年第 2 期。

叶裕民：《世界城市化进程及其特征》，《红旗文稿》，2004 年第 8 期。

伊塔洛·卡尔维诺，张宓译：《看不见的城市》，译林出版社 2006 年版。

于国安：《城市群一体化的发展及趋势》，《学习时报》，2010 年 12 月。

于峰、张小星：《大都市连绵区与城乡互动区》，《城市发展研究》，2010 年第 1 期。

于冠瑞：《济南市城市基础设施地下空间开发利用研究》，同济大学学位论文，2007 年。

于立：《中国城市规划管理的改革方向与目标探索》，《城市规划学刊》，2005 年第 6 期。

鱼晓惠：《城市空间的自组织发展与规划干预》，《城市问题》，2011 年第 8 期。

郁鸿胜：《建立与世界级城市群相匹配的上海市域城市群研究》，《科学发展》，2009 年第 11 期。

郁建兴、金蕾：《法国地方治理体系中的中央与市镇关系》，《马克思主义和现实》，2005 年第 6 期。

袁东振：《国外如何应对"城市病"》，《城镇化问题》，2005 年第 8 期。

袁东振：《混乱与无序：拉美城市化的教训》，《科学决策》，2005 年第 6 期。

袁晓勐：《城市系统的自组织理论研究》，东北师范大学学位论文，2006 年。

约翰·罗尔斯，何怀宏、何包钢、廖申白译：《正义论》，中国社会科学出版社 2001 年版。

翟翌：《论"国民经济与社会发展规划"相关行政诉讼——一种社会权的中国实现方式》，《政治与法律》，2012 年第 1 期。

岳清唐：《新中国成立以来我国城市化思想之演进》，中国社会科学文献出版社 2010 年版。

詹娜：《19 世纪法国城市发展对农村的影响》，《理论周刊》，2009 年第 2 期。

张海鹏编译：《6000 年前的繁华之城》，《先锋国家历史》，2008 年第 6 期。

张鸿雁：《侵入与接替——城市社会结构变迁新论》，南京大学出版社出版 2000 年版。

　　张晖明、温娜：《城市系统的复杂性与城市病的综合治理》，《上海经济研究》，2000 年第 5 期。

　　张冀、尉建文：《当代中国城市就业体制的演进与变迁》，《河北学刊》，2009 年第 3 期。

　　张家唐：《拉美的城市化与"城市病"》，《河北大学学报》，2003 年第 9 期。

　　张魁伟：《产业结构、城市化与区域经济、城市经济》，《区域经济》，2004 年第 11 期。

　　张利庠、缪向华：《韩国日本经验对我国社会主义新农村建设的启示》，《生产力研究》，2006 年第 2 期。

　　张立新：《加强规划沟通均衡决策权力》，《现代城市研究》，2010 年第 5 期。

　　张楠之：《"伪城市化"是没有"人"的空壳城市化》，红网，2011 年。

　　张善余：《逆城市化——最发达国家人口地理中的新趋向》，《人口与经济》，1987 年第 2 期。

　　张庭伟：《当代美国规划研究与芝加哥经济转型》，《国外城市规划》，2006 年第 4 期。

　　张文新：《信息技术对城市结构的影响分析》，《城市研究》，1997 年第 1 期。

　　张威：《20 世纪 20—30 年代纽约大都市区发展状况浅析》，《中国城市研究》，2007 年第 2 期。

　　张昕竹：《中国基础设施的发展与私有部门的参与》，《数量经济技术经济研究》，1998 年第 11 期。

　　张玉冰：《中国大陆沿海与台湾地区区域经济竞争力比较研究》，《台湾研究》，2007 年第 4 期。

　　张仲礼：《中国近代城市企业，社会，空间》，上海社会科学院出版社 1998 年版。

　　赵红军：《从演进经济学视角解读有城市形成原因》，《城市问题》，

2006 年第 1 期。

赵洪才：《城市系统与城市规划》，《规划与设计》，1991 年第 4 期。

赵剑芳、曾长秋：《当代中国的"城市病"及其防治——兼论马克思主义城市理论在我国的运用》，中南大学学位论文，2007 年。

赵科：《城市化背景下我国城镇的失业保障制度研究》，北京交通大学学位论文，2006 年。

赵伟：《城市交通与城市空间》，《中国高新技术产业》，2008 年第 18 期，第 183 页。

赵燕菁：《政府的市场角色》，中国宏观经济信息网，2005 年 10 月 17 日。

赵燕菁：《制度经济学视角下的城市规划》，《城市规划》，2005 年第 7 期。

浙江省人民政府：《关于加强和改进规划工作的意见》，浙政发（2005）54 号。

珍妮特·V·登哈特、罗伯特·B·登哈特，丁煌译：《新公共服务：服务，而不是掌舵》，中国人民大学出版社 2010 年版。

郑功成、黄黎若莲：《中国进城就业农民工问题与社会保护》，人民出版社 2007 年版。

郑静、陈革：《论大城市、小城镇与可持续发展的城市化道路——对当前城市化政策的思考》，《规划师》，2000 年第 5 期。

郑夏明、汪玲清：《大城市发展的问题与对策研究》，《科技创业》，2005 年第 2 期。

郑也夫：《城市社会学》，中国城市出版社 2002 年 6 月版。

郑宇：《战后日本城市化过程与主要特征》，《世界地理研究》，2008 年第 2 期。

《中国城市统计年鉴（2011）》，国家统计局，2011 年。

中国市长协会：《中国城市发展报告（2003—2004）》，电子工业出版社 2005 年版。

《中国统计年鉴（2011）》，国家统计局，2011 年。

《中国征地制度改革导向酝酿调整 摒弃伪城市化道路》，中国新闻网，2011 年 11 月 27 日。

周干峙：《城市及其区域：一个开放的特殊复杂的巨系统》，《城市规划》，1997 年第 2 期。

周干峙：《城市及其区域——一个典型的开放的复杂巨系统》，《城市规划》，2002 年第 2 期。

周加来：《城市病的界定、规律及防治》，《中国城市经济》，2004 年第 2 期。

周建军：《论新城市时代中国城市规划制度与管理创新》，《城市规划》，2004 年第 12 期。

周金峰：《复杂城市系统分型结构及其模式》，天津大学学位论文，2007 年。

周景彤：《世界城市化的启示》，《中国金融》，2011 年第 5 期。

周磊：《西方现代集合住宅的产生与发展》，同济大学博士学位论文，2007 年。

周礼、来君：《农民之"候鸟式"迁徙的背后》，《浙江经济》，2008 年第 10 期。

周晟宇、王洪光：《浅谈可持续城市基础设施规划建设目标体系》，《中国新技术新产品》，2009 年第 9 期。

周蜀秦：《中国城市化六十年：过程、特征与展望》，《中国名城》，2009 年第 10 期。

周一沁：《兰白城市基础设施一体化发展研究》，兰州大学学位论文，2009 年。

朱勃：《从生命特征视角认识城市及其演进规律的研究》，同济大学学位论文，2007 年。

宗毅：《我国城市土地集约利用的理论分析与评价研究》，天津大学博士学位论文，2005 年。

后　记

——感谢十年的心路历程

　　书籍的面世可能会收获鲜花和掌声，也可能会少人问津。然而对于自身而言，结果仅是一时的喜悦，写作过程却更值得回味，因为这十年也是我与刘春成先生相识、相随到相知的历程。历经十载，一种兄弟友情的收获，一种研究精神的彼此支撑，一种价值观的融合与升华，都在写作过程中一一展现。回首这段一路走来的日子，过程所赋予的，不仅是研究能力的提升，更有良师益友相伴。

　　那是 2002 年的春节，一个清冷的季节，我的师兄——刘春成先生开始思考一个问题，中国模糊不定的城市发展模式，会不会成为一个影响中国实现复兴崛起的制约问题。作为一个刚刚与他相识、开始对城市发展感兴趣的朋友，这个话题带给我兴奋，还有彷徨与茫然。好在是接下来的一系列观察、分析和研究中，他将系统性思想注入我的内心，让我一开始就有机会与巨人比肩。从北京市朝阳区会展业的发展，到北京市乃至全国的经济形势研判，我们那时的话题更多地聚焦到城市和区域的经济领域。结合着众多研究课题所展开的激烈讨论和研究，使得我对基于资源靶向性的区域优势发展理论观点，有着既认同且迟疑的纠结。然而对师兄提出写一本指导中国城市发展著作的设想，则充满了内心的认可和自我提升的渴望。

　　时光穿梭，转眼到了 2007 年，5 年的研究积淀让我对城市的复杂系统观有了深刻理解，对诸多现实问题有了更为深入的认识。在师兄的指导下，服务初具格局的城市时，我们的建议能够迅速与其融合并提升效果；面对那些有着诸多错综复杂问题的城市，我们的方案可以帮其有效地认知问题并梳理出清晰的思路；面对城市中诸多相互对立的矛盾体，我们也能找到他们的交集和问题解决的关键，将成果与建议融入其中。随着我们对城市这个复杂系统认知的深入，我们的研究有了更为坚实的理论基础，著作框架和内容也成为那时每个夜晚分手前的话题。

2008 年，正当举国上下迎接百年奥运的时候，北京等大城市却遭遇了严重的电荒。也是在这种快速增长的情况下，基础设施事故频繁出现，有些事故情形特殊，似乎在提醒我们一些特别的信息。如此粗放发展下去的中国经济和社会，以及同样粗放发展的城市化究竟会对中国、对世界带来什么？面对种种问题，我们运用复杂自适应系统理论，开始动手系统整理和提炼我们已有的研究成果，以城市经济领域为出发点，并对基础设施、城市规划、公共服务等领域进行系统的研究。然而大纲的无数次的推翻，从北京、武汉到成都的激烈争论，消耗了我们及很多专家的体力和精力。经过无数次的辩论和争持，最终回归到以城市起源为研究的起点，将城市的生存与发展作为全书一以贯之的主线。

2010 年 10 月 7 日，是国庆节封闭写作冲刺的最后一天，更是第一版草稿完成的日子。查阅了国内外的诸多文献资料，才发现系统研究城市的书籍和成果如此之少，面对着 30 万余字的初稿，成就感油然而生。时至今日，翻开那时的老版本，依然可见那些富有激情的视角与观点，如中国城市化路在何方？中国城市化的情景构想，城市视角下产业的重新分类，地下管廊模型的提出等等。然而开心的日子总是一闪而过，接下来长达 19 个月的共同修改历程才是永生难忘的。书稿大纲的五次结构调整，书稿内容的删删补补，就连帮我们整理资料的学生都换了几茬儿，放弃或者将就的念头不止一次地出现过。期间阿勒泰新城、郑州黄河滨河公园等大型规划项目的穿插，让我们有机会放开紧绷的神经，让师兄为书稿修改注入了新的观点和内容，尤其是众多海归们的加入，也为我们的执著与坚守带来了新的活力。

修改过程是痛并快乐着的。如何剖析清楚城市主体之间的关系，实现让人们能读、乐读的多样性目标，始终在脑海中纠结，直接导致难度呈现非线性增长。令人欣慰的是，彼此相互鼓励下的跬步，逐步让自己的研究思路得以聚集并再次系统化，使得本书——城市系统学，初步成为了有机联系的整体。

　　未来，我们将对本书中的诸多内容进行深入展开，形成我们的"城市的崛起系列丛书"。一方面，我们会以破解城市系统密码为题，探究中国的土地问题，城市规划问题，基础设施问题，拆迁问题，以及城市产业等问题；另一方面，我们也将视野放眼全球，以难言完美的城市化为题，探讨全球城市的城中村与贫民窟问题，外来务工问题，城市病等问题。希望通过上述命题的剖析，能够系统性地展示我们的研究成果，并为城市发展提供知行合一的帮助。

　　在大家的鼓励与支持下，我们内心的执著还是战胜了彷徨。虽然成果付梓，但内心尚有诸多话题需要深入延展，共同的价值观已经千锤百炼。面对复杂的城市命题，本书所言难免挂一漏万，请关心城市发展的人士，批评指正！更希望致力于推动城市发展的学者与实践者们，与我们一道，来剖析城市这个复杂生命体的发展脉络，共同来见证城市的精彩和智慧的悠长。

侯汉坡

2012 年 5 月

致　谢

　　在经过了十年的努力后，这本书终于可以付梓了。这个日子在我们的心中曾经多次变化，每一个新年来临的时候，我们都对自己讲，今年这本书要完成了，然而，经过这一次次的食言，书稿的资料变得越来越丰富，理论观点更加清晰。在过去的十年中，我们身边越来越多的朋友认可和支持着我们的行动，而且，他们当中的一些人更是直接加入到这项工作之中来了。不能想象，如果没有他们的加入，这样一件艰苦的工作如何能顺利完成。

　　首先要感谢我们的家人们，美满的大家庭让我们能够把大量精力投入到感兴趣的研究中。在写这本书的过程中，我和侯汉坡博士都完成了人生中一件大事，我的儿子乐乐和他的儿子牛牛，两个可爱的孩子先于这本书来到了我们生活的城市，随着他们的健康长大，我们感到了时间的催促。因为我们经常要把假期的时间用来集中修改书稿，因此，在过去几年中的绝大多数假期中，他们都是和他们的妈妈度过的。在此，要感谢我的夫人朱君女士，她的理解和支持，使我能够对这项枯燥的工作始终保持热情。还必须感谢侯汉坡博士的夫人马花蒲女士，她默默地付出，支持他全心投入到工作中来。

　　在我们的研究生活中，陈栋生先生是我们重要的引路者。我们要感谢吕政先生、韩伯棠先生、李崇光先生和邱菀华先生，他们的指导形成了本书的重要的认识基础。陈方、耿志民和秦国光先生对本书观点的认同，使得我们决心把"城市的崛起系列丛书"加快推出。我们还要感谢魏后凯、姜长云、亚丁、唐洪广、徐轶尊、刘峰先生，他们都给本书提出过重要的修改意见。

这项工作在 2010 年以后变得更加急迫了，进度也快了很多，这是因为我们得到了一批年轻人的支持。拥有良好的专业背景，理解东西方文化，他们的加盟使得制约我们进度的一些障碍不复存在。这些年轻人提出了很多有见地的意见，这些意见不仅在这本书里有所体现，而且，我相信在不久的将来，大家就会看到这些年轻学者关于城市系统的专题著作。在这里，我还是想把他们的名字提前告诉大家。

周瑜理性而富有激情，相信她也会成为一个不可多得的研究者。吴倩茜是一个出色的项目协调人，当然她对城市的认识同样深刻。方智俊具有典型的规划背景，在我们的沟通中他始终表现出开放的思维，并富有韧性。韦良中、李海波、倪江涛和贾大猛在书稿调整中做出了很多贡献，而且，他们各自的生活也都有了重要的转变。何莉莎、卢竟雄两位女士强烈的责任心和出色的工作能力让人难忘。

白旭飞、孙梦水、徐艳青、殷晓倩、陈凯、黄经纬、朱军伟、杨志全、李欣，在不同阶段为本书的撰写做了大量富有成效的工作。郝亚珺、杨伟光、冯波、刘东升、冯丽园、常厦也为我们提供了很多帮助，一并感谢他们。

本书得以顺利出版，还要感谢谭明先生、沈蒙利先生和李菁菁女士给予的全力支持。

需说明的一点是，本书中引用的个别图片来自于互联网。在本书的出版过程中，尽管我们经过多方努力，却始终无法联系到这些图片的著作权方。然图片之精彩、立意之新颖又令我们难以割舍。故而在未经许可的情况下冒昧一用，实非故意侵权，我们谨在此致以最诚挚的谢意。

我们最高兴的是，经过这样一个过程之后，最初的几个孤独的思考者，已经变成了一群坚定的城市守望者。

刘春成

侯汉坡

2012 年 5 月

图书在版编目（CIP）数据

城市的崛起：城市系统学与中国城市化 / 刘春成，
侯汉坡著 . —北京：中央文献出版社，2012.6

ISBN 978 - 7 - 5073 - 3576 - 7

Ⅰ.①城… Ⅱ.①刘 …②侯… Ⅲ.①城市化—
研究—中国 Ⅳ.①F299.21

中国版本图书馆 CIP 数据核字（2012）第 125477 号

城市的崛起——城市系统学与中国城市化

著　　者	/刘春成　　侯汉坡
责任编辑	/于丽娟
封面设计	/蔡志超　　张雪松

出版发行/中央文献出版社

地　　址/北京西四北大街前毛家湾 1 号

网　　址/www. zywxpress. com

邮　　编/100017

经　　销/新华书店

销售热线/010 - 66513569　63097018　66183303

编 辑 部/66511907

排　　版/北京方方照排中心

印　　刷/北京汇林印务有限公司

710mm×1000mm　　16 开　　29 印张　　430 千字

2012 年 7 月第 1 版　　2012 年 7 月第 1 次印刷

ISBN 978 - 7 - 5073 - 3576 - 7　　　　定价：50.00 元

版权所有　　违者必究